王顶在◎主编

优化教育结构，促进义务教育均衡发展

中小学教师继续教育新探：“四位一体培训机构”实验与探究

(上)

深化教师进修院校改革，构建完整的教师教育体系，培养、培训高质量的教师尤为重要。选择最优化的教师培训模式和机制将成为教师教育中最重要的研究课题。

黑龙江教育出版社

图书在版编目(CIP)数据

中小学教师继续教育新探:“四位一体培训机构”实验与探究/王顶在主编．--哈尔滨:黑龙江教育出版社,2002.9(2012.3 重印)

ISBN 978－7－5316－4103－2

Ⅰ.①中… Ⅱ.①王… Ⅲ.①中小学—教师—继续教育—研究 Ⅳ.①G635.1

中国版本图书馆 CIP 数据核字(2012)第 019809 号

中小学教师继续教育新探

——“四位一体培训机构”实验与探究

ZHONGXIAOXUE JIAOSHI JIXU JIAOYU XINTAN

——“SIWEI YITI PEIXUN JIGOU”SHIYAN YU TANJIU

王顶在 主编

责任编辑 宋舒白
封面设计 高 天
责任校对 甄 飞
出版发行 黑龙江教育出版社
(哈尔滨市南岗区花园街 158 号)
印 刷 北京海德伟业印务有限公司
开 本 650×960 1/16
印 张 28
字 数 660 千
版 次 2012 年 3 月第 2 版
印 次 2012 年 3 月第 1 次印刷
书 号 ISBN 978－7－5316－4103－2
定 价 56.00 元(全二册)

黑龙江教育出版社网址:www.hljep.com.cn
如需订购图书,请与我社发行中心联系。联系电话:0451－82529593 82534665
如有印装质量问题,请与我社联系调换。联系电话:0451－82529347
如发现盗版图书,请向我社举报。举报电话:0451－82560814

课题研究顾问：

张贵新（全国中小学教师继续教育东北师范大学研究中心主任、东北师范大学校长助理、东北师范大学继续教育学院院长）

王春光（《中小学教师培训》杂志社副社长）

课题研究专家指导组：

杨名声（黑龙江省教育学院院长）

韩基库（黑龙江省教育厅师范教育与师资管理处处长）

金　阳（黑龙江省教育厅师范教育与师资管理处副处长）

郭　坚（哈尔滨市教育研究院院长）

杨立夫（哈尔滨市教育局师训处处长）

刘桂芝（哈尔滨市教育局人事处处长）

孙　波（哈尔滨市南岗区教育局副局长）

韩晓华（哈尔滨市南岗区教育局初教科科长）

高　萍（哈尔滨市南岗区教育局中教科科长）

石晓薇（哈尔滨市南岗区教育局人事科科长）

序一

教师是人类社会进步和人类文明发展的桥梁和纽带，担负着承上启下、继往开来的重大社会责任，正如俄国教育家乌申斯基所说，“教师是进步和未来之间的一个活环节，他的事业从表面看虽然平凡，却是历史上最伟大的事业之一”。随着科学技术的发展使教师的作用不断扩大，甚至与国家的命运息息相关。正如美国卡内基教育和经济论坛发表的题为“国家为21世纪的教师作准备”的报告所指出：“只有保留和造就最优秀的教师，这个国家才能摆脱它所陷入的困境。”因此，深化教师进修院校改革，构建完整的教师教育体系，培养、培训高质量的教师显得尤为重要，当然，选择最优化的教师培训模式和机制将成为教师教育中最重要的研究课题。

黑龙江省哈尔滨市南岗区作为全国51个中小学教师继续教育实验区之一，自1999年以来，与其他四省五市共同承担了建立中小学教师继续教育培训、教研、科研、电教“四位一体培训机制”的实验课题。南岗区作为此项课题研究牵头者，与其他五个实验区进行了多次沟通和交流。三年多来，南岗区为进一步推动继续教育实验区的工作，探索建立具有中国特色的中小学教师继续教育体系，全面开展了“四位一体培训机制”课题的实验研究，取得了重要成果，并著书立说，本书乃为重要标志。它记录了南岗区中小学教师继续教育工作者三年来努力的足迹，它总结了课题组的理论研究与实践探索，它揭示了现阶段进修学校培训体制改革的必由之路，它阐述了教师培训的最佳模式和机制。

南岗实验区的课题研究过程和最终确立的机制，充分体现了以下特点：

首先，在思想层面上，南岗实验区的整个课题实验与研究的过程，始终是在大教研观、大培训观、大服务观的思想指导下进行的。早在20世纪90年代初，南岗区在完成了小学教师学历补偿的任务后，在教师进修学校中教研部和培训部并存的体制下，就认识到，无论是教研工作，还是培训工作，其最终目的都是为提高广大教师的整体素质，为提高基础教育的水平而服务的。于是，他们较早地提出了"研培一体化"的思想，这个思想的内部核心就是大教研观、大培训观、大服务观。这三个朴素的观念，符合教师终身教育的原理，促进了南岗区的教师继续教育由"单向型"向"复合型"的转化。

其次，在制度层面上，南岗实验区在中小学教师培训机制的探索中，把培训的"体制"问题作为主要突破口来抓。今年，《教育部关于加强县级教师培训机构建设的指导意见(教师[2002]3号)》明确指出："必须进一步加强县级教师培训机构建设，使其成为我国教师教育体系不可缺少的重要组成部分。""要按照小实体、多功能、大服务的原则，加强县级教师培训机构建设。"近几年来，南岗实验区实行改革，把进修学校内部培训、教研、科研、电教四个要素有机地整合起来，突破了传统的培训模式，实现了体制创新，使教师进修学校成为一个具备了多功能的新整体。在这方面，南岗实验区创造了成功的范例。

第三，在实践层面上，南岗实验区的"四位一体培训机制"促进了"中小学教师继续教育工程"的实施，优化了培训资源配置，形成了高效的培训机制。到1999年底，南岗实验区的"四位一体培训机制"基本成型，三年来，南岗区的教师综合素质培训工作成绩显著，教师的专业化水平迅速提高，得到了国家教育部师范司有关领导的多次肯定。实践证明，"四位一体培训机制"有利于培训资源的优化配置，有利于提高培训的整体效益和工作水平。

第四，在时空层面上，南岗实验区在研究中，既注意了教师培训的时代性，即共性，又注重了教师培训的区域性，即个性。在实践中，注意了共性与个性的结合，使实验工作与时俱进，这在本书中得到充分体现。

我完全相信，这本书的出版，会使中小学教师继续教育模式与机制不断完善，这将在全国同类院校产生一定影响，也将会使中小学教师继续教育工作引向深入。

这本书假如能吸引更多的教师进修院校投入到培训模式与机制的研究中来，建立最优化的培训体制，提高中小学教师继续教育的质量和效益，这就是编者和为本书作序人所乐于见到的。我们期待着，衷心热切地期待着。

张贵新

写于全国中小学教师继续教育东北师大研究中心

序二

建设一支高素质的中小学教师队伍，是扎实推进素质教育，全面提高教育质量的关键。在教育改革不断深化，基础教育新课程实验工作进一步深入的新形势下，积极探索和建立符合中小学教育教学改革发展需要的教师培训的体制与机制，建立和完善终身教育体系，从而为教育改革提供强有力的师资支持问题，越来越突出地摆在我们面前。

教育部师范司设立的科研课题“建立中小学教师继续教育‘四位一体’培训机制”是一个具有决策性和应用性的研究项目。它旨在为建立和完善科学化、系统化、规范化的具有中国特色的中小学教师教育体系提供理论依据和实践模式。开展这一课题的研究，对解决中小学教师继续教育工作所面临的各种新问题，提高中小学教师的综合素质以及实施素质教育的能力和水平都非常有益。

按照《中共中央国务院关于深化教育改革全面推进素质教育的决定》中“优化结构，建设全面推进素质教育的高质量的教师队伍”和教育部《面向21世纪教育振兴行动计划》中“实施‘跨世纪园丁工程’，大力提高教师素质”的要求，我市南岗区作为全国中小学教师继续教育51个实验区之一，以课题牵头者的身份与贵州省贵阳市、黔南布依族苗族自治州、山东省青岛市、内蒙古巴盟、河北省井陉县等四省五市的实验区同志一起对此项课题进行了深入研究。三年来，南岗区教师进修学校在对此项课题开展理论研究的同时，坚持科研先导，积极进行实践探索。在课题的引领下，认真大胆地实施内部体制改革，建立了在中小学教师继续教育培训办公室统筹下的培训、教研、电教、科研“四位一体”的优质、高效、良性的中小学教师继续教育运行机制。真正做到了培训目标的明确性、培训管理的科学性、培训过程的扎实性、培训效果的实效性。改变了培训、教研、科研、电教等进修学校内各部门单一的、封闭式的传统培训方式。克服了教师进修学校内部培训资源浪费的弊端。避免了教师不断重复地接受培训的矛盾。实现了教师进修学校内部培训资源的重组。

三年来,在全国中小学教师继续教育东北师大研究中心、省教育厅的关怀、指导下,南岗实验区的研究工作获得了丰硕成果。本书正是南岗区课题组的同志对中小学教师继续教育工作实践探索和理论思考的结晶。它的出版,在引起更多的教师教育工作者对中小学教师继续教育机制进行思考和探索的同时,也必将对加强我市区、县级教师进修学校建设和体制改革,加大师资培训工作力度,推动基础教育课程改革实验工作的扎实开展,起到重要的促进作用。

哈尔滨市人民政府副秘书长

哈尔滨市教育局局长

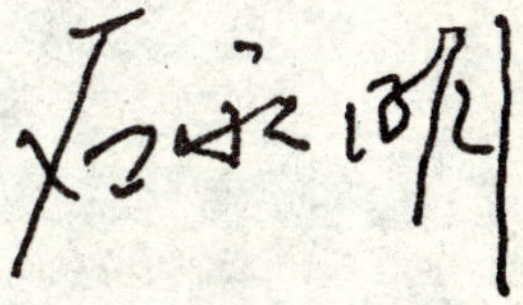

目 录

政策法规篇

关于对中小学教师继续教育实验区实施“面向21世纪中小学教师继续教育工程”工作方案的批复(教师司[1999]20号) …………………(2)
关于拨付中小学教师继续教育实验区科研经费的通知(教师司[1999]22号) …………………………………………………(4)
关于报送实验区工作情况的通知……………………………………………(7)
南岗区中小学教师继续教育规定……………………………………………(8)
南岗区中小学教师继续教育工程实施方案(1999—2003) …………(11)
黑龙江省哈尔滨市南岗区中小学教师继续教育实验方案 ………………………………………………………………(22)
南岗区中小学教师继续教育校本培训检查评估方案及《细则》………………………………………………………………(28)
哈尔滨市南岗区基础教育新课程师资培训方案(2002—2005年) ………(33)
中华人民共和国教育部师范司设立全国中小学教师继续教育实验区课题研究立项审批书 ……………………………………………(38)

实验方案篇

“四位一体培训机制”课题实验方案
…………………………………… 哈尔滨市南岗实验区课题组(46)
“中小学教师师德培训的层次性与实效性研究”课题实验方案
…………………………………… 哈尔滨市南岗实验区课题组(53)

"区、乡、校三级培训网络建设的理论研究与实践探索"课题实验方案
…………………………………… 哈尔滨市南岗实验区课题组(60)
"建立区域性中小学校本培训检查评估体系的研究"课题实验方案
…………………………………… 哈尔滨市南岗实验区课题组(64)
"加强乡镇教师继续教育辅导站建设,提高农村教师整体素质"
课题实验方案 …………………… 哈尔滨市南岗实验区课题组(71)
"构建具有'四位一体培训机制'特点的继续教育培训课程设置的
研究"实验方案 ………………… 哈尔滨市南岗实验区课题组(76)
"校本培训的途径与方法研究"课题实验方案
………………………………………………… 哈尔滨市花园小学(82)
"校本培训的途径与方法研究"课题实验方案
…………………………………… 哈尔滨市医大附属逸夫学校(87)

实验报告篇

"四位一体培训机制"课题研究报告
…………………………………… 哈尔滨市南岗实验区课题组(96)
"加强教研员队伍建设的理论与实践研究"课题研究报告
…………………………………… 哈尔滨市南岗实验区课题组(119)
"以计算机应用为核心的现代教育技术在教师继续教育中的地位、作用
与培训模式"课题研究报告 …………… 哈尔滨市南岗实验区课题组(129)
"建立区域性中小学校本培训检查评估体系的研究"课题实验报告
…………………………………… 哈尔滨市南岗实验区课题组(139)
"加强乡镇教师继续教育辅导站建设,提高农村教师整体素质"课题
研究报告 ……………………… 哈尔滨市南岗实验区课题组(150)
"小学英语新教师'四位一体'培训"课题实验报告
…………………………………… 哈尔滨市南岗实验区课题组(161)
"中小学教帅帅德培训的层次性与实效性研究"课题实验报告
………………………………………………… 哈尔滨市第63中学(167)
"中小学教师师德培训的层次性与实效性研究"课题实验报告
……………………………………………… 哈尔滨市第163中学(175)

"中小学教师师德培训的层次性与实效性研究"课题实验报告
……………………………………………… 哈尔滨市解放小学(183)
"校本培训的途径与方法研究"课题实验报告
……………………………………………… 哈尔滨市萧红中学(198)
"校本培训的途径与方法研究"课题实验报告
……………………………………………… 哈尔滨市第 17 中学(209)
"校本培训的途径与方法研究"课题实验报告
……………………………………………… 哈尔滨市第 69 中学(217)
"校本培训的途径与方法研究"课题实验报告
……………………………………………… 哈尔滨市第 156 中学(228)
"校本培训的途径与方法研究"课题实验报告
……………………………………………… 哈尔滨市继红小学(240)
"校本培训的途径与方法研究"课题实验报告
……………………………………………… 哈尔滨市育红小学(252)
"校本培训的途径与方法研究"课题实验报告
……………………………………………… 哈尔滨市雷锋小学(264)
"校本培训的途径与方法研究"课题实验报告
……………………………………………… 哈尔滨市建工小学(273)

实验运作篇

南岗区基础教育课程改革中小学主任培训班课程设置……………(284)
南岗区基础教育课程改革中小学区级骨干教师培训班课程设置………(285)
南岗区基础教育课程改革中小学起始学年教师培训班课程设置………(287)
南岗区中小学第四批区级预备骨干教师培训方案及教学计划……(289)
运用"四位一体培训机制"做好区级骨干教师的培训工作
……………………… 哈尔滨市南岗区教师进修学校　王建辉(295)
运用现代远程教育进行中小学教师计算机应用能力培训试点的
实践与思考……………… 哈尔滨市南岗区教师进修学校　王广义(301)
运用"四位一体培训机制"在信息技术学科开展区级骨干教师培训
……………………… 哈尔滨市南岗区教师进修学校　张凤英(307)

"四位一体培训机制"在校长培训中的探索与实践
…………… 哈尔滨市南岗区教师进修学校　李惠萍　都红伟(311)
独生子女教师师德培训的实践探索
……………………… 哈尔滨市第163中学　聂　芮　汪大威(317)
运用分层原则开展校本培训
……………………………… 哈尔滨市第37中学　张　竞(326)
以青年教师研究会为载体　提高青年教师的综合素质
……………………………… 哈尔滨市第156中学　曹　罴(332)
加强乡镇信息网络建设,提升农村教师队伍整体素质
……………………………… 哈尔滨市王岗中心小学　杜德广(339)
立足本校,扎实有效地开展教师综合素质培训
……………………… 哈尔滨市和兴小学　宋兆利　阎为佳(347)
参与式教师培训的理论与实践
……………………… 哈尔滨市第124中学　刘秀华　王德珍(358)

成果展示篇

加强校本培训的管理　探索校本培训的途径
………………………………………………… 哈尔滨宣庆中学(364)
通过学、思、研、行四步法开展校本培训
……………………………………………… 哈尔滨市第37中学(371)
运用现代教育信息技术　切实提高校本培训质量
……………………………………………… 哈尔滨市复华小学(377)
在校本培训中求提高、求创新、求发展
……………………………………………… 哈尔滨市长虹小学(382)

评价反馈篇

"四位一体"校本培训机制的探索与思考
……………………………… 哈尔滨市第156中学　刘家凤(392)
当好"四位一体"的主任,完成"四位一体"的培训
……………………………… 哈尔滨市宣庆中学　祁　兵(399)

培训主任在校本培训中的角色
…………………………………… 哈尔滨市第63中学　董晶石(405)
我对校本培训的认识和体会
…………………………………… 哈尔滨市第37中学　宣丽君(412)
发挥“四位一体培训机制”的优势　做好校本培训工作
………………………… 哈尔滨市建工小学　张桂荣　刘　鹏(417)
校本培训为我添双翼
…………………………………… 哈尔滨市育红小学　于　宏(422)

附录：哈尔滨市南岗实验区“四位一体培训机制”课题研究大事记
……(哈尔滨市南岗区教师进修学校培训办公室撰稿)(427)

政策法规篇

中华人民共和国教育部

关于对中小学教师继续教育实验区实施“面向21世纪中小学教师继续教育工程”工作方案的批复

教师司[1999]20号

有关省、自治区、直辖市教委、教育厅，天津市教育局，计划单列市教委：

根据教育部《面向21世纪教育振兴行动计划》和“跨世纪园丁工程”的有关精神，我司制订了“面向21世纪中小学教师继续教育工程”(以下简称“工程”)，并于1998年12月在青岛市召开了中小学教师继续教育实验区(以下简称实验区)工作会议，对实验区启动“工程”做了工作部署。根据青岛会议精神，截止到1999年4月16日，共收到23个省(区、市)和4个计划单列市教委师范处及51个实验区上报的“工程”实施方案。

综合各实验区上报的“工程”实施方案，多数实验区在本省(区、市)教委师范处的指导下，对原有的实验方案进行了修订，并对本地教育情况和教师队伍状况做了认真的分析，在此基础上根据“工程”的总方案提出了实验区实施“工程”的指导思想、1999—2003年实验目标以及完成目标的具体步骤和保障措施。

从目前实验区的工作情况来看，各有关省(区、市)教委在组织实验区实施“工程”时应注意以下几方面的问题：1. 根据“工程”总方案有关精神，结合本地教帅培训机构和中小学教师的实际状况，有重点、分阶段地组织实施“工程”的有关内容。

2. 师范处要积极争取基教、教研、电教、教育科研等有关部门对实验区工作的支持，形成合力，共同搞好中小学教师继续教育工作。

3. 加大中小学教师继续教育的科研力度，坚持以科研带动继续教育的政策法规、课程教材、培训网络以及评估体系等方面的建设。

4. 进一步加强对实验区实施“工程”的领导和指导，组织有关专家经常深入实验区，研究问题，总结经验，确保实验区的各项工作健康开展。

为加强对实验区继续教育工作的管理，发现典型，以点带面，按照上报的“工程”实施方案中提出的重点实验内容，将实验区分成 17 个科研课题小组（详见附件），开展专题研究。设在东北师大和上海市教科院的“工程”研究中心负责联系实验区的继续教育科研工作，我司也将通过“工程”的两个研究中心了解各实验区的科研课题进展情况。

附件：中小学教师继续教育实验区科研课题小组分组情况

教育部师范教育司

一九九九年四月三十日

抄送：工程办公室，东北师大研究中心，上海教科院研究中心，各实验区

附件：中小学教师继续教育实验区科研课题小组分组情况

四位一体培训机制	**哈尔滨市**（黑龙江）、石家庄市（河北）、巴彦淖尔盟（内蒙古）、贵阳市，黔南布依族苗族自治州（贵州）、青岛市（青岛）余姚市（宁波）

注：各小组排在首位的实验区（粗体字）为该组的牵头者，牵头者应在研究本组科研课题的工作中发挥积极的协调作用，加强各实验区间的沟通和联系。

中华人民共和国教育部

关于拨付中小学教师继续教育实验区科研经费的通知

教师司[1999]22 号

有关省、自治区、直辖市教委、教育厅,天津市教育局,计划单列市教委:

根据青岛会有关精神,为加强中小学教师继续教育的科学研究,发挥科研在实施“面向 21 世纪中小学教师继续教育工程”中的先导作用,我司决定向 51 个中小学教师继续教育实验区(以下简称实验区)拨付科研经费,主要用于支持实验区根据中小学教师继续教育的需要开展的专项课题研究。对于下拨各实验区的科研经费(详见附件),有关教育行政部门按国家、省、市(地)、县 1∶3∶5∶7 的比例相应配套。各有关省(区、市)教委师范处应统筹管理实验区的科研经费,各实验区应管好用好科研经费。

根据实验区所在省(区、市)教委师范处提供的账号,科研经费从即日起陆续拨出。收到经费后,请师范处统一开发票,寄往北京市小学师资培训中心(地址:北京市海淀区通慧寺 1 号北京第三师范学校;邮编:100080;联系人:崔志江、张德江;电话:010－62560430)。

附:中小学教师继续教育实验区科研经费分配一览表

教育部师范教育司
一九九九年五月四日

抄送:北京市小学师资培训中心,各实验区。

附:中小学教师继续教育实验区科研经费分配一览表

实验区		经费额度(元)	实验区		经费额度(元)
北京市	西城区	40000	安徽省	合肥市	40000
天津市	天津市	40000		马鞍山市	40000
河北省	石家庄市	40000	山东省	淄博市	40000
	唐山市	40000		烟台市	40000
	保定市	40000	河南省	焦作市	40000
山西省	太原市	40000	湖北省	十堰市	40000
	阳泉市	40000		潜江市	40000
	晋中地区	40000	湖南省	岳阳市	40000
内蒙古	巴彦淖尔盟	40000		常德市	40000
	锡林郭勒盟	40000	广　西	南宁市	40000
	包头市	40000		钦州市	40000
	赤峰市	40000		贵港市	40000
辽宁省	沈阳东陵区	20000	贵州省	贵阳市	40000
	锦州凌河区	20000	黔南布依族苗族自治州		40000
吉林省	长春市	40000	广东省	广州市	40000
	松原市	40000	福建省	福州市	40000
	永吉县	20000	四川省	成都武侯区	20000
	白山市	40000		绵阳涪城区	20000
黑龙江哈尔滨市(南岗,道里,道外区)		60000	重庆市	江北区	40000
			陕西省	渭南市	40000
上海市	卢湾区	40000		西安市	40000
	闵行区	40000	大连市	甘井子区	20000
	奉贤县	40000	山东省	青岛市	40000
江苏省	常州市	40000	宁波市	余姚市	20000
	通州市	20000	福建省	厦门市	40000
浙江省	上虞市	20000			
	德清县	20000	总　计		1860000

关于报送实验区工作情况的通知

哈尔滨市南岗实验区负责同志：

新年好！

根据教育部教师司[1999]20号文件《中华人民共和国教育部关于对中小学教师继续教育实验区实施"面向21世纪中小学教师继续教育工程"工作方案的批复》，你实验区牵头承担了"四位一体培训机制"课题的研究工作。我研究中心受师范司委托，对各实验区工作进展情况、研究课题取得的阶段性成果、存在的问题和今后的工作打算等进行汇总，请您将上述情况于3月15日前报给我中心。

谢谢合作。

全国中小学教师继续教育东北师大研究中心

1999年12月27日

南岗区中小学教师继续教育规定

第一条 为适应基础教育改革发展和全面推进素质教育的需要，建设高素质的中小学教师队伍，根据国家教育部发布的《中小学教师继续教育规定》和省、市教委有关继续教育的政策法规，结合本区实际情况，制定本规定。

第二条 本规定适用于本区在职中小学教师的继续教育工作。

第三条 本规定所称中小学教师继续教育是指对取得教师资格的在职中小学教师为提高政治、文化和业务素质进行的培训。

第四条 区教委是全区中小学教师继续教育工作的主管部门，负责组织实施本规定，并制定继续教育工作实施方案。

第五条 区教师进修学校具体实施全区中小学教师继续教育，承担培训任务，负责业务管理。

第六条 各中小学校要将中小学教师继续教育工作列入学校5年规划和年度计划，有计划地安排教师参加继续教育，开展校本培训活动。

第七条 中小学校继续教育原则上每5年为一个培训周期。主要有6个培训类别，即新教师培训，培训时间应不少于120学时；教师岗位培训，培训时间每5年累计应不少于240学时；骨干教师培训，培训时间每5年累计应不少于360学时；提高学历培训，以实际学习时间记入总学时；计算机全员培训，初级60学时，中级72学时，记入总学时；培训者培训，培训时间每5年累计应不少于540学时。

第八条 中小学教师继续教育根据不同对象确定培训内容，包括：思想政治教育、教师职业道德修养、教育政策法规、专业知识更新与扩展、现代教育理论与实践、教育科学研究、教育教学技能训练和现代教育技术、现代科技与人文社会科学知识等。

第九条 建立一支专兼职结合、高水平的中小学教师继续教育师资队伍。实行动态管理，对不适应继续教育工作的教师要调离教学岗位，优化继续教育的师资队伍结构。

第十条 参加继续教育是中小学教师的权利和义务，任何单位和个人不得以任何理由，延误、阻止教师接受继续教育，教师不得以任何借口拒绝参加继续教育。

第十一条 经学校批准参加继续教育的中小学教师，学习期间享受国家规定的工资、福利待遇。学费、差旅费按有关规定保证支付。

第十二条 中小学教师继续教育实行登记、学分、证书制度。参加继续教育的教师经考试合格，达到规定学分，经区有关部门审核后，颁发继续教育证书。继续教育证书是中小学教师职务聘任、晋级的必备条件。

第十三条 按照黑龙江省人民政府令第 3 号(一九九九年六月十六日)《黑龙江省中小学教师继续教育规定》第 18 条要求，根据我区的实际，采取政府、学校、教师按 2∶1∶1 的比例筹集培训经费的办法，专款专用。

第十四条 在中小学教师继续教育工作中成绩优异的单位和个人，要予以表彰、奖励。

第十五条 凡应参加培训而未培训或参加培训而未获得继续教育证书的中小学教师，在评聘教师时不得晋升、聘任或续聘教师职务；参加培训的教师每年不满规定学时，未获得相应学分，年终考核不得评为优秀。

第十六条 对侵犯中小学教师参加继续教育权利的单位及其负责人，教育行政部门要根据情节轻重给予批评教育或行政处分。对办学思想不端正、培训质量差或不经审核而乱办班的单位，教育行政部门要责令其检查，停止其办班，或取消其办班资格。

第十七条 本规定所称中小学教师，是指幼儿园，特殊教育机构，普通中小学，成人初等、中等教育机构，职业中学以及其他教育机构的教师。

第十八条 本规定由南岗区教育委员会负责解释。

第十九条 本规定自发布之日起施行。

主题词:教育　教师　管理　规定

已发:各乡(镇)人民政府、街道办事处,区政府各委、办、局。
区委办公室,区纪检委办公室,区直属各单位。
区人大常委会办公室,区政协办公室,区法院、区检察院。

抄报:市政府法制局。

哈尔滨市南岗区人民政府办公室　　2000 年 4 月 3 日

南岗区中小学教师继续教育工程实施方案

（1999—2003）

为全面贯彻全国第三次教育工作会议精神和国务院批转的《面向21世纪中国教育振兴行动计划》，不断提高中小学教师的思想政治和业务素质，提高教师实施素质教育的能力和水平，为培养21世纪的社会主义现代化建设人才提供高素质的师资支持，根据《哈尔滨市中小学教师继续教育工程实施方案（1999—2003）试行》（哈教发[1999]248号）、《南岗区教育改革和发展五年规划》和《南岗区中小学教师继续教育三年规划》要求，区政府决定在全区范围内启动新一轮“中小学教师继续教育工程”（以下简称“工程”），以提高中小学教师实施素质教育的能力和水平为重点，面向全体教师，突出骨干，全面推进我区中小学教师继续教育工作，开创南岗区继续教育工作新局面，结合我区实际，特制定本实施方案。

一、指导思想

以“面向世界、面向未来、面向现代化”为指导方针，以《哈尔滨市中小学教师继续教育工程实施方案（1999—2003）试行》（哈教发[1999]248号）为依据，以全员培训为目标，以转变教师的教育观念，端正教育方向，明确教育思想，提高教师实施素质教育的能力和水平为重点，以师德教育作为首要内容，以计算机知识、技能和辅助教学的培训为突破口，以提高教师整体素质为根本目的，全面贯彻落实国家教育部颁发的《中小学教师继续教育规定》，按需施教、学用结合，注重质量与实效，造就一支师德高尚，业务精良，善于从事素质教育的新型教师队伍。逐步建立起具有区域性特色的中小学教师继续教育制度，形成良性运行机制，完善教育教学新体系，使全区中小学教师继续教育逐步走上法制化、制度化、规范化的轨道，全面提高整体素质。

二、范围对象

本区从事中小学教育教学（含教学管理人员）工作的全体教师（包括：普通中小学校、职业高中学校、特殊教育学校、幼儿园、企办、民办学校和教师进修学校的获得教师资格证书的在职教师）。

年龄：男，55 周岁以下；女，50 周岁以下。在此年龄段以上的教师，免于参加集中培训，但要参加校本培训活动。

三、内容任务

（一）继续教育内容

思想政治教育和师德修养，专业知识及更新与扩展，现代教育理论与实践，教育科学研究，教育教学技能训练和现代教育技术，现代科技与人文社会科学知识等。

（二）继续教育任务

1. 在 5 年内对现有约 5900 名中小学教师基本轮训一遍，使教师整体素质明显提高，基本适应实施素质教育的需要。城区中小学、乡（镇）中心校和多数乡村中小学教师通过多种形式普遍完成不少于 240 学时的培训。

2. 全区选培 900 名中小学骨干教师。其中国家、省选培 50 名，市选培 250 名，区选培 600 名。通过四级培训，培养和造就一批在省、市、区内有较大影响的中青年学科带头人和一支在教育教学工作中起示范作用的优秀中青年骨干教师队伍，基本形成骨干教师梯队。

3. 在3年内完成全体中小学教师计算机应用能力的初级水平培训。“工程”结束时，完成中小学教研员、区级骨干教师和95％的中小学校长、主任的计算机应用能力中级水平培训。通过培训，使学校领导能够运用计算机技术进行教育教学管理，实现教育管理现代化；使大多数教师具备运用计算机的基本能力，使相当数量教师能开展计算机辅助教学，使广大中小学教师能够适应现代技术发展，在实际教学中应用以计算机为基础的现代教育技术来改革教育观念、教学内容、教学方法、教学手段，创建现代教学模式，提高教育质量和效益。

4. 优化教育资源配置，建立中小学教师继续教育高效开放的培训系统和现代远程教育网络。建立区、乡、校三级培训网络，基本形成具有区域性特色的高效、优质的培训、教研、电教、科研四位一体互补的运行机制。2000年建成以区教委和教师进修学校为网头，覆盖全区城镇和郊区中小学计算机信息网络，开展中小学教师继续教育虚拟学校的试验。

5. 开展以学校为基地的教师综合素质培训。区教师进修学校根据市教委、教研院的有关要求，制定具体实施方案，报区教委审定实施。

6. 制定并逐步健全中小学教师继续教育的政策法规。“工程”结束时，要形成一套比较完整的南岗区中小学教师继续教育政策法规；初步建立中小学教师继续教育制度，逐步完善中小学教师继续教育的运行和保障机制。

7. 建立一支专兼职结合，善于从事中小学教师继续教育，有较强培训能力的教师队伍。聘请高等学校、师范院校和科研单位的专家、学者支持、参与中小学教师继续教育。组建一支由培训机构专职教师、中小学教育教学专家、特级教师、名优教师等组成的既有广泛性又有相对稳定性的兼职为主、专职为辅、专兼结合的教师队伍。

8. 加强中小学教师继续教育的科学研究与实验。“工程”结束时，南岗实验区所承担的国家教育部师范司设立的“四位一体培训机制”科研课题及区13所课题研究点校所承担的子课题结题、验收。

四、工作重点

根据我区基础教育实施素质教育的需要和中小学教师队伍的现状，“工程”将对中小学教师实施新任教师培训、教师岗位培训、骨干教师培训、提高学历培训和计算机全员培训等；并对承担中小学教师继续教育任务的教师实施培训者的培训。

（一）新教师培训

培训对象：0～1 年教龄的中小学教师。

培训目标：通过培训，使其巩固专业思想，熟悉有关教育法规，初步掌握所教学科的教学常规，熟悉教学内容，尽快适应中小学教育教学工作。

培训内容：主要为中小学教师职业道德规范，教育政策法规，教学大纲分析以及班主任工作等。注意与职前培训内容相衔接。

培训学时：一年不少于 120 学时。其中集中培训为 60 学时，教学实践为 60 学时。

培训要求：市教研院负责对高中教师的培训，区教师进修学校负责对小学、初中新教师培训。120 学时培训要求在一年内完成，不能搞突击。60 学时集中培训由培训机构承担。农村小学新教师教学实践由中心校负责。按照市教委 1998[121 号]文件要求，区、乡（镇）培训机构和基层学校要在每年 8 月下旬制定培训方案。按照新教师培训方案课程并采取切实有效的多种形式进行培训。尽快使新教师适应中小学教育教学工作。

（二）教师岗位培训

培训对象：1 年以上教龄的全体中小学教师。

培训目标：通过培训，使中小学教师逐步树立正确的教育观念，具有良好的职业道德，合理的知识结构，胜任本职级及高一职级业务要求的教育教学水平和科研能力，适应实施素质教育的需要。

培训内容：思想政治教育和职业道德修养，现代教育理论，教育教学技能训练,知识更新与扩展,现代教育技术,教育教学实践研究等。突出中小学课程教材改革,创新精神和实践能力的培养以及信息技术和现代教育技术的应用等重点。

中小学教师岗位培训以职务培训为主,包括应急培训等其他类型的培训。五年累计不少于240学时。

培训要求:根据国家中小学教师继续教育工程方案要求,我区用五年时间对5900余名中小学教师基本轮训一遍。区培训机构要根据《哈尔滨市中小学教师继续教育工作的若干意见》要求制定五年培训规划。按照哈尔滨市中小学教师岗位培训方案要求制定我区教师岗位培训方案,认真组织好培训工作。

(三)骨干教师培训

培训对象:全区600名中小学骨干教师。

培训目标:使骨干教师在思想政治与职业道德、专业知识与学术水平、教育教学能力与教育科研能力等方面有较大幅度的提高,培养创新精神和实践能力,提高实施素质教育的能力和水平,发挥骨干教师在实施素质教育中的骨干带头和示范辐射作用,使他们尽快成为教育教学专家,学科带头人或骨干力量。

培训内容:现代教育理论与实践,现代教育理论研修,教育思想与学科教学艺术研究,优秀中小学实习等;学科前沿知识与综合知识,学科研究成果及发展趋势综述,现代科技及人文社会科学知识等;现代教育技术与应用,计算机应用,现代教育技术应用理论与实践,信息社会与信息技术等;教育科学研究,教育科研专题,科研课题立项、研究、结题、成果鉴定等。

区级骨干教师培训学时,五年不少于360学时。

培训要求:骨干教师培训是教师继续教育的重点。有关骨干教师培训的具体要求参照区骨干教师培训方案执行。要加强此项工作的力度,强化管理。增强骨干教师参加继续教育的积极性和自觉性,保证培训工作的质量和实效。

（四）提高学历培训

培训对象：取得国家规定学历的中小学教师。

培训目的：通过培训，提高受训教师的学历层次，使中小学教师的教育教学水平和科研能力明显提高。

培训内容：根据教育部颁发的《小学教师进修高等师范专科小学教育专业（文科方向\理科方向）教学计划》《中学教师进修高等师范本科[专科起点]教学计划》和教育硕士的教学要求分别对小学、初中、高中教师进行学历教育；提高学历培训必须将知识的系统传授与解决中小学教师教育教学的实际问题有机结合，提高教师教育教学能力和科研能力，加强教育实践环节。

培训要求：今后五年我区提高学历层次培训要有新发展，城区内小学45岁以下专任教师基本达到专科学历水平，初中专任教师要基本达到本科学历水平，高中专任教师要全部达到本科学历水平，20%的高中教师达到研究生学历水平。郊区小学、初中45岁以下专任教师要100%和90%以上达到《教师法》规定的学历标准，其中要有40%和35%以上的教师达到专科和本科水平，高中专任教师要有90%以上达到本科水平，力争有一定数量的教师达到研究生水平；职业教育的文化课教师要有95%以上达标，专业课教师要有80%以上达标，实习课教师要有80%达标。提高学历层次培训应以中青年教师为重点，以非管理专业为主。要注意处理好提高学历培训与非学历培训的关系，重在实际水平的提高。要防止形成新一轮的学历培训。

（五）计算机全员培训

培训对象：全体中小学教师。

培训目的：通过培训，使中小学教师普遍掌握计算机基本知识和操作技能，部分教师掌握用计算机进行辅助教学和教育科研能力。

培训内容：以普及计算机应用技术为核心的现代教育技术，计算机基本知识和操作技能，常用办公处理软件的使用和上网查询资料，用计算机进行辅助教学和教育科研，利用平台制作简单教学软件技术，使用计算机学习和处理信息等。

培训学时：初级60学时，中级72学时。

培训要求：中小学教师计算机应用能力培训（初级）由区进修学校组织实施培训。力争在2000年完成此项工作。并在全区教研员、区级骨干教师、中小学校长和主任中开展计算机应用能力中级水平培训，参加市教研院统一考试，合格者发证，计入学分。市级骨干教师必须达到中小学教师计算机应用能力中级水平，并由市教研院统一组织培训。

（六）培训者培训

培训对象：中小学教师继续教育机构的教师。

培训目标：通过培训，使中小学教师继续教育机构的教师树立现代教育观念，不断提高学科教育理论水平和教育教学研究能力，更新知识，逐步提高学术水平，深入了解中小学实际，熟悉中小学继续教育的特点、规律，能够胜任中小学教师继续教育教学工作。

培训内容：现代教育理论，学科最新知识与信息，现代教育技术，中小学教师继续教育课程教材教学规律研究，国内外中小学教学改革发展动态与中小学教师学科教学能力培养研究等。

培训学时：五年累计不少于540学时。其中包括进入高等学校进修不少于120学时（没有参加进修的教研员自学），深入中小学校不少于120学时，计算机应用能力培训不少于60学时。

五、主要措施

（一）实施继续教育培训的机制、途径与形式

继续教育培训的机制：南岗区中小学教师继续教育要本着“坚持、提高、发展”的原则，在工作中坚持“教育行政部门决策，进修学校组织实施，

学校是基地，校长是主要组织者”等行之有效的培训机制，并在实践中不断提高和发展。

继续教育培训的途径与形式：要坚持实施以培训机构为主的集中培训，以教研部门为主的教研活动培训，以学校为基地立足岗位自学自练为主的校本培训，三者紧密结合的培训途径。三方面通过学分制有机统一起来，其中集中培训占学员总学时50%，教研培训占学员总学时20%，校本培训占学员总学时30%。

基层学校是中小学教师继续教育的重要基地，校长是第一负责人，要完成全员培训任务，校本培训是重要途径，为此，必须明确校本培训的任务。

1. 教师提高职业道德培训。

2. 教师职业技能培训。

3. 配合市、区中青年教师培训方案的实施，结合学校实际工作培养骨干教师；配合市、区组织各类培训，完成受训教师教学实践部分的培训任务，并考核教师接受培训的实效。

4. 组织教师开展教育科研活动。

5. 开发有本校特色的教师培训课程，并组织教师进行培训。

中小学校长要提高认识，明确责任，切实完成任务。加强自身建设，使学校成为既是教师工作的学校，又是教师学习的学校。

（二）中小学教师继续教育法规建设

加强法规建设，为“工程”的实施提供良好的政策环境。根据教育部颁发的《中小学教师继续教育规定》和省、市有关文件精神，制定配套的地方性法规及具体实施意见，以保证我区中小学教师继续教育工作顺利开展，并逐步走向规范化、制度化、法制化的轨道。

（三）中小学教师继续教育课程、教材建设

区教师进修学校要参照国家《中小学教师继续教育课程开发指南》和《关于哈尔滨市中小学教师继续教育培训课程、教材建设与管理的意见》

开发各类培训课程。培训课程分必修课和选修课两种形式。开发的课程分为四大类:共同类课程、专业知识类课程、专业技能实践类课程、综合类课程。并根据我区的特点,把一部分科研成果与教研活动课程化,开发出具有南岗特色的示范性地方课程,逐步推行"菜单式"课程管理。

教材建设应本着"先选后编"的原则,精选一批国家和省、市编写的教材供我区教师培训使用。同时,我区将组织有关人员编写出以推广科研成果为基本内容的、供教师培训使用的地方教材。

(四)中小学教师继续教育网络建设

在充分利用中国教育科研网、哈尔滨市教育信息网、卫星和电视广播等多种媒体的同时,建立区教委、教师进修学校为网头,覆盖全区城镇和郊区中小学的计算机信息网络和学校校园网络。进一步充实区教师进修学校音像阅览室各类信息资料,使其成为全区继续教育网络资料中心,从而构建结构合理、运行高效的开放型中小学教师继续教育网络,发挥现代教育技术、信息传播技术的特有优势,加大工作力度,为实现全员培训目标提供有利条件。

(五)中小学教师继续教育检测评估体系建设

区教委将下发《南岗区中小学教师继续教育校本培训评估方案》,评估检查我区教师继续教育工作情况。为指导和推动"工程"顺利进行,区教委将对"工程"实施过程进行检测和评估,同时,每年对基层学校进行一次集中检查评估。

对在中小学教师继续教育工作中成绩优异的单位和个人要予以表彰、奖励;对不重视教师继续教育工作的单位和无故不参加继续教育的个人要给予批评教育。

(六)完善培训体系

加强区、乡(镇)、校等各级培训机构建设。进一步健全和完善区、乡(镇)教师培训机构,确保区、乡(镇)培训机构具备继续教育所必需的教学基本设施和手段,以及能够适应继续教育教学与科研需要的专兼结合的师资队伍。建立完善乡(镇)中小学教师培训辅导站,加强对乡(镇)中小学教师培训辅导站的指导、检查、评估。严格执行校本培训的有关政策,明确校长的责任,防止走过场,弄虚作假。要调动培训、教研、科研、电教等部门的力量,形成合力,扩大继续教育培训系统的功效。

(七)加强科学研究

开展中小学教师继续教育的理论与实践研究,坚持理论与实践相结合,用"四位一体培训机制"课题研究的科研成果不断丰富我区继续教育的内涵,为我区中小学教师继续教育工作奠定理论基础。采取20所实验点校科研课题立项的方式,强化"四位一体培训机制"课题研究工作,优质高效地完成此项"九五"国家重点课题的研究。

(八)保证"工程"经费

"工程"实施期间严格按照省政府《中小学教师继续教育暂行规定》(省政府令1999年第3号)第18条和《哈尔滨市中小学教师继续教育工程实施方案(1999—2003)试行》的要求执行,根据我区实际采取政府、学校、教师按2∶1∶1的比例筹集培训经费,确保顺利实现"工程"目标。

六、组织领导

为加强对全区中小学教师继续教育工作的领导,区政府成立中小学教师继续教育工作领导小组,领导小组成员如下:

组长:赵言论

副组长:谌大业　王顶在

成　员:柴　彦　阚希华　韩晓华　高恩诚

孙　波　吴永侃　慈元忠　刘学忠　李淑珍

石晓微　文继国　黄耀强　张岩炜

领导小组下设办公室,办公室设在区教师进修学校,负责日常工作。

附件：

1.《南岗区关于开展中小学教师继续教育工作的若干意见》

2.《南岗区中小学教师继续教育骨干教师培训方案》

3.《南岗区中小学教师继续教育新任教师培训方案》

4.《南岗区中小学教师继续教育校本培训工作管理意见》

南岗区教育委员会

二〇〇〇年三月二十二日

主题词 教育工作　继续教育　方案　通知

哈尔滨市南岗区人民政府办公室秘书科　2000 年 3 月 24 日印发

黑龙江省哈尔滨市
南岗区中小学教师继续教育实验方案

中小学教师继续教育是终身教育的重要组成部分，是进一步提高教师政治、业务素质，提高教育质量的重要措施。为贯彻落实《中华人民共和国国民经济和社会发展“九五”计划和2010年远景目标纲要》提出的“改革人才培养模式，由‘应试教育’向全面素质教育转变”的精神，稳步、扎实、有效地开展中小学教师继续教育工作，建设一支师德高尚、业务精良、结构合理、相对稳定的教师队伍，更好地推进南岗区基础教育事业的改革与发展，特制定本实验方案。

一、指导思想

以建设有中国特色的社会主义理论、《中国教育改革与发展纲要》和邓小平提出的“三个面向”为指南，以贯彻、落实全国师范教育工作会议精神为动力，以提高教师的政治思想、师德修养、教育理论、教育教学能力为主要目标，以大力开展现代教育技术培训为突破口，全面实施素质教育，全面提高办学质量和效益，形成一支高素质、高水平、适应本地区基础教育改革与发展和社会主义现代化建设需要的中小学教师队伍。

二、继续教育区域性实验具体内容

将我区建立为中小学继续教育实验区后，在国家教委师范司的直接指导和省市教委的领导下，进一步解放思想、转变观念、遵循继续教育规律，加强现代教育技术培训，积极稳步推进继续教育，实现“九五”期间南岗区教师队伍建设规划,加快建设一支整体素质高、综合能力强、适合全面实施素质教育需要的跨世纪教师队伍的步伐,为促进南岗区基础教育的改革与发展和社会主义现代化建设做出新的贡献。

(一)继续教育区域性实验的任务

对全区开展继续教育的现状进行全面、深入的调查研究,选准实验的突破口,明确实验的方向,研制实验的内容体系、方法途径、检查评估、动力机制、实验基地等,通过实验总结,推广实验成果,深化继续教育工作。

(二)继续教育实验的教师培训层次及目标

根据我区中小学教师队伍的现状和基础教育改革和发展的需要,主要分为以下层次:新教师试用期培训、教师职务培训、骨干教师培训、提高学历层次培训、中青年教师现代教育技术培训。其培训目标是:

1. 通过一年的试用期培训,使新上岗的教师获得从事中小学教育的综合能力,基本胜任教育工作。与此同时增加现代教育技术培训的培训内容,使其基本懂得现代教育理论知识和现代化教学媒体在教学中的应用。

2. 通过教师职务培训,使符合晋级条件的小学教师尽早晋升为小学一级教师职务,并从中培养出一大批区级以上骨干教师。

3. 在骨干教师培训上,我区每两年评选一次。在现有骨干教师基础上,到2000年,全区骨干教师培养人数要达1000人,占教师总数的25%。对现有的省、市、区级骨干教师,要采取多渠道、多规格的培训形式,在“九五”期间使其中的20%～25%成长为国家、省、市的名优教师或科研型、专家型的教师。

4. 在提高教师学历层次培训上,“九五”期间,使全区小学教师80%达专科学历;初中教师60%达本科学历;高中教师10%达硕士学历。

5. 中青年教师现代教育技术培训的培训对象、目标及周期。

对象:南岗区45岁以下中小学教师,约4000名。

目标:学习现代教育技术理论,参加实践训练,提高应用能力。

1. 使参加培训教师懂得现代教育技术基本理论，学会运用多种现代教育技术手段，促进教育教学改革的深化。

2. 凡45岁以下的教师要达到国家计算机考核一级B水平。

3. 各级骨干教师初步掌握计算机辅助教学课件的设计方法，并能运用于课堂教学之中。

4. 培养出一批在各学科中能较好应用现代教育技术，并具有一定研究、开发能力的骨干教师。

周期：4年，一个周期分以下四个阶段：

准备阶段：

1997年4月—10月为实验的准备阶段。在此期间主要完成继续教育现状调查、研制实验方法、建立组织机构、落实实验基地，进行硬件和师资调整等。

培训阶段：

1997年11月—1999年12月为实验培训阶段。在此期间主要完成4000名中小学教师的现代教育技术培训。做到边培训、边研讨、边总结，不断调整充实实验方案。

总结评估阶段：

2000年1月—10月为实验总结评估阶段。在此期间主要完成实验培训后教师的实际应用、教学及科研数据和材料的收集整理，分析构建实验报告的形式、结构和内容。撰写出实验报告初稿，送交实验领导小组审阅，修正并申请验收，完成实验报告。

培训内容与课程设置

总体构思：

1. 现代教育技术作为南岗区“九五”继续教育培训内容的重点，其课时分层次平均不低于120节，占继续教育总课时360节的35%～50%。

2. 课程的设置要做到理论与应用相结合，注重应用，讲授与实践训练相结合，注重实践训练，“教”与“学”相结合，以“学”为主。

基本原则：

1. 以提高教师教育技术的应用及相关素质为主。

2. 把常规性的岗位培训与现代的各种教育手段及技术的培训相结合。

3. 增强教师应用现代技术、传递教育信息的意识，使教学方法多样化。

培训内容与课程设置：（见附件二、表1）

软、硬件准备

培训单位软、硬件条件：

1. 软、硬件条件现状调查（见附件二、表3）

2. 在培训开始前，对各培训单位的软、硬件设备进行补充和更新。

3. 各中小学的有关设备于1999年初全部到位。

教材及资料：

有关计算机的教材可用已出版的。

培训要求：

1. 中学教师与小学教师的进修课程要有区别。（见附件二、表2）

2. 一般教师与骨干教师进修课程要有区别。

3. 形成以进修学校为培训中心，下设100个培训点的网络，由进修学校统一教学要求，统一考核，由区教委统一颁发培训合格证。

4. 全区统一下达课程设置及进修要求，在教师报名基础上一次性安排三年课程开设计划。每学期开学前统一公布各类课程开设情况、组班上课。

5. 实施先讲授一般课程，后制作及研究课程，研究课程委派得力的教学力量，重点扶持，力争通过培训早出成果。

（三）继续教育实验的内容

主要包括：政治思想和师德修养；教育教学理论和实践、教材教法研究、教育教学技能训练、专业知识更新和扩展、现代化教育技术培训及课程计划与师资配备。

（四）继续教育实验形式与方法

在实验中要从本区不同层次教师进修的特点、地域的特点和培训内容的特点出发，坚持自学为主、业余为主、短期为主的原则。要把师资培训、教学研究、教育科研有机地结合起来，同时还要充分发挥现代教育技术在继续教育中的作用。

（五）继续教育实验的保证措施

1. 组织形式

拟成立由南岗区委、区政府主管教育的领导任组长、区教委主任、进修学校校长、中小学教研室主任及省市教育专家为成员的“中小学教师继续教育实验区”领导小组。区政府明确表示，将全力支持和抓好中小学教师继续教育实验区工作，并提供必要的经费与政策上的保证。

2. 师资及基地保证

区教师进修学校要在继续深化教研、培训一体化改革的基础上，继续强化教研员的岗位培训。不断加大“科研兴校、科研治教”工作的力度，力争在三年内有90%的教研员由经验型转变为科研型；小学教研员100%达到本科学历；中学教研员有30%达到硕士学历。

区中小学教师继续教育实验领导小组决定，将南岗区教师进修学校作为继续教育区域性实验培训中心，各基层中小学为实验基地，校长为直接责任者，形成区、校两级培训网络。

3. 经费及硬件保证

我区在继续确保教育投入“两个增长”的同时，于“九五”期间前三年重点增加对现代教育技术培训的投资。计划为中小学校投入300万元，不断改善、充实、增加软硬件，提高全区现代化教学设施装备。同时为区教帅进修学校投入50万元，建立音像阅览，进行设备升级和增加软件。1998年达到全区中小学校校有微机室，到2000年，为每所学校各学科教研组配备一台计算机。为实现由传统教育向现代化教育转轨，由应试教育向素质教育转轨奠定坚实的物质基础。

4. 动力机制保证

继续认真全面贯彻《教师法》，不断提高教师的政治地位，改善教师的工作和生活条件。与此同时，要逐步完善开展继续教育的制约和激励机制，并将开展继续教育所取得的工作绩效作为全区中小学领导和教师的评职、晋升、评优、评骨、表彰奖励的重要条件之一。

（六）继续教育实验的检查与评估

全区中小学继续教育实验每四年为一个运行周期。除每年进行阶段性检查评估外，待一个周期结束后，要对中小学教师继续教育实验方案的实施情况进行一次全面检查和评估，写出实验报告。并将实验中的全部原始材料、实验成果和参加继续教育实验的每位中小学教师成长过程的材料，分别存入区、校两级档案，作为今后跟踪考查的有益资料。

哈尔滨市南岗区人民政府

一九九七年四月

南岗区中小学教师继续教育校本培训检查评估方案及《细则》

根据《哈尔滨市中小学教师继续教育培训评价方案》和《南岗区中小学教师继续教育校本培训工作管理意见》的要求，区教委、区教师进修学校将对各中小学开展的校本培训工作进行检查、评估。结合我区实际，特制定本方案。

一、检查目的

全面贯彻《哈尔滨市中小学教师综合素质培训实施方案》，落实《南岗区中小学教师综合素质培训计划》，规范、推进校本培训的管理工作，更好地发挥基层学校在中小学教师继续教育中的主阵地作用，不断提高全区中小学教师的综合素质和校本培训的质量与水平。

二、检查内容

主要对校本培训的目标、管理、过程和效果等方面进行检查评估（具体内容见《南岗区中小学教师继续教育校本培训检查评估细则》）。

三、检查方法

采取听、查、评等具体形式进行。

听：听学校领导汇报，听课（学科课、班会课）。

查：查看培训的各种纪实材料和网上培训情况。

评:对校本培训工作进行评估。

四、组织领导

在“南岗区中小学教师继续教育领导小组”的领导下,由区教委督导室、人事科和教师进修学校培训办公室、中小学部定期对全区各中小学校校本培训工作进行检查评估。

附:

《南岗区中小学教师继续教育校本培训检查评估细则》

南岗区中小学教师继续教育
校本培训检查评估细则

<table>
<tr><th colspan="2">检查内容</th><th>要　求</th><th colspan="2">权重 100</th><th>备　注</th></tr>
<tr><td rowspan="3">培训目标</td><td>1. 教师队伍基本情况</td><td>底数及分类情况清楚。</td><td rowspan="3">10</td><td>2</td><td>有一览表</td></tr>
<tr><td>2. 校本培训规划</td><td>贯彻上级文件精神，培训目标明确，规划科学，体现全员性与层次性。</td><td>3</td><td></td></tr>
<tr><td>3. 学期校本培训计划</td><td>培训过程具体。措施得力，切实可行。</td><td>5</td><td></td></tr>
<tr><td rowspan="4">培训管理</td><td>1. 组织机构</td><td>机构健全，分工明确。</td><td rowspan="4">20</td><td>2</td><td>成文上墙</td></tr>
<tr><td>2. 规章制度</td><td>制度健全，具有激励性和约束性。</td><td>4</td><td></td></tr>
<tr><td>3. 档案建设</td><td>法规文件、培训方案、计划、总结、教师培训档案、规章制度、纪实材料等分类存档，规范整洁。</td><td>8</td><td>文字档案和电子档案同建</td></tr>
<tr><td>4. 条件创设</td><td>学校积极为教师参加各级各类培训创设有利条件，落实“校校通”工程和“建网、建库、建队伍”的目标。</td><td>5</td><td>保证教师参加各种培训的时间及网上培训的物质条件</td></tr>
</table>

检查内容		要　求	权重100		备　注
培训过程	1. 培训内容	以中小学教师《自修教程》(六本书)为主,认真执行区教师综合素质培训计划。	35	5	教师学习的各种过程性材料
	2. 培训形式	主要采取专题辅导、自学反思、研讨交流、教育教学实践、网上培训等形式。		15	每项培训活动要有纪实材料
	3. 分层培训	针对不同层次的教师进行不同层次的培训,并分类进行考核;在培训中充分发挥名优、骨干教师的带头作用。		8	如新教师、骨干教师、班主任及教师岗位培训等
	4. 培训考核	有校本培训学时学分考核量化标准,定期考核,并在教师继续教育培训登记手册和培训档案上认真登记。		7	有全体教师参加各种培训的学时学分统计一览表
培训效果	1. 师德修养	把师德修养及心理素质作为教师培训的首要内容。		3	计划总结及培训过程有体现
		有领导分工负责主抓,建立师德奖惩制度,并定期考核。		2	规章制度及考核纪实
		师德水平整体提高,无违规违纪现象。		5	典型事例及成功经验等

检查内容		要　求	权重100		备　注
培训效果	2. 教育教学能力	通过说、讲、评课及班(团、队)会课等，提高教师教育教学实践能力；能培养出不同层次的骨干教师。	35	8	开展活动的纪实材料，骨干证书等
	3. 科研能力	提供课题立项书、实验方案、报告、论文著述等研究的形成性材料及研究成果。		6	“四位一体培训机制”点校介绍课题进展情况
	4. 信息技术应用能力	计算机应用能力初级考核全员达标率90%；区级骨干教师计算机应用能力中级考核达标率50%；在课堂教学及教师培训中能够应用现代化教学手段。		8	证书、课件、校园网页、下载信息(软盘和上网实际操作)及信息应用成果展示
	5. 特色经验	形成校本培训特色经验及校本培训教材。		3	经验总结及随感集、案例集、教案集等

评估总得分：

评估意见及希望：

哈尔滨市南岗区基础教育新课程师资培训方案

（2002—2005 年）

实施基础教育课程改革是全面推进素质教育的核心环节。新课程改革对中小学教师的专业化水平提出了更新更高的要求，加强中小学师资培训是保证课程改革取得成功的关键。为贯彻落实《中共中央国务院关于深化教育改革全面推进素质教育的决定》和《国务院关于基础教育改革与发展的决定》，为我区实施《基础教育课程改革纲要（试行）》及各学科国家课程标准做好师资准备。现根据教育部《关于开展基础教育新课程师资培训工作的意见》和《哈尔滨市基础教育新课程师资培训方案》，并结合我区参加省级基础教育课程改革实验的实际进程，特制定本方案。

一、指导思想

以邓小平同志关于“教育要面向现代化，面向世界，面向未来”和江泽民同志“三个代表”的重要思想为指导，全面贯彻党的教育方针，全面推进素质教育。根据《基础教育课程改革纲要（试行）》第 17 条中“中小学教师继续教育应以基础教育课程改革为核心内容”的规定，我区以实施新课程所必须的培训为中小学师资培训的主要任务，以基础教育课程改革作为中小学教师继续教育的核心内容，以培训者培训和骨干教师培训为重点，以求新、求实为出发点，以“边实验、边培训、边总结、边提高”为实施原则，不断更新培训理念，创新培训模式，确保课改师资培训工作与我区新一轮课程改革的实验同步进行。

二、培训目标

结合我区实施新课程实验的进程，在四年内对全区中小学教师分层次、分阶段、滚动式进行基础教育新课程全员培训。通过培训，使全区广大教师进一步更新教育观念，增强实施新课程的自觉性和责任感；逐步掌握实施新课程的有效教学方法和手段，逐步提高驾驭新教材的能力；扩大知识面，完善知识和能力结构，提高教师的专业化水平。从而在整体上提高全区教师实施素质教育的能力和水平，使其能基本胜任新课程的教育教学工作，保证新课程实验在我区的成功实施。

三、培训层次及对象

1. 培训者培训：包括进修学校教研员、中小学校长、主任等。

2. 骨干教师培训：已认定的第一、二、三批区级骨干教师和即将认定的第四、五批区级骨干教师（与区骨干教师的认定、考核培训结合进行）。

3. 全员岗位轮训：每年即将担任中小学起始学年新课程实验班各学科授课任务的教师（按年度分期分批进行轮训）。

4. 新任教师培训：每年新参加教育工作的中小学试用期教师（按年度举办新任教师培训班）。

四、培训步骤

培训共分三个阶段进行。

第一阶段：2002 年 3 月—2003 年 1 月（共 2 个学期）。召开全区新课程培训启动会。针对不同培训层次，顺序举办以中小学校长、主任、区级骨干教师、新任教师，以及小学起始年级教师等为对象的集中培训班。各中小学的校本培训，要在完成教师综合素质培训项目的基础上，将新课程培训作为校本培训的核心内容。在培训内容上，先进行新课程通识培训，再进行学科课程标准及新教材培训。根据课改的实际进程，本阶段培训的重点是小学，中学可以先进行通识培训。

第二阶段:2003 年 2 月—2004 年 7 月(共 3 个学期)。举办以中小学区级骨干教师、新任教师以及中小学起始年级教师等为对象的集中培训班,深入开展新课程远程教研培训。同时要开展对校本培训中新课程培训的检查评估与指导。在内容上,新课程通识培训和学科实践培训同步进行。本阶段培训的重点是初中。

第三阶段:2004 年 8 月—2005 年 12 月(共 3 个学期)。本阶段开始时,要认真学习教育部修订后正式颁布的《基础教育课程改革纲要》、义务教育阶段课程设置方案、各学科课程标准以及其他相关文件。在此基础上,调整培训内容,规范培训形式,举办不同层次的应急培训班。本阶段工作重点是总结培训经验,开发培训资源,研制一批区本和校本教师培训教材,最终形成具有我区特色的新课程师资培训模式。

五、培训内容

1. 新课程通识培训:以《基础教育课程改革纲要(试行)》为本,学习新课程改革的目标与背景、课程结构、教学理念与策略、课程评价、课程管理以及综合实践活动课程概论等,重点学习课程改革的指导思想、教育观念、改革目标以及相关的政策措施。这部分培训以转变教育观念、增强教师实施新课程的自觉性和责任感为主要目的。在培训顺序上要先于其他内容的培训。

2. 学科课程标准培训:重点学习所教课程的课程目标、具体内容、评估要求、教学方法和手段等。

3. 学科新教材培训:了解新教材在编写思路、结构、内容和要求等方面的特点,重点提高教师驾驭所教学科教材的实践能力和水平。

六、培训学时学分

在新课程师资培训中,继续坚持《哈尔滨市中小学教师继续教育培训方案》中规定的学时学分登记制度。全程培训的总学分为 240 学分,具体划分如下:

1. 集中培训:60学分(以通识培训为主要内容)

2. 教研培训:100学分(包括课程标准培训50学分、新教材培训50学分)

3. 校本培训:80学分(包括通识、课程标准、新教材培训)

七、培训形式

1. 培训要坚持培训、教研、科研、电教"四位一体培训机制",坚持集中培训和分散培训相结合,坚持短期面授与长期跟踪指导相结合。

2. 我区要继续坚持采用集中培训、教研培训、校本培训、远程培训四种宏观的基本培训形式。特别要注重发挥校本培训和远程培训的作用。在具体操作上,主要以专题辅导、自学反思、研讨交流、教育教学实践、网上培训五种中观的培训形式来组织培训工作。在此基础上,要积极探索与实验各种微观培训模式,如:教学模式示范、模仿、情景体验、合作交流、问题探究、案例教学、现场诊断、任务驱动、主题组合、自主学习等。要充分利用各种现代教育手段与行之有效的传统手段的有机结合,提高培训效益。

3. 加强对新课程师资培训的科学研究工作。按照"边培训、边研究、边开发、边建设"的原则,积极整合各方面的力量,抓紧研究开发新课程师资培训的资源,以教育科研来推动基础教育新课程师资培训工作。

4. 要加强培训者自身建设,倡导培训者深入基层学校,深入教育教学第一线,与教师平等交流,把培训学员也作为一种宝贵的培训资源,引导教师结合自己的教育教学实际深入学习、研究,加强培训的针对性和实效性。

5. 在培训工作的具体操作上,要尽量在原有形式的基础上不断创新培训形式,协调各个培训层次的关系,避免重复办班,重复培训,以免浪费培训资源。

八、培训考核

1. 要以教育部师范司提出的"先培训,后上岗;不培训,不上岗"为基本原则,加强培训考核,实行中小学教师新课程培训岗位证书制度。课改集中培训结束时，进修学校教研员要对学员进行理论和实践考核，对考核合格者颁发区教育局验印的新课程上岗证书。获得新课程上岗证书的教师，才有资格担任中小学新课程实验班的各学科任课教师。

2. 对已经取得新课程上岗证书的教师，进修学校要在教学实践过程中加强指导，并有针对性地进行应急培训。

3. 在其他各种形式的课改培训中都要继续严格执行学时学分登记制度。

九、保障措施

基础教育课程改革是一场深刻而广泛的教育改革，要搞好师资培训工作，必须加强培训管理，健全培训机制，使培训工作落到实处。

1. 组织保障：区教育局成立基础教育课程改革领导小组。课程改革师资培训工作要在基础教育课程改革领导小组的统一领导下进行。区教师进修学校要充分发挥南岗区"四位一体培训机制"的优势，加强对培训工作的规划、管理、协调与指导，并组织好集中和教研培训。基层中小学校是新课程师资培训的主阵地，校长是教师培训的第一责任者。各基层学校领导要将新课程培训作为校本培训工作的重点，组织广大教师积极参加培训，加强培训管理与考核。

2. 制度保障：建立南岗区中小学教师新课程培训岗位证书制度。进一步完善教师继续教育校本培训检查评估制度。区教师进修学校要对各中小学校在校本培训中实施新课程培训的情况加强业务指导和检查评估。

3. 经费保障：培训经费来源应以各级教育行政部门投入为主，并采取多渠道筹措经费的办法予以解决。区教育局建立基础教育课程改革实验基金。要做到培训经费计划单列，优先安排，重点保证。

南岗区教育局

2002 年 5 月

中华人民共和国教育部师范司设立
全国中小学教师继续教育实验区课题研究
立项审批书

课题名称
四位一体培训机制

申　请　人
(项目负责人):王顶在
所 在 单 位:哈尔滨市南岗区教育局
所属实验区:哈尔滨市南岗实验区
邮 政 编 码:150080　　联系电话:0451－6335509
填 表 日 期:1999 年 4 月

课题名称	四位一体培训机制					
成果形式	1. 课题研究报告 2. 专著、经验、论文等					
课题领导小组	姓名		年龄	职称	职务	工作单位
	组长	王顶在	53	高级教师	局长	哈尔滨市南岗区教育局
	副组长	孙　波	47	高级教师	副局长	哈尔滨市南岗区教育局
		柴　彦	57	特级教师	校长	哈尔滨市南岗区教师进修学校
	组员	石晓薇	40	高级教师	科长	哈尔滨市南岗区教育局
		高　萍	40	高级教师	科长	哈尔滨市南岗区教育局
		韩晓华	42	高级教师	科长	哈尔滨市南岗区教育局
课题研究组	姓名		年龄	职称	职务	工作单位
	组长	柴彦	57	特级教师	校长	哈尔滨市南岗区教师进修学校
	副组长	文继国	56	高级教师	主任	哈尔滨市南岗区教师进修学校
	课题组成员	黄耀强	48	高级教师	主任	哈尔滨市南岗区教师进修学校
		张岩炜	33	高级教师	主任	哈尔滨市南岗区教师进修学校
		王广义	54	高级教师	主任	哈尔滨市南岗区教师进修学校
		李立敏	49	高级教师	主任	哈尔滨市南岗区教师进修学校
		李　娟	49	高级教师	教研员	哈尔滨市南岗区教师进修学校
		徐世达	33	一级教师	教研员	哈尔滨市南岗区教师进修学校
		韩基顺	39	一级教师	教研员	哈尔滨市南岗区教师进修学校

课题研究的可行性论证

一、研究目的及意义：

21 世纪的教育是充满挑战与竞争的教育。高质量的教师队伍是高质量教育的基本条件，实施素质教育的关键在教师。建立中小学教师继续教育“四位一体培训机制”，旨在推进中小学教师继续教育全员培训的进程，提高全员培训质量，建设一支结构优化、素质优良、适应素质教育要求的中小学教师队伍，同时也是为了构建科学的符合我国国情的中小学教师继续教育制度，完善我国培养与培训相衔接的开放式的中小学教师教育体系。

由于一段时间以来，设在哈尔滨市南岗区教师进修学校内部的培训、教研、科研、电教等 4 个部门各自分立、互不沟通、互不协调，形成了“单打一”的封闭局面，造成了教师进修学校内部培训资源的一定浪费，使投入与产出失衡。同时，也使教师不断重复地接受培训，造成了教师在时间、精力等多方面的浪费。在这种体制下进行的教师培训，很难适应素质教育对教师综合素质的新要求，也不利于进修学校对校本培训的评估与指导。因此，尽快建立起适应新形势需要的中小学教师继续教育培训机制，是一项急需解决的重要课题。

二、课题研究的理论假设

如果能充分发挥区教师进修学校以及中小学校校本培训中培训、教研、科研、电教等四个因素的优势，建立起四个因素共同参与的中小学教师继续教育培训机制，就能真正提高我区中小学教师继续教育的效益，提高教师实施素质教育的能力和水平，完成新一轮基础教育课程改革师资培训任务，为新课程在我区的成功实施提供保障，进而培养学生的创新精神和实践能力，全面推进素质教育。

课题研究的可行性论证

四、本课题的研究原则与方法

(一)研究原则

1. 整体性原则:从整体着眼,从局部入手,把握形成“四位一体培训机制”中培训、教研、科研、电教等在整体中的地位和相互关系。

2. 科学性原则:用科学的思想、科学的理论、科学的方法指导研究。

3. 实效性原则:在探索教师继续教育的一般规律和特点的同时,通过实验,发挥培训、教研、科研、电教相结合的培训机制的优势,有效地推进继续教育实践,取得实质性的效果。

(二)研究方法
1. 实验法
2. 行动研究法
3. 调查法
4. 案例法
5. 定性研究法

五、研究的步骤

(一)调查准备阶段(1999.4—1999.12)

1. 调查全区中小学教师队伍的数量、结构、基本素质的现状。

2. 制定《黑龙江省哈尔滨市南岗区中小学教师继续教育“四位一体培训机制”课题研究方案》。

3. 建立区、校两级课题研究组织机构。

4. 确立20所课题实验研究点校。

课题研究的可行性论证
中学点校：萧红中学、69 中学、17 中学、156 中学、124 中学、163 中学、63 中学、37 中学、宣庆中学； 小学点校：继红小学、复华小学、花园小学、雷锋小学、建工小学、和兴小学、育红小学、长虹小学、解放小学、王岗中心小学、医大附属逸夫学校。 （二）实施研究阶段(2000.1—2002.5) 1. 有计划、有组织地开展“四位一体培训机制”在南岗实验区区、校两级培训中的实践运作及理论研究(2000.1—2000.12)。 2. 开展“四位一体培训机制”的理论与实践专题研讨，总结阶段性研究成果，不断调整、充实课题研究方案(2001.1—2001.6)。 3. 继续深化“四位一体培训机制”的理论与实践研究，做到边研究、边交流、边总结，实行课题研究过程指导(2001.7—2002.4)。 4. 收集整理课题研究的形成性资料，为课题结题做好准备。(2002.5) （三）课题总结验收阶段(2002.5—2002.7) 1. 区、校两级系统整理课题研究资料，形成课题研究报告及专著、论文集、音像资料(2002.5—6)。 2. 开展实验区区内课题研究自检工作(2002.6)。 3. 请国家课题组进行成果鉴定、验收(2002.7)。 4. 推广课题研究成果，扩大课题研究范围。
六、预期研究成果名称 1.《“四位一体培训机制”课题研究报告》 2.《“四位一体培训机制”实验与研究》成果集

课题研究的可行性论证

七、研究条件及保证措施

1. 我区十分重视教育工作。南岗区委、区政府对发展教育事业高度重视，尤其对实验区的工作更加重视。先后出台了《南岗区中小学教师继续教育规定》等地方性政策法规文件。不断增加教育的投入，教育经费逐年增加。

2. 我区对本课题的研究起步较早。早在1991年，南岗区教师进修学校大胆地实施了学校内部体制改革，初步建立起具有区域性特色的培训、教研“二位一体”的运行机制。1997年，南岗区被前国家教委确定为全国中小学教师继续教育区域性实验区，拉开了“四位一体培训机制”课题研究的序幕。1999年4月，国家教育部师范司下发了[1999]20号文件，并下拨了科研经费。南岗区被确定为“四位一体培训机制”课题研究小组的牵头者。

3. 我区的地理位置优越，人才资源丰富。我区是黑龙江省和哈尔滨市的教育、科技、文化中心区。全区居民文化素质较高。

4. 我区的现代教育信息网络工程建设已经启动。建立了以区教育局、区教师进修学校为网头、覆盖城镇和郊区的中小学信息网络，开辟了教师继续教育的新渠道，实现了资源共享，使课题实验研究拓宽了领域。

5. 我区的中小学教师队伍整体素质不断优化。南岗区一直“把师资队伍建设作为永远不变的工作重点”来抓。根据《教师法》和《中小学教师继续教育规定》的要求，我区采取了全面规划、统筹安排、分类培训、分层推进的方法，积极有效地开展了中小学教师继续教育工作，取得了显著效果。我区教师的整体素质不断提高。

课题研究的可行性论证
课题立项申请单位审核意见： 同意申报　　南岗区教师进修学校 公章 1999 年 4 月　　日
实验区教育行政主管部门审批意见： 同意　　南岗区　　教育局 公章 1999 年 4 月　　日
本课题立项管理部门审批意见： 同意立项　　中华人民共和国 教育部师范司 公章 1999 年 4 月　　日

实验方案篇

“四位一体培训机制”课题实验方案

哈尔滨市南岗实验区课题组

一、实验背景

21世纪的教育是充满挑战与竞争的教育，高质量的教师队伍是高质量教育的基本条件。“振兴民族的希望在教育，振兴教育的希望在教师。”实施素质教育的关键在教师。建设一支面向21世纪的数量适当、素质优良、结构优化、能够适应现代化建设和教育现代化需要的充满生机和活力的教师队伍，意义深远。

建立中小学教师继续教育“四位一体培训机制”，是根据《教育法》关于“建立和完善终身教育体系”的规定，加快基础教育教师队伍建设，加快教育改革和发展的迫切需要。同时，也是进一步建立和完善具有中国特色的中小学教师继续教育体系的需要。

但是，一段时间以来，我区教师进修学校的培训、教研、科研、电教等四个部门各自分立，互不沟通，互不协调，造成了教育资源的一定浪费，使投入与产出失衡，形成了“单打一”的各自封闭局面。在这种前提下进行的培训，要想提高中小学教师实施素质教育的能力和水平，是难以做到的。

为落实国家《关于全面推进中小学教师继续教育工作的意见》，全面启动我区“中小学教师继续教育工程”，提高全区中小学教师的整体素质。根据教育改革和发展的需要，从中小学教师继续教育工作的实际出发，提高全员培训的效率和质量，尽快建立起中小学教师继续教育“四位一体培训机制”，十分必要。它是我区中小学教师继续教育工作进程中需要解决的重要课题。因此，我们选定了这个课题。

二、实验条件

1. 我区十分重视教育工作

南岗区委、区政府对发展教育事业高度重视，尤其对实验区的工作更加重视。始终坚持把科教兴区、发展本地区教育事业摆在区委、区政府的重要议事日程。每年召开一次教育工作会议，先后出台了发展教育的《南岗区中小学教师继续教育五年规划》、《南岗区中小学教师继续教育规定》等政策和地方性文件、法规。不断增加教育的投入，教育经费逐年增加。设立了教育发展基金。先后制定了《社会教育投资方案》、《建立教育奖励基金的决定》等。为了解决教育工作中出现的重大问题，建立了由区政府负责、职能部门协调配合、社会各界共同参与的有效机制。由于区委、区政府十分重视教育工作，教育工作取得了显著成绩，1997 年被国家教委评为全国"两基"教育先进区。

2. 我区对本课题的研究起步较早

早在 1991 年，南岗区教师进修学校在充分酝酿，反复论证的基础上，大胆地实施了学校内部体制改革，把原来分设的培训部和中小学教研室合并为中学部和小学部，在各自主管校长的领导下，初步建立起具有区域性特色的培训、教研"二位一体"的运行机制。

1997 年，南岗区被国家教委确定为全国中小学教师继续教育区域性实验区。我区申报了"培训、教研、科研、电教四位一体的继续教育模式"科研课题，制定了《黑龙江省哈尔滨市南岗区中小学教师继续教育四位一体培训模式研究方案》。从此拉开了"四位一体培训机制"课题研究的序幕。

1999 年 4 月，国家教育部师范司下发了[1999]20 号文件，将全国 51 个实验区分成 17 个科研课题小组，开展专题研究，并下拨了科研经费。南岗区又被国家教育部师范司确定为全国"四位一体培训机制"科研课题研究小组的牵头者。

3. 我区的地理位置优越，人才资源丰富

南岗区是黑龙江省委、省政府、省人大、省军区等党政机关的所在地。也是全市的科技文化中心区。有哈尔滨工业大学等 11 所大专院校和省农科院等 52 家科研单位。全区总人口 88 万，居民文化层次较高。区内有中小学校 100 余所，教师 5900 余人，在校生 100680 人。

4. 我区的现代教育信息网络工程建设已经启动

2000 年初我区建立了以区教委、教师进修学校为网头、覆盖城镇和郊区近 40%中小学的计算机信息网络，开辟了偏远农村地区教师继续教育的新渠道，促进了信息交流，实现了资源共享，提高了中小学教师继续教育效益，使课题实验研究拓宽了领域。

5. 我区的中小学教师队伍整体素质不断优化

南岗区一直按照市教委要求的“把师资队伍建设作为永远不变的工作重点”来抓。根据《教师法》和《中小学教师继续教育规定》的要求，我区采取了全面规划、统筹安排、分类培训、分层推进的方法，积极有效地对学校领导、中小学教师和教研员进行了岗位培训。开展了新教师培训、职级培训、骨干教师培训、教师基本功训练、课堂教学六项技能综合训练、教学百花奖活动等，取得了显著效果。进一步提高了教师的整体素质。

三、实验假设

如果能充分发挥区教师进修学校培训、教研、科研、电教等四个部门的优势，建立起四者共同参与的中小学教师继续教育培训机制，就能真正提高我区中小学教师继续教育的效益，提高教师实施素质教育的能力和水平，进而培养学生的创新精神和实践能力，提高教育教学质量。同时也为全国中小学教师继续教育培训机制(即“四位一体培训机制”)的建设，提供强有力的佐证。

四、概念界定

“四位一体培训机制”，是指在中小学教师继续教育中充分发挥教师进修学校内部培训、教研、科研、电教部门的中心作用，实行校内四个因素(部门)在中小学教师继续教育培训办公室统筹下，各施其责、相互配合，共同完成不同类别、不同层次、不同目标的中小学师资培训任务，以形成优质、高效、良性的中小学教师继续教育运行机制。

五、实验目标

1. 全面优化教师的整体素质，提高教师实施素质教育的能力和水平。

2. 不断提高培训者自身素质、学科教育理论水平和教育教学研究能力，从而提高其从事继续教育工作的能力。

3. 开发出具有“四位一体培训机制”特点的继续教育课程设置体系，使继续教育课程、教学内容更符合中小学教师实际，提高中小学教师继续教育的质量。

4. 进一步加强培训基地的软硬件建设，使继续教育工作在本省乃至全国具有一定的知名度。

5. 建设一支专兼结合、高水平、善于研究、有较强能力的中小学教师继续教育师资培训队伍。

6. 基本形成具有区域性特色的高效、优质的“四位一体”互补的运行机制，使中小学教师继续教育进入良性运行状态。

六、实验内容

依据国家教育部师范司[1999]20号文件精神，结合我区中小学教师继续教育工作的现状和中小学师资队伍的实际情况，以子课题的形式，对

“四位一体培训机制”科研课题的内容、形式、管理、师资、课程教材等进行分类研究。

1. 以计算机应用为核心的现代教育技术在教师继续教育中的地位、作用与培训模式研究。

2. 中小学教师师德培训的层次性与实效性研究。

3. 在骨干教师培训中，实施“四位一体培训机制”的理论研究与实践探索。

4.“四位一体培训机制”在集中培训、教研培训、校本培训中的运作。

5. 校本培训的途径与方法研究。

6. 校本培训的组织与管理研究。

7. 区、乡、校三级培训网络建设的理论研究与实践探索。

8. 建立区域性中小学教师校本培训检查评估体系的研究。

9. 加强乡、镇教师继续教育培训辅导站建设，提高农村教师整体素质。

10. 构建具有“四位一体培训机制”特点的继续教育培训课程设置体系研究。

11. 中小学教师师德培训的层次性与实践性研究。

12. 加强教研员队伍建设的理论与实践。

七、实验原则

1. 整体性原则

从整体着眼，从局部入手，把握形成“四位一体培训机制”中培训、教研、电教、科研等在整体中的地位和相互关系。

2. 科学性原则

用科学的思想、科学的理论、科学的方法指导研究。

3. 实效性原则

在探索教师继续教育的一般规律和特点的同时，通过实验，发挥培训、教研、电教、科研相结合的培训机制的优势，以有效地推进继续教育实践,取得实质性的效果。

八、实验步骤

(一)调查准备阶段(1999.4—1999.12)

1. 调查全区中小学教师队伍的数量、结构、基本素质的现状。

2. 制定《黑龙江省哈尔滨市南岗区中小学教师继续教育四位一体培训机制课题研究方案(1999—2003年)》。

3. 建立区、校两级课题研究组织机构。

4. 确立课题研究点校(城区:小学:继红小学、花园小学、复华小学、解放小学、和兴小学、育红小学、雷锋小学、建工小学、长虹小学、医大附属逸夫学校;中学:63中学、69中学、萧红中学、17中学、124中学、156中学、宣庆中学、163中学。郊区:小学:王岗中心小学;中学:37中学)。

(二)实施研究阶段(2000.1—2002.5)

1. 有计划、有组织地开展"四位一体培训机制"在南岗实验区区、校两级培训中的实践运作及理论研究(2000.1—2000.12)。

2. 开展"四位一体培训机制"的理论与实践专题研讨,总结阶段性研究成果,不断调整、充实课题研究方案(2001.1—2001.6)。

3. 继续深化"四位一体培训机制"的理论与实践研究,做到边研究、边交流、边总结,实行课题研究过程指导(2001.7—2002.1)。

4. 收集整理课题研究的形成性资料,为课题结题做好准备(2002.2—2002.4)。

(三)课题总结验收阶段(2002.5—2002.7)

1. 区、校两级系统整理课题研究资料,形成课题研究报告及专著、论文集、音像资料。

2. 开展实验区区内课题研究自检工作。

3. 请国家课题组进行成果鉴定、验收。

4. 推广课题研究成果,扩大课题研究范围。

九、组织管理

建立由南岗区教委主任、区教师进修学校校长以及区教委和进修学校有关职能部门负责同志组成的实验领导小组。其职能为制订方案、出台政策、组织协调、保障经费。

成立由南岗区教师进修学校有关职能部门负责同志以及各实验点校校长组成的课题研究小组。其职责为具体实施课题实验方案，组织课题实验研究，撰写课题实验报告。

（执笔人：文继国　白宝彦）

“中小学教师师德培训的层次性与实效性研究”课题实验方案

哈尔滨市南岗实验区课题组

一、实验背景

(一)国家的要求与部署

1. 我们的党和政府历来十分重视师德建设。早在1977年邓小平同志在《关于科学和教育工作的几点意见》中就指出:“一个学校能不能为社会主义建设培养合格人才,培养德智体全面发展、有社会主义觉悟的有文化的劳动者,关键在老师。”江泽民同志提出:“全面提高办学的质量和效益,要推动教育工作者和教师职业道德的更新与进步。”与此同时,国家又先后制定了建设高素质教师队伍的一系列政策法规。1997年,国家教育部和全国教育工会又重新修订和颁布了《中小学教师职业道德规范》。因此,开展师德研究与实践势在必行。

2. 在跨世纪的关键时期,党中央、国务院召开了第三次全国教育工作会议,教育部决定在全国范围内启动“中小学教师继续教育工程”,以全面提高中小学教师队伍的素质。师德培训是中小学教师继续教育的重要内容,是一项必须常抓不懈的灵魂塑造工程。

(二)客观形势的需要

1. 在新的历史时期,综合国力的竞争呼唤教师的师德,知识经济的到来呼唤崇高的师德,实施素质教育呼唤崇高的师德,精神文明建设呼唤崇高的师德,社会各界呼唤崇高的师德,党和政府关注着师德建设。教师之本在于师德。教师要成为学生整体素质发展的引路人,就必须为人师表。

2. 随着社会主义市场经济体制的逐步建立，出现了拜金主义、享乐主义、个人主义倾向以及教师以罚代教、以教谋私等不良倾向，师德问题变得异常突出。多元价值观并存的局面对传统师德的扬弃与重建，对师德教育建设的方法提出了新的要求。我们的师德应该注入时代新内涵，才能与教育的发展及人才的培育相适应，才能使教育与我国社会主义建设的需求相适应。在新形势下，提高师德修养是一个重要的大课题。

二、实验条件

（一）领导重视师德建设工作

1. 为使我区教师师德建设走向制度化、规范化，南岗区委、区政府、区教委先后出台了《关于加强和改进中小学教师职业道德的基本要求》和《关于进一步加强师德建设工作规划》、《教育奖励基金决定》、《评选百名师德高尚教师方案》等一系列政策、文件，对师德建设工作起了积极的指导作用，并将师德培训内容纳入继续教育规划中，这就从制度上为师德建设提供了保障。

2. 为确保师德建设的开展还制定了各项措施：(1)对师德建设成绩显著的学校与个人要予以表彰和奖励，并在职务评聘、晋升、选拔方面优先考虑；对教师在此方面撰写的文章及开展的示范活动等，其获得的荣誉和奖励与其他方面的成果荣誉和奖励同等对待。这些激励机制在充分尊重教师劳动果实的基础上强化了教书育人的观念，使教师更好地教书育人。(2)把师德纳入学校和教师的考核评估中，建立社会、学校、家长、学生“四位一体”的教书育人“监督网络”，使教师自觉地规范自己的师德行为，自觉地履行教书育人的职责。(3)对师德考核不合格的教师在职务晋升时，实行师德“一票否决制”，并且在两年内不得申报高一级职务等。

（二）课题研究有基础

1. 早在1990—1992年我们对全区38所中小学的青年教师职业道德状况进行了调查，写出了调查报告，并召开了“加强青年教师职业道德教育，全面提高青年教师素质研讨会”和“现场研讨会”，总结和推广加强青年教师职业道德教育的经验，探索了开展青年教师职业道德教育的有效做法。

2. 1993—1996 年开展了师德系列讲演活动，一年一个主题，如“爱我职业，树我形象”，“学生在我心中”，“后进生——待开发的人才”等。重点探讨了如何结合教育教学工作加强职业道德教育等专题。

3. 1997 年至今，为强化师德，我区做出规定，在各类教师培训班上，开设师德培训必修课，使师德建设贯穿到教育教学全过程。这既为课题研究奠定了理论基础，又积累了实践经验，并取得了一定的成效。我区现在已被评为师德建设先进区。

三、实验假设

如果我们针对不同层次的教师组织培训，使教师学有所思，思有所悟，悟有所行，行有所获，探索开展中小学教师师德培训的有效做法，探讨不同层次教师的成长规律，提出从职业道德培训入手，启动内因，加速师德建设的对策和建议，就能使师德培训更加深入，从而提高教师的师德理论水平，培植师德情感，确立师德信念，塑造良好的师德形象，使我区教师队伍越来越成为一支受全社会尊敬和受广大青少年爱戴的优秀队伍。

四、概念界定

增强教师的事业心，强化教师队伍的职业责任感，提高教师的工作积极性，是教师的职业道德，即师德。中小学教师师德培训的层次性，即指区分教师师德修养状况的层次，分别提出达到目标和相应的培训内容及对策，逐层递进，日臻完善。实效性即指从教师实际出发，坚持师德修养方向，对不同层次的教师，提出不同的可达成师德目标系列，采取切实的对策和方法，并树立不同层次的榜样，提高教师对教育事业及其社会地位的认同，逐步形成师德情感和行动。以此来确保培训质量和效益的提高。

五、实验目标

面向全体教师开展全员培训,增强教师的敬业精神,塑造教师的师德风范,提高教师实施素质教育的综合育人能力和水平,建设一支高素质的新型教师队伍。

(一)新教师:转变角色,稳定心态,树立事业心,使之尽快适应工作需要。掌握教育教学常规要求,业务上能独立承担工作。明确教师成才的一般规律,并在实际工作中实施成才规划。

(二)骨干教师:更新知识结构,提高理论素养,提高在实际工作中开展科研的能力。热爱教育事业,献身教育事业,掌握现代教育技术,具有创新精神。在业务上能出色地完成工作任务。

(三)全体教师:加强学习,转变教育观念,让师德认识转化为师德行为。加强师德实践的养成训练,使教师不断地自我省察,使师德规范内化为教师稳定的、长期起作用的品质,从而提高教师自我教育、自我修养的自觉性,树立正确的教师职业价值观,提高教师的整体素质和工作能力。

六、实验内容

(一)师德培训内容的层次性与实效性研究

1. 对青年教师的培训内容

了解国情、区情,学习《中小学教师职业道德规范》及教育政策法规、教育改革理论、优秀教师事迹和国内外教育理论信息。进行热爱教育工作、热爱学生、初步掌握教育教学常规工作的训练。

2. 对骨干教师的培训内容

(1)学习邓小平教育理论、现代素质教育理论、现代科学思想与科学方法、教育科研理论与方法、国内外教育改革的动态。

(2)加深理解《中小学教师职业道德规范》等教育法规条例,树立“为人师表,以德立身”的行为准则。

(3)强化教师行为规范的训练,使之贯穿于行为中,成为工作动力与精神需求,塑造新时期教师的新形象。

(4)掌握现代教育技术,提高教育教学水平及科学研究能力。

3. 对全体教师的培训内容:更新教育思想、教育观念,用新思想、新观念指导教育教学,加强教育理论的学习,用新的教育理论指导教育实践。加强职业道德的教育,使中小学教师具备教育学生形成优良品德的能力,努力做到教书育人,为人师表。

(二)培训形式的研究

主要采用平等参与的方式。让教师对师德观念和做法进行探究,通过创设情境,引导教师在活动表现和体验中反思自己的经验与观念,在交流和分享中学习他人的长处,产生新的思想,达到新的认识,从而实现自我提高。以下面几种具体培训形式为主:

1. 分散集中

2. 自学体验

3. 专题讲座

4. 实践磨炼

5. 专家指导

6. 研讨交流

7. 观摩、参观、考察

8. 案例教学

9. 经验分享

(三)培训管理的研究

开展师德培训的有效激励机制和制约机制的理论研究与实践探索。

1. 评价体系:教师自我评价,教师间互相评价,学生评价,家长评价。

2. 奖励措施:设立专项经费,提供研讨交流的机会,将师德考核与职称评聘、评优、晋升和任用等挂钩。

(四)培训实效性的研究

构建师德培训教育网络,形成师德教育合力的研究。

1. 校内各部门协同配合,做到有计划、有措施、有检查、有落实,抓典型、树榜样、严格考核奖励。

2. 建立学校、家长、社会师德监督网络，形成合力。

(五)师德培训课程教材建设

构建具有“四位一体培训机制”特点的师德培训课程设置体系。

七、实验原则

(一)整体性原则

从全体教师着眼，从分层次培训入手，把握师德培训中新教师、骨干教师、全体教师培训在整体培训中的地位和相互关系。注意个体差异，培训内容、方法力求与教师能力水平相适应。根据不同层次教师的实际，寻找与之相适应的最佳切入点。

(二)实践性原则

马克思主义发展观认为，人的素质发展一定要经过自身的实践。师德培训既需要认知过程的参与，又在非认知领域内最终获得。也就是说，高尚的师德从根本上讲不是学得的，而是习得的。因此，重在实践，重在养成习惯，是师德培训最重要的原则。

(三)实效性原则

在探索师德培训的一般规律和特点的同时，把握“结合点”，通过实验，发挥师德培训网络与师德监督网络(学校、家长、社会)相结合的培训机制的优势，以有效地推进师德培训实践，取得实效性。

(四)科学性原则

以最新的学习观和教育新观念为基础，强调科学的培训程序，采纳多种经实践验证的科学方法与手段，指导实验研究。

八、实验步骤

(一)调查准备阶段(1999.4—1999.12)

1. 调查全区中小学教师队伍的数量、结构、基本素质的现状。

2. 制定《中小学教师师德培训的层次性与实效性课题研究方案》。

3. 建立区、校两级课题研究组织结构。

4. 确立课题研究点校(小学:解放小学;初中:63中、163中)。

(二)实施研究阶段(2000.1—2001.12)

1. 有计划、有组织地开展"师德培训的层次性与实效性"课题在南岗区区、校两级培训中的实践运作及理论研究。

2. 专题研讨、总结阶段性研究成果,不断调整、充实课题研究方案。

3. 深化研究,做到边研究、边交流、边总结,实行课题研究过程指导。

4. 收集整理课题研究的形成性资料,为课题结题做好准备。

(三)课题总结验收阶段(2002.1—2002.6)

1. 区、校两级系统整理课题研究资料,形成课题研究报告及专著、论文集、音像资料等。

2. 开展课题研究自检工作。

3. 请国家课题组进行成果鉴定、验收。

4. 推广课题研究成果,扩大课题研究范围。

九、课题组织管理

1. 本课题在区教育局、区教师进修学校的领导下,在区总课题实验研究小组的指导下,由区教师进修学校培训办公室全体同志及三所实验点校的子课题负责人组成实验研究小组。

2. 本课题实验研究小组的职责为具体实施课题实验方案,组织课题实验研究,管理课题实验档案,撰写课题实验报告等。

(执笔人:李　娟)

“区、乡、校三级培训网络建设的理论研究与实践探索”课题实验方案

哈尔滨市南岗实验区课题组

一、课题提出

“振兴民族的希望在教育，振兴教育的希望在教师。”高质量的教师队伍是高质量教育的基本条件。建设一支面向21世纪的数量适当、素质优良、结构优化、能够适应现代化建设和教育现代化需要的充满生机和活力的教师队伍，是21世纪教育的需要。

“区、乡、校三级培训网络建设的理论研究与实践探索”的课题实验，是建立中小学教师继续教育“四位一体培训机制”总课题的重要组成部分，是根据《教育法》关于“建立和完善终身教育体系”的规定，探索加快农村小学教师队伍建设新途径的迫切需要。同时，也是进一步建立和完善具有中国特色的中小学教师继续教育体系的需要。

目前，南岗区所辖三乡一镇（红旗乡、跃进乡、新春乡、王岗镇）共有26所农村小学，在编教师336人。从全区来看，乡（镇）中小学教师辅导站和村小学辅导点建设还不够完善，有的还没有建立起来，“区、乡、校三级培训网络”还没有形成。在这种情况下，要想提高农村小学教师实施素质教育能力和水平的综合素质，是难以做到的。

为落实国家《关于全面推进中小学教师继续教育工作的意见》，全面启动南岗区“中小学教师继续教育工程”，提高全区农村小学教师的整体素质，根据教育改革和发展的需要，从中小学教师继续教育工作的实际出发，提高全员培训的效率和质量，尽快建立起中小学教师继续教育“区、乡、校三级培训网络”，十分必要。它是我区中小学教师继续教育工作进程中需要解决的课题之一。

二、实验假设

如果能充分发挥区教委和教师进修学校、乡(镇)中小学教师辅导站、村小学辅导点的优势,建立起三者共同组成的中小学教师继续教育培训网络,就能真正提高我区农村小学教师继续教育的效益,提高农村小学教师实施素质教育的能力和水平,进而培养学生的创新精神和实践能力,提高教育教学质量。为总课题(中小学教师继续教育"四位一体培训机制")的实验研究,提供有力的佐证。

三、概念界定

"区、乡、校三级培训网络",是指建立区教委和教师进修学校、乡(镇)中小学教师辅导站、农村小学辅导点三级培训体系。三者要明确职责,划分培训范围,相互配合,资源共享,使农村小学教师的继续教育得以顺利开展。

四、实验目标

1. 全面优化教师的整体素质,提高教师的教育教学水平和科研能力以及实施素质教育的能力。

2. 开发出具有"四位一体培训机制"特点的、符合农村小学教师实际的继续教育课程设置体系,提高农村小学教师继续教育的质量。

五、实验内容

1. 从理论和实践两个方面研究"区、乡、校三级培训网络"的形式、特点。

2. 研究区教委和教师进修学校、乡(镇)中小学教师辅导站、农村小学辅导点等各继续教育培训主体的职责,理顺相互间的关系。

(1)区教委负责制定有关政策,检查指导培训工作。教师进修学校负责制定培训规划,组织实施。

(2)乡(镇)辅导站负责组织安排培训工作。

(3)农村小学是农村小学教师继续教育的主阵地,负责校本培训工作和对学员的教育教学进行检查指导。

六、实验原则

1. 整体性原则

从整体着眼,从局部入手,把握形成"区、乡、校三级培训网络"中区教委和教师进修学校、乡(镇)中小学教师辅导站、村小学辅导点等在网络体系中的地位和相互关系。

2. 科学性原则

用科学的思想、科学的理论、科学的方法指导研究。

3. 实效性原则

在探索农村小学教师继续教育的一般规律和特点的同时,通过实验,发挥区教委和教师进修学校、乡(镇)中小学教师辅导站、村小学辅导点的培训优势,以有效地推进继续教育实践,取得实质性的效果。

七、实验步骤

(一)调查准备阶段(1999.4—1999.12)

1. 调查三乡一镇小学教师队伍的数量、结构、基本素质的现状。

2. 制定《区、乡、校三级培训网络建设的理论研究与实践探索实验方案(1999—2003年)》。

3. 建立区、乡、校三级课题研究组织机构。

(二)实施研究阶段(2000.1—2002.10)

1. 有计划、有组织地开展区、乡、校三级培训中的实践运作及理论研究(2000.1—2000.12)。

2. 开展“区、乡、校三级培训网络建设的理论研究与实践探索”的理论与实践专题研讨，总结阶段性研究成果，不断调整、充实课题研究方案(2001.1—2001.6)。

3. 继续深化课题的理论与实践研究，做到边研究、边交流、边总结，实行课题研究过程指导(2001.7—2002.1)。

4. 收集整理课题研究的形成性资料，为课题结题做好准备(2002.2—2002.3)。

(三)课题总结验收阶段(2002.4—2003.6)

1. 区、乡、校三级系统整理课题研究资料，形成课题研究报告、论文集。

2. 开展课题研究自检工作。

3. 请总课题组进行成果鉴定、验收。

4. 推广课题研究成果，扩大课题研究范围。

八、组织管理

此项课题的研究由南岗区教育督导室、区教师进修学校培训办公室共同负责。

(执笔人：白宝彦)

“建立区域性中小学校本培训检查评估体系的研究”课题实验方案

哈尔滨市南岗实验区课题组

一、课题提出

江泽民同志在全国第三次全教会上深刻指出：“国运兴衰，系于教育；教育振兴，全民有责。”教育必须迎接时代的挑战，必须为全民素质的提高做出应有的贡献。实施素质教育的关键在于教师，中小学教师肩负着培养一代新人的重任，所以提高教师素质迫在眉睫。为此，国家教育部颁发了《中小学教师继续教育规定》和《关于全面推进中小学教师继续教育工作的意见》。以上文件对中小学教师队伍建设提出了非常具体而又明晰的要求。

为了深入贯彻第三次全教会精神，落实国家关于教师继续教育的文件，全面提高南岗区中小学教师的专业化水平，探索建立具有中国特色的中小学教师继续教育体系，我区承担了由国家教育部师范司设立的“四位一体培训机制”课题。“建立区域性中小学校本培训检查评估体系”则是这一课题的子课题之一。

所谓校本培训检查评估，就是由教育行政和业务主管部门根据一定的检查评估方案和细则，通过对校本培训目标、管理、过程、效果等方面的检查，来评估基层中小学开展校本培训的水平，并对培训中存在的问题提出改进意见，对下一步培训工作提供切实可行的建议，引导中小学按照教师专业化发展的规律，反思和调整培训工作。这里的“区域性”是指哈尔滨市南岗区。当然，也可适用于其他条件相似的地区。

校本培训检查评估是一项旨在提高中小学校本培训水平的重要工作。通过它可以鉴定一个学校是否具有从事校本培训的资格;通过它可以衡量一个学校校本培训质量的高低;通过它可以肯定一个学校培训工作的业绩;通过它可以提高中小学教师的综合素质;通过它可以提供关于教师队伍建设的客观情况,为教师培训的决策提供依据。总之,建立起具有南岗区特色的区域性中小学教师校本培训检查评估体系,是校本培训工作取得实效的关键。此项子课题的研究,必将推动南岗区校本培训检查评估工作走向规范化、制度化,必将促进南岗区校本培训工作由经验型向科学型的转化。

二、实验假设

如果能充分发挥我区“四位一体培训机制”的优势,逐步建立起由区教育局直接领导,由区教师进修学校具体组织实施的中小学教师校本培训检查评估体系,就能够推动我区中小学校本培训工作的开展,提高我区中小学校本培训的水平,提高全区教师实施素质教育的能力。另一方面,也能够为“四位一体培训机制”总课题研究的理论建构提供经验和佐证。

三、实验依据

(一)政策法规依据

1.《中小学教师继续教育规定》。

2.《教育部关于进一步加强县级教师培训机构的意见》。

3.《中小学教师继续教育工程实施方案》。

(二)理论依据

1. 以教师专业化思想为理论指南。

2. 以发展性教育评价思想为理论根据。

3. 以兄弟省市指导和检查评估校本培训的成型经验为借鉴。

4. 以我区各中小学校校本培训工作的管理、运作制度为基础。

（三）实践依据

1. 多年来，南岗区对教师继续教育工作一直非常重视，各中小学校在前几轮教师培训中就探索和积累了校本培训的经验。第三次全教会后，新一轮教师继续教育工作已经在我区全面铺开。多数中小学校有创造性地开展了校本培训工作，20 家实验点校已经探索出一条有南岗区特色的校本培训组织与管理、途径与方法的创新之路。南岗区"四位一体培训机制"正在有序地形成之中。

2. 区教师进修学校成立了教师继续教育培训办公室，负责全区中小学教师校本培训的研究、规划、管理、指导、检查、评估等工作，从而形成了宏观有调控、微观有落实、具体有人抓的子课题实验研究的体制。

以上这些都为我们这项子课题实验研究的开展提供了实践的依据。

四、实验目标

（一）实践目标

通过检查评估，促进南岗区中小学教师校本培训工作水平的提高，全面优化南岗区教师的整体素质，有效推进素质教育。

（二）制度目标

建立起一套具有南岗区特色的中小学教师校本培训检查评估制度、量化评分标准及奖惩机制。

（三）理论目标

总结出具有我区特色的校本培训检查评估的思想与目标、内容与形式、方法与技术等一系列理论经验。

（四）队伍目标

培训出一支思想作风优秀、评估业务精良、善于理论总结的检查评估者队伍。

五、实验原则

(一)科学性原则

用科学的评估思想、理论、方法指导实验研究,以保证评估标准、依据和结果的客观性、准确性、有效性。

(二)整体性原则

一方面,注意空间上的整体性,即全面性。对培训的目标、管理、过程、效果进行综合评估。另一方面,注意时间上的整体性,即发展性。既要看到短期、显见的培训效果,更要看到长期、潜在的培训效果。不仅要看当前的静态情况,更要看在原有基础上的进步和长远的发展趋势。

(三)指导性原则

检查评估要着眼于指导功能,充分发挥其导向、激励、改进的作用,对评估对象施加教育影响。

(四)主体性原则

确立评估对象是评价主体的观念,充分发挥中小学校在评估中的主体作用。只有变被动受评为主动参评,变客体为主体,使评估过程和培训过程合为一体,才能使检查评估工作成为推动校本培训的动力机制。

(五)可行性原则

一方面,制订检查评估方案,必须根据校本培训的规律和特点,根据不同学校的实际情况,根据我区教育发展对教师的实际需求,注重其可操作性。另一方面,在检查评估中,必须认真听取基层学校领导和教师的意见,及时获得信息反馈,以便调整检查评估方案。

六、实验内容

1. 校本培训检查评估体系的理论。

2. 校本培训检查评估的目的与功能。

3. 校本培训检查评估的内容(量化指标体系)。

4. 校本培训检查评估的方法与技术。

5. 校本培训检查评估制度的形成与完善。

6. 校本培训检查评估者队伍的自身建设。

7. 校本培训检查评估的效果。

8. 校本培训检查评估的体会与经验。

七、实验方法

1. 观察法

2. 调查法

3. 案例法

4. 反馈法

5. 比较法

6. 测评法

八、实验步骤

(一)调查准备阶段(1999 年 4 月—2000 年 8 月)

1. 确立子课题研究方向。

2. 组建子课题实验研究小组,落实课题实验研究负责人。

3. 调查全区中小学教师校本培训工作的历史、现状以及发展前景。

4. 确立课题实验点校,为开展实验研究创造条件。

(二)初步探索阶段(2000 年 9 月—2000 年 12 月)

1. 制订子课题实验方案,确定研究思路。

2. 学习现代教育评价理论,研究校本培训检查评估的理论本质。

3. 深入课题实验点校,根据实际确定检查评估的目标和方向。

4. 研究讨论检查评估的指标体系,制定《南岗区中小学教师继续教育校本培训检查评估方案》及《细则》。

5. 对少数实验点校进行实验性检查评估，取得实践经验和意见反馈。

（三）深入研究阶段（2001 年 1 月—2002 年 5 月）

1. 开展子课题实践与理论的专题研讨。修订校本培训检查评估《方案》及《细则》。

2. 扩大实验研究的范围，对所有实验点校进行检查评估，进一步积累实践经验。

3. 对检查评估工作进行自我评估，总结检查评估经验，形成阶段性研究报告。

4. 加强评估者的业务素质和自身修养。

5. 推广实验成果，对全区非实验点校进行常规性校本培训检查评估工作。同时树立若干优秀典型学校，以对全区起到示范作用。

（四）结题验收阶段（2002 年 6 月—7 月）

1. 整理课题的过程性研究材料，归入档案。

2. 形成课题研究报告。

3. 开展课题的自检自评工作。

4. 向课题立项主管部门报送结题材料，申请验收。

九、实验成果形式

（一）课题研究报告。

（二）论文。

（三）经验总结。

（四）完善的《南岗区校本培训检查评估方案》及《细则》。

十、子课题组织管理

1. 本课题在区教育局、区教师进修学校的领导下，在区总课题实验研究小组的指导下，由区教师进修学校培训办公室全体同志组成实验研究小组。

2. 本课题实验研究小组的职责为具体实施课题实验方案，组织课题实验研究，整理管理课题实验档案，撰写子课题实验报告等。

（执笔人：徐世达）

“加强乡镇教师继续教育辅导站建设，提高农村教师整体素质”课题实验方案

哈尔滨市南岗实验区课题组

一、实验背景

为了全面提高我区农村小学教师队伍的整体素质，适应基础教育改革与发展的需要，根据国家教育部、省、市教委关于开展中小学教师继续教育的一系列精神，我们立足本地实际，经过广泛的调查、论证和充分准备，按照国家教育部师范司(1998)18号《关于加强中小学教师继续教育区域性实验工作的几点意见》文件要求，我们选定了教育部师范司确立的中小学教师继续教育“四位一体培训机制”实验研究课题，具体承担其子课题“加强乡镇教师继续教育培训辅导站建设，提高农村教师整体素质”的实验研究工作。

我区所辖王岗镇和红旗乡共有村小23所，小学教师总计268名。近年来开展了丰富的教师继续教育培训工作。乡镇中心校对在职教师进行培训已经有了不少的尝试，取得了一定的成绩。但是，由于各村小办学条件较差，偏僻落后，信息闭塞，有的小学校只有五、六名教师，学校比较分散，各自为主，缺少沟通。乡镇中心校又难以统一管理。因而，乡镇教师继续教育尚未充分开展，没有起到乡镇中心校在培训教师中应起的作用。针对这种情况，我们必须采取特殊形式，开发自身资源，充分发挥乡镇中心校的作用，建立乡镇辅导站，负责统一组织、管理和指导各村小学教师继续教育工作。

乡镇辅导站是沟通上级教育业务部门和各村校的桥梁和纽带，是教师继续教育的具体实施部门，是乡镇教师培训的重要基地。建立乡镇教

师辅导站，对于推动农村小学教师继续教育工作具有重要的理论意义和实践价值。

二、实验条件

1. 区教委、区教师进修学校十分重视农村中小学继续教育工作。区教委、区教师进修学校的领导经常深入乡镇中心校及各村校，督促、检查继续教育工作。大家一致认为，为了落实国家《关于全面推进中小学教师继续教育工作意见》，全面启动我区“中小学教师继续教育工程”，在开展中小学教师继续教育工作的过程中，我们把重点从中心校转移到各村校，只有抓好各村校教师的继续教育工作，才能为全面地实施素质教育和提高义务教育质量夯实基础，达到国家教育部提出的目标。

2. 南岗区乡镇学校近年来开展了丰富的教师继续教育工作，总结了一定的经验，中心校的领导团结务实，锐意改革，广大教师队伍经受了锻炼，广大教师的整体素质有了较大的提高，一批政治、文化、业务素质较高的新型教师正在茁壮成长，为组织实施“加强乡镇教师继续教育培训辅导站建设，提高农村教师整体素质”课题奠定了坚实的师资基础。

三、实验假设

如果乡镇辅导站按照上级领导的工作部署，在市、区教育局以及教师进修学校的大力扶植和具体指导下，在基层学校和广大教师的支持和配合下，一定会更好地发挥辅导站的职能作用，为乡镇教师的政治、文化、业务素质提高，为深化乡镇教育教学改革、全面实施素质教育，做出应有的贡献。

四、实验目标

1. 研究乡镇辅导站对乡镇教师继续教育的意义和作用。

2. 从理论和实践两方面来研究乡镇教师继续教育的特点、内容、方法和途径。

3. 探讨对乡镇教师继续教育具有指导意义的经验，为“加强乡镇教师继续教育培训辅导站建设，提高农村教师整体素质”提供实践和理论借鉴。

4. 进一步加强培训基地的软硬件建设，使乡镇教师的继续教育成规模、上档次、求实效，基本形成自己的培训特色。

五、实验内容

依据国家教育部师范司(1999)20号文件精神，结合《“四位一体培训机制”课题实验方案》的具体要求，对课题的内容、形式、管理、师资、课程教材等进行分类研究。

六、实验原则

1. 整体性原则

从整体着眼，从局部入手，明确阐释乡镇教师继续教育中培训、教研、电教、科研在整体中的地位和相互关系。

2. 科学性原则

用科学的思想、理论、方法指导研究。

3. 实效性原则

在探索乡镇教师继续教育的一般规律和特点的同时，通过实验发挥“四位一体培训机制”的优势，以乡镇辅导站为培训基地，取得实质性的效果。

七、实验步骤

(一)调查准备阶段

2000年9月至12月为课题研究的准备阶段。在此期间主要完成五项任务。一是建立以教研员、乡镇领导、科研骨干相结合的课题研究机构;二是培训研究人员;三是制订研究方案;四是设计研究问卷、表格,确定调查的步骤和方法;五是建立资料库,收集、整理、撰写乡镇中心小学教师继续教育经验。

(二)实施研究阶段

2001 年 3 月至 2002 年 5 月为课题研究阶段。在此期间,课题组将侧重对乡镇辅导站继续教育的内容与形式进行筛选,进行细致的定性定量分析,撰写调查报告。以此为基础,课题组对乡镇辅导站的职能作用以及所培训教师的政治、文化、业务素质提高的幅度,进行充分的分析、研究、质疑、争辩,达成共识,基本形成成果论文的理论框架和主要的概念、范畴及观点。

(三)课题总结验收阶段

2002 年 6 月至 2002 年 7 月为课题总结验收阶段。

1. 在此期间,课题组系统整理课题研究资料,形成课题研究报告及论文集、音像资料等。

2. 开展区内课题研究自检工作。

3. 请"四位一体培训机制"总课题组进行鉴定、验收。

4. 推广课题研究成果,扩大课题研究范围。

八、课题组织管理

建立由南岗区教师进修学校、乡镇领导及有关职能部门负责同志组成的实验领导小组。其职能为制订方案、计划,出台法规制度,组织协调,保障经费。

组　长:土涛(土岗镇教育镇长)

副组长:文继国　杜德广

组　员:韩基顺　刘晓辉　闫桂香　吴桂芬　张立英　李运武

成立由南岗区教师进修学校有关职能部门负责同志以及实验点校校

长组成的实验课题研究小组。具体实施课题研究方案，组织课题实验研究，撰写课题实验论文。

组　长：韩基顺

副组长：刘晓辉

组　员：刘向民　邢洪微　杨松莉　刘大勇　黄玉梅　许秋菊
胡金凤　杨桂英　郝艳芳　孙国辉　姜　瑞

（执笔人：韩基顺　刘晓辉）

“构建具有‘四位一体培训机制’特点的继续教育培训课程设置的研究”实验方案

哈尔滨市南岗实验区课题组

一、问题的提出

1. 课程设置是培训工作的重要环节，是由课程内容、课程体系构成的，是实现培训目标的重要途径。它体现着决策者和授课者对国家教育方针的理解、对教学目标的把握、对未来教育的估测；它规定着教学内容和教学手段的选择，决定着人才培养的方向，关系到培训者的综合素质。一个科学的课程设置体系可以减少工作的盲目性、随意性和无序性，从而保证培训质量的提高。

2. 未来社会以信息的拥有为基础，以知识经济为标志。在这种情况下，世界教育发展正呈现出以下趋势：教育功能目标化、教育内容生活化、教育要求个性化、教育方式多样化以及教育管理民主化，这种发展趋势对中小学教师的素质要求也发生了根本变化。沿用以往的模式和课程设置，继续开展对在职教师的培训已经严重不适应，必须进行新的课程设置的探索和研究。

3. 要切实以“减负”为突破口，着力推进素质教育，做到教育与经济、社会的协调发展。必须结合学校工作实际，引导教师开展新形势下教育教学工作的规律、特点的研究，这种研究需要通过继续教育的课程设置来保证。

4. 实现素质教育的关键是教师素质的提高，没有创新精神和实践能力的教师，难以承担培训具有创新精神人才的任务。教师综合素质提高的一个重要途径是继续教育，而科学的课程设置是基本保证。

5. 长期以来，教师队伍大多属于“经验型”，教师中存在着较普遍的把教研与科研混同，用教研代替科研和重结果、轻研究过程的倾向，在相当程度上制约了教师队伍建设的深入发展。科学的培训课程设置有利于教师由“经验型”向“科研型”转化。

二、实验的目标

按照中小学教师在职培训具有师范性、成人性、在职性、业余性的特点和教师成长规律有序性的特点，继续教育的课程设置应在有利于教师综合素质提高的前提下，体现多元化及可操作性的要求，并坚持动态发展的原则，合理设置不同层次教师的培训内容与方式，不断提高培训质量和效益。具体目标是：

1. 建立起培训、教研、科研、电教四位一体的课程设置体系，做到相互渗透、相互促进、共同提高，克服“单打一”的倾向。

2. 从教师发展的适应期、发展期、成熟期、名优期的不同特点及教师的基础学历出发研究课程设置体系，力求实效性，克服“大一统”的弊端。

3. 新的课程体系应是涵盖思想道德、文化基础、能力素质、身体心理素质等内容的，以正确认识教师“基本功”、“职业技能”的现代内涵。

4. 在构建“四位一体培训机制”课程体系基础上，在开展《中小学教师自修教程》培训的同时，编写具有我区特色的培训教材，并鼓励学校编写自己的校本培训教材。教材的编写要突出以教师发展为中心，有利于教师的主体作用;以问题为中心,有利于提高继续教育的针对性和实效性;以教育能力发展的综合问题为中心,有利于教师综合素质的提高。

三、课程设置的原则与要求

课程设置的结构是培训内容各要素、各部分之间合乎规律的组织形式,它的设置是否合理关系到培训目标的贯彻与实现。

(一)课程设置的原则

1. 整体性原则。继续教育的总体目标是全面提高教师的综合素质。课程设置坚持思想政治素质与业务素质,知识与能力并重的原则。

2. 实效性原则。从教师的实际需要出发,加强课程设置的针对性、实效性,努力提高培训质量。

3. 精选性原则。从学科教育理论、专业知识、教育科研方法、现代教育技术等方面提高教师综合素质,避免贪多求全的思想和追求知识系统全面的倾向。

4. 层次性原则。从不同层次教师的实际需要出发,设置必修课和大量的选修课,以供各层次教师的选择。

(二)课程设置的要求

我们认为,在现有的不同培训类型中,按教师成长阶段来确定课程设置是相对比较科学的分类方法,它符合教师成长的一般规律。为此,我们把教师成长分为适应期、发展期、成熟期(骨干教师)、名优期四个阶段,以确定培训内容。

四、研究的内容(课程设置)

1. 本体性知识:指教师本专业的科学知识,这是教师综合素质的体现,是完成教师职责的基础,是教师成长的必要条件。它包括本专业的基础知识、与本专业相关的其他知识和本专业必备的各种技能。

2. 条件性知识:指教师的职业道德和教育科学、心理科学知识,这是教师将本专业知识转化为学生能够理解的知识,包括学生身心发展的知识、教和学的知识、学生学习成绩评价的知识。有条件的学校还可以增加实践性知识、"特长性知识"。

类别	培训对象	课程设置	培训方式	培训部门
本体性知识	适应期教师	学科课程纲要、教材内容体系研究 典型示范课研究	讲座 研究课	教研 教研
	发展期教师	学科知识更新与补充 "综合课程"教学与研究 学科教学专题研究	讲座 研讨 研讨	教研 教研 教研
	成熟期教师	学科发展前沿与教师素质提高 "校本课程"开发研究	讲座 研讨	教研 科研 教研 科研
	名优期教师	通过专题研究大幅度扩大相关的知识	研讨	教研 科研

类别	培训对象	课程设置	培训方式	培训部门
条件性知识	适应期教师	教育法规与素质教育内涵的研究	讲座	培训
		适应期的心理调整与人际关系	讲座	科研
		教育科研的意义、作用	讲座	科研
		现代教育技术	讲座	电教
		教师职业道德	讲座	培训
	发展期教师	现代教师修养	讲座	培训
		课堂教学策略研究	讲座	科研
		教育科研方法	讲座	科研
		现代教育思想与教学发论	讲座	培训
		现代教育技术	讲座	电教
		学生心理健康教育与教师心理健康教育关系	讲座	科研
	成熟期教师	素质教育与课堂教学改革	研讨 讲座	科研 培训
		国内外教改动态	讲座	科研
		信息技术应用与教育思想更新研究	讲座	电教 科研
		教师人格的研究	研讨	培训
		素质教育课堂教学原则、策略与评价研究	讲座	科研 教研
	名优期教师	国内外教育教学发展比较研究	研讨	科研 培训
		自我反思与风格形成的研究	研讨	教研 科研
		教育与人的素质关系的研究	研讨 讲座	培训
		行动研究与实验研究的比较	讲座	科研
		关于教育科研时代性、针对性、实效性研究	研讨 讲座	科研

五、研究方法

1. 行动研究法。将“实践—修正方案—再实践”的基本精神贯穿在研究过程中,指导课题研究的全过程;按照“目标—计划—行动—反思总结”的结构框架将研究逐步引向深入。

2. 经验总结法。在不断学习、总结、借鉴他人经验的基础上,在研究过程中探索、试验,使研究逐步完善并上升为理论。

3. 调查研究法。对我区在职中小学教师素质状况及培训要求进行全面调查研究工作,增强课程设置的针对性。

六、实验过程与成果

按照以“校本培训”为主的要求和课程设置体系内容的构建,成立由教研员、教师、学校领导及科研人员参加的专题研究小组,进行理论研究和实践探讨,在行动研究中不断提高。

1. 过程:①建立专题研究小组,开展行动研究。
②专题讲座和专题研究与实验。
③阶段总结,修改完善方案。

2. 成果:①课题研究报告。
②课程设置方案。

(执笔人:李丽敏)

“校本培训的途径与方法研究”课题实验方案

哈尔滨市花园小学

一、课题提出

建设高质量的教师队伍，是全面推进素质教育的基本保证；建设高质量的教师队伍，是高质量教育的基本条件。“振兴民族的希望在教育，振兴教育的希望在教师。”实施素质教育的关键在教师。为了使教师的素质能够科学、合理、有效地得到提高，南岗区教师进修学校选定了教育部师范司确立的“四位一体培训机制”的实验课题，而其中的子课题“校本培训的途径与方法研究”是解决在基层学校中如何提高教师素质的重要研究。遵循实验课题开展培训，能较好地克服过去培训方法单一、培训内容枯燥、培训效率低下的局面。

根据我校的具体情况以及花园小学未来五年的发展需要，我们觉得在校本培训中有必要探索一条适应教师发展的最佳途径。这样，有利于教师更新教育理念，走在教改的前列；有利于教师更新知识，站在课程改革的最前沿；有利于教师的成长，成为促进学生发展的指导者、组织者、合作者。因此，我校选定了这个课题。

二、实验条件

（一）学校历史悠久

花园小学成立于1925年，已有75年的历史。在历任校长的带领下，在全校教师的努力下，花园小学为社会培养了一代代建设者和接班人。改革开放后，花园小学本着“增强创新意识，拓宽管理渠道；挖掘内在潜力，提高教师素质；把握时代脉搏，捕捉教育契机；开发课堂空间，提高教学效率；实施科研兴校，规范科教体系”的办学思想和工作思路，勇于进取，锐意改革，全面推进素质教育，取得了辉煌的成绩。学校被评为哈尔滨市教育系统标兵单位。

（二）学校重视课题研究

学校十分重视教育改革的发展，始终坚持把科研兴校作为办学的指导思想。以素质教育为主旋律，以科研为先导，以全面育人为目标，进行课题的实验与研究。早在“八五”期间，学校就承担了国家重点实验课题：“现代小学数学”、“小学生能力发展与培养”的实验与研究，历时十几年的探索，积累了宝贵的经验。近几年，学校先后承担国家级实验课题“整体构建学校德育体系”、“中华传统美德”，省级“创新教育”等课题的实验。学校十分重视课题的开发与研究，始终以新的理念，以前卫的行动，走在教改的最前沿，并取得了显著的成绩，被评为黑龙江省教育科研先进单位，全国“九五”重点科研课题“小学生能力培养与发展”先进实验单位。

（三）教师队伍优化

我校现有教师98名，其中国家级骨干教师3人，黑龙江省骨干教师7名，哈尔滨市骨干教师7名，南岗区骨干教师15名。在这些骨干教师中有黑龙江省学科最佳教师5名，黑龙江省学科教学能手2名，南岗区“十大名师”3人。在现有教师中，特级教师1名，中学高级教师6名，小学高级教师31名，小学一级教师35名，小学二级教师25名。综观师资现状，人力资源是可供持续开发的校本培训的“再生资源”，发挥这种资源优势，做到资源共享，必将有力地推动我校的培训工作。

三、实验假设

在区课题研究领导小组的指导下，积极开展实验，采取科学的培训管理，采用有效的培训方法，加大培训的力度，就能探索出一条“校本培训”的最佳途径，提高校本培训的工作效率，形成具有一定特色的校本培训模式，提高教师的综合素质、学识水平，有力地促进教学质量的提高，为职后教育提供有力的佐证。

四、实验目标

1. 确立学校教师培训的有效途径，建立一整套校本培训的管理机制和培训模式。

2. 优化教师的整体素质，全面提高教师的教育教学水平和教育科研能力及实施素质教育的能力。

3. 加强学校培训基地的软硬件建设，形成学校教师培训的计算机管理模式。

4. 建立教师继续教育管理档案，实行科学化的管理机制，并将教师进行分类管理，分层次培养，形成教师梯队化管理。

5. 建立一支德高业精的教师队伍，培养一批国家、省、市级的骨干教师队伍，在全国形成一定的影响。

五、实验内容

我们将依据国家教育部的有关教师继续教育的文件精神和教师进修学校总课题组的实验方案，结合我校教师队伍的具体情况和未来社会对教育的需要对校本培训的途径、方法进行深入细致的研究。

《校本培训的途径与方法研究》包含校本培训的体制建设、制度建设与评估体系；校本培训中全员培训、骨干教师培训、青年教师培训以及信息技术教育培训的内容、途径与方法等。

六、研究方法

准实验法、调查法、内容分析法、比较研究法等。

七、实验原则

(一)整体性原则

培训是为了提高全体教师的综合素质,要注意面向全体,考虑大多数教师的实际情况。只有群体的提高才能达到培训的目的。

(二)科学性原则

校本培训要遵循科学性的原则,按科学规律办事,在具体的实验中要抓住事物的内在属性。

(三)实效性原则

教师培训要有实效性,要能够服务于教学实践。不好高骛远,不脱离实际,时刻考虑到培训后的用途。

八、实验步骤

(一)调查准备阶段(1999.5—2000.1)

1. 学习理论,提高认识。

认真学习研究区教师进修学校的实验方案,理清实验的内容、目标。摸清教师队伍的现状,建立教师业务档案,并输入计算机进行管理。

2. 制订“校本培训的途径与方法研究”的实验方案。

3. 建立课题实验领导小组。

4. 强化培训者的提高。做好培训的前期工作。

(二)实施研究阶段(2000.3—2002.6)

1. 有计划、有组织地开展校本培训的理论研究及实践运作(2000.3—2002.3)。

2. 开展校本培训的专题研讨及阶段性成果总结(2002.3—2002.5)。

3. 深化校本培训的研究,召开现场会,邀请专家到校指导(2002.6—2002.7)。

(三)课题总结阶段(2002.7—2002.8)

1. 理清研究资料,形成课题研究报告及论文集。

2. 迎接上级部门的检查、验收。

九、预期研究成果

在实验过程中,收集各类材料编辑成册,内容包括:

1. 在刊物上发表的文章。

2. 市级以上的获奖论文。

3. 教学随笔、案例。

4. 课题实验报告。

十、组织机构

建立由学校校长、副校长、教导主任,以及骨干教师参加的课题实验领导小组。制订培训方案,负责具体组织实施,组织课题实验研究活动。

组　长:李玉秋

副组长:王　宁　宋春生

组　员:刘玉波　刘秀强　李春玲　曹永鸣　苑丽红

(执笔人:刘玉波)

“校本培训的途径与方法研究”课题实验方案

哈尔滨市医大附属逸夫学校

一、课题提出

中小学教师继续教育是我国教师教育的主要组成部分，也顺应世界终身教育发展的潮流；是全面提高教师综合素质，使之始终保持与时俱进、持续发展的重要举措；更是落实提高教师实施素质教育的能力与水平，全面推进素质教育的关键。江泽民指出：“振兴民族的希望在教育，振兴教育的希望在教师。”实施素质教育的关键在教师。目前，我国正处在建立社会主义市场经济体制和实现现代化建设战略目标的关键时期，迫切需要培养和造就21世纪的一代新人。建设一支面向21世纪的素质优良、结构优化的教师队伍是实现这种需求的基本保证。教师的继续教育显得尤为重要。

为了进一步落实国家《关于全面推进中小学教师继续教育工作的意见》，全面提高我校教师的整体素质，我们承担了教育部师范司设立的建立中小学教师继续教育“四位一体培训机制”课题的子课题“校本培训的途径与方法研究”的实验。同时探索出适合我校实际的教师继续教育的途径与方法，形成我校校本培训特色，实现我校教师队伍整体优化，建设一支德才兼备、素质优良、结构合理，充满活力的教师队伍。因此，我校选定了此课题。

二、理论假设

如果能按照区课题领导小组的要求，充分发挥我校“九年一贯”的学制优势，利用现有资源，发挥群体优势，群策群力，将培训、教研、科研、电教四方面有机地结合在一起，就能探索出校本培训的有效途径与方法，就能真正提高我校教师的综合素质，提高广大教师的教育能力和水平，进而培养学生的创新精神和实践能力，为创办“高素质、现代化、有特色”的逸夫学校奠定基础。

三、实验条件

（一）学校领导十分重视校本培训和教育科研工作

我校领导班子对学校科研工作高度重视，几年来先后承担了国家、省、市、区十几个科研课题，并取得了可喜的成果。尤其对校本培训工作更加重视，专门成立继续教育领导小组，并把教师继续教育工作摆在重要议事日程，将教研、培训、电教、科研有机地结合在一起，有计划地定期进行培训。为了加大校本培训力度，我校不断增加教育投资，教育经费逐年增加，并制定有关校本培训的规章制度，为课题实验提供了制度保证。

（二）我校教师队伍整体素质不断优化

多年来我校一直把教师队伍建设作为学校的重点工作常抓不懈，教师的整体素质不断提高，已达到本科学历的有 60%，其余教师均达到专科学历。我校已培养出一批省、市、区骨干教师和优秀班主任，并形成了梯队。他们之中多数教师承担过国家、省、市科研课题研究，教育理念新，并且乐于钻研，具备了一定的科研能力，这为我校课题实验奠定了基础。

（三）我校拥有现代化多媒体网络系统

教学环境和教学设备的优化，雄厚的教育教学资源是培训实验实施的基本条件。我校每个教室配有电脑和电视机，学校拥有40台586计算机的网络机房及46台计算机的多媒体教室，达到每位教师一台计算机。设立了集液晶投影机、计算机、录像机、扫描仪、实物投影、电视于一体的多功能教室。构建了交互式多媒体电视教学校园网，将多媒体教学引入课堂。所有办公室计算机连成校内办公网，实现办公现代化，资源共享。采用光缆连接医科大学校园网，进入国际互联网络。这为提高教师业务素质提供了物质保证。

四、实验目标

1. 通过实验研究建立我校继续教育的运行机制，使广大教师树立终身学习的思想和与时俱进的新理念。

2. 探索出校本培训的途径与方法，进一步完善我校继续教育培训机制，使我校继续教育课程化、制度化。

3. 掌握并能熟练运用现代化教学手段。能利用计算机进行辅助教学，自制教学课件、网页。能熟练地上网查阅资料，充分发挥多媒体的作用，让我们的教育与世界接轨。

4. 形成我校继续教育模式，使继续教育的内容、途径与方法更符合我校实际，提高我校教师继续教育的质量。

5. 提高广大教师业务能力、科研能力及现代信息素养，优化教师队伍。

五、研究对象

本课题实验面向全体教师。

六、实验原则

（一）系统性和整体性原则

校本培训中，只有当培训的途径与方法同教师的实际情况结合，得到全员配合时，才能达到效果。因此在实践中必须把握好系统性和整体性原则。注意以下几点：

1. 以系统的观点来观察问题、分析问题、解决问题。

2. 从全局着眼，从整体入手设计和安排整个实验。

3. 坚持“教给”与“自学”相结合，领导、辅导人员、参培教师各方面协调一致，形成整体效应，以达到提高整体实验水平的目标。

（二）开放性和动态性原则

教师继续教育校本培训是一个整体，但它并不封闭，是开放的，具有开放性特点，而且处于不断地变化态势中。为此，我们把整个实验作为一个动态的过程，注重随着实验研究的进展，及主客观条件的变化，对实验的构想计划进行及时的调整，一切都在实验中完善提高，以利于教师面向新世纪，面向未来。

（三）实践性和实效性原则

培以致用，既是培训的出发点，也是培训的立足点。校本培训的实效性具体体现在教师的师德水平、教书育人的能力和教育教学的效益中，因而在自然状态下进行的这种研究，既是继续教育的科研活动，又是研究性的培训实践。我们通过各种实践活动更新思想观念，提高教师的综合素质，就能有效地推进中小学教师继续教育工程的实践。在探索教师继续教育的一般规律和特点的同时，通过实验，发挥培训、教研、电教、科研相结合的培训机制的优势，以有效地推动继续教育实践，取得实质性的效果。

（四）客观性和科学性原则

在实验研究中必须坚持实事求是，一切从实际出发，用科学的思想、科学的理论、科学的方法进行指导研究，为“四位一体培训机制”提供实践依据。

（五）理论联系实际的原则

在实验过程中注重将理论学习与教育实践紧密结合，使校本培训立足于提高广大教师的教育教学能力，适应新时代教育改革的需要，使教师的知识不断更新，教育观念不断更新，寻求最佳的途径及有效的方法。

七、研究方法

本课题研究采用以下方法：

1. 行动研究法。

2. 个案分析法。

3. 问卷调查法。

4. 研讨交流法。

八、实验内容

根据南岗区课题领导小组的部署，我校承担的中小学教师继续教育“四位一体培训机制”子课题《校本培训的途径与方法研究》将从以下几个方面进行研究。

1. 师德建设的途径与方法。良好的职业道德是做好教育工作的前提。因此，在培训中首先进行教师素质、道德、职业形象的培训，通过多种形式的教育形成我校良好的师德师风。

2. 班主任队伍建设的途径与方法。班主任是学校的核心力量，建设一支高素质的班主任队伍是教师继续教育首要研究课题。

3. 教研与科研有机相结合的途径与方法。坚实的教育科研能力是教师成功成才的基础，培训中要运用现代教育理念和先进教育思想，使广大教师具有敏锐的观察力，善于发现并捕捉教育信息，运用科学教育理论、原则、方法去研究，去探讨，培养科研型教师。

4. 提高教师身体、心理素质的途径与方法。强健的体魄、健康的心理是教师应具备的基本素质，也是校本培训的重要内容之一。在培训中我们要为老师创设各种条件，参加各种文体活动，充分发挥我校优势创设健康向上的工作氛围。

5. 多媒体与课堂教学有机结合的途径与方法。

6. 探索我校校本培训的特色经验。

九、实验步骤

我校课题研究与实验分以下几个阶段。

(一)调查准备阶段(1999.4—1999.12)

1. 组织教师学习《教育法》、《关于全面推进中小学教师继续教育工作的意见》等有关文件，领会其精神实质，提高认识。

2. 确定我校实验的子课题。

3. 成立继续教育课题领导小组，进行人员分工。

4. 进行调查问卷，了解我校教师队伍基本素质的现状。

5. 撰写实验方案。

(二)课题实施阶段(2000.1—2002.5)

1. 2000.1—2000.12

有计划、有目的地开展"校本培训的途径与方法研究"，重点研究师德建设与班主任队伍建设的途径与方法，并做好实验记录，进行阶段性小结。

2. 2001.1—2001.12

定期开展"校本培训途径与方法"的理论与实践专题研讨，不断调查研究，请专家指导，向兄弟学校学习，不断调整、充实课题实验方案。将科研与教研有机地结合在一起，总结阶段性研究成果。

3. 2002. 1—2002. 3

继续深化“校本培训的途径与方法”理论与实践研讨，围绕课题研究内容，逐一落实。重点研究提高教师身体、心理素质的途径与方法，将多媒体与课堂教学紧密结合，形成我校校本培训特色。

4. 2002. 3—2002. 5

通过赛课、基本功比赛、教育教学随感、计算机培训、网页展示、班队会评比、教师理论学习问卷等活动检验校本培训的理论与实践研究成果，做到边研究、边交流、边总结、边验收。实行课题研究过程性指导，探索出我校校本培训的途径与方法。

（三）总结验收阶段（2002. 6—2002. 7）

搜集整理课题研究形成性资料，撰写实验报告，进行自检。评出优秀实验教师，召开结题验收总结会，对本课题实验进行认真总结，表彰先进实验教师，准备接受区课题组的成果鉴定。

十、预期研究成果形式

实验报告，成果集等。

十一、课题领导小组及职责

组　长：苗鸿嫒

副组长：王淑珍

组　员：徐长庆　白倩平　白志兴　王秀丽　于光皓　沈　鹤

职责分工：

组长：课题总负责人，负责制定校本培训的内容、培训目标、指导思想、人员分工，指导实验全过程。

副组长：具体负责课题实施，指导实验教师开展课题实验，组织教师进行理论学习，实践操作，定期检查实验进展情况，负责结题验收。

组员：分别负责初中部、小学部的教研、科研、电教及教师综合培训等具体工作。

（执笔人：王淑珍　白倩平）

实验报告篇

“四位一体培训机制”课题研究报告

哈尔滨市南岗实验区课题组

一、课题提出

21世纪的教育是充满挑战与竞争的教育。高质量的教师队伍是高质量教育的基本条件，实施素质教育的关键在教师。建立中小学教师继续教育“四位一体培训机制”，旨在推进中小学教师继续教育全员培训的进程，提高全员培训质量，建设一支结构优化、素质优良、适应素质教育要求的中小学教师队伍，同时也是为了构建科学的、符合我国国情的中小学教师继续教育制度，完善我国培养与培训相衔接的开放式的中小学教师教育体系。

由于一段时间以来，设在哈尔滨市南岗区教师进修学校内部的培训、教研、科研、电教等四个部门各自分立、互不沟通、互不协调，形成了“单打一”的封闭局面，造成了教师进修学校内部培训资源的一定浪费，使投入与产出失衡。同时，也使教师不断重复地接受培训，造成了教师在时间、精力等多方面的浪费。在这种体制下进行的教师培训，很难适应素质教育对教师综合素质的新要求，也不利于进修学校对校本培训的评估与指导。因此，尽快建立起适应新形势需要的中小学教师继续教育培训机制，是一项急需解决的重要课题。

自从1999年4月教育部下发《关于对中小学教师继续教育实验区实施“面向21世纪中小学教师继续教育工程”工作方案的批复》(教师司[1999]20号)文件以来，黑龙江省哈尔滨市南岗区作为此项课题研究的牵头者，与贵州省贵阳市云岩区、贵州省黔南布依族苗族自治州、山东省青岛市、内蒙古巴彦淖尔盟、河北省石家庄市井陉县五个实验区进行了多次沟通和交流，并于2001年1月和9月在哈尔滨市南岗区、贵州省贵阳市先后组织召开了两次由六个实验区课题研究负责人参加的课题阶段性研讨会。我们一致认为做好中小学教师继续教育实验区工作是认真落实《基础教育改革与发展决定》，全面推进素质教育，建设一支适应新的基础教育课程改革需要的师资队伍的关键环节。三年多来，哈尔滨市南岗区为进一步推动继续教育实验区工作，探索建立具有中国特色的中小学教师继续教育体系，全面开展了“四位一体培训机制”课题的实验研究工作。

二、概念界定

“四位一体培训机制”是指在中小学教师继续教育中充分发挥我区教师进修学校内部中、小学部（研培一体）、科研部、电教部各自具有的独特优势，肩负起培训、教研、科研、电教等四个因素的功能。上述有关职能部门，在区教师进修学校中小学教师继续教育培训办公室的统筹协调下，各施其责，相互配合，形成合力，共同完成不同类别、不同层次、不同目标的中小学教师在职培训任务，并对中小学校本培训进行检查、评估，以形成优质、高效、良性的区域性中小学教师继续教育运行机制。

三、实验假设

如果能充分发挥区教师进修学校以及中小学校校本培训中培训、教研、科研、电教等四个因素的优势，建立起四个因素共同参与的中小学教师继续教育培训机制，就能真正提高我区中小学教师继续教育的效益，提高教师实施素质教育的能力和水平，完成新一轮基础教育课程改革师资培训任务，为新课程在我区的成功实施提供保障，进而培养学生的创新精神和实践能力，全面推进素质教育。

四、研究目标

为了实现上述课题实验假设，我们确定了具体研究目标。

（一）理论目标

不断总结我区开展中小学教师继续教育的实践经验，建构具有区域性特色的中小学教师继续教育“四位一体培训机制”的理论体系。并为全国中小学教师继续教育体系的建立，提供强有力的理论与实践佐证。

（二）实践目标

1. 调整进修学校内部各部室的结构和职能，为实现教师培训的总目标而协调统一成为一体，基本形成具有南岗区特色的优质、高效、良性的中小学教师“四位一体”继续教育运行机制。

2. 提高培训者自身素质，使他们努力成为集培训、管理、教学、科研于一体的新型培训者，建设一支素质良好、结构合理、精干高效的适应基础教育课程改革师资培训需要的中小学教师继续教育培训者队伍。

3. 运用“四位一体培训机制”，按质按量、如期高效完成“中小学教师继续教育工程”（1999—2002 年），并做好基础教育课程改革师资培训工作，从而提高我区中小学教师实施新课程的能力。

4. 开发出具有“四位一体培训机制”特点的区域性的教师继续教育课程设置体系。

5. 建立中小学教师继续教育学时学分登记与管理制度。

6. 建立区域性校本培训评估检查制度，以评估指导促进我区校本培训的开展。

五、研究依据

(一)法律政策依据

《教育法》第十一条第一款规定国家要“建立和完善终身教育体系”。《教师法》第十八条规定“各级教师进修学校承担培训中小学教师的任务”。我们研究的中小学教师继续教育“四位一体培训机制”,就是根据这两个法律,为了提高教师队伍的整体素质而进行的。中小学教师终身教育体系是全社会终身教育体系的有机组成部分和前提条件,最终是为《教育法》和《教师法》的这个大目标服务的。

1999 年国务院颁发的《面向 21 世纪教育振兴行动计划》中规定“三年内,对现有中小学校长和专任教师进行全员培训和继续教育”。1999 年颁发的《中共中央、国务院关于深化教育改革全面推进素质教育的决定》要求建立健全中小学教师继续教育制度,开展以培训全体教师为目标、骨干教师为重点的继续教育,使中小学教师的整体素质明显提高。

《教育部关于加强县级教师培训机构建设的指导意见(教师[2002]3 号)》指出“必须进一步加强县级教师培训机构建设,使其成为我国教师教育体系不可缺少的重要组成部分”。县级教师培训机构是“以实施本地区中小学教师继续教育工作为主要任务,并具有与教师教育相关的管理、研究、服务和教育信息资源开发与利用等职能,具有独立法人资格的办学实体”。“要按照小实体、多功能、大服务的原则,加强县级教师培训机构建设。积极促进县级教师进修学校与县级电教、教学研究、教育科研等相关部门的资源整合与合作,优化资源配置,形成合力,努力构建新型的现代教师培训机构。”我们研究中小学教师继续教育“四位一体培训机制”课题的核心目标就是探索加强县(区)级教师进修学校在新形势下建设和发展的道路。

以上法律和政策都为本课题的研究提供了法律上的保障,政策上的依据,使我们有法可依,有章可循。

(二)理论依据

1. 素质教育理论:实施素质教育,就是以培养学生的创新精神和实践能力为重点,全面贯彻党的教育方针。本课题的研究,也是从提高教师的综合素质出发,从有利于实施素质教育出发,来构建我们的"四位一体培训机制"的。

2. 终身教育理论:终身教育是21世纪人类的生存概念,是当今学习化社会发展的必然趋势。现代教师的使命已不仅仅是"教书育人",还要努力学习,提高自身素质。因此,教师继续教育体系是终身教育体系的重要组成部分,我们的课题就是依据终身教育理论,为教师继续教育探索更好的运行机制。

3. 制度创新理论:"制度创新"的理论源于西方现代经济学,在20世纪90年代延伸到了其他运行机制与工作效益密切联系的领域,也包括教育领域。在本课题研究中,我们将制度创新理论应用于教师继续教育运行机制中,认为教师继续教育也必须根据社会、文化、经济和技术变革的形势,及时地进行制度创新,才能不断创新培训模式,提高培训效益。

4. 教师专业化理论:教师专业化的内涵是指教师职业具有自己独特的职业要求和职业条件,有专门的培养、培训制度和管理制度。教师专业化是现代教育的重要标志,新一轮基础教育课程改革需要专业化的教师队伍。现在,提高中国教师专业化水平的最有效途径,就是使教师在职培训向科学化、规范化、制度化发展,构建有利于教师专业化发展的、有中国特色的教师继续教育体系。我们的课题研究,就是以提高教师专业化水平为导向,进而深化中小学教师培训机制改革的重要措施。

5. 课程整合理论:新的基础教育课程改革要求在课程实施中,实现人文素养与科学素养、知识与能力、信息技术与各门学科、学科之间、学科内各部分之间的整合。课程整合理论对教师的综合素质提出了更新、更高的要求。我们的课题研究,也是基于建设一支既专又博、素质整合的教师队伍的需要。

6. 一般系统论:贝塔朗菲所创立的系统论学说,运用要素、结构、层次、功能等概念,以及系统的整体性、相关性、动态性、目的性、优化性等原则,揭示事物的属性与规律,解决复杂的系统问题。我们认为,培训机制也是一个具有动态性、有机性的系统,可以按照系统论以及它所派生出来的"协同论"、"耗散结构论"等理论方法,进行分析、重组。

(三)实践依据

"四位一体培训机制"由酝酿到形成,在南岗区经历了一个长期实践和探索的过程。

20世纪80年代,进修学校的内部体制仍是中小学教研室与培训部并存。但是,1986年我区的教师培训工作已由以教师学历补偿教育为主的培训转向全员岗位培训。形势的发展、任务的更新使教师进修学校的职能面临着新的转变。初期的岗位培训工作实践证明:这种培训、教研部门分设的内部体制已经不适应新的教师继续教育的需要了。两个部门同时抓培训,就产生了培训时间上的冲突、培训内容上的重复、培训范围上的交叉等一系列矛盾,使教师培训工作难以顺利、高效地完成。对实践的深入思考使我们深刻认识到:矛盾的根本问题是体制问题,体制必须改革。

思想是行动的先导。从1988年到1990年,我们在大培训观、大教研观、大服务观的基础上,初步形成了旨在充分发挥进修学校整体优势的内部体制改革思路,即建立一个统一领导、相互配合、各司其职、共同完成培训工作的教师培训模式。1991年,我校实施了内部体制改革,把原来分设的培训部和中小学教研室合并为中学部和小学部,初步建立起具有区域性特色的培训、教研"二位一体"的运行机制。经过几年的实践,我们取得了预期的成效和宝贵的经验。随着中小学教师继续教育工作在我国的全面开展,1997年,南岗区被国家教委确定为全国中小学教师继续教育实验区。1999年4月,国家教育部师范司下发了[1999]20号文件,我区被确定为全国中小学教师继续教育“四位一体培训机制”课题研究小组的牵头单位。实践证明，十年前我们选定课题的出发点和我们十年来课题研究的方向是正确的，方法是科学的，效果是显著的。

六、研究原则

1. 整体性原则：从整体着眼，从局部入手，把握形成“四位一体培训机制”中培训、教研、科研、电教等在整体中的地位和相互关系。

2. 科学性原则：用科学的思想、科学的理论、科学的方法指导研究。

3. 实效性原则：在探索教师继续教育的一般规律和特点的同时，通过实验，发挥培训、教研、科研、电教相结合的培训机制的优势，以有效地推进继续教育实践，取得实质性的效果。

七、研究方法

1. 实验法
2. 行动研究法
3. 调查法
4. 案例法
5. 定性研究法

八、研究过程

自 1999 年 4 月至今，课题研究已经进行了三年多，大致经历了课题准备、实验研究、总结验收三个阶段。

（一）课题准备阶段（1999 年 4 月—1999 年 12 月）

1. 首先，成立由南岗区教育局局长任组长的实验领导小组。其职能为制订方案、出台政策、组织协调、保障经费。其次，组建了强有力的研究队伍。又经过反复学习和充分酝酿讨论,正式组成由南岗区教师进修学校校长任组长、副校长任副组长、各部室主任、有关教研员和各实验学校校长参加的课题研究小组。其职责为,具体实施课题实验方案,组织课题实验研究,撰写课题实验报告。

2. 调查分析了全区中小学教师队伍的数量、结构、基本素质的现状,为制订课题实验方案提供了可靠的依据。

3. 制定《黑龙江省哈尔滨市南岗区中小学教师继续教育"四位一体培训机制"课题实验方案(1999—2002 年)》。划分了课题实验与研究的三个阶段,即调查准备阶段、实施研究阶段、总结验收阶段,并明确了各个研究阶段的具体任务。

4. 确定了 20 所课题研究实验学校。这些点校既在地域上覆盖了城区与郊区,又在办学水平上分为优秀学校、达标学校、薄弱学校三个层次。

5. 强化了培训者培训。明确中小学教师继续教育是教师进修学校的中心工作,校内各职能部门和培训者都承担着继续教育的职责和任务。面临基础教育课程改革的新形势和新任务,我们一致感到,要完成新一轮教师继续教育这一艰巨任务,首先需要转变培训者的教育观念,提高培训者的综合素质,使其成为集培训、教研、科研、电教于一身,一专多能的培训者。近几年来,我们把培训者培训作为继续教育良性运作的基础性工作来抓,制定了《南岗区中小学教师继续教育培训者培训方案》,在全校教师中开展了教研员的岗位培训。与此同时,又选送一批教研员参加研究生学历培训。我们在培训者培训中,紧紧围绕现代教育观念、现代教育理论、现代教育技术、学科前沿知识与信息、中小学继续教育课程教材教学规律研究、国内外中小学教学改革发展动态与中小学教师学科教育能力培养研究等内容。采取集中辅导、专题讲座、研讨交流、网上培训、教研实践、课题研究、课件制作、著书立说、以老带新、学历提高等多种形式进行。通过培训,不但使教研员树立了终身学习的观念,而且提高了教研员队伍的整体素质。

6. 建立了现代教育信息网络。为拓宽继续教育的渠道，我们于 2000 年初建立了南岗区教育局教育信息网和区教师进修学校教育信息网，并于 2000 年底完成了全区“校校通”工程，开展了网上培训。

（二）实验研究阶段（2000 年 1 月—2002 年 5 月）

随着信息时代的来临，基础教育课程改革的不断深入，多媒体技术、网络技术等已渗透到教育的各个方面，使当代教育产生了革命性的变化，改变着教育目标、教学内容、教学方法、教学手段等，这就要求中小学教师具有较强的现代信息技术应用能力。另外，在教师的综合素质中，教育科研能力是教师能力素质的核心，在全面推进素质教育的新形势下，教师必须具备良好的科研素质和专业理念，对教育观念、教育思想、教育内容、教育对象以及教育的途径与方法进行研究，从而实现最佳的教育效果。基于上述认识，我们在原来培训、教研“二位一体”的基础上，又将电教、科研纳入其中，组建了培训办公室，构建了适应基础教育课程改革和实施素质教育需要的教师继续教育“四位一体培训机制”。

1. 改革进修学校的内部体制，进行培训资源的重组。

为使培训、教研、科研、电教融为一体，充分发挥它们的合力作用，提高培训工作的效益，我校组建了中小学教师继续教育培训办公室，主要负责全区中小学教师继续教育培训的规划、管理、协调、指导、通识培训和经验总结等工作。培训办公室的建立，在中小学教师继续教育培训工作方面，使各个职能部门向一体化迈进了一大步，结束了“四位一体培训机制”的无核心状态。在培训管理体制上，为课题研究奠定了坚实的基础。培训办公室的职能具体体现在以下几个方面：

一是贯彻落实省、市中小学教师继续教育工程方案及各类教师培训方案和计划。向省、市培训中心汇报和提供本区教师继续教育工作的有关材料，积极完成上级主管部门交办的各项工作任务。充分发挥其桥梁纽带作用。

二是按照区中小学教师继续教育工程方案的要求，制定各类教师培训方案，及时向市培训中心上报办班申请，做好各类培训班的班级、学籍和档案管理。定期检查任课教师的教案、授课时数和教学质量。充分发挥其协调管理作用。

三是负责审批各中小学校本培训方案，深入中小学校指导校本培训工作，解决基层学校在培训工作中遇到的具体问题，检查评估乡（镇）、校继续教育工作。充分发挥其检查指导作用。

四是承担各类教师培训中的教育理论与基础教育新课程通识培训任务。充分发挥其通识培训功能。

在组建培训办公室的同时，进一步明确了培训、教研、科研、电教部门的培训任务。

中、小学部在培训工作中要执行培训办公室制定的各种类别教师培训计划；承担学科专业理论知识、教学技能、教学常规、教材教法的讲授；负责教师教育教学实践的指导与评价，加强对学员成绩考核；向培训部门及时反馈教师在教学实践中出现的问题，为培训部门调整培训计划提供依据。

电教部要负责各种类别教师的现代教育信息技术应用能力的培训和跟踪指导与考核，并利用教育信息网络开展教师继续教育网上培训，还要加强对信息技术教育课的研究与指导。

科研部要负责各种类别教师的教育科研理论讲授，加强区、校两级教改课题的常规管理，做好所承担课题的实验研究工作。

2.“四位一体培训机制”的具体运作。

我们将“四位一体培训机制”运用于集中培训、教研培训、校本培训及远程培训中，先后经过教师基本功训练、教师综合素质培训、基础教育新课程师资培训等几个阶段，运作机制日益成熟，收到了很好的效果。

(1)“四位一体培训机制”在集中培训中的运作。

集中办班培训是区教师进修学校最常规的培训途径。我们将“四位一体培训机制”先后运用于不同层次教师的集中培训班中。下面仅以

2002 年我区启动的基础教育新课程师资培训为例，说明“四位一体培训机制”在集中培训中的运作。

基础教育新课程师资培训的集中培训班分为中小学主任、骨干教师、新教师、新课程初始学年任课教师等层次。在培训前，由培训办公室制订《南岗区基础教育课程改革师资培训方案》及各层次培训班的《培训课时计划》，确定了每个具体培训班的培训对象、培训内容、培训学时学分等。然后由各有关部室协调，任命班主任，负责班级管理；聘请专兼职教师，完成授课任务，进行培训考核，登记学时学分。

在培训中，培训办公室承担新课程通识培训的任务，主要以新课程改革的概况与背景、精神与目标、现代课程论、新课程的教学理念、新课程与学生发展、新课程与教师成长、新课程与学习方式的变化、新课程与评价改革、综合实践活动课程概论等专题为培训内容。主要采用专题讲座、教师论坛、研讨交流、现场观摩、作业考核等形式，体现了培训的自主性、参与性。通过培训，使教师们进一步转变了教育观念，领会了课程改革的精神实质，增强了教师实施新课程的自觉性和责任感。

中、小学部负责中小学各学科课程标准培训和新编教材培训。课程标准培训主要以课程标准的总体框架、基本理念、课程目标、实施建议等为主要内容，学科新编教材培训主要以教材特色、教材体系、教材内容、教材与课程标准的对应、教材教法、课程资源的开发等为主要内容。培训形式丰富多彩，有专题讲座、研讨交流、公开课观摩、教学实践、案例分析、微格教学、跟踪指导、说讲评课综合测试等，体现了培训方式的多样性。通过培训，使教师们逐步掌握了实施新课程的有效教学方法和手段，提高了驾驭新教材的能力。

科研部负责组织关于新课程改革的科研课题立项，以课题研究来牵动课程改革工作。还通过教育科研专题讲座，指导学员撰写教育科研论文、案例、随感、调查报告等方式，培养科研骨干教师，推广科研成果，体现科研工作的先导作用。通过培训，提高了教师的教育科研能力，突出了培训的科学性。

电教部负责现代教育信息技术培训。培训内容以计算机文字与数据处理、多媒体演示文稿的设计与制作、学科教学课件的设计与应用、互联网络应用能力等为主。在培训中,他们运用专题辅导、网上教室、课件设计、网页设计、上网实践等形式,指导学员积极探索现代信息技术与各学科课程的整合,研究网上教学的途径与方法,突出了培训的时代性。通过培训,学员们的现代信息技术应用能力和信息素养得到了很大提高,使我区教师整合课的水平在全国名列前茅。

"四位一体培训机制"在集中培训中的运用,对于提高教师多方面的专业化素质起到了导向作用,在整体上提高了全区教师实施素质教育的能力和水平,使其能够基本胜任新课程的教育教学工作,保证了新课程实验在我区的成功实施。

(2)"四位一体培训机制"在教研培训中的运作。

教研培训最贴近教师的一线教育教学工作,对教师的专业化成长影响巨大。下面仅以中学物理学科区级预备骨干教师培训为例,谈谈"四位一体培训机制"在教研培训中的运作情况。为使骨干教师培训工作有条不紊地进行,由教师进修学校培训办公室按照省教育厅及市、区教育局有关文件要求,制订不同类别的区级骨干教师培训方案与教学计划,由中小学部各学科教研员具体组织实施。例如,在第三批区级预备骨干教师培训中,物理学科教研员按照培训办制定的《南岗区第三批预备骨干教师培训方案》,利用学科教研培训的 40 个学时,对物理学科 12 名预备骨干教师进行了教育理论、教学研究、教育科研、现代教育信息技术等四个方面的培训。根据物理学科教师的实际情况,教研员制定了物理学科培训计划,报培训办备案,然后开始培训。先用 12 个学时进行学科教学理论培训。

在理论培训的基础上,又要进行 14 学时的课堂教学现场观摩和教学实践的培训。教研员带领学员们观摩了哈尔滨市的一题十课、全国大赛课的录像、名优教师的示范课,并组织学员进行研讨,谈感受,写体会。还为学员创造了两次教学实践的机会,一是组织他们每人做一节公开课,课后学员之间进行互评,培训者进行点评;二是让他们一对一地指导新上岗教师备课、上课,再对其评课。经过培训,使他们学到的教育理论在实践中得到了应用。

为了提高学员的教育科研能力,教研员帮助每位学员确定课题研究方向,申请课题立项。培训中,请科研部的教研员进行科研知识讲座,内容包括课题立项程序,课题研究过程及方法。然后,组织学员观摩学科教改课题研讨课,在教学实践中提高了学员的科研能力,强化了学员的科研意识。

针对物理学科的特点,在学员们已有的计算机初级应用能力的基础上,进行了信息技术的提高与应用培训。如组织学员们观摩物理学科与信息技术的整合课,在学员中开展课件展评活动。通过培训,促进了现代信息技术在物理学科教学中的应用。

物理学科的教研培训证明,“四位一体培训机制”高效、快捷、省时、省力,提高了培训的效率和质量。

(3)“四位一体培训机制”在校本培训中的运作。

校本培训是教师全员培训的主要途径。随着校本培训的深入开展,我们将这种具有极大优势的培训机制延伸到中小学的校本培训之中。基层中小学校也逐步形成了在主管校长的领导下,由培训主任、教学主任、科研主任、电教负责人共同参与的“四位一体”校本培训机制。从而使进修学校的“四位一体培训机制”在基层中小学校也有了落脚点。

以哈尔滨市第十七中学为例,以前校本培训的组织管理往往是“单打一”的形式,抓培训,忽略教研,抓教研,忽略科研,抓科研,忽略电教。有时各口一起抓,忙得教师不知所措,怨声载道,缺少整体意识和协作精神。在“校本培训的途径与方法”子课题研究与实践中,学校把培训、教研、科研、电教这四项工作统筹起来,由校长任课题组组长,由三位副校长及一位主任各抓一项，四项工作，统一规划，统一指挥，统一安排，科学管理，同步进行。过去各项培训的考核也是分开的。现在学校把各项培训的考核项目进行综合分类，根据不同的培训目标、内容和要求，制定了统一的校本培训考核评估标准。每学期末对全体教师进行一次综合评定。评定中把单项考核与多项考核结合起来，把平时考核与学期考核结合起来。最后的综合学分体现了教师在培训、教研、科研、电教四个方面的努力和所取得的成绩。

实验中，按照《南岗区教师继续教育校本培训检查评估方案》及《细则》，区教师进修学校先后对20所中小学实验点校开展的校本培训进行了检查评估。实践证明，"四位一体"的校本培训机制，从培训目标、培训管理、培训过程、培训效果几方面的评估指标来看，都是我区开展校本培训最有效的机制，使我区的校本培训收到了显著的成效。

(4)"四位一体培训机制"在远程培训中的运作。

为拓宽继续教育的渠道，开展网上培训，实现资源共享，加快继续教育的步伐，我们于2000年初建立了南岗区教育局教育信息网和区教师进修学校教育信息网，实现了光纤宽带上网，提出了"建网、建库、建队伍"的教育信息化目标。还要求区内各中小学校必须完成"校校通工程"，实现校校能上网。根据"四位一体培训机制"实际运作的需要，区教师进修学校网站开辟了教师继续教育、中小学各学科教研、教育科研、中小学信息技术教育等主页。

我们本着"建网就是建学校"的理念，在教师继续教育网页中开设了培训管理、培训动态、培训经验、培训课题、在线辅导、教师随感、案例写真、教师文摘等栏目，进行培训管理，展示培训成果，开展新课程通识培训；在中小学各学科教研网页中设立了课改直通车、课标解读、新教材辅导、网上培训教室、在线研讨等栏目，进行学科课程标准和新教材的网上教研培训；在教育科研网页中，设立了科研讲座、课题培训等栏目，进行网上科研培训；在中小学信息技术教育网页中，开设了网上教室、在线答疑、课件展示等栏目，进行计算机初级教程和中级教程的网上授课。

通过这些互联网远程培训，使我们的教师培训超越了时间和空间的限制，延伸了“四位一体培训机制”实验研究的领域，强化了“四位一体培训机制”的功能，实现了培训资源的共享，加快了教师继续教育的步伐。

（三）总结验收阶段（2002 年 5 月—2002 年 7 月）

1. 区、校两级系统整理课题研究资料，形成课题研究报告及专著、论文集、校本培训教材、音像资料等。

2. 开展实验区区内课题研究自检工作。

3. 召开课题总结表彰大会。

4. 将结题验收材料送交上级课题主管单位。

九、研究成效

在历时三年多的“四位一体培训机制”课题研究中，我们紧紧围绕课题研究的目标，进行了潜心研究与大胆探索，取得了阶段性的成效，具体体现在以下几个方面。

（一）推进了区教师进修学校内部的体制改革

成立了保证“四位一体培训机制”正常运作的协调部门培训办公室，明确了中学部、小学部、科研部、电教部等各有关部室的培训职能，理顺了教师进修学校内部各有关职能部门之间的关系，形成了具有区域性特色的优质、高效的教师继续教育培训机制。

（二）促进了全区中小学教师继续教育培训工作的开展

三年来，我区认真贯彻国家“教师继续教育工程实施方案”和“园丁工程”精神，共举办各类教师培训班 207 个，培训教师 13300 余人次。其中，新教师培训班共 68 个，培训人数 1233 人；区级骨干教师培训班共 33 个，培训人数 969 人；计算机培训班共 37 个，培训人数 1587 人；13000 余人次参加了教学百花奖、教材、教法、大纲辅导、新课程通识等应急培训。我区教师进修学校多次被评为黑龙江省一类重点教师进修学校，保持了在全省同类学校中的龙头地位。2000 年被评为市级文明单位。1999—2002 年又连续被评为“哈尔滨市教育系统先进集体标兵单位”。2000 年，进修学校培训办公室被评为“哈尔滨市小学教师教学技能综合训练先进集体”。中学部被评为“哈尔滨市劳模先进集体”，“黑龙江省教研系统先进集体”。2001 年 10 月国家教育部督导检查组到我校检查工作时，也对我区开展的教师继续教育培训工作给予了充分肯定。

我区基层中小学的校本培训工作也取得了辉煌成绩。2000 年，哈尔滨市教育局在我区长虹小学召开了教师继续教育校本培训现场会，揭开了我市新一轮教师继续教育校本培训工作的序幕。三年来，20 所课题实验点校在“校本培训的途径与方法研究”及“中小学教师师德培训的层次性与实效性研究”子课题实验中，拓宽了校本培训的途径，探索了校本培训的方法，加强了校本培训的管理，规范了校本培训的考核。在不断的探索与实践中，我们取得了一定成绩，积累了宝贵的经验，形成了我区校本培训的特色。全区中小学校共编辑出版了校本培训教材 60 余种，宣庆中学、长虹小学、复华小学的校本培训经验在国家级《综合素质培训项目通讯》上发表，其他 20 余所中小学校的经验在《中小学教师培训》、《黑龙江教育》、《哈尔滨教育》等各种杂志上发表。2001 年—2002 年，我区长虹小学、继红小学、复华小学、雷锋小学、17 中学、69 中学荣获哈尔滨市综合素质校本培训示范学校称号，我区马家沟小学、育红小学、萧红中学荣获哈尔滨市综合素质校本培训优秀学校称号。

（三）提高了全区中小学教师队伍的整体素质

三年多的继续教育工作，使全区中小学教师提高了思想政治觉悟和职业道德水平，更新了教育观念，初步掌握了现代教育理论，优化了知识结构，提高了教育教学能力、教育科研能力、现代教育信息技术应用能力，提高了实施素质教育的能力和水平，为迎接新世纪基础教育课程改革奠定了坚实的师资基础。主要表现在：

1. 师德水平不断提高。

通过“树形象、铸师魂工程”等教师职业道德培训，全区教师树立了“千教万教教人求真，千学万学学做真人”的信念，爱岗敬业、无私奉献精神深植于教师们的心中，各中小学校涌现出了几百位师德高尚教师，被授予“全区百名师德高尚教师”。他们的感人事迹多次被省、市新闻媒体报道，树立了我区教师的新形象。

2. 教育观念不断更新。

在培训中，我区教师认真学习现代教育理论，不断更新教育观念，逐步树立了以下教育观念：

(1)教师终身教育的观念。对于广大教师来说，要适应信息技术的挑战，以及课程改革的来临，接受各种形式的继续教育是不容置疑的。各校领导、教师对教师继续教育有了深刻认识。终身学习的观念在我区已经深入人心。这一点从我区教师继续教育学时学分登记手册的使用、校本培训的蓬勃开展以及参加信息技术等级考试等热潮都能得到证明。

(2)素质教育的观念。在“教育观念的转变与更新”专题的培训中，广大教师树立了以人为本的现代教育观、专业化的现代教师角色观、主体性的现代学生观、以学习者为中心的现代教学观、开放性的现代课程观、发展性的现代评价观、依法执教的现代法制观。“一切为了学生，为了一切学生，为了学生的一切”成为许多教师的座右铭。当前，我区教师正怀着“为了中华民族的复兴，为了每位学生的发展”的信念，以百倍的职业热情投入到基础教育课程改革实验工作中。

3. 教育教学能力不断提高。

三年来，全区中小学教师在参加国家、省、市各级各类教学大赛中，共有315人获奖，其中156中学张健获政治学科全国优质赛课一等奖，医大附属逸夫学校苗鸿嫒校长在“全国小语会成立20周年大会”上做了国家级观摩示范课，在东北四城市素质教育教学交流研讨会上，宣庆中学数学教师王世强、156中学美术教师张盛都获一等奖。进修学校教研培训以更新教育观念、提高教师适应课程改革的能力和水平为重点，卓有成效地开展了第十五、十六、十七届区级教学百花奖活动，每届都有创新、有突破、有特色。仅在2001年的第十七届百花奖活动中，就推出了2830多节校级参赛课，608节区级参赛课。这些参赛课凸现出六大亮点：一是课题课、探究课、整合课、研究课等新课型占大多数；二是课程改革的新思想、新理念在教学中有较好的体现；三是进入复赛的选手有95％的人能够独立操作计算机；四是信息技术与学科的整合及各学科间的整合日趋明显；五是小学科、小班额教学在活动中异常活跃；六是研究性学习课程的选题广泛地应用于学科教学中。最后有38节课被黑龙江省、哈尔滨市选做课程改革培训班的示范课，对全省基础教育课程改革工作起到了推动作用。

4. 教育科研能力不断提高。

全区“九五”课题“整体构建学校德育体系”的子课题“班主任基本功训练内容、方法、途径的研究与实验”通过了国家级的鉴定，有10项科研成果获国家级一等奖。南岗实验区被国家总课题组授予“课题实验先进实验区”，进修学校被授予“课题实验先进学校”。1999年南岗实验区被国家课题组授予“全国中华民族传统美德教育实验示范区”，进修学校被评为黑龙江省心理健康教育课题优秀实验单位；2000年进修学校被授予黑龙江省小学语文“四结合”实验先进单位；进修学校科研部被评为“哈尔滨市教育科研先进单位”，区教育学会被评为“哈尔滨市教育学会标兵单位”、“黑龙江省信息交流先进单位”。全区“十五”课题立项431项，其中12项国家级课题，69项省级课题，55项市级课题，210项区级课题已经顺利开题。

5. 现代教育信息技术应用能力不断提高。

全区已经有5375名教师通过了计算机应用能力初级考核，有2018余名教师通过了计算机应用能力中级考核，有312名教师通过了计算机应用能力高级考核。进修学校教育信息网站各网页每月至少更新一次内容，网上的课程改革信息、教学课件、教学实况录像有了大幅度增加，电教部还实现了网上互动式培训。现在，进修学校网站已经有40个学科(部室)网页，300多个栏目，400多万字的文字信息量。各学科教师积极探索信息技术与各学科的整合，促进了课堂教学的不断优化，其中哈尔滨市第17中学历史教师孙海波的《高度繁荣的宋元文化》一课在全国第二届初中计算机辅助教学观摩展示会上获得一等奖。继红小学的信息技术与数学的整合课《统计的初步运用》在天津市召开的全国"基于网络环境下教与学的研讨会"上进行了交流。复华小学施玉铭老师在"第四届全国小学计算机辅助教学观摩课展示会"上获一等奖。进修学校电教部获"哈尔滨市第六届电化教育探索杯大赛优秀组织奖"。马家沟小学等学校升级为国家级现代教育技术实验学校。

6. 形成了一支名优骨干教师队伍，起到了应有的模范带头作用。

三年多来，全区共培养出省级骨干教师64人，市级骨干教师383人，区级骨干教师739人，区级名优教师21人，并有19名中小学教师参加国家级骨干教师培训班的学习。这些名优骨干教师在教育教学中、在教师培训中、在教育科研中都起到了应有的模范带头和辐射作用。

(四)优化了培训者的综合素质

通过培训，使全体培训者更新了教育观念，提高了理论素养和信息素养，增强了对教育教学实践的指导能力。三年多来，在南岗区教师进修学校培训者队伍中，有1人被评为哈尔滨市级功勋教师，有2人被评为特级教师，7人被评为省级优秀教研员，22人次获省级教学大赛指导奖，30人次获市级教学大赛指导奖。50岁以下的培训者100%通过了计算机应用能力中级考核。15人参加了研究生学历进修，目前已全部结业。在国家、省、市已立项的36个课题中，有六项课题实验研究已经通过国家级合格验收。有十项课题实验通过省级合格验收。

(五)总结了课题研究各阶段的理论与实践经验

在教育部师范司主办的全国中小学教师继续教育《工作通讯》2000年第1期上，报道了"南岗区开展中小学教师继续教育'四位一体培训机制'实验研究的进展情况"。《中小学教师培训》2001 年第 2 期专门报道了在我区召开的"全国五省六市中小学教师继续教育'四位一体培训机制'课题研讨会"的有关情况。2000 年 9 月，我区总结的《建立中小学教师继续教育"四位一体培训机制"造就一支高素质的教师队伍》的经验，在黑龙江省中小学教师继续教育和校长培训工作会议上进行了交流。《哈尔滨教育》2001 年第 9 期发表了我区撰写的《构建"四位一体培训机制"课题研究与实验阶段性报告》。2001 年 10 月我实验区在教育部师范司召开的"全国进一步推进中小学教师继续教育工程暨继续教育实验区成果交流会议"上作了《中小学教师继续教育"四位一体培训机制"课题阶段性研究》报告。2002 年 4 月，我区在"黑龙江省中小学教师继续教育工程推进工作会议"上作了题为《建立"四位一体培训机制"造就一支适应素质教育需要的教师队伍》的发言。此外，2001 年 10 月国家督导检查组到我校检查继续教育工作时，也对我区开展的"四位一体培训机制"课题研究取得的初步成效给予了充分肯定。

十、研究结论

通过三年多的课题研究实践，我们感到"四位一体培训机制"是对中小学教师进行继续教育的有效机制。其优势可以概括为：

（一）有利于培训观念的转变。使教师的思想政治素质、现代教育理论水平、学科专业素质、科研素质、信息素养的培训同步进行

基础教育课程改革的综合化趋势要求教师具有综合素质。必须转变过去那种单纯以学历补偿、以学科教研、以业务进修为中心的培训观念，树立以教师专业化发展为中心的"大培训"观念。我们的培训、教研、科研、电教"四位一体培训机制"三年来的运作，用实践证明了"大培训观"的先进性，这有利于转变培训者和广大教师的培训观念。

（二）有利于培训目标的具体落实。使培训工作具有针对性、实效性和可操作性

过去中小学教师在职参加继续教育培训，存在着一些突出的矛盾，一是培训内容与教师需求脱节，针对性不强；二是所学内容不能转化为教育教学上的效益，实效性不强；三是工学时间上的矛盾，可操作性不强。根据系统论的“目的性原则”，根据多年培训工作的经验，在实验与研究中，我们从培训的最终目的出发，着力于解决以上三方面的矛盾，注意发挥培训内容的综合性、培训形式的多样性、培训活动的实践性，使这种培训机制有利于问题的解决和培训目标的具体落实。

（三）有利于培训资源的优化重组和培训模式的多样化

我们根据系统论的“最优化原则”，注意发挥教师进修学校内各部门具有的独特优势，合理分配培训任务，组合培训资源（包括物化的和非物化的资源），激活培训功能，把教育理论、专业知识、学科教研、教育科研、现代教育信息技术等培训资源有机地整合起来。又根据各种培训内容的特点，发挥各自的专业优势和功能优势，探索多种微观培训形式，创新宏观培训模式。从而使“四位一体培训机制”有利于培训资源的优化重组和培训模式的多样化。

（四）有利于提高培训的整体效益和工作水平。达到省时、省力、省物的最佳效应

根据系统论“整体大于部分之和”的整体性原则，我们认识到，系统的整体功能大于孤立的部分功能的总和。“四位一体培训机制”是由各个培训要素按照一定结构组织起来的整体，培训、教研、科研、电教四个要素被有机地组织起来，在教师培训工作中，就不再是单个的要素了，而是一个具备新功能的整体了。所以说，“四位一体培训机制”的这种有机性、最优化，有利丁提高培训的整体效益和工作水平。

（五）有利于培训者自身队伍的建设。促使培训者一专多能，提高自身的综合素质和能力

根据教师专业化理论，教师继续教育的培训者首先应该成为专业化

的教师、专业化的培训者。教师进修学校培训者的专业化，包括两个专业。一个是本学科（或领域）专业，一个是教师培训专业。在“四位一体培训机制”中，培训者要一身兼多职。作为培训者，首先不断深化和拓展自己的学科（或领域）专业，又有必要提高相关的教育理论素养、教育信息素养、教育科研能力、培训组织能力、培训教学能力等多方面的综合素质。因此，本机制也有利于培训者自身队伍的建设。

（六）有利于实施基础教育课程改革，提高教师实施新课程的能力，全面实施素质教育

在基础教育课程改革师资培训中，培训工作究竟应由单纯的教研部门，还是应由单纯的培训部门来组织？在许多地区，还存在着运作上的分歧和困惑，出现过培训任务交叉、培训组织多头、培训管理混乱等情况。我区在被定为省级课改实验区之前，已经确立了“四位一体培训机制”，实践证明，没有出现上述矛盾，使新课程师资培训工作得以迅速启动，协调管理，分工明确，顺利实施，并已经取得了预期的培训效果。所以说，这个机制有利于实施基础教育课程改革，提高教师实施新课程的能力，进而全面实施素质教育。

（执笔人：文继国　白宝彦　徐世达）

参考文献

1. 教育部师范教育司编:《教师专业化的理论与实践》,人民教育出版社,2001年。

2. 教育部师范教育司组织编写:《更新培训观念变革培训模式》,东北师范大学出版社,2001年。

3. 教育部文件(教师[2002]3号)《教育部关于加强县级教师培训机构建设的指导意见》。

4. 袁贵仁:《加强和改革教师教育大力提高我国教师专业化水平》,《人民教育》,2001年第9期。

5. 张贵新主编:《中小学教师教育专题研究》,东北师范大学出版社,2001年。

6. 周德藩、王定华主编:《教师队伍建设理论研究》,沈阳出版社,2000年。

7. 刘树民主编:《教师队伍建设典型经验研究》,沈阳出版社,2000年。

8. 程方平主编:《国外教师问题研究》,沈阳出版社,2000年。

9. 朱益明等编著:《中小学教师素质及其评价》,广西教育出版社,2001年。

“加强教研员队伍建设的理论与实践研究”课题研究报告

哈尔滨市南岗实验区课题组

一、课题的提出

《中国教育改革和发展纲要》指出:“振兴民族的希望在教育。振兴教育的希望在教师。建设一支具有良好政治业务素质、结构合理、相对稳定的教师队伍,是教育改革和发展的根本大计。”这是因为,只有高素质的教师,才能保证素质教育的全面实施。教师是实施素质教育的主力军。

教研员队伍是教师队伍中的特殊群体,是各地区的学科排头兵,教研员有业务上的指挥权与评价权,因而教研员素质的高低对教师素质的高低有着十分重要的影响,对本地区教育质量有着十分重要的影响。

南岗区教师进修学校教研员在1995年为33人,他们多数是省市的业务权威。由于年龄的原因,有24人退出历史舞台。剩下9人也将陆续退休,新上岗的教研员90%是40岁以下的教学骨干,其思想水准、业务和科研能力与老一代教研员有一定差距,有的还差距很大。如何加强教研员队伍建设,适应教育发展的需要,这一课题已经迫切地摆到日程上了。

1995年下半年市教委下发了[95]56号关于《改进和加强教研员工作的若干意见》,对教研员应具备的各种素质,明确提出了更高的要求。加强教研员队伍建设,已经是一项迫切的任务。

二、实验目的

南岗区教研员队伍建设的目标为：

1. 通过课题研究，促进教研员政治、业务、职业技能等素质整体优化，从而形成一支坚持社会主义方向、师德高尚、业务精良、结构合理、相对稳定、适应基础教育改革与发展需要的教研员队伍。

2. 通过课题研究，促使教研员不仅成为学科教学的带头人，而且使其成为学科教育科研的带头人。

3. 通过课题研究，促进教育改革的深化与发展，推出一批教育科研的成果。

4. 通过课题研究，促进南岗区教师进修学校办学体制的改革，创出一条更加适应形势发展需要的办学模式。

三、实验方法与组织形式

1. 采用美国著名心理学家科特·利温(Kurt Lewin)的行动研究法(Action Research)。

行动研究法包括计划、实施、观察、反思四个相互联系、相互依赖的基本环节。这种方法以解决实践问题为主要任务，要求行动者参加研究，研究者参加实践，并在研究和工作中相互协作。研究工作应当在真实的、特定的工作环境中进行。研究工作具有动态性，适应不断变化的新情况、新问题。

根据本课题的实际与研究课题的性质，课题组采用了“行动研究法”。

2. 组织形式。

依据“行动研究法”的“研究工作应当在真实的、特定的工作环境中进行”的基本原理。课题组组织形式与学校的工作组织形式一致。由校长柴彦担任组长，中小学部与科研部主任担任副组长，由中小学部室具体操作在特定的工作环境中的课题研究，由科研部组织协助课题研究并参加课题研究。这种组织形式便于研究方法的运用与研究课题的具体开展。

四、实验研究的做法

此项实验分三个阶段具体实施。

第一阶段:1995—1997 年,即加强教研员岗位能力建设阶段。

课题组第一阶段的实验目标是:经过三年的努力,使 45 岁以下的中小学教研员学历 100%达到本科水平。使 45 岁以下的中学教研员 25%~30%达到硕士研究生水平;同时,85%以上的教研员的政治素质、业务素质、职业技能等诸方面达到上乘水平,做到整体优化,适应南岗区基础教育发展的需要。

1. 成立专家考核领导小组,制订培训与考核方案。

课题组聘请哈尔滨市著名的教育专家、金质奖章教师、特级教师赵守文、柴彦、赵宪文、刁望鹏、袁仲林等人组成领导小组。组织并监控实验的全过程。

课题组制定了《教研员岗位培训集中考核实施方案》,主要内容有五项:一是培训内容,二是考核内容,三是考核办法,四是考核日程安排,五是考核总结。

“加强教研员队伍建设”课题研究,十分重视教研员的师德建设,尤其注重发挥榜样的教育作用。课题组先后开展了向苏宁、孔繁森、抗洪英雄学习的活动,用他们的先进思想、优秀品德和可歌可泣的事迹来教育、鞭策广大教师。在校内,注重发挥身边典型的教育作用。1996 年,发出向“连续 10 年四届被市政府授予劳模集体的中学部学习”和“向市功勋教师金牌获得者赵宪文同志学习”的号召。通过学习,广大教师学到了劳模人物的崇高思想、高尚品质、敬业、乐业和无私奉献的精神,同时也从中找出了差距,确立了更新更高的奋斗目标。

在培训与考核内容上,主要侧重于业务方面,依据市教委[95]56 号文件《改进和加强教研员工作的若干意见》,根据专家的意见,从业务与技能两方面分解成为五项基本技能:钻研所任学科教学大纲、教材的能力,独立进行教材教法辅导的能力,科学精确评估学科教学的能力,组织与辅导教师上各种类型研究课、竞赛课的能力,总结经验与撰写论文的能力。

在考核内容上，简化为“五个一”：上好一节研究课，指导好一节公开课，评价好一节观摩课，开展好一次教材辅导活动，撰写一篇论文或高水平的经验总结。

2. 坚持了“三个同步”、“一个侧重”。

在课题研究的实施当中，坚持了“三个同步”与“一个侧重”的基本措施。

“三个同步”：首先，是“培训与考核同步进行”。培训与考核都是加强教研员队伍建设的一个手段，因为“考核”带有评价功能，因而更具有激励作用、促进作用。一方面课题组由有关专家（赵守文、赵宪文、袁仲林、刁望鹏等人）就“五项基本技能”进行专题讲座，号召并督促教研员根据自身情况进行自学自练；另一方面每一教学年度，专家组都要进行一次“五个一”的考核活动，使考核与培训活动紧密结合起来。

其次，是“课题研究与常规教研工作同步进行”。行动研究法（Action Research）要求研究者参加实践，而实践者也必须参加研究。而教研员的研究活动不能脱离自己的教研活动。教研员应当将自己科研活动的有效载体，课题组亦将进修学校的每次重大活动当做一次重大的科研活动。例如：1995—2001 年进行的南岗区第 12～17 届百花奖竞赛活动，课题领导小组与专家组都认真参与了“活动方案”与“课堂评价标准”的制定，并在“百花奖”活动中考核每位教研员。

第三，坚持“走出去”与“请进来”同步进行。

“加强教研员队伍建设”必须立足于“自己动手，丰衣足食”，充分挖掘内部的潜力。课题组十分重视挖掘老教研员的宝贵财富，让他们“以老带新”，进行传帮带，让他们将更多的宝贵经验留传下去。同时，课题领导小组十分重视信息交流与外地经验的学习。先后共送出 15 名教研员到外地参加硕士研究生班学习，现全部毕业，占新上岗研究员总数的 50%。还创造各种条件，到全国各地参加各种会议观摩交流 130 人次，极大开阔了眼界，增长了见识，提高了教研员的科研水平。

“一个侧重”是侧重对教研员的考核。对教研员的考核采取了“平时考核、集中考核相结合的方法”。考核时要做到“十有”：①有听评课笔记；②有开展学科大型教研活动的方案与总结；③有教材教法辅导讲义；④有学科教学质量评估纪实；⑤有教改手册；⑥有教研工作计划，月、期末总结；⑦有深入基层指导教学登记卡；⑧有课题活动纪实；⑨有科研课题实验点校工作纪实；⑩有工作绩效记录。

第二阶段：1998—1999年。即加强教研员科研能力与现代教育技术建设阶段。

教研员必须树立“科研素质是必备素质，科研能力是基本能力”的思想，必须树立“教研员不仅是学科教研带头人，而且是学科科研带头人”的思想。要求教研员要在课题研究中，不断提高自己的科研水平，认真学习教育理论，积极投身教改实践，在科研与教研活动中加快由“经验型”向“科研型”的转变，并向成为教育专家型的教研员而努力。

具体实验措施如下：

1. 教研员做到“人人有课题，科科搞科研”。

开展教育科学研究，应该是在实践基础上研究，而研究的目的则在于应用。为了让教研员更快地成长为“学者型”、“科研型”、“专家型”的教研员，在第一阶段撰写论文与总结经验的基础上，全校有33名教研员参加了课题组，占专职教研员的100％。而且每位教研员都能够根据形势与自己学科工作的需要进行“课题立项”，统一下属到“加强教研员队伍建设”的子课题，进行课题论证，依据教育科学理论，运用科研方法，遵循科研程序，真正意义上开展了教育科研活动，形成了一个空前的“人人有课题，科科搞科研”的深厚科研氛围。

2. 教研科研紧密结合，教研科研相互促进。

教研工作是科研工作的肥沃土壤，科研活动又能更有效直接地促进教研工作上水平，促进教研员向“科研型”、“专家型”转变。

教研员工作与科研课题结合之后，工作就发生了十分可喜的变化，出现了“六多”的现象：①教研员教育科学理论的学习活动多了；②教研员的专题研讨活动多了；③请专家学者做报告的多了；④组织课题组开展科研活动多了；⑤总结经验，撰写论文多了；⑥科研成果多了。

教研员通过课题研究，极大地激发了自己的才智，使工作上了一个新水平。小学自然教研员滕家瑛同志的“小学自然学科主动教育课堂教学模式”在全区自然学科得到全面的推广，他带领的教师，在全国大赛中获得一等奖，为哈尔滨市争了光。初中英语臧馨老师的“三步九段教学法”在南岗初中英语教学界得到了广泛的认同，该课题组编写的听力录音带与辅助练习册深受师生的欢迎。

3. 树立科研典型，大力推广优秀的科研成果。

教育科研的价值在于指导教育实践，教育科研是为了推进素质教育的进程。为了进一步加强教研员队伍建设，提高教研员的科研水平，课题组连续召开了六次课题验收会，邀请教研员全部参加，让其了解科研的全过程，在聆听国家、省市领导的验收评议中，不断增强科研意识与科研能力，同时，不失时机地总结经验，推出六项科研成果，以典型引路，推进课题研究的进程。

这六项的优秀科研成果是由教研员韩三军、张桂荣、徐立清、谢胜等人主持的课题：《目标教学法教改实验》、《快速作文教改实验》、《小学作文训练序列教改实验》、《中学生心理健康教育实验研究》、《班主任基本功训练研究》与《中华民族传美实验研究》。这六项课题全都接受了国家、省市的验收，其中有四项召开过国家或省市现场会并推广先进经验。课题组在南岗区推广这六项科研成果，在南岗区产生了强烈的反响，在教研员队伍中也产生了强烈的反响。

之后，中学数学《推广青蒲经验，尝试指导教改实验》、中学英语《英语JEFC跟踪训练》、小学数学《提高教师素质与学生能力发展关系研究》、小学语文《四结合认知码实验研究》、中学生物《和谐教学理论与实践研究》等五项课题接受了国家或者省市级学科专业委员会的验收。南岗区总课题组又及时地将中学数学“青蒲经验”与中学英语“三段九步教学法”经验总结出来，提出推广意见，在全区与全体教研员中推广学习。

在加强教研员科研能力建设的过程中，教研员的现代教育技术建设工作也取得了可喜成绩。课题从1996年开始就进行现代教育技术培训，先后共办过四期培训班。第一期(1996年)DOS、WPS培训班；第二期(1997年)WINDOWS初级班；第三期(1998年)WINDOWS中级班；第四期(1999年)课件制作班。每期教研员都全部参加，每个培训班学时60小时，共240学时。全体教研员进行了全员培训，经市里统一考试，全部获得了市教委颁发的初级证书和中级证书。

第三阶段：2000—2002 年，创建“加强教研员队伍建设”的新阶段机制。

随着教育改革的不断深化，在“加强教研员队伍建设”这一课题的理论研究及实践探索下，不断地提高认识，不断地总结经验，在全面落实《中共中央国务院深化教育改革全面推进素质教育的决定》及教育部颁发的《关于推进中小学教师继续教育工作的意见》的基础上，课题组探讨并形成了“加强教研员队伍建设”的“四位一体”机制。

所谓“加强教研员队伍建设”的“四位一体”机制，即是充分发挥进修学校四大职能部门：培训、教研、电教、科研部门的优势，协同作战，共同加强教研员队伍建设。由此，课题组行为已转换为学校行为，目前，学校出台了《南岗区教师进修学校培训者继续教育培训方案》与《在培训者培训中，实施“四位一体培训机制”的理论研究与实践探索课题实验方案》。

五、实验的原则

1. 主体性原则：充分调动全体教研员的积极性、主动性与创造性，使其成为课题研究的主体，通过研究、考评，充分发挥个人与集体的才智。

2. 实践性原则：教研与科研紧密结合的原则，教研员必须以日常的教研活动作为有效载体开展科研活动。

3. 协同性原则：在课题研究中，发挥有关职能部门协同作战的优势，要强化课题研究与对教研员的考核评价协同的优势，促进教研员的素质得到提高。

六、实验的效果

（本项课题研究，不能运用横向对比，只能运用纵向自身对比）

本项课题研究是一项复杂的系统工作，工作量极大，现将有关数据公布如下：

表一:实验前后教研员的课题立项情况

	实验前	实验后
人　　数	8人	45人
百分比	25.2%	100%

表二:实验前后教研员获省级以上科研成果情况

	实验前	实验后
人　　数	5人	12人
百分比	14.8%	30.5%

表三:实验前后学历水平的变化

	实验前	实验后
大专以上	33	33
本科	27	33
硕士	0	15

表四:实验前后现代教育技术水平的变化

	实验前	实验后
中级水平	0	28

表五:实验前后教研水平的变化

	实验前	实验后
创建教学模式	4	20
刊物发表论文	14	29
省级以上赛课获奖	12	25
开展学科科研活动	4	33

1. 全面地提高了教研员队伍的整体水平，基本上形成了一支有良好政治业务素质、结构合理、相对稳定的教研员队伍，适应了当前教育改革与发展的需要。

2. 培养了一支较强的科研型教研员队伍，表二证明，科研骨干约占教研员的30%以上，同时表一展示每位教研员已有了科研意识，并具备一定的科研能力。

3. 涌现出一批科研成果。已经被认定的科研成果（国家、省、市以上），共12项（表二）。这些科研成果正是“加强教研员队伍建设”所取得的可喜成绩。

4. 教研员队伍建设，对教育改革起到了极大的推动作用。“九五”期间，南岗区各项重大教育改革举措，如“第12～15届教学百花奖活动”，中小学学科开展的各项重大教育改革，全区性的“增优补差”工作，“素质教育课堂教学模式及评价标准”专题活动“一课十讲、一题十课”等重大活动都取得累累硕果，每一项成绩的取得，都与教研员队伍的整体优化紧密相关。

5. 教研员素质的提高，强有力地推动了南岗区继续教育工作的进程。“九五”期间，南岗区教师进修学校先后举办各种类型“校长培训班”6期，培训校长达226人。新教师培训班13期，人数达到926人。举办各类学科教师培训班156个，人数为4680人次，培养出省级骨干教师92人，市级骨干教师283人，区级骨干教师670人。1998与2001年开展“名师工程”，共培养出21名中小学区级名优教师。

七、实验的体会

1.“加强教师队伍建设”这一课题，抓住了教育改革的核心与根本。“振兴民族的希望在教育，振兴教育的希望在教师。”由于教研员的特殊地位与作用，抓教研员队伍建设，具有示范作用，具有“纲举目张”的效果。教研员队伍建设好了，一方的培训工作、教研工作、科研工作、教育改革也就相应地得到提高了。

2. 科研课题研究是提高教研员整体素质的最佳途径。提高教研员整体素质的途径很多，但最有效的途径还是通过教育科研。正如苏霍姆林斯基所言，“要使你的教师在从事教育教学中，享受和体验到更多的快乐，那么，你就去引导教师集体从事教育科研的探索与研究”。本课题的实践就证明了这一点。

3. 教研员队伍建设中，必须充分重视专家与骨干的作用。教育科研是最讲究科学的，来不得半点虚假与骄傲。现代管理学研究中的“二八定律”，在这里起着关键的作用，即20％的骨干在群体当中发挥着80％的作用，南岗区的课题研究与队伍建设之所以取得较好的成绩，就是因为取得科研成果的科研骨干占到群体成分的30％。

4. 及时地总结与推广优秀的科研成果，不仅是科研工作的关键环节和提高教育科学管理与提高研究者素质的必要途径，在本课题研究中，我们认为它更是激发研究者热情的有效动力。正由于本课题组先后两次总结推广了十一项科研成果，才使课题研究不断深化。

5. 本课题研究是无止境的，应该根据形势的变化而不断地调整充实研究计划。当现代教育技术摆到日程上时，课题组便充实调整内容，增强了现代教育技术培训的研究。当研究内容不断深化，在全国范围内大规模开展继续教育的时候，课题组又不失时机地研究培训、教研、科研、电教“四位一体培训机制”的课题。

从1995年提出本课题，到2002年结题，我们的实验研究历时7年，取得了理论经验和实践成果。在今后的教师培训中，我们将继续就进修学校教研员队伍的建设问题进行深化研究和推广实验，为基础教育课程改革在我区的成功实施保驾护航。

（执笔人：柴　彦）

“以计算机应用为核心的现代教育技术在教师继续教育中的地位、作用与培训模式”课题研究报告

哈尔滨市南岗实验区课题组

一、课题提出

以计算机为基础的信息技术正迅速发展，信息爆炸所引起的深刻社会变革，已经对教育改革提出了新的挑战。随着教育信息化的到来，教师的作用将主要是帮助学生汲取先进的知识和技术养分，指导学生通过各种途径获取课程标准上规定的课程，教师将扮演辅导员的角色。故此，广大中小学教师必须顺应时代发展的潮流，不断学习、拓宽、更新知识，掌握和应用现代知识和技术，革新传统的教育思想、观念、方法、手段、模式，方能适应当前的形势要求。

1997年，南岗区被国家教委确定为全国中小学教师继续教育实验区，1999年4月南岗区承担了教育部师范司设立的“四位一体培训机制”课题，区教师进修学校电教部承担了“四位一体培训机制”课题的子课题《以计算机应用为核心的现代教育技术在继续教育中的地位、作用和培训模式》的研究，通过此课题的研究，旨在中小学教师继续教育培训中充分发挥信息技术的优势，抢占现代教育技术制高点，带动教育领域各方面的新发展，包括教育思想、教育观念的更新，构建南岗区教学资源的设计、开发、应用、评价和管理体系。

二、实验假设

如果能发挥区教师进修学校以及中小学校的集中培训、校本培训、远程培训的作用，就能极大地提高教师信息技术培训的效率、提高教师的综合素养，教师就可以自如地运用现代教育技术，提高教育质量。

三、研究目标

为了实现上述课题实验假设，我们确定了具体研究目标。

1. 建构具有区域性特色的中小学教师继续教育“四位一体培训机制”中的《以计算机为核心的现代教育技术在教师继续教育中的地位、作用与培训模式研究》的理论体系。为南岗区中小学教师继续教育体系的建立，提供强有力的佐证。

2. 在现代教育理论的指导下，了解和学习多学科知识，自觉提升教师综合素养的同时，把以计算机和网络为核心的现代信息技术自如地运用于教育教学过程之中，实现教育教学过程的优化。

3. 根据不同的培训对象、不同时期的培训，对培训内容的深度和广度进行控制，构建具有南岗区特色的、以计算机应用为核心的现代教育技术培训，进而达到较好的培训效果。

四、研究过程

自1998年课题正式启动至今，课题研究已经进行了四年多，大致经历了准备、实施、总结三个阶段。

（一）准备阶段

从1998年底，南岗区就开始对全区现任45岁以下的教师进行以计算机为核心的现代教育技术培训。南岗区教委组织全区教师认真学习《中共中央、国务院关于深化教育改革全面推进素质教育的决定》，全面贯彻落实全教会精神和哈尔滨市教委下发的[1998]221号文件《哈尔滨市中小学教师计算机应用能力培训实施方案》，出台了《南岗区落实哈尔滨市中小学教师计算机应用能力全员培训行动计划》和《以计算机应用为核心的现代教育技术在继续教育中的地位、作用和培训模式的研究》的实验方案，并下发到各个中小学校。认识上的提高，带来了思想上的解放，认识上的统一和行动上的一致。

1. 超前规划，统筹安排，制订方案。

计算机应用能力培训是实现教育现代化的重要保证，是进行教育教学改革的重要条件，是提高教师素质的必要手段。进行计算机培训必须有超前的规划，有了规划，才有明确的工作目标；有了规划，才有具体的工作步骤。为此，南岗区根据哈市教委的整体计划，结合本区实际情况出台了《南岗区教师计算机全员培训计划》，制定了全区的行动计划和具体的培训方案。努力做到集中培训和校本培训相结合。

在此项培训工作中，教师进修学校统筹安排，主要负责集中培训部分。各中小学校负责校本培训部分。教师进修学校的教研员对校本培训的培训者进行了严格的审定和培训。同时，对校本培训工作进行定期检查和不定期抽查。严格管理，统筹规划，组织管理到位，保证了培训工作扎实地向前推进。

2. 加大投入，加强硬件建设。

近年来，市、区、校三级共投入资金 1800 万元，用于现代化教育硬件环境建设。为计算机培训工作的开展，提供了有力的保证。

3. 建网、建库、建队伍。

在实验的起步阶段，我们就充分认识到有南岗区特色的中小学教师继续教育的计算机培训工作，必须从建网、建库、建队伍抓起。要队伍先行，分层、分步进行以计算机为核心的现代教育技术培训工作，并把此项工作分成两大方面，即校园网建设和计算机多媒体教学培训。校园网建设是实现教育手段现代化的基础工程，是进行以计算机为核心的现代教育技术培训的保证。通过进行大胆探索和尝试，实施建网（计算机互联网络）、建库（教育信息资料库）、建队伍（网络管理队伍、教育信息开发队伍、教育信息网络使用队伍）的工作思路，初步建成了南岗区教师进修学校校园网系统并投入使用。各学科初步建成自己的教育信息资料库、教育管理和教育科研信息资料库。通过培训，建成了一支掌握教育信息技术，熟悉计算机网络、资料库建设的技术队伍，全面开展教师应用校园网获取教育信息的培训工作。逐步实现与兄弟学校、高校、全国教育资源共享，建成了进入课堂的在网上运行的多媒体教学资料库。市区骨干教师基本都能在校园网中获取信息，教师做到人人懂电脑，会电脑，形成我区的电脑文化新风貌。

（二）实施阶段

在具体实施阶段主要是具体实施课题方案，落实各项措施，解决在实验课题中出现的实际问题，形成实践性成果。

1. 计算机应用能力初级培训

硬件配置到位，仅是开展计算机培训的物质基础。从1999年初到2001年12月，我们开展了以集中培训和校本培训相结合的计算机应用能力初级培训。在培训工作中我们采取了分层次渐进式的培训方法，即从初级向中级、向高级逐步提高时，开展四个层面的人员培训。一是领导层面：教师进修学校领导和中小学校分管计算机教育的校长；二是技术层面：区教师进修学校的教研员和各中小学校的计算机教师；三是实践层：基层学校中的第一线教师；四是科研层面：从事计算机培训、计算机教育的科研工作的教师。

中小学教师以计算机为核心的培训是一种普及型教育，教师人员结构复杂，给培训工作带来一定的难度。我们结合教师年龄、所任教的学科、所从事的工作不同，分别组织了不同类别的培训班。初级培训的考核由理论和实践两部分组成，笔试由全市统一考试，上机操作由区里根据市里的考试要求，制定考核计划，随机抽题，固定时间，当场评卷，评卷人签字等方法。考核合格取得计算机应用能力初级证书的，即可取得教师继续教育培训的60学分。明确的工作目标，统一的工作规划，保证了培训工作扎实有效地开展。

2. 信息技术中级培训

计算机应用能力初级培训是全员性的，重在对计算机知识和操作性的简单了解，这些知识对于信息时代的教师是远远不够的，南岗区从2000年初开始对全区教师进行计算机初级培训的同时，对全区各学科的骨干老师和教研员又进行了信息技术应用能力的中级培训。共开设了小学科任预备骨干班，中小学语文、数学、德育预备骨干班，中小学校长班等18个培训班。在计算机分层次培训的同时，我们更注重实效，有针对性地选择培训内容，择“要”择“优”地进行讲解，使所学知识达到精、实、新，突出计算机的实用价值。

随着互联网走进生活的各个角落，教师掌握必要的网络知识是非常重要的。所以网络是中级培训中另一个重要内容，我们利用机房每台机器都可以上因特网的优势，在如何上网、下载、收发电子邮件等方面都进行了详细地讲解，使学员收集信息和处理信息的能力大大增强。在培训的过程中我们既要让教师对信息时代教育的新模式有一定的了解，又要使教师具有较高的操作技能。所以，在教学的实施过程中，围绕教师这个特定的教学对象来选择教学内容，确定教学策略和教学方法，并经实践验证效果很好。不同岗位的人员对培训内容的要求也不完全相同。在对学科教师进行培训时重在提高现代教育技术应用能力的内容，掌握计算机辅助软件的一般制作方法、媒体教学方法；在对计算机专职教师培训时重在计算机辅助教学软件的编制，现代教育技术环境建设理论与方法；对管理人员进行现代教育技术培训时关注教育技术的发展，教育技术的规划、教育技术环境建设等。

3. 信息技术远程培训

江泽民总书记多次强调，四个现代化，哪一化都离不开信息化。随着知识经济时代的到来，教育信息化担负着神圣的历史使命，它在扩大教育供给、实施素质教育、提高教学质量和办学效益中扮演着日益重要的角色。南岗区中小学教师的信息技术培训踏上了信息时代的高速公路，并适时地开展了信息技术远程培训工作。

(1)为学校选择合适的上网方式。

2000年12月，南岗区“校校通”工程开通，基层学校一台电脑、一根电话线、一只调制解调器，即可拨号上网，获取和发布信息，浏览、搜集国内外教育信息，收发电子邮件，制作多媒体作品，加强了学校的对外交流与合作。在创设网上教学的必备条件下，为南岗区率先开展了信息技术中级远程培训工作准备了物质条件。

(2)建立基地,培训骨干,解决远程教学师资不足的问题。

由于网上培训对我们来讲是个尝试,没有可借鉴的经验,并受到设备条件的限制,开展信息技术远程中级培训有一定的难度。我们在征得市里继续教育培训中心同意的基础上,先后在继红小学、复华小学两所网络环境相对比较好的学校建立培训基地,我们先对两所学校负责信息技术的教师进行培训,学校将进修学校的网上培训内容下载后由他们再对本校的教师进行培训,在2001年初两所学校参加培训的教师97%通过了市里计算机中级考核,这样大大提高了培训的效率。

(3)建立"南岗区教育信息网"和南岗区教育资源库,解决远程教学中教育信息源不足的问题。

我们于2000年建立了"南岗区教师进修学校教育信息网",并开设了网上培训网页,其中包括教学目标、方案、课时安排、走进课堂等。各中小学校、农村中心小学校可以与"南岗区教师进修学校教育信息网"和"南岗区信息技术远程培训网页"相通,实现了"校校联网,校校通",教育资源共建共享。自2000年6月"南岗区教育信息网"开通以来,访问人数超过了40万人次。在全面开展中小学教师信息技术远程培训教学的过程中,我们及时根据受训教师的反馈意见,调整远程培训的内容,培训效果越来越好。

(三)总结阶段

从2002年初开始,课题进入总结阶段,四年来南岗区以计算机应用为核心的现代教育技术培训取得了很大的成效。

1. 在进修学校"四位一体培训机制"总课题的指导下,《以计算机应用为核心的现代教育技术在中小学继续教育中地位、作用和培训模式》课题组指导各校整理课题研究过程性资料,建立了南岗区的信息技术培训档案。

2. 子课题组组织实验学校开展研讨,总结交流课题成果的同时,撰写论文,形成理论性成果。

3. 充实了南岗区辅助教学软件资料库,真正实现区内教学软件资源共享。

4. 撰写了《以计算机应用为核心的现代教育技术在中小学继续教育中地位、作用和培训模式》的研究报告。

五、培训模式

在此课题研究中，培训模式的研究是我们工作的重点，我们主要采取以下四种模式。

（一）集中培训

集中培训充分发挥进修学校培训基地的功能，根据不同层次组织了骨干教师、新教师、教学校长等集中到进修学校，采取以面授为主、自主学习为辅的培训模式，此模式也是我们进行现代教育技术培训采取的主要模式，适合于不同层次的对象。

（二）校本培训

校本培训是在开展以计算机应用为核心的现代教育技术培训工作中，以教师任职学校为主阵地，以教师互教互学为基本形式，在岗业余自学的一种进修模式。在以学校为主阵地的教师培训过程中，如何调动教师主动参与，激发教师的参培内驱力，让教师把参与培训作为一种自觉行为和内在需要，是我们研究的目的。各中小学校根据南岗区信息技术培训方案，结合本校教师的实际情况，制定出本校的现代教育技术培训规划和计划，使校本培训既有长远规划，又有短期计划，目标明确。克服了随便列几本书让教师自学，教师怎么学，不闻不问，也没有什么检查、考核措施的放任自流的做法。所以，我们在开展校本培训时顾及教师的感受和内在需要，强化了教师在培训工作中的主体地位，通过有组织、有计划、有针对性的有效自学，使教师充分体会到学与不学真的不一样，从而促使教师变“要我学”为“我要学”。

（三）远程网络培训模式

1. 讲授式培训模式

尽管是远程培训，我们考虑到由于条件所限，并不是所有想参加学习的教师都能自由地在网上学习，大部分教师还要以学校为基地，所以我们在远程培训的初期以讲授式培训模式为主，参加培训的学校将培训内容下载或安装，由培训基地的教师在本校的机房，利用“校园网”为教师上课，此模式适合基础相对比较弱的教师。

2. 个别化培训模式

个别化培训模式的特点是：自学与辅导相结合。进修学校设计支持网络培训的CAI课件，教师通过运行CAI课件完成独立学习的过程，教师利用软件进行自定步调的学习，同时CAI课件可以根据参培教师的不同反馈和要求提供有针对性的教学，从而实现以教师需要为中心的培训方式。在个别化教学模式中，教师可以充分利用E-mail、BBS或网上实时交互等方式有针对性地辅导学习，获得及时、充分的个别指导。此模式适合条件比较好、有一定基础的教师。

3. 协作学习式培训模式

协作学习模式的特点是：集体参与，在合作中学习。学校通过网络组织教师为完成一定的教学任务而展开竞赛，通过引入竞争机制，能够很容易地调动学习兴趣和注意力。为完成任务教师会在学习过程中全神贯注，使学习效果比较显著。教师为完成某个共同的学习任务而组成特定的小组，通过利用E-mail、BBS或实时交互的方式不断进行针对特定学习任务的讨论，对学习任务进行分工合作，不断加深对学习内容的理解。教师也可以通过与同事交流，共同探讨问题的过程，彼此之间互教互学共同进步。此模式适合于骨干教师培训。

4. 发现式培训模式

我们结合中级培训的要求，选择合适的主题或任务，然后利用丰富的网络资源，借助一定的软件工具，收集资料，分析资料，尝试发现问题或对要研究的问题得出一定的结论。通过利用发现式培训模式进行培训，能够极大地加深教师对于问题的理解与认识，有利于培养教师研究与探索的积极性和创新能力。此模式适合专业教师的培训，教学的灵活性强，自主性强。

（四）信息技术与学科整合

推进多媒体技术和网络技术教育是手段，不是目的。在以科研为先导，推进素质教育的进程中，计算机网络技术的引入，与先进的教育思想相结合，提高教师的综合素质，这才是真正达到课题实验的目的。

在中小学教师培训中，对教师只进行信息技术培训，势必会产生一种培训与实践两层皮的感觉。所以在培训中我们注意信息技术课程与学科整合，参培的教师以自己所任学科作为载体，将信息技术的学习和应用与教育观念的更新有机结合，应用信息技术对教育体系、内容、方法和手段进行改革，将信息技术与学科有机整合。在课题指导下，我区教学软件的开发和应用实现了三个结合：教学软件与学习软件开发相结合，教师开发与学生开发相结合，自身开发与应用现成软件相结合。

以上几种培训模式中，有的是基于原有培训模式上的扩展，有的是作为新的培训模式的引入。每种培训模式都需要特定的教学环境，而且教师、网络在每类模式中的角色和作用都有所不同，每种教学模式适用的情况也不尽相同。因此，在实际的培训过程中，我们根据不同的教学内容和教学对象，创造性地组合不同的培训模式，从而提高了培训的质量。

六、培训成效

1. 各级领导重视，加强管理，保证了以计算机为核心的现代教育技术培训的健康有序发展，制定了不同的培训方案，建立了相关的培训机制。

2. 开展了多种形式、不同层次的培训。共举办各级各类信息技术培训班 41 个，全区有 5375 名教师通过了计算机应用能力初级考核，有 2330 名教师通过了计算机中级考核，计算机专业教师普遍接受了计算机高级培训。

3. 注意发挥了各类专业人员在培训中的作用。南岗区是个大区，如果培训仅靠进修学校是不够的，所以我们充分发挥基层学校的计算机教师、外聘计算机专业教师来充实培训者队伍，极大地提高了培训效率。

4. 注重培训的实效和对培训效果的反馈与检测。我们定期地对培训效果进行问卷反馈、网上调查、抽样考核等，并对反馈结果及时核实并调整，保证培训的效果。

5. 通过培训，教师的工作态度和行为已经发生了可喜的变化，教师的综合素质普遍有了提高。

6. 加强对教师使用信息技术的人文、伦理、道德和法制的教育，培养教师鉴别信息真伪的能力和负责任地使用信息技术，建立了一道思想上的“防火墙”，自觉地远离不健康的有害信息。

7. 以科研为先导，及时总结南岗区教育信息化的经验和教训，做到边实验、边总结，不断开拓探索，及时总结提高。

七、几点体会

1. 提高认识、加强领导是开展以计算机应用能力为核心的现代教育技术培训的前提。

2. 加大投入，配置硬件，是开展计算机全员培训的保证。

3. 培训制度化、普及化和层次化是开展计算机全员培训的关键。

4. 专兼职电教及计算机教师的培训是建网、建库、建队伍的保障。

5. 远程信息技术培训为教师提供了更好、更方便的条件。

6. 教育科研课题的开展推动了计算机培训向更深层次的发展。

（执笔人：付宜敏）

“建立区域性中小学校本培训检查评估体系的研究”课题实验报告

哈尔滨市南岗实验区课题组

一、课题提出

21世纪是知识经济的时代，也是终身学习的时代。教师应该成为终身学习的提倡者和实践者，因此教师继续教育工作日益重要。中小学校是教师培训的重要基地，校本培训在教师继续教育体系中占有举足轻重的地位。教师在职培训的形式应该以校本培训为主。

南岗区开展校本培训工作已经历时三年，各中小学都创造性地开展了这项工作。为了推进和规范校本培训，更好地发挥中小学校在教师继续教育中的主阵地作用，不断提高南岗区校本培训的质量，在区教育局的领导下，区教师进修学校培训办承担了中小学教师继续教育“四位一体培训机制”的子课题“建立区域性中小学校本培训检查评估体系”的研究任务。所谓校本培训检查评估，就是由教育行政和业务主管部门根据一定的检查评估方案和细则，通过对校本培训目标、管理、过程、效果等方面的检查，来评估基层中小学开展校本培训的水平，并对培训中存在的问题提出改进意见，对下一步培训工作提供切实可行的建议，引导中小学按照教师专业化发展的规律，反思和调整培训工作。这里的“区域性”是指哈尔滨市南岗区。当然，也可适用于其他条件相似的地区。

校本培训检查评估是一项旨在提高中小学校本培训水平的常规工作，它具有多种目的和功能。通过它可以鉴定一个学校是否具有从事校本培训的资格；通过它可以衡量一个学校校本培训质量的高低；通过它可以肯定一个学校培训工作的业绩；通过它可以提高中小学教师的综合素质;通过它可以提供关于教师队伍建设的客观情况,为教师培训的决策提供依据。总之,能否建立起具有南岗区特色的区域性中小学教师校本培训检查评估体系,是校本培训工作能否取得实效的关键。

此项子课题的研究,推动了校本培训检查评估工作走向规范化、制度化,促进了我区校本培训工作由经验型向科学型的转化。

二、实验假设

如果能充分发挥我区"四位一体培训机制"的优势,逐步建立起由区教育局直接领导,由区教师进修学校具体组织实施的中小学教师校本培训检查评估体系,就能够推动我区中小学校本培训工作的开展,提高我区中小学校本培训的水平,提高全区教师实施素质教育的能力。另一方面,也能够为"四位一体培训机制"课题研究的理论建构提供经验和佐证。

三、实验目标

1. 实践目标:通过检查评估,促进南岗区中小学教师校本培训工作水平的提高,全面优化南岗区教师的整体素质,有效推进素质教育。

2. 制度目标:建立起一套具有南岗区特色的中小学教师校本培训检查评估制度,量化评分标准及奖惩机制。

3. 理论目标:总结出具有南岗区特色的校本培训检查评估的思想与目标、内容与形式、方法与技术等一系列经验理论。

4. 队伍目标:培训出一支思想作风优秀、评估业务精良、善于理论总结的检查评估者队伍。

四、实验依据

(一)政策法规依据

1.《中小学教师继续教育规定》。

2.《教育部关于进一步加强县级教师培训机构的意见》。

3.《中小学教师继续教育工程实施方案》。

(二)理论依据

1. 以教师专业化思想为理论指南。

2. 以发展性教育评价思想为理论根据。

3. 以兄弟省市指导和检查评估校本培训的成型经验为借鉴。

4. 以我区各中小学校本培训工作的管理、运作经验为基础。

(三)实践依据

1. 多年来,南岗区对教师继续教育工作一直非常重视,各中小学校在前几轮教师培训中就探索和积累了校本培训的经验。第三次全教会后,新一轮教师继续教育工作已经在我区全面铺开。多数中小学校有创造性地开展了校本培训工作,20 家实验点校已经探索出一条有南岗区特色的校本培训组织与管理、途径与方法的创新之路。南岗区"四位一体培训机制"正在有序地形成之中。

2. 区教师进修学校成立了教师继续教育培训办公室,负责全区中小学教师校本培训的研究、规划、管理、指导、检查、评估等工作。从而形成了宏观有调控、微观有落实、具体有人抓的子课题实验研究的体制。

以上这些都为我们这项子课题的开展提供了实践的依据。

五、实验原则

1. 科学性原则:用科学的评估思想、理论、方法指导实验研究,以保证评估标准、依据和结果的客观性、准确性、有效性。依据这一原则,一方面要深入实际进行调查,获取真实信息,防止只听汇报、看材料、进行主观评估。另一方面,要在科学评估理论的指导下,抓住本质、特色的东西进行评估。

2. 整体性原则:一方面,注意空间上的整体性,即全面性。对培训的目标、管理、过程、效果综合评估,不能只看效果,也不能只看过程。另一方面,注意时间上的整体性,即发展性。由于教师培训具有集体性和迟效性的规律,因此既要看到短期显见的培训效果,更要看到长期潜在的培训效果。不仅要看当前的静态情况，更要看在原有基础上的进步和长远的发展趋势。

3. 指导性原则：检查评估的最终目的是调动中小学校开展校本培训的积极性、创造性，提高培训质量，取得培训实效。因此，检查评估要着眼于指导功能，充分发挥其导向、激励、改进的作用，对评估对象施加教育影响。

4. 主体性原则：确立评估对象是评价主体的观念，充分发挥中小学校在评估中的主体作用。在检查评估前，坚持让中小学进行认真、全面的自检自评。使自检自评成为中小学自我认识、自我分析、自我完善的主体反思过程。实践证明，中小学校能认识到队伍建设的重要性，也有校本培训的积极性，更有进行自我评估的主动性。强调发挥中小学校的主体性，这是尊重基层学校、激活培训动力的需要。只有变被动受评为主动参评，变客体为主体，使评估过程和培训过程合为一体，才能使检查评估工作成为推动校本培训的动力机制。

5. 可行性原则：一方面，在制订检查评估方案和细则时，必须根据校本培训的规律和特点，根据学校的实际情况，根据我区教育发展对教师的实际需求，注重其可操作性。另一方面，在检查评估中，必须认真听取基层学校领导和教师的意见，及时反馈，以便改进我们的工作。

六、实验方法

1. 观察法
2. 调查法
3. 案例法
4. 反馈法
5. 比较法
6. 测评法

七、实验过程

(一)调查准备阶段(1999 年 4 月—2000 年 8 月)

确立子课题研究方向。调查全区中小学教师校本培训工作的历史、现状以及发展前景。外出参观学习全国各地管理、评估、指导校本培训的做法与经验。宣传、落实开展校本培训的文件精神。确立课题实验点校,为开展实验研究积累材料、创造条件。

(二)初步探索阶段(2000 年 9 月—2000 年 12 月)

1. 组建子课题实验研究小组,落实课题实验研究负责人,制订子课题实验方案,确定研究思路。

2. 一方面,学习现代教育评价理论,借鉴教师评价与课程评价等成型理论经验,研究校本培训检查评估的理论本质。另一方面,深入课题实验点校,充分了解校本培训开展的情况,根据实际确定检查评估的目标和方向。

3. 集体研究讨论检查评估的指标体系,制定《南岗区中小学教师继续教育校本培训检查评估方案》及《细则》(试行稿),对萧红中学、37 中学、继红小学、王岗小学四所实验点校进行了检查评估,取得了实践经验和意见反馈。

(三)深入研究阶段(2001 年 1 月—2002 年 5 月)

1. 开展子课题实践与理论的专题研讨。根据形势的发展,修订校本培训检查评估《方案》及《细则》。充实评估内容,细化评估小项,提高了对现代信息技术和远程培训指标的要求。

2. 增加 7 所实验点校。扩大了实验研究的范围,对长虹小学、124 中学、69 中学、63 中学、解放小学、宣庆中学、156 中学、复华小学、和兴小学、17 中学、163 中学、逸夫学校、花园小学等 13 所实验点校进行了检查评估。进一步积累了研究的过程性材料,总结了实践经验。

3. 对检查评估工作进行自我评估,逐步完善检查评估工作程序及规范,细化检查评估技术,总结检查评估经验,形成了阶段性研究报告,并加强了评估者的业务素质和自身修养。

4. 举办南岗区中小学教师继续教育主任培训班，对各中小学负责校本培训的主任进行了关于校本培训理论与实践、组织与管理、途径与方法等内容的培训，并组织参观学习了长虹小学、雷锋小学、17中学等校的成功经验。从而促进了校际的横向联系，交流了培训的成功经验，规范了校本培训的管理与过程。

5. 推广实验成果，对全区45所非实验点校进行常规性校本培训检查评估工作。并先后指导长虹小学、复华小学、继红小学、雷锋小学、17中学、69中学通过了市级综合素质校本培训示范学校的验收，指导萧红中学、马家沟小学、育红小学通过了市级综合素质校本培训优秀学校的验收。

（四）结题验收阶段（2002年6月—7月）

1. 整理课题的过程性研究材料，归入档案；

2. 形成课题研究报告；

3. 开展课题的自检自评工作，准备接受总课题组的验收。

八、实验内容

（一）明确检查评估的目的与功能

校本培训检查评估是一项旨在提高校本培训工作水平的工作，其真正目的在于使中小学教师具有实施素质教育的综合素质。

我们力求通过这项工作，实现检查评估的以下几项功能。

1. 诊断功能

深入基层中小学，可以掌握第一手培训资料。有助于了解各中小学对校本培训的主观认识和态度，有助于了解开展校本培训的客观条件和培训能力，有助于了解执行校本培训的动态过程。摸清了这些情况，可以使我们对一个中小学校本培训的目标、管理、过程、效果等作出诊断性的判断，找出培训工作的差距与不足，及时反馈、改进、完善。同时也为制订全区下一阶段的培训方案、计划、措施提供了依据。

2. 导向功能

检查评估的定向指导功能。评估者按照一定的评估标准，来引导和规范被评估者的发展方向。它要求评估标准一定要体现培训的方向性和客观性，为评估者和受评估者提供切实的依据和目标。

3. 激励功能

通过检查评估，能够有效激活中小学校搞好校本培训的竞争精神，感受集体成功感，保持对培训的兴趣、热情、动力，自觉地改进和完善校本培训工作。

4. 调控功能

通过检查评估，双方交换意见，获取反馈信息，可以及时强化中小学校的培训动机，调适不合理的培训行为和心理，不断创新培训模式，使培训过程始终运行在良性循环的轨道上。

5. 鉴定功能

通过检查评估，可以比较、区分、评定中小学校从事校本培训的资格、质量、水平。评估结果给教育行政部门提供了表彰业绩的依据，对基层中小学校起到了督促警戒效应。

以上五项功能都对校本培训工作的开展起到了不同的促进作用。

(二)建立检查评估指标体系，制订并完善校本培训检查评估《方案》及《细则》(见本书“政策法规篇”)

1. 明确了检查评估工作的总目标和基本方向。即检查评估必须有利于校本培训质量的提高，有利于教师综合素质的提高，有利于教师专业化的发展。这项工作的特点是把全局统筹性与局部针对性相结合。制定总目标和基本方向时，除了要贯彻各级文件精神，还考虑到了：我区校本培训工作开展的概况(包括对校本培训的理解、培训的具体做法、可能存在的问题等)；检查评估涉及的范围；检查评估者的自身素养等因素。

2. 制定四项一级指标，设计若干二、三级指标，确定各项目权重分数，使其具有针对性和可操作性。我们力求从中小学校本培训的实际出发，既体现教师专业化发展的方向，又切合现实的客观条件，不脱离实际，不提出过高的要求，争取既合情又合理，以免挫伤基层工作的积极性。

3. 不断修改、完善检查评估《方案》及《细则》。根据教育新形势的发展，根据基层反馈的意见，根据检查评估所取得的经验教训，逐步使《方案》及《细则》更加完善了。

(三)探索检查评估的方法与技术

评估方法在整个评估体系中占有重要地位，因为评估的准确性在很大程度上取决于评估方法的科学性。现代教育评估的技术性很强，评估的科学性要求很高。创造性地探索定性与定量相结合的评估方法和技术，则是实现评估科学性的关键。检查评估的方法必须恰如其分地反映校本培训工作的本质特征。在实验研究中，我们综合采用了观察、调查、案例、反馈、比较、测评等方法，创造了如下的检查评估程序。

1. 学期初，召开全区校本培训工作会议，努力做好宣传动员工作，使各中小学明确检查评估的目的、意义、内容、程序、方法，在心理上做好准备。

2. 评估前，把检查评估《方案》及《细则》下发给基层学校，让各中小学按照评估标准进行自检自评，找出差距，先期改进。这样，使中小学校在思想上端正了培训态度，明确了培训目标。在行为上调整了培训内容，创新了培训方法，使自检自评成为了中小学校自我认识、自我分析、自我完善的自我教育过程。

3. 检查评估中，先听汇报，再查材料，必要时与教师进行座谈，获得培训的直接反馈。注意突出“三重”，即重视培训的第一手过程性材料，重视事实数据，重视信息反馈。凡是可以量化的，要有数据和资料的积累。凡是难以量化的，要通过认真广泛的深入调查，掌握第一手资料，进行科学的分析。

4. 听汇报、查材料之后，受评学校领导暂时回避，检查评估小组成员进行意见汇总。每人先把各自分工检查的部分中发现的优点、成绩、问题、希望向组长汇报，评出分数，再交流每人总的感想或意见。汇总后，由组长归纳出评估意见。

5. 交流评估意见。由检查评估组长向受评学校领导报告评估结论，一般包括以下内容：

(1)肯定成绩,突出特色,激励再进。

(2)指出存在的问题,并分析其原因。

(3)提出今后努力的方向和希望。

然后,听取受评学校领导的反馈,必要时可以展开讨论,以便统一思想。交流中,我们充分理解基层学校的困难,尊重基层学校的工作,以公平、公正、公开的态度对待每一所学校,注意检查评估的方式、方法,把评估结果真诚地反馈给基层,取得了预期的评估效益。

6. 对检查评估工作的自我评估。每次检查评估后,及时整理评估材料,存入档案。适时总结经验,及时成文上网。并且不断对自身工作审视、分析、反思,力争不断改进、创新。一般来说,对评估工作的自我评估,既是对前一段工作的总结,又包含了对下一段工作的计划。

(四)评估者队伍的自身建设

狠抓评估者的自我培训,明确组内分工,统一操作技术,改进工作方法,加强思想作风修养。使评估者在工作中学习理论、锻炼能力、总结经验,不断提高自身素质。还注意了检查评估过程中的心理调控,避免晕轮效应、次序效应、情绪效应等负面心理效应的影响。

九、实验效果

此项实验研究已经取得了阶段性的成果,积累了一定的成功经验,现总结如下。

(一)实践方面

通过检查评估,提高了南岗区校本培训工作的水平,优化了教师的综合素质。包括:

1. 更新了培训观念,使教师继续教育的观念、校本培训的观念在南岗区教师中深入人心。

2. 规范了培训管理,确立了教师继续教育学时学分登记制度。

3. 促进了全区校本培训工作水平的提高。2001 年 4 月,市教育局师训处和市教研院培训中心领导来我区进行调研,对我区校本培训工作给予了高度的评价。2001年5月末，省教育厅督导室来我区督导，对我区校本培训工作也给予了肯定。2001年10月，国家教育部督学团来我省检查，南岗区继红小学、69中学等学校代表受检，我区校本培训工作得到了好评。

4. 提高了全区中小学教师的综合素质，推动了素质教育的实施。三年来，我区开展的名师工程、青蓝工程、教学百花奖等活动取得了巨大成绩，使我区实施素质教育的质量和水平在全市遥遥领先。这些成绩和我区校本培训工作的开展是密不可分的。

(二)理论方面

初步总结出了具有我区特色的校本培训检查评估的指导思想、目标与内容、方法与技术、经验与问题等一系列理论成果。积累了区域性校本培训组织管理工作的经验，促进了校本培训的模式变革，也促进了“四位一体培训机制”其他子课题的研究。

(三)制度方面

初步建立起了一套具有南岗区特色的校本培训检查评估制度、量化评分标准、奖惩机制。这在全市是一个首创，对全市综合素质培训项目校本培训的检查验收标准的制定，做出了贡献。

(四)队伍方面

锻炼出了一支思想作风优秀、心理素质良好、评估业务精良、善于总结经验的评估者和培训者队伍。

十、几点体会

1. 校本培训检查评估工作必须常抓不懈，并使之规范化、常规化、制度化。

一方面，检查评估工作在实践、理论、制度、队伍各方面都取得了巨大的成绩，有力地推动了我区校本培训工作的开展，以及教师综合素质的提高。因此，我们必须推广、深化已取得的经验，使校本培训检查评估工作继续向着规范化、常规化、制度化发展。

另一方面，在校本培训工作组织、管理分散化与培训方向统一化之间的矛盾，决定了中小学校的自检自查，以及上级的检查评估都必须经常进行，以便对培训过程中的问题及时发现，成绩及时表彰，经验及时总结。

2. 在检查评估的指导思想与根本目的上，必须致力于促进广大教师专业化水平的提高和素质教育的实施，必须认真贯彻国家关于教师继续教育的精神。

3. 在评估的功能上，必须注重发挥评估的教育功能。致力于教育性的评估是面向未来的，是以发展为目的的。因此，在确定检查评估的目标、标准、方法、程序等方面，不仅要着眼于目前的培训水平，而且要考虑到课程改革对教师素质的超前要求，充分发挥检查评估工作的导向、诊断、激励、改进、强化等教育功能。

4. 在评估的类型上，必须注重实施形成性评估。从总结性评估到形成性评估，是教育评估思想与实践的一个重大飞跃。形成性评估使校本培训检查评估成为一个动态的活动过程，它使培训信息及时得到反馈，培训活动及时得到调节和改进，培训效果得到及时的强化和矫正，从而使培训质量得到了控制和保证。其本质是把握培训的中间成果，在培训过程中进行评估，将获得的反馈信息用于改进以后的培训工作。

5. 在评估方法上，注重采用绝对评估法。提高是目的，评估是手段，手段是为目的服务的。我们评估的目的绝不是为了把各中小学的校本培训分出等级，而是为了使每所学校都了解自身的水平与差距，促使他们明确目标，努力改进，提高校本培训的水平。

建立区域性中小学教师校本培训检查评估体系的实验与研究，是一项前人从未做过的工作。能够顺利完成本课题的研究任务，是课题组全体同志辛勤工作，努力钻研，勇于探索，团结协作的结果。今后，我们将继续踏实工作，开拓进取，为教师继续教育工作谱写新的篇章。

（执笔人：徐世达）

“加强乡镇教师继续教育辅导站建设，提高农村教师整体素质”课题研究报告

哈尔滨市南岗实验区课题组

一、实验背景

为了全面提高我区农村小学教师队伍的整体素质，适应基础教育改革与发展的需要，根据国家教育部关于开展中小学教师继续教育的一系列精神，我们立足本地实际，经过广泛的调查、论证和充分准备，按照国家教育部师范司(1998)18号《关于加强中小学教师继续教育区域性实验工作的几点意见》文件要求，我们选定了教育部师范司设立的中小学教师继续教育“四位一体培训机制”实验研究课题，具体承担其子课题“加强乡镇教师继续教育辅导站建设，提高农村教师整体素质”的实验研究工作。

我区所辖王岗镇和红旗乡共有村小23所，小学教师总计268名。近年来开展了丰富的教师继续教育培训工作。乡镇中心校对在职教师进行培训已经有了不少的尝试，取得了一定的成绩。但是，由于各村小办学条件较差，偏僻落后，信息闭塞，有的小学校只有五六名教师，学校比较分散，各自为主，缺少沟通。乡镇中心校又难以统一管理。因而，乡镇教师继续教育尚未充分开展，没有起到乡镇中心校在培训教师中应起的作用。针对这种情况，我们必须采取特殊形式，开发自身资源，充分发挥乡镇中心校的作用，建立乡镇辅导站，负责统一组织、管理和指导各村小学教师继续教育工作。

乡镇辅导站是沟通上级业务部门和各村校的桥梁和纽带，是教师继续教育的具体实施部门，是乡镇教师培训的重要基地。建立乡镇教师培训辅导站，对于推动农村小学教师继续教育工作具有重要的理论意义和

实践价值。

二、实验条件

1. 区教育局、区教师进修学校十分重视农村中小学教师继续教育工作。区教育局、区教师进修学校的领导经常深入乡镇中心校及各村校，督促、检查继续教育工作。大家一致认为，为了落实国家《关于全面推进中小学教师继续教育工作意见》，全面启动我区“中小学教师继续教育工程”，在开展中小学教师继续教育工作的过程中，我们把重点从中心校转移到各村校，只有抓好各村校教师的继续教育工作，才能为全面实施素质教育和提高义务教育的质量夯实基础，达到国家教育部提出的目标。

2. 南岗区乡镇学校近年来开展了丰富的教师继续教育工作，总结了一定的经验。中心校的领导团结务实，锐意改革，广大教师队伍经受了锻炼，广大教师的整体素质有了较大的提高，一批政治、文化、业务素质较高的新型教师正在茁壮成长，为组织实施《加强乡镇教师继续教育辅导站，提高农村教师整体素质》课题奠定了坚实的科研基础。

三、实验假设

如果乡镇辅导站按照上级领导的工作部署，在市、区教育局以及区教师进修学校的大力扶植和具体指导下，在基层学校和广大教师的支持和配合下，一定会更好地发挥辅导站的职能作用，为乡镇教师的政治、文化、业务素质的提高，为深化乡镇教育教学改革，全面实施素质教育，做出应有的贡献。

四、实验目标

1. 研究乡镇辅导站对乡镇教师继续教育的意义和作用。

2. 从理论和实践两方面来研究乡镇教师继续教育的特点、内容和方法、途径。

3. 探讨对乡镇教师继续教育具有指导意义的经验，为“加强乡镇教师继续教育培训辅导站，提高农村教师整体素质”提供实践和理论借鉴。

4. 进一步加强培训基地的软硬件建设，使乡镇教师的继续教育成规模、上档次、求实效，基本形成自己的培训特色。

五、实验内容

依据国家教育部师范司(1999)22号文件精神，结合《“四位一体培训机制”课题实验方案》的具体要求，对课题的内容、形式、管理、师资、课程教材等进行分类研究。

六、实验原则

1. 整体性原则：从整体着眼，从局部入手，明确阐释乡镇教师继续教育中培训、教研、科研、电教在整体中的地位和相互关系。

2. 科学性原则：用科学的思想、理论、方法指导研究。

3. 实效性原则：在探索乡镇教师继续教育的一般规律和特点的同时，通过实验发挥“四位一体培训机制”的优势，以乡镇辅导站为培训基地，取得实质性的效果。

七、研究过程

从2000年4月至今，我们的研究工作经历了三个阶段。

(一)调查准备阶段

在此期间主要完成了五项任务。一是建立了以教研员、乡镇领导、科研骨干相结合的课题研究小组，并落实了以南岗区王岗镇中心校为主的科研基地，建立了南岗区王岗镇教师继续教育培训辅导站。为了强化辅导站的职能，强化统一的管理，强化培训的实效性，辅导站成立了组织机构，站长由主抓教育的副镇长及中心校校长担任，辅导站配备了一名专职辅导员，又从下属11所小学选出了11名德才兼备的主任、教师做兼职辅导员，使培训工作在王岗镇形成了一个完整体系。二是培训研究人员。我们先认真学习有关方针、政策和教育理论、科研方法，研究本地区小学农村教师继续教育初始阶段的培训经验，了解了小学农村教师的现状，做好了研究的准备。三是按确定的步骤和方法对王岗镇中心校十一所小学100多名教师进行了广泛深入的调查，了解农村小学教师所具有的理论知识、业务能力、思想品质、专业思想、对继续教育的希望要求等。这就为课题的研究工作提供了可靠的依据。我区所辖王岗镇和红旗乡共有村小23所，小学教师总计268名。近年来开展了丰富的教师继续教育培训工作。乡镇中心校对在职教师进行培训已经有了不少的尝试，取得了一定的成绩。但是，由于各村小办学条件较差，偏僻落后，信息闭塞，有的小学校只有五六名教师，学校比较分散，各自为主，缺少沟通。乡镇中心校又难以统一管理。因而，乡镇教师继续教育尚未充分开展，没有起到乡镇中心校在培训教师中应起的作用。针对这种情况，我们必须采取特殊形式，开发自身资源，充分发挥乡镇辅导站的作用，负责统一组织、管理和指导各村小学教师继续教育。四是制订研究方案，制定各项规章制度。为完善学员管理，辅导站为全镇168名接受培训的教师建立了个人培训档案，并设计了与培训相关的各种表格，为辅导站科学规范的管理及软件材料积累奠定了基础。五是建立资料库。教育科研资料是进行教育科研的一种具有战略意义的资源。课题组十分重视信息资料的搜集和储存，重点搜集以下资料：上至国家下至南岗区下发的相关文件，如政策法规、计划方案、课题组调查材料、会议记录、工作总结等。分门别类搜集、整理、储存这些资料，为研究和结题提供了可靠的实践和理论依据。六是建立校园网，实现“校校通”。在区“校校通”工程推动下，经过课题研究小组的周密策划，建立了王岗镇教育信息网。

（二）实施研究阶段

课题组对乡镇辅导站继续教育的内容与形式经过筛选，进行了细致的定性定量分析，课题组对乡镇辅导站的职能作用，以及所培训教师的业务综合素质提高的幅度，进行了充分的分析研究，形成了成果论文的理论框架和主要的概念、范畴及观点。

辅导站的成立，标志着我区乡镇教师继续教育工作向常规化、正规化、科学化迈进了一大步。辅导站在提高农村教师继续教育质量的途径与方法上做了有益的探索与尝试。

1. 举办各种培训班,体现按需施教的方针。

(1)聘请专家、名师讲座。针对《中小学教师自修教程》中教师难以理解或模糊的地方,我们辅导站聘请了三位专家以专题讲座和问答的形式开展座谈。这项活动的开展解决了教师自学和教育教学实践中所遇到的疑难,这对教师树立先进的教学理念,提高理论素养,掌握先进的教学方法具有良好的实际效果。

(2)聘请骨干教师作兼职辅导员。辅导站注重发掘现有的当地人才资源,发挥骨干教师的作用。结合六本书的内容,将具体章节分配给各村小的领导及骨干教师,要求他们结合教材内容与多年的教学实践,认真备课,形成讲义,在辅导站为全镇教师定期讲座。两年来骨干教师为全镇教师做专题讲座达60课时。骨干教师的理论知识很快转化为技能,提高了他们的实践、指导能力,夯实了发展的基础,并带动了教师群体。乡镇辅导站起到了桥梁、纽带的作用,既对领导骨干教师的自修自练进行了组织督促,同时又发挥了他们的辐射作用,能者为师,以点带面。

(3)培养教导主任,使他们成为学校的业务骨干。两年来,辅导站结合教育教学工作,每学期举办期初、期中、期末三期主任培训,进行了《如何做好教导主任工作》、《明确职责,强化管理》等专题辅导,重点培训教学管理、教学改革方面的内容,进一步提高了基层主任组织指导教育教学的能力,逐步使全镇基层主任真正成为学校的业务骨干。

(4)适时举办专项培训班。从整体上看,各乡镇体育、音乐、美术、英语教学人才仍显得相对短缺,单纯依靠上级分配是不可能的,辅导站投入了一定的人力适时举办专项培训班。在培训中做到能者为师,互教互学,有的音乐教师唱跳突出,但对乐器欠熟;有的音乐教师乐器、试唱不错,但跳舞不行。根据不同的情况进行有针对性的培训,相互弥补教学素质的不足。通过专题讲座,研讨课等形式,提高了他们的专业知识和专业技能。教师反映,每期培训内容都是他们教学中经常遇到的问题,也是急需拿出结论的问题。通过兼职辅导员的讲解,大家共同磋商,解决了教学中的疑难问题,这种针对性的专业培训,使体、音、美和英语教师的教学能力水平有了明显的提高，从根本上解决了农村学校的师资水平提高问题。

2. 以王岗镇教育信息网为中心，切实开展教师培训。

王岗镇教育信息网的建立，其目的就是开展教师综合素质全员培训，运用网络提高教师教育教学水平。然而如何发挥网络优势开展教师培训，经区教师进修学校指导，辅导站以《中小学教师自修教程》为主要内容，以信息技术为主要手段，密切联系教育改革实际，强调“四个结合”，对全镇教师进行了扎实有效的培训。

(1)网上培训与“六本书”相结合。

起初辅导站在开展《中小学教师自修教程》(六本书)的学习时，一般是采用教师自学或聘请专家将全体教师集中到辅导站集中培训。为了让教师省时省力，在本校得到培训，辅导站的专职辅导员与技术人员从网上下载了关于“六本书”学习的材料及某些专家讲稿输入计算机，编入网页上传。下属11所村小按照规定的时间打开王岗教育信息网，组织全体教师学习交流，形成共识。每次培训后，安排教师撰写随感、笔记，将培训内容深化。

(2)网上培训与教研、科研、观摩相结合。

自从教育信息网开通后，我们曾尝试将教研、科研、观摩、研讨、答疑解难放到网上开展培训。

①网上教研。王岗镇11所学校比较分散，如果把所有教师集中到中心校比较困难，而且费时费力，有时会影响正常的教学秩序。于是辅导站尝试利用网络开展教研活动，教研活动时教导处提前确定作课教师，要求作课教师提前将作课内容备成详案上交辅导站教研组，再由辅导员将教案编入网页上传。参加教研的教师在规定时间打开教育信息网，针对作课教师的教学设计，通过上网查询资料或根据自已的实践经验发表自己的意见，并利用电子邮件发到辅导站的电子信箱，最后由辅导员把所有电子邮件整理发给作课教师，作课教师再根据全体教师的修改意见整理教案，按规定时间作课。

②网上科研。科研工作是学校教育教学发展的第一生产力。自从信息网络建成后，我区就利用信息网开展科研工作。例如：中心校在2001年接受了“自由作文”的教改实验。首先把省教育学院秦锡纯主任拟订的“自由作文”实验方案发布到网上，让各校按规定的时间上网，把方案下载

到本校计算机并组织全体教师学习。在开展作文教改实验过程中，我们把教改成果显著的学校树立为点校，并把他们的经验及时发布到网上供其他学校学习借鉴。

③网上观摩。为了让教师在教育教学中直接获取全国各地名师教学经验、教学设计，王岗教育信息网的网管员、辅导员经常通过网络、教育教学杂志搜集优秀教案发布到信息网上，并要求各校领导及时组织教师观摩学习，让教师通过网上观摩解决备课中的缺憾，使网络走进课堂，实现交互式教学。

按照上面的方式我们还将研讨、答疑解难等教学活动放到网上开展，均收到了事半功倍的效果。网上教研、科研、观摩，不仅改变了教师的学习方式，同时也缩短了教师与网络之间的距离，节省了大量时间，提高了教师的业务素质。如 2001 年市里征集继续教育论文，所有教师都能根据自已所需要的材料上网查询，拓宽了教师搜集资料的渠道，共撰写 56 篇论文，大部分都获市级奖励，有 8 篇论文被送到省里参评，这些成果的取得与信息网络培训是密不可分的。网上培训更新了教师的教育观念，提高了教师的自身素质，为王岗镇全面实施素质教育奠定了基础。

(3)教师培训与区进修网上培训相结合。

教师计算机应用能力是开展网络建设中的一个重要因素。自从去年进修学校推出了网上中级培训后，辅导站抓住这一契机，利用区中级培训来提高教师计算机应用能力。辅导站制定了培训计划，要求每天下午 3:00以后是教师网上中级培训的时间，组织全体教师边学习边记笔记，并要求各校领导将教师上机练习时间合理安排，使所有教师计算机应用能力均衡提高。辅导站结合这项工作，经常召开网络会议，交流本校网上培训的做法，汇报培训进程。在区进修组织的考试中，王岗中心校有 9 名教师通过。在市教研院考试时，有 5 名教师通过中级考试。其他教师通过区进修的网上培训基本达到了中级水平。如今，区教师进修学校针对农村小学的教育教学实际，专门创设了一个农村教育主页，为王岗镇所有教师的培训、学习创造了一条便捷之路。

(4)网上培训与新一轮课程改革相结合。

新一轮课程改革已在神州大地全面铺开，作为教师，都应结合纲要精神认真学习，更新教育教学观念。如果只靠自己，学习难度较大。辅导站结合课改这一主题，由辅导员在教育信息网中专门开设一个《课改辅导》栏目。栏目中有专家对课程标准的解读，有全国名优教师教案。基层各小学教师可随时到王岗教育信息网上下载有关学习材料。辅导站还结合课标布置了论坛题目，发布到网上，让教师按规定时间上网查询资料，写出相关的论文。通过网络，开阔了教师的视野，使全体教师更新了观念，增强了对课标的认识，并提高了教师以课标精神为指导驾驭教材的能力。

辅导站信息网站的建立，进一步完善了乡镇教师继续教育的新形式，网络教育使乡镇教师的继续教育有了新武器。快捷、广泛、经济、有效的信息传播，充分调动了农村教师继续学习的积极性、主动性，充分发挥了他们的潜能和主体性。教师必须努力提高自身的素质，以胜任时代赋予的重任。

2001 年 6 月，在信息网络效益的推动下，王岗中心校又投入将近三十多万元，为靠山小学、王岗小学、卫星小学配备了液晶投影仪、实物展台、笔记本电脑。王岗镇作为郊区，在信息技术方面又迈开了一大步。自从多媒体设备引进后，辅导站充分发挥了多媒体在教育教学中的作用。全体教师都能根据自己的教学设想制作创意新、实用价值高的课件，为全镇教师的课堂教学创造了宽松和谐的教学氛围。第十七届教学百花奖活动中，王岗镇有 9 名教师参赛，6 名获一等奖，3 名获二等奖。中心校张影丽老师的一堂数学课《分数除法应用题》让教研员听后赞不绝口。张老师在教学中与农村的实际生活联系起来，制作了关于蔬菜、大棚的课件，让学生在生活中发现数学、解决生活中的实际问题，激发了学生学习的兴趣，收到了事半功倍的教学效果。

为了促进全镇教师多媒体课件制作的交流、学习，辅导站每学期都开展一次课件制作比赛。内容由辅导站选定，全体参赛教师可用各种软件制作，制作后每位教师须写出自己的创作设想。在评选时，辅导站聘请各校校长及外聘两名专业技术人员作为评委。上学期的课件比赛中，共有四十几名教师参赛，所有参赛教师能根据教学内容，通过网络、书籍、教学光盘搜集素材进行创作。虽然用的软件不同，但作者的创意、课件演示效果都别具一格。赛后，辅导站将富有创意的课件存入了课件库，而且今后教师在课堂教学中制作的优秀课件都将被存入课件库。

信息网站的建立，既圆了广大农村教师的梦想，也使王岗教育登上了一个崭新的台阶。

3. 建立保障机制，促进辅导站继续教育工作有效运行。

辅导站继续教育工作的顺利开展，取得了较高效率和良好成果，取决于辅导站建立了有效的保障措施，建立了有效的运行机制。

(1)制度制约机制

根据《南岗区教师继续教育工程实施方案》的规定，辅导站建立了教师继续教育的考核与评职、聘任、晋级相结合的制度，严格规定了继续教育学时学务登记的范围、内容、方法、程序和管理要求，制定了辅导、备课、考核、学习等十余项规章制度。每一科目或专题学习结束后，认真考核，成绩记入《继续教育培训登记手册》，并把《继续教育培训登记手册》作为评聘职称时的必要条件之一。有了完善的制度约束和系统规范的管理措施，就有效地推动了辅导站继续教育工作的健康发展。

(2)督导评估机制

为使管理发挥较强的调控功能，实行目标管理，严格检查评估，我们对继续教育工作实行了督导评估制度。辅导站继续教育工作按岗位责任、工作内容、质量标准等确定了量化指标，制定了考核细则。年初下发，平时进行检查小结，年终由辅导站综合评估，考评结果纳入辅导站、各村小签订的目标管理责任书中。通过督导评估制度，强化了各级领导对继续教育工作的认识，加大了抓继续教育工作的力度。

(3)奖惩激励机制

建立奖惩激励机制，开展教师业务水平分类考评。辅导站成立了以各村小校长为成员的考评小组。于每学期对全镇教师进行教师专业知识和实际教育教学能力的考核，然后定格为四个层次，即不合格、合格、良好、优秀。考评的结果，作为评选优秀、评定骨干、晋升职务的主要参照依据。通过分类考评，提高了广大农村教师参加培训的自觉性。

(4)档案管理机制

随着网络建设不断完善，“校校通”工程的成功启动，辅导站将各基层学校的教育教学常规管理的软件材料输入电脑，在电脑中分类建立了资料库。如工作计划、总结、科研方案、观摩教案等资料随时输入计算机,进行统一管理。各基层小学教师都建立了自己的电子档案,把平时的教学随感、培训心得、论文、优秀教案,利用计算机保存。具有特色的随感、案例、论文、教案等经学校推荐在王岗教育信息网上发布,供全镇教师学习参考。利用计算机进行教育教学管理让学校的档案建设、常规管理走上了规范、快捷的轨道。

八、研究成果

1. 三年多来的乡镇教师继续教育培训实践,使我们深刻体会到,乡镇辅导站是沟通上级业务部门和基层学校的桥梁和纽带,是教师培训急需的具体实施部门,在教育的改革与发展中,它的作用不可忽视。

2. 乡镇教师继续教育是以国家对小学教师继续教育规定的目标为方向,以优化教师队伍整体素质为根本目的,针对学校教育实际,在教育行政部门的指导下,以教师任职学校为主体组织和实施的。是在职教师进行培训的主要形式。

3. 乡镇教师继续教育具有较强的自主性。乡镇辅导站对本乡教师进行有针对性的培训。其宗旨就是为了从乡镇小学教育教学的实际需要出发,建设适应时代要求、教育发展需要的农村教师队伍。在确定教师的培训目标、内容、方式以及教师继续教育的组织管理,教育教学培训考核,教师任免方面,乡镇中心校都能灵活自主地进行决策和实施。因而,容易实现学校的教育教学目的与继续教育目标的协调和统一。

4. 乡镇教师继续教育具有突出的实用性。校本培训是乡镇教师继续教育的基本形式。在培训的时间、内容、形式上可控性强。因而能够保证全体教师在课余、就地、就近接受有效的培训。以乡镇辅导站这种组织形式进行培训,管理方便,教、研、培易于兼顾,按需执教,即学即用,有利于解决农村教师的工学、农学矛盾,经济实用,费省效宏。

5. 乡镇教师继续教育具有多样性。

基础性培训内容是根据上级领导及业务部门的要求,以《中小学教师自修教程》为主。

应急性培训内容是从乡镇小学的教育教学实际出发，针对不同时期、不同阶段、不同学校在教育教学中存在的普遍性问题，本着缺什么补什么，教什么学什么的原则，乡镇辅导站选择直接为农村学校教育教学服务的内容。满足了多种培训层次的需要，而且容易操作，收效快，很受各村小教师的欢迎。

先导性培训是一种立足于乡镇学校教育长远发展的教师“升格”培训。包括现代教育思想，教学理论和现代教育手段的应用与实践，学科知识的最新发展，教育教学改革所迫切需要的新知识、新理论、新技能，及学科带头人、骨干教师的培训内容等。

综上所述，乡镇辅导站培训工作正方兴未艾。如前所述，仅仅是一种初步的概况与界分。随着乡镇教师继续教育的深入开展，其意义、作用、内容、形式一定会更加异彩纷呈，丰富多姿。

九、今后工作设想

1. 探索对教师乡镇继续教育具有指导意义的经验，建立科学的中小学教师继续教育“四位一体培训机制”，进一步加强乡镇教师继续教育培训辅导站，提高农村教师整体素质，同时为农村辅导站建设提供实践和理论借鉴。

2. 进一步加强培训基地的软硬件建设，使乡镇教师的继续教育讲规模、上档次、求实效，形成自己具有开拓性、创新性的培训特色。

（执笔人：韩基顺）

"小学英语新教师'四位一体'培训"课题实验报告

哈尔滨市南岗实验区课题组

一、实验的课题及意义

1999 年 4 月，国家教育部师范司将哈尔滨市南岗区确定为全国"四位一体培训机制"课题研究小组的牵头单位。根据相关文件和实际教研实践，在"四位一体培训机制"的宏观控制下，从 2000 年起，我们在南岗区开展了小学英语新教师试用期培训实验。此项实验探索以南岗区教师进修学校为基地，以培训、教研、科研和电教相结合的"四位一体培训机制"为指南。其实验结果不仅具有宏观的整体操作性，也具有微观的实用性。故此项实验具有较高的外在效果。

二、实验目的及内容

本实验旨在探索构建科学可行的小学英语新教师试用期培训的理论框架和实施方案，为小学英语教师继续教育工作提供决策依据和具体经验。实验的主要内容是：

1. 确定小学英语新教师试用期的培训目标；
2. 研究新教师试用期培训的课程方案和教材建设；
3. 探索新教师培训的教学方法和管理模式；
4. 总结经验教训，发现各种实际问题，并进行对策研究。

三、实验原则

1. 主体性原则：新教师是实验过程中的主体，他们不再是完全被动的接受者，他们具有主观能动性。他们的主观能动性最突出的表现是主动选择能力，能动适应客观教学规律的能力以及创新教学思维能力等方面。

2. 启发性原则：在培训过程中，教研员要充分调动新教师的主动性、积极性，努力启发新教师能独立运用所学的教学方法和教学理论，正确自觉地完成教学任务。

3. 直观性原则：在培训过程中，要利用新教师多种感官和已有的经验，通过各种形式的感知，丰富他们已有的经验，使他们获得更为生动的表象，从而全面、深刻地掌握教育教学内容，发展教育教学能力。

4. 实践性原则：从新教师实际出发进行培训，通过新教师的自身实践，让知识与其内在的需求、思想和情感发生交叉作用，从而更好地为他们所接受，并逐步化为自身所具备的教学素质。

5. 创造性原则：是以创造性思想为指导，培养新教师形成创造性地发掘教材、创造性地延伸课堂教学，引导新教师运用最新的教育教学理论为指导，去尝试解决课堂教学中的新问题，从而培养形成创造性的教育教学能力。

四、实验的方法

本实验采用系统理论研究与试点实践相结合的研究方法，以保证实验的结果既有科学的理论支撑，又有坚实的实践基础，并在理论与实践的反复锤炼中逐步完善。所谓系统理论研究，指的是将调查材料、文献信息、实践经验和理论诠释综合交融，着眼于培训的整体功能，不断深化培训理论，优化培训方案。所谓试点实践就是以理论为先导，将设想的方案付诸实践，总结经验，发现问题，改进培训方案。

五、实验探索过程

本实验自2000年9月至2001年7月，通过以下几个实施阶段。

1. 确定研究的对象和目标，制订学科实验方案。

2000年至2001年第一期新教师培训共62人，从2000年9月开始，至2001年7月结束，历时一年。学科教研员是这次培训任务的主要落实者。但这项工作是在校培训办公室统筹协调下，与电教、科研等部室相互配合共同完成的。2000年8月，培训办向我们学科下发了培训计划，总课时为60学时，其中教育理论和师德培训占16学时(培训办承担)、学科培训占44学时(教研员承担)。立足于我区新教师的素质现状和发展需要，我们制定了44学时的学科培训计划，上交培训办，经培训办批准，于2000年9月正式实施。

2. 收集和整理事实材料，加以核实、筛选和补充。

为了获得有价值的资料，我们举办了大量的研究课、观察课，运用访谈、收集、查阅资料等方法，通过自行设计的调查问卷，对城区、近郊区、远郊区各选择了不同类别的9所学校，62名教师进行了调查。以此获得对培训中教师和教研员的关系、教研方法、学科及相关知识获得途径、现行教研材料以及新教师长期性发展的认识，通过信息的反馈，及时调整教研培训常规方略，对新的教改形势下的课程改革提供借鉴和参考的依据。

3. 实验的具体实施步骤。

根据学科特点，我们将44学时的学科培训任务合理地划分为四个步骤进行。

第一步骤是理论和技能学习。

新教师虽然掌握了一定的学科专业知识，但缺乏较系统的理论。因此利用开学初的8学时，对新教师进行了《英语教学心理学》《英语教学艺术》《课堂教学中的师生情感交流》《小学英语课程改革的学习与研究》的集中讲座，并将学习的心得和体会，在南岗区教师进修学校信息网站进行交流。同时，我们还对新教师进行了教学用语、板书设计、课件制作和网络信息技术的8学时专题讲座及考核。通过培训，使新教师较快地进入了教师角色，适应了英语教学生活。

第二步骤是教学观摩研讨。

这一步骤我们主要采取了以教研活动带动培训的方法，在有了一定理论基础和技能的前提下，新教师还缺乏一定的教学实感。因此，我利用8学时带领新教师参加我区组织的教学特色展示、课堂教学游戏交流两次教研活动，参加教师各显其能，拿出了自己平时有特色的教学方法向全区教师展示——绝妙的课堂导入，新颖的教学游戏，重编的英文歌曲，富有情趣的Chant……虽然都是课堂教学的片段，但为所有的教师提供了极其丰富的教学资源。学习这些以后，如何在课堂教学中巧妙地应用，又成了广大新教师所共有的新问题了。

为此，我们组织他们听市区级优质示范课12节，做详尽的听课记录。进行个案分析研讨，对每个教学环节进行详细剖析，指出其利弊，研究出新的改进措施，使新教师感受到真实的课堂教学氛围，他们也能够用自己所学的理论对每一堂课进行评价，使他们的课堂教学水平进一步提高。

第三步骤为教学实践。

有了理论基础，有了他人的经验，那么这些老师自己的课堂教学是什么样的情况呢？我们利用集体深入和个人深入的时间，听课72节，有针对性地对新教师进行课堂教学跟踪指导。针对发现的问题。利用8学时开展了小学英语课堂教学设计、课堂教学过程、课堂教学整体效果等有针对性的专题培训。在此基础上选出4堂具有代表性的公开课，进行研讨评价。通过这一步骤的培训，使新教师在课堂教学能力上有了很大的进步。

第四步骤为课题研究与信息技术培训。

通过前三步骤的培训，我们发现新教师在现代教育意识的影响下，具有朦胧的科研意识，但缺乏正确的科研导向。具备初级微机水平，但缺乏一定的应用技术和网络信息的搜集和处理技术。基于此，我们及时与培训办协调，将科研理论和信息技术的培训与学科的教研培训同步进行，培训办经过论证，同意了我们的观点，并与科研部门和电教部门沟通，安排了相关的培训课程。

针对科研理论薄弱的问题，我们请科研部的老师对新教师进行了“小学英语科研课题的选题与立项”、“科研课题实施中应注意的问题”等专题讲座。同时，我们还组织新教师参加小学自然、思品等学科的科研课题结题会活动，参加英语学科省级科研课题的教学观摩，使新教师的科研水平有了大幅度的提高，大部分教师能根据自己所学的科研知识，并结合自己的教学实际，进行有针对性地科研课题研究工作，真正达到了教学“以科研为导航”的目的。

最后针对新教师教学课件制作水平不高的现状，我们和电教部的老师对他们进行了8学时的学科课件制作和网络应用技术的培训。讲解了Powerpoint、Flash及相关的网络知识。通过第四步骤的培训，使新教师的科研水平和现代化教育手段应用能力都有了很大的提高，绝大多数有条件的学校，教师已经能用自己所做的课件进行常规教学活动，为课堂教学增添了情趣。

六、实验体会

历时一年的培训结束了，我们的学员在常规教学中胜任了本职工作，得到学生、家长、学校的认可。他们在常规教学中，能使用自己制作的课件，极大程度地调动学生的学习兴趣。在科研上，所有的学员都有自己的科研课题，以科研指导教学，并有12项课题通过市区级立项。正如一位学员所说：“教研员的教研培训给了我们坚实的教学体魄，科研和电教的老师给了我们一双高飞的翅膀！”

实验基本上达到了预期的目的，初步形成了小学英语新教师培训的理论框架，探索出了较为可行的实施方案，取得了一定的实践经验。在实验中我们也逐步加深了对新任教师培训工作的认识，主要体会是：

1. 广大新教师参与培训是积极热情的，他们把培训看做是对年轻人的最大关怀。但是，培训工作也必须有相应的政策作保证。我区的新教师培训系由市、区教育局人事部门和培训部门联合下文，并将培训成绩与学员的转正定级挂钩，保证了培训的顺利开展。

2. 新教师培训是一个新的领域，它不仅与基础教育和高等教育不同，也与一般的教师培训有别。从教书育人来看，它更重在育人；从理论实践结合来看，它更注重实践。

3. 新教师培训是一个系统工程，它不仅需要培训部门的努力，还必须与教研、科研和电教部门相结合。只有多方面的协同配合，培训的顺利实施才有可靠的保障。

通过对新教师的培训，我感到“四位一体培训机制”为我们创造了良好的培训环境。在培训过程中，我所承担的培训任务不再是孤立无援的个体行为，在充分发挥教研员教研培训优势的前提下，我们还可以充分利用我校培训、科研、电教等各方面的资源，进一步提高培训质量，我也在培训中受益匪浅。可以说，“四位一体培训机制”是一种高度整合的培训机制。

（执笔人：李　波）

“中小学教师师德培训的层次性与实效性研究”课题实验报告

哈尔滨市第 63 中学

哈尔滨市第 63 中学地处新发小区，是南岗区的一所普通中学，也曾是一所薄弱学校。1997 年经市、区教委的行业规划，摘掉了薄弱的帽子。学校现有教学班 24 个，学生总人数 1237 人，教职工 91 人。教师中青年教师比例占总人数的 60%，平均年龄 36 岁，教师队伍比较年轻化。

师德建设是教师队伍建设的核心。在教师继续教育工作中，我们将师德建设工作放在各项内容之首。经过三年的培训、探索与实践，学校受益匪浅。教师们在自己的岗位上，以优良的素质，精湛的业务能力，无私的奉献精神，使学校形成了“勤奋、求实、关爱、进取”的优良师风。学校的综合办学水平也有了很大提高。下面向区课题组做课题结题报告。

一、课题的提出

教师是人类灵魂的工程师。教师肩负着培养和塑造人的神圣使命。教好学生，一是靠教师的学识，二是靠包括职业道德和职业精神在内的全部人格。因此，提高教师的人格魅力和师德修养是教师队伍建设的当务之急。

由于六十三中学是一所普通中学，生源较差，学校的知名度小，培养出来的骨干教师成熟一个调走一个，加之受社会上经济大潮的冲击，曾有一部分教师思想波动很大。许多教师认为只有到好学校才能充分发挥自己的特长，才能得以施展才华。因此，工作中存在着责任心不强，不愿做耐心的思想工作等问题。鉴于这种情况，我们把师德建设作为教师队伍建设的核心，从学校的实际工作出发，我们承担了“四位一体培训机制”的子课题“中小学教师师德培训的层次性与实效性研究”的实验。

加强师德建设主要是依靠教师在其教育实践中的自主培养，教育实践应该成为师德建设的主要源泉和内在动力。对不同层次教师师德水平的要求也不尽相同，因此，在深化师德建设的过程中，我校认识到应根据不同层次的教师制定出不同的培训方式、方法，使各层次教师的师德水平有不同程度的提高，从而使培训工作更具有实效性。在实验研究中，我们全体教师在进行理论探讨的同时，开展了实验操作，把师德培训层次性、实效性始终贯穿于整个工作实践，取得了可喜的成绩。

二、实验的假设

如果我们能够在校本培训中，采取多种多样的培训形式，把提高教师的师德水平这一理念贯穿到整个培训工作当中去，经过分层培训，就能够使青年教师、班主任教师、骨干教师、全员岗位教师的师德水平在不同程度上有所提高，培养教师整体具有良好的职业行为习惯，锻炼坚韧的职业意志，培养真挚的职业情感，真正把教育工作当做体现生命价值、人生理想的神圣事业，从而提高全体教师的育人能力和水平。

三、实验的目标

（一）总体目标

通过师德培训的层次性与实效性的研究与实验，使我校各层次教师的师德水平显著提高，从而促使教师队伍整体素质得到提高，也促进教师的教育教学水平、教育科研等能力的提高。

（二）具体目标

1. 通过教师全员培训，探索出新时期教师应具备的思想道德素质的内涵，从而提高全体教师的师德水平。

2. 通过对青年教师的培训，使青年教师具有爱岗敬业、无私奉献的高尚职业情感，尽快掌握育人技巧，从教育思想及教育方法上也得到提高。

3. 通过对骨干教师的培训,树立骨干教师在师德方面的先锋模范作用,带动全体教师,提高思想境界和心理素质。

4. 通过对全体班主任的培训,规范班主任的教育行为,提高班主任自身的育人素质,使班主任教师由教书匠向育人者转化。

四、实验研究的原则

(一)系统性与专题性的原则

师德建设是一项长期的综合性的系统工程。因此,在培训中我们注意了培训内容的系列化,以满足不同层次教师的需求。培训既要注意全员性,还要注意个体差异,不同的问题采取不同的培训形式,共性的问题集体学,个别问题专题讨论。

(二)主体性和个体性原则

以人为本,是我们培训的原则。以教师发展为本,充分发挥教师的主体作用,调动其主动参与,以自学、自查、自省为主,重视教师人格的自我发展,以提高培训的实效性。

(三)灵活性和可操作性原则

既要重视培训的系统性、层次性,还要根据不断变化的新形势,针对出现的新问题,不断调整培训的目标与形式,使培训更具有针对性、实效性。

五、实验研究的依据

我们选择"中小学教师师德培训的层次性与实效性研究"作为实验课题,是在南岗区教师进修学校的具体指导下,经过研究后确定的。在开展实验之前,对课题的依据作了研究。

1. 教育部《关于重新颁布〈中小学教师职业道德规范〉的通知》中指出:教师的职业道德素质高低,直接关系亿万青少年学生的健康成长,加强教师职业道德建设,提高教师的思想道德素质水平,始终是学校精神文明建设的基本任务。这个通知精神为我们的实验指明了方向。

2. 在中小学教师继续教育培训教材《教师职业道德的构建与修养》中，把提高教师师德水平作为新时期教师必备的基本职业素质，《教师职业道德的构建与修养》一书为我们开展实验提供了理论依据。

六、实验研究的过程

(一)实验准备阶段(2000 年 1 月—4 月)

1. 在全校范围内开展教师师德问题基本状况调查活动，写出调查报告。

2. 制订出哈 63 中学《师德培训的层次性与实效性》课题实验方案。

3. 成立课题实验研究小组。

(二)实验研究阶段(2000 年 4 月—2001 年 12 月)

1. 有计划地开展课题的研究、侧重理论探讨。

2. 分层次的阶段小结和阶段验收。

3. 总结阶段成果，不断充实与完善课题实验方案。

(三)实验提高阶段(2001 年 12 月—2002 年 5 月)

1. 实验成果的研究、论证。

2. 交流实验研究成果，在实践中不断进行充实与完善。

3. 总结各阶段实验研究成果。

(四)结题验收阶段(2002 年 5 月—2002 年 7 月)

1. 整理收集课题研究的过程性材料。

2. 整理实验成果，撰写实验论文和实验报告。

3. 编辑校本培训教材。

七、实验研究的内容

(一)分层次方式的探讨

分层次培训是为了满足不同层次教师的要求，对不同层次的教师确定不同的培训内容、形式，从而使培训工作更具体，目标更明确，效果更显著。在培训中注意联系学校实际，在环节上注意由浅到深、由简到繁、由表及里、循序渐进，通过激情、启思、导行、反馈等程序达到培训目的。

为使培训工作更具体，根据我校的实际情况，根据不同层次教师的不同特点，学校把培训工作分为全员培训、青年教师培训、班主任教师培训、骨干教师培训等四个层次。

（二）培训内容的探讨

1. 因为在广大教师中普遍存在着教师管教不管导，任课教师处理不好相互之间的关系等现象，所以在全员培训中确立了以“关心集体、团结协作、依法执教”为主要培训内容，着重培养教师的团结协作、民主与法制精神，形成教育合力。

2. 骨干教师虽然业务能力比较强，但有些人囿于历史陈规，被既定的成法束缚，难于突破自己，所以骨干教师的培训以“超越自我、勇于创新”为主要内容，着重培养骨干教师的开拓创新精神。

3. 班主任培训主要以“严于自律、无私奉献、热爱学生”为重点内容，加强班主任队伍建设。因为班主任教师接触学生及学生家长的机会较多，做耐心细致的思想工作，不向家长、学生索取，做一名具有廉洁自律精神的教师，是班主任教师必须具备的素质，所以要求他们端正教育思想，培养真挚的职业情感，锻炼坚韧的职业意志，培养良好的职业行为习惯。以爱事业、爱学生为出发点，以培养事业心、责任心、进取心为目标，真正把教育工作当做体现自己生命价值、人生理想的神圣事业。做到不让班上的一名学生掉队。

4. 对青年教师培训则以“爱岗敬业、严谨治学”为主要内容，培养青年教师的职业道德与职业精神。要求青年教师在职业道德上从适应到胜任。

（三）培训形式的探索

在试验过程中，我们探索出了“学习—实践—总结—交流”的系列培训形式。

1. 学习

全员教师采取集中学习和自学相结合的培训形式。集中学习有关的师德理论，通过书面答卷、假期作业等形式进行培训。提倡以自修为主，把提高教师的师德水平变成教师的自觉行为。请专家、领导讲新的教育观念，并且每月学校组织两次以上的集体学习，树立了十名"师德高尚好教师"作为榜样。

2. 实践

(1)青年教师的培训采取集中讲座、专题研讨等形式，青年教师通过不断改进教育教学实践活动，提高自己的育人水平。

(2)发挥骨干教师的学科带头人作用，积极鼓励骨干教师运用自评、互评的方式来认识教师主体在道德建设上存在的不足，以形成自主发展的动力机制，发挥骨干教师的辐射作用。

(3)班主任培训坚持每周一次的例会制度，通过例会总结工作，交流经验，学习身边优秀班主任工作事迹。并指导青年班主任制定班级工作计划，设计主题教育活动，不断提高他们的工作能力和育人水平。

(4)在全体班主任培训的基础上，大力弘扬新时代师表形象，在全体学生中开展"我心目中的好教师"的评选活动，督促班主任教师不断进步。

3. 总结

(1)组织青年教师开展"三个一"活动：每周写一篇教学随感，每人交一名学困生朋友，每月写一篇教育案例分析。

(2)班主任教师、骨干教师通过学习新的教育理论，结合具体工作实际，总结出自己的方法，撰写了大量的教育心得、随感、论文。

(3)在全校教师中征集、整理出了教育随感录。

4. 交流

(1)召开以"尊重学生、关爱为源"为主题的师德演讲会，吴秀红老师的"师爱润心田"、代军辉老师的"爱，我们的诺亚方舟"、康健老师的"爱岗敬业，走入学生的心灵世界"等在会上进行了交流。

(2)班主任教师召开了以"班主任教师如何运用人格的魅力教育学生"为主题的班主任工作报告会，王芳老师的"洒向学生都是爱"、赵英丽老师的"用师爱撑起一片蓝天"等经验使人深受感动。

(3)青年教师开展了"今天如何做教师"的主题研讨。

(4)骨干教师开展了"开拓创新，做素质教育的新园丁"为主题的交流研讨。

(四)培训的管理与评价

1. 学校成立了以龚萍校长为组长，韩恩泽副校长、朱爱香副校长为副组长，陈晓冬(负责班主任培训)、董晶石(负责骨干教师培训)、李秀波(负责青年教师培训)、王英(负责考核、归档)为组员的师德培训与考核机构。

2. 制定《63 中学师德考核评价标准》，每学期对教师师德进行分项考核，通过自评、互评、学校领导小组审评，用分值计算，进行量化。

3. 学校校长与班主任签订《转化后进生防止学生流失责任状》。根据教师对工作条件和对个人利益的需求实际，把培训、考核与结构工资、评优、晋级挂钩，使师德培训制度化、规范化。

4. 在考核中做到"五注重"、"三结合"。

"五注重"：(1)注重在考核中以过程为主，立足于自评、自律、自结；(2)注重边学习、边自测、边研究、边实践、边自结；(3)注重理论的学习、提高；(4)注重每一位教师在原有水平上的提高；(5)注重给每一位教师提供展示个性，发挥自己创造力的空间。"三结合"：(1)定性评价与定量评价相结合；(2)形成性评价与终结性评价相结合；(3)内部评价与社会评价相结合。

八、课题研究的成果

师德建设不仅要有利于教育事业的发展，也要有利于教师个人整体素质的提高和发展，如果能使教师岗位职责、行为规范和基本的政治思想要求内化为师德价值观，那就是我们课题研究收到了良好效果。

经过三年的培训，我校全体教师的师德水平有了很大提高，涌现出了一批批无私奉献、爱岗敬业、师德高尚的好教师。

1. 广大教师进一步树立了爱岗敬业，教书育人，为人师表的新师德形象。教师 100%地达到了师德达标的基本要求。在班主任教师中，涌现出了一批批像吴秀红、赵英丽、王芳等师德高尚的好教师。吴秀红老师班级的学生李某，因家庭问题曾两次在教室割腕自杀，都被吴老师及时发现,并做了大量学生、家长的工作,使李某解除了心理障碍,家长也深受感动。赵英丽老师对本班级有偷窃行为的王某不歧视,不推给家长,而是耐心地做工作,用集体的力量挽救了这位学生。像这样耐心细致做学生的思想工作的感人事例还有很多很多。尊重学生,关爱学生,不让一名学生掉队,已成为我校教师的自觉行为。学校评出了师德高尚好教师十名。

2. 全体教师转变了教育观念,以学生为中心,以情境为中心,以活动为中心的新"三中心"得到了落实。青年教师积极学习新的教育理论,自发成立了"新课改理论研讨小组",现有近 30 名青年教师参加,并坚持每周开展一次研讨交流活动。

3. 编辑出版了《中学班主任基本功训练》专集,它收录了我校领导和教师在课题试验过程中撰写的师德论文、德育案例、操行评语改革、师德演讲、学习实践体会等。

4. 整理、修订并出台了《哈 63 中学师德标准》、《师德"八要""八不"》、《文明教研组公约》等规章制度。

5. 全体教师师德水平的显著提高,也促进了学校教育教学工作和整体办学水平的提高,学校获得市教育系统德育先进集体等多项荣誉奖励。

在区课题组的指导下,我校的课题研究取得了一定成绩。实践证明,师德是教师个体发展的方向、信念和动力。我们在今后的师德培训中将紧扣时代脉搏,融入时代特征,潜心研究,落实"以德治国、以德治校、以德育人"方略,把高尚的师德落实到每一位教师,并在今后的工作中不断深化、推广此课题的研究成果,以更加辉煌的业绩为南岗区的师德建设做出贡献。

(执笔人:龚　萍　朱爱香　陈晓冬)

“中小学教师师德培训的层次性与实效性研究”课题实验报告

哈尔滨市第163中学

南岗区第163中学是一所勇于改革创新、办学着眼于特色的学校。多年来立足于学区，本着“教育质量是第一生命线”的宗旨，在工作中注重师德建设，尤其是1999年—2002年承担了国家级科研课题中小学教师继续教育“四位一体培训机制”的子课题“中小学教师师德培训的层次性与实效性研究”以来，师德师风有了很大的转变。现将本课题实验情况向总课题组报告。

一、课题的提出

教师职业道德是教师素质的核心，教师师德水平的高低直接影响着教育教学工作的质量，直接关系到未来人才的质量。牢固树立为人师表、率先垂范的师德形象，是时代对教师的要求。

市教育局对师德建设提出了明确要求，区教育局在师德建设上推进了“树形象、铸师魂”工程。其目的都在于不断提高教师队伍整体素质，建设起一支业务精湛、师德高尚的教师队伍。163中学共有教职工107人，其中党员有22人。但多年来党员在群众中的模范带头作用并不明显，面对这种状况，当务之急必须树立党员形象，在群众中起模范带头作用。

同时，我校有专任教师92人，其中35岁以下青年教师42人，占专任教师的43%，青年教师中又有40%为独生子女，教师队伍的发展将是独生子女教师教独生子女学生。但当今的青年教师生活条件优越，独生子女独、懒、娇的弱点在他们身上有所体现，缺乏吃苦耐劳的精神，缺乏进取精神，缺乏奉献精神。因此，青年教师的教育思想、教育观念和工作作风有待于提高，责任心、事业心有待于进一步增强。

我校有38个教学班，学生两千多名。班主任工作具体而繁重。大多数班主任能尽职尽责，但个别班主任责任心不强，教育观念墨守陈规，与现代中学生的发展不相适应，甚至曾有违背师德的现象。

因此，结合学校实际，我校确定了国家级"四位一体培训机制"课题的子课题"中小学教师师德培训的层次性和实效性研究"作为学校教师培训的重点课题。我校决定把学校教师分成四个层次：党员、青年教师、班主任和全员教师。希望通过分层次的师德培训，使师德质量上层次，抓出成效。

二、研究的假设

如果我们把课题实验坚持始终，分层次对党员、青年教师、班主任和全员教师进行培训，有计划、有系统地学习相关的教育法规，有针对性地出台《教师行为准则》，用《中小学教师师德行为准则》和《师德达标评估标准(试行)》去规范教师行为，理论联系实际，以科学的理论武装人，以正确的思想引导人，以高尚的精神塑造人，必将能建立一支师德高尚、业务精良、适应21世纪现代化教育需要的高素质的教师队伍。

三、研究的目标

(一)总体目标

建设一支政治坚定、思想过硬、师德高尚、知识渊博、精于教书、勤于育人的教师队伍。

(二)具体目标

1. 党员教师职业道德方面：发挥党员的先锋模范作用，在教师中充分发挥"一名党员就是一面旗帜"的作用，培养一支敬业勤业、严于律己、让群众满意、让群众佩服的党员队伍，树立优秀党员形象。

2. 班主任教师职业道德方面：为人师表，当好学生的楷模。

3. 青年教师职业道德方面：加快独生子女教师迅速成长，使他们"一年上岗，二至三年胜任，四五年成才”。使青年教师中的骨干教师发挥先锋作用，树立一个，带动一批。

4. 全员教师方面：加强师德教育，强化师德意识，开展“三心两爱”教育活动，激发全体教职工爱事业、爱学校、爱学生、讲奉献的思想情感。

5. 建章立制，以规章制度规范教师的思想和行为，使教师有法可依，有章可循，言行更加规范。

四、研究的依据

（一）理论依据

“中小学教师自修教程”中的《教师职业道德的构建与修养》；教育法规专题教育；建立民主、平等师生关系专题研究；班主任基本功训练专题研究等。这些内容为课题研究提供了理论依据。

（二）政策法规依据

1. 江泽民在第三次教育工作会议上的讲话中指出：“大力加强教师队伍的建设，不断优化队伍结构和提高队伍素质”；

2. 国家教育部颁布的《中小学教师职业道德规范》；

3.《哈尔滨市教师职业道德建设暂行规定》等。

这些政策法规为我校的课题研究提供了一定的法律和政策依据。

（三）实践依据

1. 我校对师德培训工作一贯高度重视，把“加强教师队伍建设，树立良好师风”定为学校永远不变的重点。学校成立实验领导小组，由校党支部牵头，由校工会具体抓落实。

2. 学校曾被评为全区中小学“三育人，树、创、献”先进集体。区教育工会在学校召开了西片中小学工会主席参加的《哈163中学师德建设》现场会，并以《教工通讯》的形式向全区通报了学校的工作做法，对学校师德建设工作给予了充分的肯定。

3. 学校有一支师德高尚的老、中、青教师队伍，老教师教学经验丰富，兢兢业业，是青年教师学习的榜样。中、青年教师工作有热情，精力充沛，而且学校近几年来涌现出的一批优秀教师、骨干教师的数量明显增多。

五、研究的原则

1. 整体性原则：是指在培训中，要注意依靠教师群体和通过集体进行教育，以便充分发挥教师群体在培训中的巨大作用。

2. 针对性原则：是指培训中针对不同层次教师的实际情况，从不同的角度出发，进行不同内容的培训或采取不同的培训形式，使培训达到提高实效的目的。

3. 理论联系实际原则：把师德建设的理论与教师职业行为紧密结合起来，提高实效。

六、研究的过程

(一)准备阶段(2000 年 3 月—2000 年 4 月)

1. 建立实验领导小组。

2. 调查教师队伍思想状况。

3. 制订《师德培训层次性和实效性》课题实验方案。

(二)实验实施阶段(2000 年 5 月—2002 年 3 月)

1. 召开教工代表大会，征求教师议案，出台 163 中学"三育人"、"树、创、献"工程方案。

2. 抓党员职业道德，树立一名党员就是一面旗帜的形象。

3. 抓青年教师职业道德，超越自我，树立新一代教师形象，建立新型师生关系。

4. 抓全员职业道德，树立教书育人，为人师表的形象。

(三)实验总结阶段(2002 年 4 月—2002 年 7 月)

1. 开展课题自查工作，撰写实验报告、论文。

2. 全面推进，树立典型，汇总经验，形成材料，总结实验成果。

3. 完善目标管理体系，分类达标，量化评估，加强针对性和实效性。

4. 制订下一步实验研究方案。

七、研究的内容

(一)分层调查,分类定向

课题实验组把教师分为四个层次:党员教师、青年教师、班主任教师和全员岗位教师。深入调查研究,根据不同层次教师的状况,进行分层培训,加强实验的实效性。

首先开展问卷调查活动。通过开展学生问卷"我喜欢的好老师"及家长问卷调查,答卷中我们将师德内容归类,发现存在的问题,写出了分类报告,提出建议与意见。调查摸底问卷从四个方面进行调查,随机抽取学生有效问卷 100 份,家长有效问卷 100 份,教师自查有效问卷 100 份,调查结果如下:

不同层次教师的师德状况问卷调查一览表

内容 问卷	党员 22 人	青年教师 16 人	班主任 38 人	岗位教师 107 人
学生问卷满意率	50%	12%	89%	82%
家长问卷满意率	78%	21%	85%	83%
教师自查满意率	68%	34%	90%	87%

以上调查结果表明,我校不同层次教师的师德有待于进一步提高。尤其要加强党员和独生子女青年教师的师德建设。

(二)分层实施,形式多样

我们师德培训的方法采取自学与讲座相结合、走出去与请进来相结合、自我钻研与拜师相结合、专题研究与专题验收相结合等形式。我们努力探索了理论学习、实践操作和专题研究等培训方法,先后开展了以下丰富多彩的师德培训活动。

1. 在全员教师中开展教师自检,将反映出的问题归类,写出改进措施。

2. 学校召开全员教师的师德培训座谈会、研讨会,然后每一位教师写出师德方面的自检报告及各式论文、讲稿。

3. 树典型,在青年教师中开展以“学我身边的优秀党员、优秀领导干部”为主题的征文活动,并启动“希望之星工程”,组织师德演讲会。

4. 在教师中开展五项活动:青年教师读书活动、班主任普法活动、党员《文明号》评比活动、青年教师文体活动、优秀教师评佳活动。

5. 召开三个会:《党员在我心中》师德演讲会、优秀班主任教育理论研讨会、青年教师拜师会。

6. 落实“八个一”:45岁以下各层次教师每周写一篇随笔,每月写一篇案例,学期末写出一篇优秀论文,帮教转化一名后进生,为校长办学提一条合理建议,上一节教改汇报课,参与一项课题研究,制作一件学科实用的计算机课件。

(三)建章立制,明确标准

为了使实验更具针对性和实效性,用制度来体现培训的约束性和激励性,我校先后建立了三项师德考核制度。具体如下:

1. 提出《全体教师六不准制度》:

(1)不体罚学生;

(2)不侮辱学生;

(3)不收馈赠;

(4)不求家长办私事;

(5)不歧视后进生;

(6)不外出兼课办班。

2. 对全体教师提出《课堂教学六要制度》:

(1)要用民主的口吻交谈;

(2)要用平等的眼神;

(3)要让学生体面地坐下;

(4)要照顾大多数;

(5)要给学困生以帮助;

(6)要面带微笑。

3. 对全体教师，颁布《哈一六三中学教师行为准则》：

(1)自觉参加政治、业务学习和师德培训，准时到会，尊重他人，认真听会、记录，不做与会议无关的事情。

(2)课堂常规要求认真备课，注重学习，改进方法。上课前做好物品准备，不允许上课期间让学生到办公室取物品。上课提前进教室，不得迟到，教学过程中教师不得离开教室，上课前要将手机、BP机关上，课上说普通话，写规范字，不说与教学无关的话，按时上下课，不许压堂。

(3)尊重学生人格，平等、公正地对待学生。不放弃任何一名学生，不歧视学困生、后进生，不讽刺、挖苦、体罚或变相体罚学生，不损伤学生的自尊心，做学生的良师益友。

(4)同事间要相互尊重，取长补短，不说有损团结的话，不做有损于集体利益的事。背地不传话、不搬弄是非，不损公肥私。

(5)尊重家长，不训斥、刁难、指责家长。接待家长要来有迎声，走有送语，不借工作之便托家长办私事或索要、收受礼品。

(6)严格执行收费申报制度，不以生谋私，决不允许搭车收费或乱收费，严禁在校内外办有偿补课班。

(7)严格执行学校规章制度，不迟到，不早退，不无故旷课、丢课，工作期间不得擅自离校办私事，有事履行请假手续，不替人捎话请假。值班值宿按时交接班，认真负责，做好报刊收发，不漏岗，发现问题及时报告。

(8)着装得体，符合教师身份，语言文明，在校工作期间，包括中午休息时间，决不允许喝酒、打扑克、干私活。

(9)亮化美化工作环境，办公室物品摆放整齐，垃圾及时清除，不乱串办公室、唠家常，走廊低语、轻步、不吸烟。

(10)关心学校，热爱集体，经常向领导提合理化建议，做学校的主人。

(四)多向评价，加强考核

我校针对四个层次的教师，采取“多向评价”制度。对师德不合格教师提出一票否决制度。建立领导班子中党员不经手收费制，设“家长来访、来信登记制，家长接待日，教学开放日”。考核方法采取自我评价、学生评价、学校评价三结合，学校定期考核与随时抽查相结合的方法，每学期进行一次师德行为综合考核，成绩记入师德培训档案。

八、实验的收效

经过三年多的师德培训给我校带来了深刻变化，不仅表现在学校的办学理念和教师教书育人的观念转变上，而且对我校教师综合素质的提高也是影响巨大的。表现在：

1. 党员的形象大大改善。如今干的最多，功劳最大的是党员，让的最多，冲在最前的也是党员。群众满意率也逐渐上升。改变了过去不知谁是党员的被动局面。

2. 青年教师苦练基本功，改掉了娇、懒等坏习惯，在教育教学实践中得到了充分锻炼，师德方面进步成长得很快，涌现出了一批好的典型，青年中市、区骨干教师在逐年增加。

3. 班主任中家长反映意见的少了，表扬、满意的多了，有效控制了优生流失的问题，学生思想道德认知受到影响，班级稳定，成绩不断提高。

4. 全员岗位教师爱岗敬业，教书育人精神深入人心，教师职业行为整体改善，无违规、违纪现象。

正由于全体教师的师德水平有了提高，也使我校的整体办学水平有了显著的提高，学校的声誉越来越好。今后我校将继续以师德建设为重点，对不同层次的教师进行不同层次的培训，使师德建设更具层次性，更有实效性。

（执笔人：袁姿姜　刘　芳）

“中小学教师师德培训的层次性与实效性研究”课题实验报告

哈尔滨市解放小学

解放小学是一所首批规范化合格小学，现有专业教师63人，青年教师54人，占教师总数的86％。为适应21世纪教育发展的需要，我校承担了建立中小学继续教育“四位一体培训机制”子课题即“中小学教师师德培训的层次性与实效性研究”。我们依据校情，立足岗位，把教师的师德建设，尤其是青年教师的师德培训作为学校工作的重点来抓。一手抓师德教育，培养教师的爱岗敬业精神和高尚职业道德；一手抓业务培训，提高教师的教育教学科研能力。在全面开展课题研究工作中取得了一些成效，现将实验情况作如下报告。

一、课题的提出

教师的职业道德是教师素质的核心，优良素质的教师首先要有良好的师德。加强师德建设，塑造一支高素质的教师队伍是实施素质教育的重要前提，是教师队伍建设的根本。江泽民总书记在全国第三次教育工作会议上指出：“教师是学生增长知识和思想进步的导师，他的一言一行，都会对学生产生影响，一定要在思想政治上、道德品质上、学识、学风上，全面以身作则，自觉率先垂范，这样才能真正为人师表。”深入开展“师德培训的层次性与实效性”这一课题的研究，探索新时期教师师德建设的途径与方法，有利于教师具有明确的政治方向和高尚的师德修养，全面提高教师的师德修养和教育水平；有利于深化教育理论学习，提高教师理论水平，使我们在实践中大胆探索，不断创新，多渠道、多形式、多层次开展培训，增强解决实践问题的能力，全面提高教师的综合素质，建设一支高素质、高水平、乐于奉献的一流师资队伍。

二、实验条件

1. 教育行政部门支持。市区教委分别下发了有关教师师德建设方面的政策、法规。

2. 学校支持。学校领导高度重视师德培训工作，把师德工作始终放在教育教学的首位，组成了以校长吕红为组长，其他校级干部和主任、学科骨干为组员的课题领导小组。一把手亲自抓这项实验，目标明确，制度健全。

3. 具有一支师资力量较强的实验队伍。校领导有着丰富的研究经验，研究能力强，为实验顺利开展奠定了坚实的基础。

三、实验假设

如果我校有针对性、有条理、有步骤地进行师德培训层次性与实效性的研究，通过开展专题讲座、学习研讨、师生座谈、师德事迹汇报、师德自检等师德教育系列活动，建立科学的考核与评价体系，强化评优机制，采取群体与个体相结合，系统与专题相结合，树立榜样与宣传榜样相结合等多种形式，一定会探索出师德培训的新模式、新途径，造就一支师德高尚、业务精良、具有现代教育观念、全心全意推动素质教育的教师队伍。

四、实验目标

(一)理论目标

深化教育理论学习，使实践中的具体问题，通过再学习得到解决。提高教师理论水平，增强解决实践问题的能力，全面提高教师的综合素质。

(二)实践目标

1. 深化教师的师德培训，使教师有明确的政治方向和高尚的师德修养，成为真正的教书育人者。

2. 建立一支专兼结合、高素质、高水平、强有力的教师队伍。

3. 探索教师职业道德教育的新模式、新途径，构建具有针对性与实效性的师德教育新体系。

五、研究依据

(一)法律政策依据

20 世纪 80 年代后期，我国教育事业得到迅速发展，为适应教育改革和发展的迫切要求，教师队伍建设的问题已刻不容缓地摆在我们的面前。1986 年市教委提出“要把教师队伍建设作为永远不变的重点工作”。1989 年提出“师德建设作为教师队伍建设的工作重点”。1991 年国家教委颁发了《中小学教师职业道德规范》。1991 年市教委印发《教师职业道德规范》和《教师行为准则》，并明确要求要重视抓好教师职业道德的研究。1993 年在《中国教育改革和发展纲要》中对教育改革的发展提出了新的、更高的要求。

(二)教育理论依据

1. 终身教育理论:21 世纪是各国综合国力的竞争时代，在竞争中取胜的关键在人才。我国教育将面临着新的挑战，教育的发展证明了教育的终身性和持久性，作为培养下一代的人民教师应树立终身学习的意识，是社会发展的必然趋势。教师不仅教书育人，还要努力学习，加强师德修养，不断提高自身素质。

2. 素质教育理论:实施素质教育的根本在于建设一支高素质的教师队伍，教师队伍的核心是教师的职业道德，本课题研究也是从提高教师的师德修养和综合素质出发，从有利于实施素质教育出发，来构建师德培训的新体系。

六、研究对象

全体教师。

七、研究原则

1. 科学性原则:用科学的思想、科学的理论、科学的方法指导研究,坚持正面教育,自我教育,激励教育,综合性教育,长期性教育,引导教师爱生敬业,为人师表。

2. 分层、分类指导原则:坚持分层次、分类进行指导培训的原则,把握好教师全员师德培训与不同层次教师的师德培训的关系,分层次、分类型对教师进行培训。

3. 实践性原则:在探索教师师德培训规律的同时,坚持理论学习与教学实践相结合,着手研究教师师德培训的层次性,并取得实质性的效果。

4. 超前性原则:在教师师德培训过程中始终坚持培训理念要超前,培训内容要超前,培训手段也要超前的原则。

八、研究方法

调查研究法、实践研究法、观察研究法、经验总结法。

九、研究过程

(一)组织准备阶段(2000 年 1 月—2000 年 3 月)

1. 成立解放小学"师德培训的层次性与实效性"课题领导小组。

组　长:吕　红

副组长:杨晓红

组　员:王钱莅　张　艳　张凯霞　高　岩

　　　　隋　媛　李　波　赵　斌

一把手吕红校长担任课题组总负责人,亲自抓这项实验,主抓教学的校长担任课题副组长,两位教学主任及五位业务能力强的教师为组员,协助组织开展此课题的研究工作。课题组成员每人分工明确,任务具体。

2. 确定实验对象。在教师全员培训的基础上，再分层次进行培训，尤其是针对全校青年教师占70％的现状，我们将重点放在青年班主任的培训上，以突出实验的层次性和实效性。

3. 采取座谈、问卷调查相结合的形式开展相关调查，了解教师在政治思想、职业道德、业务能力等基本素质现状，形成调查报告，为制订出切实可行的课题实验方案，提供了可靠的依据。

附表：解放小学学生家长师德问卷调查（表附在后面）

除此之外，学校还在教师和学生中进行座谈，调查了解教师师德的现状，调查结果如下。

(1)关于师德现状调查。

①政治思想方面：

在被调查的教师中，思想上积极要求进步，希望加入中国共产党的有75％，有90％的教师关心国家的大事，经常挤出时间看报、收听广播，了解国家的方针、政策、法规及一系列重大的政治、经济改革。在从事教师工作，认为自身素质方面还存在什么不足的一项调查中，95％的教师认为学校组织的政治业务学习起着较大的作用，认识到必须加强政治理论学习，否则思想就会落后于社会的变革、发展。

②师德建设方面：

据调查，95％的教师对新形式下加强师德建设的必要性给予充分的肯定。有85％的教师认为违反师德行为产生的根本原因是个人素质所决定的，提高教师的师德素质是当前学校工作的首要任务。

③业务理论学习方面：

92％的教师重视业务理论学习，认为不更新教育观念，不用新的教育理论充实自我，就会被教育改革淘汰。有70％的教师经常自费购买教育教学的一些书刊、杂志。

④班主任工作方面：

忠诚热爱党的教育事业，有着强烈的事业心、责任感的占98％，有90％的教师愿意承担班主任工作，认为做班主任工作可以得到锻炼，增长才干。在课堂上教师与学生发生冲突时，90％的教师不与学生发生争执，事后找机会交流。

(2)关于教师师德问题问卷(家长问卷)调查情况。

①90%的家长认为任课教师具有强烈的事业心和责任感。

②98%的家长对班主任老师印象很好,认为老师工作认真负责。

③75%的家长认为科任老师称职,5%的家长认为科任教师业务素质与能力还需提高。

④85%的教师经常与家长沟通联系,便于家长了解学生在校的学习情况。

⑤对于教师体罚与变相体罚问题,家长们认为没有这一现象。

⑥90%的教师对学生犯错误时能耐心教育帮助,能与家长共同教育。

(3)通过比较全面的调查,使我们了解到:

①我校教师都能正确地贯彻党的教育方针、政策,拥护党的领导,关心国家大事,政治上积极要求进步。

②敬业爱岗,工作中有强烈的事业心和高度的责任感,有无私奉献的精神,积极进取。

③师德高尚,广大教师在平时的工作中能用良好的师德严格要求自己,言行举止堪为学生家长表率,为人师表。

④努力钻研业务,不断探索新时期的教育教学理论,更新教育观念,用先进的教育理念武装自己的头脑。

(4)针对上述师德调查,我们制定了《解放小学校教师校本培训方案》,方案中明确培训分为三个阶段:准备阶段、研究阶段、总结验收阶段,明确了各个阶段的具体任务,培训目标的要求,对不同层次的教师提出不同的培训目标和培训要求开始分层次进行培训。

骨干教师培训目标:

师德方面具有高尚的职业道德,模范履行各项义务,做到教书育人,为人师表。教学方面具有较强的教育教学观念,能用较强的教育教学理论指导教学实践。在学科教学中发挥骨干教师的示范辐射作用。

骨干教师培训要求:

认真贯彻党的各项方针政策,具有高尚的职业道德,积极参加理论学习。教育思想端正,教育方法科学合理,成效显著,班主任工作绩效突出,深受家长的信任支持。模范遵守教学常规,做到骨干教师上优质课,体现现代素质教育课程模式，教学中具备求新、求异、求实的创新能力，发挥学科带头人作用。

新教师培训目标：

热爱教育工作，热爱学生，事业心强，有较好的思想素质，熟悉有关教育法规与各项政策，有相应的管理班级能力与水平，初步掌握所教学科的大纲、教材、常规，尽快适应本职工作。

新教师培训要求：

在培训中加强职业道德规范教育，不断学习党的方针政策和法律法规。依法执教，关心爱护每一位学生，无体罚和变相体罚行为，履行岗位职责。有奉献精神。有组织管理能力，引导学生贯彻执行日常行为规范，班级形成良好的班风。教学目标明确，认真备课上课，把握住教材的重点难点，正确传授知识，课堂效果好，上好常规课。

(二)研究实施阶段(2000 年 3 月—2001 年 12 月)

第一步：开展全员培训，增强教师师德建设的自觉性，在加强学习、营造氛围、树立榜样等三方面努力构建师德建设的新框架。

1. 加强学习。师德教育的基本途径是学习。有组织、有目的、有计划地开展政治理论学习，目的是提高广大教师政治理论水平。我校坚持每周五为政治、业务学习日，我们以《中小学教师自修教程》(六本教材)为主要内容，以校本培训为主渠道，组织全体教师认真学习，并建立学习制度。

(1)专题学习。我校组织教师认真学习《教师职业道德的构建与修养》一书，学习了江总书记在第三次全教工作会议上的讲话及有关素质教育的理论，并聘请专家沈铭铭教授给我们做了“树立新世纪良好的教师形象”师德报告。先后组织师德专题讲座 40 余次，其目的为了提高教师政治理论素质和师德修养。

(2)法规学习。通过组织教师学习《教师法》、《教育法》、《教师职业道德规范》、《教师行为准则》等法规、文件，纠正一些教师违背教育规律的行为，依靠教育法规约束教师的教育行为，坚决杜绝体罚、变相体罚的现象，实行一票否决，提高教师的思想素质和法制观念。使教师群体内强素质，外塑形象。我们要求每一位教师学后重反思，写学习体会和自检报告，在自检报告中骨干教师高岩老师这样说："德高为本，身正为范，新时期的教师要有高尚的师德、师风、师魂，要适应新时期的发展，树立终身学习的意识，积极探索新时期的教书育人的规律，掌握渊博的知识，科学的教育方法，高超的育人艺术，提高自己的育人能力，力争做一名品德高尚、业务精良、勇于开拓的教师。"她是这样说的，也是这样做的。她经常利用个人休息时间给学生补课，用自己的爱赢得了家长的拥护和爱戴。

(3)自学研讨。针对专题辅导的内容，教师进行了自学，为保证自学效果，学校为教师每人统一购买了自学笔记本，信息手册，征订了多种教育刊物，为教师们自学提供了必备的条件。在组织教师自学过程中，要求教师做好读书笔记、案例分析、随感等，并强调自学后的反思，不断用理论来指导自己，将自己在学习中的情感，经过加工、整理写成心得体会、自我总结，使自己的思想有一个质的飞跃，同时还开展了以《今天我怎样做教师》、《新世纪教师形象》、《构建民主平等的师生关系》等为主题的研讨交流活动，由领导主持，在骨干教师和新教师中分别展开形式多样的研讨、交流、辩论。教师们敢于发表个人见解，思想观念达成共识。我们要求骨干教师发挥辐射作用，有超前的思想，以点带面，推动各项工作的顺利开展。教师的自学笔记写了70余万字，随感、心得1000余多篇，师德自检报告200余份，警示教育心得75篇，收集了1000余条科研、教育、教学等信息。

2. 营造氛围。师德教育的切入点在于教师政治思想道德教育的内化到外化。"营造氛围"则为每位教师优化自己的师德营造了一个良好的环境。

(1)学校党支部组织青年教师上党课、学党史，进行党的基本知识讲座、组织参加入党公议会、团代会等教育活动，使他们深受教育。刚刚迈进学校大门的青年教师参加了入党公议会后都积极向党组织递交入党申请书，及时汇报思想转变情况，这种氛围已经在教师中蔚然成风。

(2)通过开展各种主题活动，优化实施师德建设的氛围。我们开展了以"颂师德、展师风、铸师魂"、"我心中的好老师"等系列征文演讲活动。这些活动内容紧密结合形式，紧密结合教育时机，形势生动活泼，使教师受益匪浅。

(3)组织观看影视片活动。通过组织教师观看《党规党史纪录片》、《红岩魂》、《生死抉择》、《优秀班主任任小艾》等影视片,用直观、浅显、人们喜闻乐见的形式,弘扬师德、师风、师魂。

(4)举办文体活动。学校组织教工进行卡拉 OK 大奖赛、钢笔字竞赛、粉笔字竞赛等活动。广大教师通过阅读书籍、练习书法、文艺欣赏等形式,提高教师的艺术品味,陶冶了情操,拓宽了知识。全校教师在这良好的师德建设氛围中,增强了师德建设的自觉性。

3. 树立榜样。榜样的力量是无穷的。我校把"树立典型,表彰先进,师德领先,榜样引路"作为我校师德建设的"十六字"方针。我们按照"深入挖掘,适时总结,公开评价"的原则,及时地树立教育教学工作的榜样。我们在教师中开展"讲师德、讲正气,讲奉献"的三讲活动,树立"选择了教育就是选择了奉献"的信念。同时评选优秀教师典型,我校教师张艳、齐忠辉、高岩老师用他们"敬业、忘我、争优、奉献"的生动事例,弘扬了良好的校风。我们还组织了"21 世纪需要什么样的校长和教师"的研讨活动,要求教职工人人参与,提高他们的主人翁意识。

第二步:开展分层培训,培育教师示范群体,增进师德建设新活力。

1. 我们要求教师上好每一节课,在每一节课上,充分体现教师的师德修养、人格魅力和学识风范。我们针对新教师和骨干教师的特点,进行分层次培训。我们制定了新教师、骨干教师考核细则。要求新上岗教师上好上路课,即教学目标明确,把握住教学的重点、难点进行教学,教学环节清楚,知识传授准确,板书规范,课堂效果好。骨干教师上好示范课,即体现现代素质教育的课堂模式,教学中具备求新、求异、求实的创新能力,更新教学观念,做到教学观念新,教学设计新,教学方法新。培养学生的实践能力和创新精神。发挥骨干教师的辐射作用,通过"以老带新"、"以新促老"、"骨干带一般"等拜师会形式提高了教师教育教学的实践能力。

2. 结合《教师职业道德的构建与修养》的学习,组织开展师德师风大讨论活动,进行"两树"、"三讲"教育,即树立全心全意为人民服务的思想,树立先立业,后成家的思想。请老校长讲"学校的发展史",老教师讲"我的奋斗路”，优秀教师讲“我的成长史”。坚定了广大教师爱岗敬业的信心。

3. 根据我校的年青教师占教工总数70%以上状况。把对青年教师的培养和提高，当做事关教育事业的前途和学校发展的大事来抓，作为一项系统工程来抓。制定了《青年教师五年培训规划》、《新上岗教师培训计划》。对本学期初登讲台的6位青年教师提出了明确的奋斗目标。帮助他们制定《个人成长规划》等。并进行过“四关”教育(即恋爱关、结婚关、晚育关、育儿关)。这些富有成效的做法，使这些青年教师摆正了个人与集体、事业与家庭的关系。

4. 在开展“明师德、正教风”的活动，明确向班主任提出“八做到”：

依法执教做到一个“严”字；爱岗敬业做到一个“忠”字；

热爱学生做到一个“新”字；严谨治学做到一个“勤”字；

团结协作做到一个“合”字；尊重家长做到一个“同”字；

廉洁从教做到一个“清”字；为人师表做到一个“正”字。

针对我校教师的实际情况，我们围绕“一个创新型的班主任应该具备哪些素质”、“怎样做新世纪合格教师”等问题展开讨论，转换脑筋，理清思路，为更好地做好班主任工作奠定了坚实的基础。

第三步：围绕思想道德和科学文化两个内核，寻求师德建设的新突破。

江泽民总书记反复强调了“三个代表”的重要思想。“三个代表”的重要思想特别是“先进文化”包括先进的思想道德和先进的科学文化两个部分，它为我们师德建设赋予了新的内容。基于这种认识，我们紧紧围绕“思想道德”和“科学文化”这两个内核，在学校班子作风建设、师德示范群体建设等方面，寻求师德建设的新突破。

1. 学校班子作风建设。要寻求师德建设的新突破，必须狠抓学校班子作风建设。结合当前素质教育的实际，我们要求学校班子领导成员要有脚踏实地的务实作风，要有自强不息的拼搏精神，要有克己自律的良好品格，要有勤勉敬业的责任意识，要有开拓进取的创新观念。几年来，领导班子每位成员坚持做到深入教育教学第一线走在前，早晨上班检查在前，业务指导在前，政治业务学习在前，参加劳动在前。每天早来晚走，起早贪黑，工作尽职尽责，从没休过一个完整的假期。在日常工作中，我们班子用实际行动真诚地为全校师生服务。

2. 师德示范群体的建设。充分发挥师德培训的作用，狠抓师德建设，着力构建师德示范群体。我校坚持开展以爱事业、爱岗位、爱学生为中心的师德教育，依据《中小学教师职业道德规范》的要求制定了《教师十忌语》，制定了《解放小学教师师德达标责任状》，签订了以学校、学年、班级为单位的三级收费审批责任制度。重新修订了我校“文明科室”，“文明教工”的考核标准，形成了量化考核具体细则。根据我校“双文明”考核标准，我们坚持做到“日检查”、“周小结”、“月评比”、“学期奖励”。并按照20条，500分的标准严格考核。骨干教师考核中要达到500分满分，新教师达到480分，把考核结果与岗位工资挂钩。

十、研究成效

由于我们对“师德的层次性与实效性”进行有效的研究与探索，促使我校在一支爱岗敬业、无私奉献、业务精良的教师队伍的基础上又有了进一步的提高。

师德素质：我们所处的时代是全球化知识经济时代，我们培养的是21世纪的主力军。我们国家要在激烈的国际竞争中立于不败之地，关键在教师。然而能做好这一切的关键前提就是教师要具备高尚的师德。因此，我校全体教师更增强了事业心和责任感，兢兢业业，默默奉献，无一人出现师德问题。他们用良好的教师形象来影响学生，用严谨的治学精神来引导学生，用科学的教育方法来培养学生，用优化的思想内容来教育学生，深受学生的拥戴、家长的信任。

科研素质：建设一支高素质、基本功过硬的教师队伍是提高办学任务的根本。几年来，我校坚持“科研兴校”的发展策略，着力于发展科研工作，依靠科研促进教师队伍优化，教学质量明显提高。学校承担国家级、省、市各级科研课题8个，教师人人有科研课题，人人参与科研课题的研究，增强了教师科研意识，教师的科研水平大有提高并取得了丰硕成果。荣获国家、省、市级优秀科研成果及论文共计126篇。国家级科研课题

“传统美德教育”、省级课题“作文序列试验”、“心理健康教育”等已通过结题验收。

育人素质：三年来，在“四位一体培训机制”下，我校教育教学取得了一定成绩，在各级各类教学活动中共做公开课100余节，获国家、省、市、区级优秀课、观摩课58节。市骨干教师高岩老师参加全国“传美”课竞赛荣获特等奖。区骨干教师谷雨在省体育学科快乐教学研讨课活动中荣获一等奖，并为大会作了一节精彩的观摩课。班主任管理班级能力大幅度提高，校文明班达标率为100%，36人被评为区级以上优秀教师、优秀班主任和“百名师德高尚教师”。

目前，我校已形成了一支顽强拼搏、以学校的声誉、党的教育事业为第一生命的教师队伍。学校向全体教师发出倡议：加强师德建设，热爱班集体和学生，对特殊学生要给予更多的爱，要廉洁从教，不搞有偿家教，提倡义务为学生辅导，不向家长索取钱物，不接受家长的馈赠和宴请，等等。学校还设立了校长热线电话、校长接待日等与学生、家长沟通的渠道，并发挥了重要的桥梁作用。

十一、几点体会

通过三年多的课题实验研究，我们深深感到，开展“师德培训的层次性与实效性”课题研究，其优势在于：

1. 有利于教师更新教育教学观念，使广大教师树立正确的质量观和人才观。

2. 有利于培训目标落到实处，使教师继续教育培训工作更加扎实、有效地开展。

3. 有利于加强全体教师师德修养，全面提高教师的综合素质。

4. 有利于加强青年教师的师德修养，使其知德、明德、行德，促使政治业务进一步提高。

5. 有利于发挥骨干教师辐射作用，促使其尽快成为学科带头人。

总之，师德教育是提高教师素质的一条主线，是全面推行素质教育的奠基工程，师德教育重在建设。我们在培训办领导下，师德培训采取了切合实际的新形式、新方法、新措施，有效地促进了教师队伍的师德建设，教师精神面貌焕然一新，教育教学绩效突出，学校声誉越来越好。面对知识经济与新世纪的挑战，我们一定要继续深入开展“师德的层次性与实效性”的实验研究，把我校教师队伍的师德素质提高到一个更新的高度，建设一支思想政治素质、业务知识素质和科研创新素质都过得硬的高素质教师队伍。

（执笔人：吕　红　杨晓红　王钱莅）

附表：

解放小学学生家长师德问卷调查

家长姓名：　　年　　月　　日

一、教育方面

1. 您认为学校教师的自身修养即在师德方面做的怎样？（　　）

A 很好　　B 好　　C 一般　　D 不好

2. 您认为孩子在学校中学习文化知识与受到品德教育的比重怎样？（　　）

A 学习比思想教育重要　　B 思想教育比学习重要

C 一样重要

3. 您认为自己的孩子与老师的关系如何？（　　）

A 很好　　B 好　　C 一般　　D 不好

4. 您认为教师在处理学生中出现的问题时，是否能做到一视同仁？（　　）

A 是这样　　B 有时这样　　C 不是

5. 班主任向您反映学生问题时态度如何？（　　）

A 很有分寸　　B 走形式　　C 埋怨态度

6. 您认为老师对您的孩子的教育是否尽力？（　　）

A 尽力　　B 还行　　C 不尽力

7. 班主任教师是否求您为自己办事或暗示送礼？（　　）

A 没有　　B 有时　　C 经常

8. 当教育孩子出现困难时，您愿意向谁求助？（　　）

A 班任　　B 社会　　C 自己解决

9. 当您的孩子犯错误时，班主任老师是怎样做的？（　　）

A 循循善诱　　B 置之不理　　C 体罚

二、教学方面

1. 您的孩子每天是否喜欢到学校上课？（　　）

A 喜欢　　B 一般　　C 不喜欢

2. 您的孩子在上课时课堂纪律如何？（　　）

A 好　　B 一般　　C 不好

3. 班主任老师批改作业怎么样？（　　）

A 及时认真　　B 一般　　C 不及时、不认真

4. 在学习上，孩子遇到困难请老师帮助时，老师的态度如何？（　　）

A 耐心讲解　　B 提示帮助　　C 置之不理

5. 您的孩子最喜欢上哪一位老师的课？（包括班主任及科任学科教师）原因是什么？

6. 您对学校的教育教学工作、教师师德方面有哪些具体的建议或希望？

“校本培训的途径与方法研究”课题实验报告

哈尔滨市萧红中学

哈尔滨市萧红中学是一所窗口学校，始建于20世纪20年代，饱经沧桑，几易校名。因左翼女作家萧红曾在此就读，1992年定名为萧红中学。自1992年以来我校坚持以教师队伍建设为建校之本，以此提高了学校的教育教学质量，使其从一所薄弱学校一跃成为令人瞩目的学校。

1999年，为贯彻国家《关于全面推进中小学教师继续教育工作的意见》及哈市《南岗区中小学教师继续教育工程实施方案》的精神，落实《教育法》关于“建立和完善终身教育体系”的规定，推进“中小学教师继续教育工程”，提高我校教师的整体素质，我校接受了国家级“四位一体培训机制”课题的子课题“校本培训的途径与方法研究”，三年来开展了校本培训工作，完善了一系列的培训体系，取得了一定的成果，现将实验情况向中心课题组进行汇报。

一、课题的提出

新世纪的教育是充满挑战与竞争的教育，建设高质量的教师队伍是实施高质量教育的基本条件。“振兴民族的希望在教育，振兴教育的希望在教师。”实施素质教育的关键是教师。因此，建设一支面向新世纪的素质优良、结构优化，能够适应素质教育需要的、充满生机沽力的教师队伍，意义深远。

我校在建校之初便深刻认识到教师培训对教育质量的深远影响，认识到以校为本的培训是提高教师整体素质，提高教育教学质量的根本途径，适时分析了学校教师的基本情况，一直把提高教师综合素质作为学校发展的重点工作来抓。在此认识的基础上，在区进修学校的指导下，1999年我校把校本培训途径与方法的研究列为学校工作中重要的研究课题，开始了系列探索。

二、实验目标

(一)总体目标

面向全体教师，以素质教育为核心，以提高实施素质教育的能力和水平为重点，以师德教育为首要内容，提高教师的整体素质，造就一支师德高尚、业务精良、善于从事素质教育、适应21世纪教育发展需要的新型教师队伍。

(二)具体目标

1. 提高培训者自身素质，提高教育理论水平和教育教学研究能力，进而提高从事校本培训工作的能力。

2. 建设具有“四位一体培训机制”特点的校本培训特色教材，使继续教育课程更符合我校教师实际，进而提高校本培训质量。

3. 完善校本培训制度，建章立制，使培训具有激励性和约束性，保障培训工作有条不紊地开展。

4. 进一步加强学校的软硬件建设，使校本培训工作的条件不断改善。

5. 探索适合教师队伍现状、富有实效性与层次性的校本培训的内容和形式。

三、实验假设

如果能充分发挥学校培训、教研、科研、电教等四个因素的优势，在校长的统一领导、协调下建立起四者共同参与的教师继续教育校本培训机制，就能真正提高我校教师继续教育的效益，提高教师实施素质教育的能力和水平，进而培养学生的创新精神和实践能力，提高教育教学质量。

四、研究依据

（一）政策法规依据

《教育法》第十一条第一款规定，国家要“建立和完善终身教育体系”。我们研究中小学教师继续教育“四位一体培训机制”，就是根据这个法律，为提高教师队伍的整体素质而进行的。校本培训是中小学教师终身教育体系的组成部分，是全社会终身教育体系的有机组成部分和前提条件。1999年颁发的《中共中央、国务院关于深化教育改革全面推进素质教育的决定》要求建立健全中小学教师继续教育制度，开展以培训全体教师为目标、骨干教师为重点的继续教育，使中小学教师的整体素质得以提高。以上政策法规为本课题的研究提供了依据，使我们有章可循，有法可依。

（二）理论依据

终身学习是21世纪人类的生存概念，是当今学习社会发展的必然趋势。现代教师的使命已不仅仅是“教书育人”，还要努力学习，提高自身素质。因此，教师继续教育体系是终身教育体系的重要环节，我们的课题就是依据此教育理论，为教师教育探索更好的运行机制。

（三）实践依据

校本培训的开展，是我校在充分认识到教师终身教育对教育效果的影响的基础上确立的。我校教师队伍的现状是青年教师占41%，他们经验少，理论新，急需实现理论与实践的有机结合。同时我校还有部分老教师，他们的教学方法相对滞后，须不断充实新的教育理念，使经验更放异彩，在这种情况下，我校开展了校本培训的研究与实践。

五、实验原则

1. 整体性原则:从整体着眼,从局部入手,把握形成“校本培训途径与方法”中培训、教研、电教、科研等在整体中的地位和相互关系。培训前做到整体规划、培训中整体协调、培训后整体总结。

2. 科学性原则:用科学的思想、科学的理论、科学的方法指导研究与实践。

3. 实效性原则:在探索教师继续教育一般规律和特点的同时,通过实验,发挥培训、教研、电教、科研相结合的优势,切实提高教师综合素质,并把培训的成果落实到教育教学中。

六、实验过程

(一)调查准备阶段(1999.4—1999.12)

根据实际,制定了实施方案,初步确立了以青年教师培训为先,进而强化骨干教师及班主任教师的培训,以科研为先导,以电教作辅助的培训方案。

1. 确定领导小组成员。

2. 对师资队伍情况进行调查、研究、分析。

3. 根据研究结果确定校本培训的总体规划。

4. 初步确立校本培训以综合素质为培训内容,以分层次为培训形式。

(二)实施研究阶段(2000.1—2002.5)

1. 有计划、有组织地进行现代教育理论培训,请省、市专家及校领导讲有关教育、教学的专题讲座。

2. 每人制订培训计划,设立个人培训档案。

3. 开展实验研讨课活动：定期开展青年教师研讨课，骨干教师观摩课，毕业班复习课活动。

4. 各层次教师培训班。

5. 制定各种培训制度。

6. 进行各层次教师培训考核工作。

（三）课题验收阶段（2002.6—2002.7）

1. 系统整理课题研究过程资料，形成报告、专著、论文集、音像资料等成果。

2. 形成校本培训教材。

3. 开展课题自检工作。

4. 接受上级总课题组验收。

七、实验内容

（一）更新观念，统一思想

本着培训者培训优先的理念，率先在领导班子内部开展了六个一活动，即读一本教育教学专著，写一篇高水平的教育、教学论文，主持一项科研课题研究，进行一次专题讲座，转化一个后进生，写一篇调查报告。高素质的领导班子培训高素质的教师队伍，领导的身体力行，掀起了全校的学习之风。

在校领导的不断倡导下，全校教师打破了以往“一朝学习，终身受益”的旧观念，确立了自身素质的再提高是迎接时代挑战的有力武器的新观念。认识到在素质教育浪潮日趋高涨的情况下，不能有片刻停留，应抓住每一次机会进行自我完善。在我校教师积极寻找自我完善、自我提高的有效途径之时，学校急教师之所急，把校本培训工作列为学校工作的重点，制定了《青年教师培训计划》、《骨干教师培训计划》、《班主任教师培训计划》、《教研组长培训计划》等培训方案。

(二)建章立制、确保实效

校本培训面对的是全体教师,而且是一项长期艰巨的任务,只有建立健全有效的运行机制,实行科学管理,才能使这项工作持续、稳定、健康、快速地开展起来。为此,我校制定了《校本培训管理制度》,健全了继续教育培训的五个机制。

1. 政策约束机制:让教师明确继续教育是教师的义务和权利,培训的学时学分等情况均作为教师本人考核、评优、评职、晋级、聘任的重要依据,对积极参加继续教育进步显著的教师予以表彰。

2. 培训领导机制:建立以校长为首的校本培训组织机构。

组　长:李凤鸣　韩三军　李　涛

成　员:杨平林　张　凯　潘志新　柴宏波　任志莉

3. 考核评估机制:制定了教师培训考核评估验收方案,及学时、学分考核制度。

4. 经费保障机制:每年我校都拨出专款用于开展教师培训工作,购买培训书籍,建设校园网,聘请省、市专家讲座。为培训工作的开展提供好物质保障。

5. 档案管理机制:学校首先建立了培训的总档案,把培训法规文件、方案计划、规章制度、活动记实等分类存档,又为每位教师建立了继续教育培训登记档案,档案中记录了教师参加集中、教研、校本以及学历培训的内容和学时学分情况。还将教师培训的各种过程性材料如笔记,心得随感、案例论文、说课、评课教案、网上下载资料等存档,建立书面档案的同时还建立了电子档案,定期在校园网上交流。

(三)以研代培、科研兴教

校本培训是教师继续教育的重要模式,也是教师学习新知识,掌握新技能,提高全面素质的有效途径之一。为突出强化教师的科研意识,在培训中我校勇于实践,大胆创新,确定了以研代培、科研兴教的培训新形式。具体做法是:

首先，全校教师利用每周三进行以小组学习、个人分散学习等形式的理论学习。在学习中注重典型引路的重要作用，在全校范围内选拔了数十位致力于改革创新的青年教师组成小型的科研学习组，正、副组长由正、副校长担任。这个科研组在校长带领下制定了切实可行的学习计划、严格的制度和明确的任务。边学习边实验，推出了有研究价值的教育研讨课和具有观摩价值的示范课。学习组在自身能力提高的基础上，发挥其指导作用，对每周一次的学校初级研讨课进行指导。他们对全校教师的培训工作起了不可估量的引导和推动作用。

在此基础上，我们又启动了“恒星—行星—卫星”工程，校领导班子理念新、工作实，是萧红中学培训工作的“恒星”；中心课题组成员有经验、进步大，直接得到领导的指导、帮助，是“行星”；每位课题组成员在本组选带一名积极分子作为自己的“卫星”。这项工程的实施，突破了时间、地域的限制，将最新的教育科研信息、实践经验由一变多，使受益面扩大。

我校领导提出了“突破自我就是创新，超越自我就是成功”的口号，使教师不断探索，勤于实践，把研究过程中总结的理论、经验运用到教育、教学中，使业务水平不断提高。

（四）分层培训、力求实效

校本培训是以校为本的培训，因此一切培训工作的出发点都要从学校实际出发，为此，我校开展培训之初便从分析学校教师现状出发，确定培训方向。我校现有教师 237 名，教师队伍中有 30％是高级教师，41％是骨干教师，有 42％是青年教师。青年教师是教育的未来，教研组长是学校学科带头人，骨干教师是学校教育改革的主体，班主任素质直接作用到学生的综合素质，党员教师是教师集体的灵魂。他们业务水平的再提高，关系到学校教学质量的提升，由此我们加强了青年教师教研组长、骨干教师、班主任教师及党员教师的分层次培训工作。

1. 青年教师培训

深化素质教育的任务终将落在青年教师的身上。我校教师中有

42%是青年教师,他们掌握了一定的教学基本功,工作中有信心,但缺乏教育理论与经验。针对这种情况,我校研究确定了以青年教师培训为重点的培训体系。

(1)制定萧红中学青年教师培训计划,每周六进行半天讲座,领导带头对教师进行教育教学理论及教学能力等方面培训,从师德、师能、师艺等几方面来塑造教坛新秀,从而提高青年教师的教学能力及科研水平,使他们快速成长。

(2)对青年教师进行教学基本功训练。学校加强备课监督,严抓集体备课这一环节,力求实效,不搞形式主义,通过集体备课解决教学中出现的问题。还要求他们定期上交教学实况小案例,以便交流、总结。每学期要求每人做一节汇报课,通过他们之间的互听互评来找差距,促提高,博采众长,扬长避短,在不断的磨合中,克服教学中出现的不合理、不到位现象。还要求在期末进行个人总结,从而知不足,利发展。逐步使他们形成个人教学风格与特色,早日成熟,担当起培育新一代的重任。

2. 教研组长培训

教研组长是在研究教法,更新教育观念,了解教改信息,掌握教育课题的实施方面起着把握方向的作用。我校为此开展了教研组长"五个一"活动,即每位教研组长组织一次集体备课观摩,做一节公开课,评一节课,组织一次教研活动,撰写一篇高质量的教育研究论文。活动发挥了教研组长的带头作用、组织监督作用和指导作用,掀起了教研组内的学习热潮,提升了各科教师的教育教学水平。在教研组长的带动下,各组教师牢牢把握素质教育的五项原则,争先上好各种研讨课、示范课,使素质教育的实践辐射到了整个校园。

3. 骨干教师培训

骨干教师是教育研究的排头兵,是教学改革的主体,他们素质的再提高是实施素质教育的关键,我校积极发挥骨干教师的模范带头作用,以提高全校教师的教学水平。

(1)发挥骨干教师的模范带头作用,每学期每人一节示范课,使全体教师学习、借鉴,提高全校教师的教学水平。

(2)学习计算机理论和操作,注重摄取远程教育资源,培养骨干教师对信息的综合运用能力。

(3)拜师结对,对年轻教师做到传、帮、带,发挥骨干教师的榜样作用,他们的言传身教,传教法,带作风,使青年教师干有方向,学有楷模。

4. 党员教师培训

党员教师在我校占1/4多,他们政治立场坚定,有较高的思想觉悟,是我校教师的中坚力量。但这部分教师中两极分化严重,一部分是40岁以上的中老年教师,教育思想相对滞后;还有一部分是参加工作不久的青年教师,他们有工作热情,但缺少教育经验,因此我们把党员教师的培训提到了工作日程,每周三举行全体党员或党小组理论学习、讨论,以会代培,在交流研讨中使其不断完善。

5. 班主任教师培训

坚持德育为首,强化教师的德育管理,是班主任教师培训的重点。我校在班主任培训工作中提出了24字方针,即明确目标,立足本校,科研引路,分层培养,点面兼顾,以老带新。我们的具体做法是:

(1)每周进行一次中青年班主任科研培训,由领导专家主讲,优秀班主任做报告,提高班主任教师的管理水平及协调能力。对全体班主任起到把握方向、典型引路的作用。

(2)加强学习教育目标管理理论,进行全员班主任管理培训,做到"三制"、"三能"、"七会"。"三制"即班主任例会制、班主任工作考核制、导师制。"三能"即能掌握班主任工作基本理论,能熟悉学生情况,能组织学生参加各项活动并有绩效。"七会"即会设计主题班会板面,会组织召开主题班会,会做后进生转化工作,会与学生沟通,会培养学生干部,会运用班主任工作理论进行班级管理,会撰写德育论文。经过理论学习,通过班会大赛,优秀论文评选,主题班会板面设计大赛等活动,大大提高了班主任教师的整体素质和业务能力。

(3)调整教师心态，摆正心理位置，加强心理健康教育，使班主任教师具有良好健康的心理，活出一个真实的自己。

(五)网络培训、提高质量

为了实现萧红中学的教育信息化，我校对全体教师进行了以普及计算机基础知识和增强网络应用能力为主要内容的现代信息技术培训。

我校现今已建立了完善一流的微机室、语音室，建设了设备齐全的教师“网络教室”，并能利用校园网来开展教师现代信息技术培训。每周三、周五下午组织教师进行系统的网络技能学习，内容从计算机的基本操作到 flash 动画制作，力争达到人人会上网，会制作课件。最终实现青年教师基本达到高级水平，中年教师达到中级或高级水平，老年教师达到初级水平，进而实现“网络教学”。经过培训我校教师现在已充分掌握搜集、处理信息的能力，能够利用网络实现备课、教研的现代化，充分利用网络给学生创造丰富多彩、形象生动的学习资源，正确引导学生网上学习，建设“绿色网络”。

八、实验成果

经过不断的科研培训，如今“科研先导”思想已深入全校教师心中，教师的教育方法、科研能力不断提高，为我校教师由经验型向科研型的转变奠定了基础。几年来，我校努力研究“校本培训的途径与方法”，大力实施继续教育规划，多层次、多形式、多渠道、多方位开展校本培训，提高了教师的综合素质，学校的整体办学水平也得到了提升。具体表现为：

1. 师德水平不断提高：通过培训，全校教师树立了“千教万教教人求真，千学万学学做真人”的信念，学校涌现出了叶明珠等数位师德高尚教师，全体教师做到了以德为首，育一代新人。

2. 教育观念的更新：经过学习，了解素质教育，课程改革的最新动态，许多教师的教育观、学习观、师生观都有了新的转变，教师树立了“给学生一个迷宫，不给学生一个走廊”，“用学生的思维去备课，用学生的头脑去思考"的教学理念,并付诸于行动中。

3. 教育教学能力的提高:在不断的学习和实践中我校教师的业务水平有了很大的提高。其中获全国教学赛课一等奖的有四人,在东北三省作课大赛中有五人获奖,省级获奖有八人,市级获奖数十人。

4. 教育科研能力的提高:几年来,教师的教育科研水平已上了一个新台阶,我校教师共撰写论文、随感、案例等 3987 篇,其中获国家级 376 篇,省级 829 篇,市级 2495 篇。教师把几年来的培训成果编辑成书,包括《创新教育论文集》、《德育论文集》、《润物细无声》案例集等,学校还为培训工作的开展编辑了校本培训教材,为深化培训工作奠定了基础。

5. 现代教育信息技术水平不断提高:现在 100%的一线教师获得了计算机初级证书,50%的一线教师获得计算机中级证书,还有数十名教师已获得了计算机高级证书。

九、几点体会

1. 校本培训要形成完善的管理体制,建章立制是培训工作顺利进行的有力保障。

2. 培训工作要在更新教师观念的基础上全面开展,打造教师终生学习的观念是培训工作的前提。

3. 培训要注意形成团队学习的氛围,把教师研究的问题、学习的体会,轻松地进行转化,形成交互式学习的氛围。

4. 边培训,边研究,边调整,实行动态规划和管理,是保证校本培训实效性的有力途径。

我校将在今后的校本培训工作中继续解放思想,实事求是,锐意改革,不断创新。本着边培训、边研究、边探索的原则,建立新制度,形成新机制,挖掘新内涵,构建新系统,探索新路子,开创我校教师继续教育的新局面。

(执笔人:李凤鸣　韩三军　张　凯)

王顶在◎主编

优化教育结构，促进义务教育均衡发展

中小学教师继续教育新探：“四位一体培训机构”实验与探究

（下）

深化教师进修院校改革，构建完整的教师教育体系，培养、培训高质量的教师尤为重要。选择最优化的教师培训模式和机制将成为教师教育中最重要的研究课题。

黑龙江教育出版社

“校本培训的途径与方法研究”课题实验报告

哈尔滨市第17中学

我校现有教学班84个,学生5200人,一线教师286人,其中45岁以下教师203人,占全校总数70.98%。我校于1999年9月被确定为中小学教师继续教育“四位一体培训机制”课题研究的实验点校。这一课题是由教育部师范司设立的。依据这个总课题,联系我校实际,我们确立了子课题——“校本培训的途径与方法研究”。为了使我们的研究工作能顺利进行并切实有效,学校领导和全校教师进行了认真的学习,提升教育理念,加深对课题研究重要性的认识,调动全校教师主动参与课题研究。学校领导认识明确,态度坚决。不惜投资240万建起了学校的现代信息网络,并每年拨款5万元,作为课题研究经费。

两年来,在各级领导的关怀和支持下,在全校领导和教师的共同努力下,我们的实验研究工作取得了显著成果,现将课题研究情况作如下报告:

一、课题的提出

为了贯彻落实中共中央国务院召开的第三次全国教育工作会议精神和国务院发布的《面向21世纪教育振兴行动计划》,教育部决定在全国范围内实施“中小学教师继续教育工程”。我们认为这一实施“工程”,是建设一支高素质教师队伍的重大举措。随着新世纪的到来,随着我国加入WTO,教育越来越成为综合国力和国际竞争力的决定因素。时代呼唤高层次的人才,高层次的人才渴求高质量的教育,高质量教育需要高素质的教师。如何建设一支结构合理、素质优良、适应时代发展的教师队伍呢?

教育部提出的中小学教师继续教育“四位一体培训机制”的研究课题为我们指明了方向。

我校具有较高的社会声望，备受各界人士关注。学生来源广，家长期望值高，加之班级多，学额大，给我们的教育、教学工作带来了困难，也带来了压力。因此，加强师资培训，提高教师素质迫在眉睫。如何在校本培训中把培训、教研、科研、电教四方面工作有机地结合起来，全面提高教师综合素质，这是我们选择课题的初衷。

二、研究目标

（一）理论目标

探讨校本培训的途径与方法，建构具有我校特色的“四位一体”校本培训的模式。全面提高教师素质，全面推进素质教育。

（二）实践目标

1. 建立“四位一体”的校本培训组织机构，制订“四位一体”的校本培训方案，统一目标，统一领导，统一规划，统一实施。

2. 搞好教师综合素质培训活动以校本培训为主，分层次，多角度，全方位地对教师进行教研、科研、电教等方面的培训。并做到分类培训与综合培训结合，分散培训与集中培训结合。

3. 建立健全“四位一体”培训的管理制度与考核评估制度。建立培训档案，独立管理与集中管理相结合，单项考核与全面评估相结合。

4. 开发具有我校特色的校本培训教材。

5. 注重理论联系实际，为青年教师创造更多的学习实践机会，组建一支善于实践，勇于探索的教改志愿兵队伍。

6. 增加骨干教师数量，提升骨干教师层次。

三、研究依据

（一）法律政策依据

《教师法》第四章第十九条规定“各级人民政府教育行政部门、学校监管部门和学校应当制定教师培训规划，对教师进行多种形式的思想政治业务培训”。教育部《关于实施“中小学教师继续教育工程”的意见》中提出：要面向全体教师，以提高中小学教师实施素质教育的能力和水平为重点，以提高整体素质为根本目的，造就一支师德高尚、业务精良、善于从事素质教育的新型教师队伍。1999 年国务院颁发的《面向 21 世纪教育振兴计划》中规定“三年内，对现有中小学和专任教师进行全面培训和继续教育”。以上这些法规和政策，都为我校的课题研究提供了可靠的依据，使我们有章可循，有法可依。

（二）教育理论的依据

1. 终生教育理论。未来学家托夫勒曾说过：未来的文盲已不是目不识丁的人，而是那些没有学会学习的人。我们的教师也应教会学生学习，培养他们生存的能力。因此，教师应该通过自身的继续教育提高素质，为学生的终生发展服务。

2. 素质教育理论。教育部《关于实施“中小学教师继续教育工程”的意见》文件里指出：建设高质量的教师队伍，是全面推进素质教育的根本保证。

3. 校本培训的理论。校本培训是学校自身对任职教师进行继续教育的一种途径和方法。通过这种方法可以达到培养教师能力，提高教师素质，优化教师队伍的目的。

（三）实践依据

自从我市提出“把培养教师队伍作为永远不变的工作重点”的指示以来。我校对教师的培训工作一直没有间断过，1990 年—1994 年我们进行了“教师基本功的达标培训”。1995 年—1998 年我们进行了“教师科研能力与教研能力的培训”。1998 年，石永明局长指出了“建网就是建学校”、“抢先一步就等于抢先一个时代”的教育理念。我们又分期、分批地进行了教师信息技术操作使用能力的培训。

多年来的教师培训工作，使我校教师的整体素质有了比较显著的提高，我们也积累了许多培训工作的经验，这些都为我们的课题研究奠定了实践上的基础。

四、研究过程

1999年9月至今,我们研究工作已开展三年多。经历了准备、实践、结题三个阶段。

(一)准备阶段(1999年9月—1999年12月)

1. 首先成立了由邵岂凡校长任组长,由三位副校长和一位科研主任为副组长的课题实验领导小组。并确立了学校的子课题,制定了方案,出台政策,投入资金。

2. 学校召开会议,面向全校教师进行总动员。帮助教师们明确培训的目的、意义,并提出具体要求。然后分组对培训方案进行讨论,提出修正意见。

3. 调查我校教师队伍的基本情况,研究分析我校教师现状。先由分管培训、科研、教研、电教的四位副组长和主任根据学校的课题,制定各自的阶段性培训计划,最后领导小组进行归纳、协调、统筹安排。如校主抓培训的领导决定对教师进行信息技术培训,就可以与主抓电教的领导协调,共同制定培训计划。教学研究也和科研课题挂钩,让被培训者带着研究课题进行教学实践活动。

4. 创设条件,建立了现代教育信息网络。按照石永明局长提出的"建网就是建学校"的战略思想,投资240万建立了学校的校园网络和交互式电视教学系统,并购进了多媒体教学设备,为教师的研究、实践创造条件。

5. 聘请兼职培训者,如孟繁杰副厅长、王顶在局长、孙波副局长及各学科教研员为我们进行培训讲座,帮助、指导教育教学实践活动。

(二)实施阶段(2000年3月—2002年5月)

实施阶段我们又分了几个步骤:

1. 2000年3月—7月。由于课题研究刚刚起步,如何才能把"四位一体"的培训工作有机地结合起来,并收到事半功倍的效果,还要通过实践来探索和检验。我们决定,起步阶段应该采取"典型引路"的方式。首先从骨干教师和课题小组成员的培训抓起,研究、探讨培训的方法与途径。这一阶段我们主要进行了:①骨干教师课堂教学改革能力的培训;②课题小组科研方法的培训；③35 岁以下教师的计算机初级培训和课件制作培训。

这几项培训虽各有专题，但又相互联系。如在“课题小组的科研方法培训”中，我们除了对课题小组的全体成员进行理论讲座外，还组织了课题组的教师带着研究课题开展课堂教学实践研究活动。同时还对课题组的教师们进行了多媒体技术的培训。这就把科研、教研、电教有机地结合在一起进行了培训。

2.2000 年 8 月—12 月。在第一阶段的培训的基础上，我们由上阶段的“点”上实验，扩展到“面”上实验。由侧重教学改革能力的培训扩展到教育方法、教育手段的培训，这一阶段我们主要抓了：①班主任工作培训；②35～50 岁教师的计算机的初级培训。

在班主任培训工作中我们分了两个层次，即新上岗班主任培训、45 岁以下班主任的全员培训。经过一个学期的班主任工作全员培训，不仅增强了班主任教师们的爱事业、爱学生的责任感，而且提高了班级管理的能力，使我校班主任队伍更坚强有力了。

35～50 岁教师的微机培训又分了三个层次，即 35～40 岁、40～45 岁、45～50 岁的培训。不同年龄段，采取不同的培训方法，安排不同的培训时间，制定不同的培训目标。

3.2001 年 1 月—2001 年 8 月。为了使我们的教师们增强科研意识，提高科研能力，使我们的课题研究工作能够更加科学化、系统化，更有针对性、实效性，本阶段我们主要抓了：①45 岁以下教师科研能力的培训；②35 岁以下教师计算机中级培训；③“教改志愿兵”的“成功教育”课堂教学模式的培训。

45 岁以下教师科研能力培训我们采取了全员讲座和专题辅导相结合，理论提高和实践体验相结合的方法，从理论到实践再到理论。一个学期的学习与实践，使 45 岁以下教师们的科研能力有了很大的提高。学校的研究风气浓了，科研工作已走进我校的日常教育教学中。

4.2001 年 9 月—2001 年 12 月，新一轮的课程改革要求我们的课堂教学要向现代化、信息化、网络化迈进。这就给我们的教师提出了更高的标准，为了使教师们能尽快地适应教育发展的形势，适应新课改的要求。我们把这一阶段研究的重点放在：如何把信息技术与学科教学进行整合，让信息技术真正成为我们师生进行学习和交流的工具。在对全校教师微机初、中级培训的基础上，主要抓了：①35岁以下教师的“计算机与学科教学整合”教学模式的培训；②初一学年新大纲、新教材的培训。

“计算机与学科教学整合”的培训，我们主要对国家级课题“信息技术与学科整合”小组成员进行了专项培训，其中有：①什么是“整合课”；②怎样整合；③怎样上好整合课等方面的内容。我们在引导教师研究、探讨这种课堂教学模式的基础上，强化了对35岁以下青年教师计算机操作能力的培训。通过培训，我校60%以上的青年教师能在机房里用计算机给学生上各学科整合课。双项培训同时进行，使被培训教师的教研、科研、电教能力均得到了提高。

（三）结题阶段（2002年1月—6月）

这一阶段主要是对研究课题进行总结验收。培训、教研、科研、电教各部门对两年来的培训实践进行总结。学校对实验教师给予表彰和奖励，并召开结题会，向上一级领导部门递交结题报告。具体程序是：

1.3月份，参加校本培训的全体成员个人写总结，谈体会。然后以各备课组为单位进行小组交流座谈。

2.4月份，参照全体成员的总结，主抓培训、科研、教研、电教的实验小组长作综合总结汇报。

3.5月份，由校课题领导小组对整个实验进行验收与评估。5月份召开结题大会，对成绩突出者给予表彰奖励，并向上一级部门递交结题报告。

五、研究的成效

三年来，紧紧围绕总课题“四位一体培训机制”。我们进行了“校本培训的途径与方法”的研究与探索，取得比较显著的成绩。主要体现在以下几方面。

（一）提高了教师的整体素质

1. 通过校本培训，全校教师的职业道德水平有了明显的提高。爱岗敬业、无私奉献的教师层出不穷。两年中，我校先后有两名教师被评为省级优秀教师，十八位教师被评为市级优秀教师，三位教师被评为“区百名师德高尚教师”。

2. 全校教师的专业素质和教学能力也有了显著的提高。特别是40岁以下的教师更是成绩卓著。两年中，先后有两位教师在全国赛课中获一等奖。一位教师在东北三省四市大赛中获一等奖。四位教师在省级赛课中获一等奖，八位教师做市级公开课。二十五位教师在区百花奖中获一等奖。还有六位教师在省级说课大赛中获一等奖。

3. 全校教师的计算机操作水平和整合课设计水平有了迅速的提高。到目前为止，全校教师265人，参加培训的有251人，占全校教师总数的95％，50岁以下教师100％通过了市计算机初级考试，67.5％通过了市计算机中级考试。35岁以下教师能独立上“计算机与学科教学整合课”的占32％。这在全区乃至全市也是首屈一指的。

4. 经过培训，一支由中青年骨干教师组成的科研志愿兵队伍成长起来了，并发挥了先锋和带头作用。一个人人有课题，个个争着搞实验的热潮在我校蓬蓬勃勃开展起来了。

（二）形成了具有十七中学特色的“四位一体”校本培训机制

过去我们的校本培训往往是“单打一”的形式，抓教研，忽略科研；抓科研，忽略电教。有时各口一起抓，忙得教师不知所措，怨声载道，缺少整体意识和协作精神。在“校本培训的途径与方法”研究与实践中，我们把培训、教研、科研、电教这四项工作集中起来，由邵岂凡校长任课题组组长，由三位副校长、一位主任各抓一项，四项工作，统一规划，统一指挥，统一行动。相互交叉，又互相合作，科学管理，同步进行。

各项培训的规章制度过去也是分开的。一元化领导后，领导小组把各项培训的规章制度进行综合分类，使之成为一个校本培训的整体制度。根据培训的目标、内容和要求，学校按照统一制定的校本培训评估标准，每学期末对被培训教师进行一次综合评定。评定中把单项考评的分数与多项考核的分数结合起来，平时考核与学期考评结合起来。只有各项考评的综合分加在一起才是教师学期校本培训的最后学分。这个最后学分就涵盖了教师在培训、教研、科研、电教四个方面的努力和成绩。

(三)推进了我校素质教育的深入开展

1. 教师素质的提高带来了学生素质的提高。

培训使我们教师的教育理念提高了。广大教师树立了“以学生为本”的思想,增强了为学生终身发展服务的意识。教师素质的提高带来了学生素质的提高。

2. 教师素质的提高带来了学校教学质量的提高。

由于教师在校本培训中所获得的教学方法、教学手段有助于激发学生的学习兴趣,培养学生的学习能力。因此学生们的学习自觉性增强了。由过去的被动学习到主动学习,由过去单一的书本知识到广博的社会知识和丰富的社会实践。学生们乐学、善学、会学了。因此促进了学习成绩不断提高,学校的教学质量也逐年上升。

六、几点体会

两年来,在“校本培训的途径与方法”的研究实践中我们体会到:“四位一体培训机制”是对教师进行继续教育的有效机制。引进“四位一体”的校本培训机制,使我们的校本培训收到了显著的成效。实践证明“四位一体”的培训机制是我们开展校本培训最有效的方法和途径。

实践中我们感受最深的有以下几点:

1. 多项培训同时进行,可以使教师们的思想素质、学科专业素质、科研素质和信息素养等得到全面提高,有助于教师队伍的建设与优化。

2. 各项工作一元化领导,可以使校本培训工作更加条理化、科学化、系统化,节省了一些重复培训所带来的时间和人力上的浪费。

3. 各种培训综合交叉进行,可以增加培训工作的多样性、灵活性、使培训工作更有针对性、实效性。

4. 多元化的培训也提高了培训者——校领导班子的思想素质和管理素质。培训教师首先培训者要先培训自己。因此培训教师的过程也是领导者自我学习、自我提高的过程。

(执笔人:邵岂凡　王慧凌)

“校本培训的途径与方法研究”课题实验报告

哈尔滨市第69中学

自从1999年4月教育部下发《关于对中小学教师继续教育实验区实施“面向21世纪中小学教师继续教育工程”工作方案的批复》(师范司[1999]20号)文件以来,为落实《教育法》关于“建立和完善终身教育体系”的规定,南岗区牵头和其他五个实验区承担了中小学教师继续教育“四位一体培训机制”课题研究工作。作为区知名学校,面对新世纪的挑战,建设一支高素质教师队伍的任务刻不容缓。因此我校决定参加“四位一体培训机制”子课题“校本培训的途径与方法研究”的实验研究。三年来,我校全面开展了“校本培训的途径与方法”研究课题实验工作,取得了阶段性成果。

现将课题的实验研究情况作如下报告。

一、课题的提出

在充满激烈竞争与挑战的21世纪,教育越来越成为综合国力的决定因素。时代呼唤高层次的人才,高层次的人才就取决于高质量的教育,而高质量的教育又来源于高素质的教师。振兴民族的希望在教育,振兴教育的希望在教师。高质量的教师队伍是高质量教育的基本条件。因此,建立一支能够适应新世纪教师队伍的任务刻不容缓地摆在了我们面前。在中国教育面临大变革之际,南岗区承担了中小学教师继续教育“四位一体培训机制”课题研究,旨在寻求培训、教研、科研、电教四个部门相互配合,最大限度地发挥其部门功能,使我们的教师持续发展。为更好地发挥名校效益,在区进修学校的指导下,我校参加了“四位一体培训机制”子课题“校本培训的途径与方法”的研究。校本培训是以校为本的培训，是最为直接、最经常、最经济的培训方式，为了使这种培训不流于形式，真正达到教师持续发展的目的，我们认为要认真探索其途径与方法，本着这些理念，我们展开了对课题的认真研究。

二、实验假设

通过以校为本的校本培训，全面优化教师的整体素质，使教师在政治思想道德、业务水平、教育科研及计算机应用水平等方面有显著提高，形成具有一流的教育教学水平的师资队伍，为中国加入世贸组织培养高层次的人才打下基础。

三、研究目标

为了实现上述课题实验假设，我们确定了具体的研究目标。

（一）理论目标

为建立“四位一体培训机制”，完善继续教育设置体系，探索出一套具有特色的、高效的、优质的、校本培训经验，为全面提高教师综合素质打下基础。

（二）实践目标

1. 全面优化教师的整体素质，提高教师的政治思想、教育教学水平、科研能力等实施素质教育的能力。

2. 名优骨干教师做好青年教师的传帮带，培训出一大批青年骨干教师。

3. 普及计算机培训，使教师利用网络进行学习，创造交互式的学习环境。

4. 探索校本培训的最佳途径与方法，规范校本培训的考核方法，确立有效可行的学时学分制度。

5. 在开展教师继续教育的科学研究和实验中，根据学校的实际需要，编辑出针对性强的校本培训教材。

6. 以校本培训为主，探索出适合教师特点的有层次、多方位的培训内容和形式。

四、研究依据

（一）政策法规依据

《教育法》第十一条第一款规定国家要“建立和完善终身教育体系”。1999 年国务院颁发的《面向二十一世纪教育振兴行动计划》中规定“三年内，对现有中小学校长和专任教师进行全员培训和继续教育”。1999 年颁布的《中共中央国务院关于深化教育改革全面推进改革素质教育的决定》要求建立健全中小学教师继续教育制度，开展以培训全体教师为目标，骨干教师为重点的继续教育。南岗区颁发的《中小学教师继续教育实施方案》确定了校本培训是中小学教师终身教育体系的组成部分，是中小学教师的整体素质提高的可行之路。以上政策和法规都为本课题的研究提供了政策上依据，使我们有章可循，有法可依。

（二）教育理论依据

1. 终身教育理论：终身学习是 21 世纪人类的生存概念，是当今学习社会发展的必然趋势。现代教师不但要教会学生学习，更应该培养他们掌握生存的能力，这就要求我们教师自己要不断学习，完善自我，通过自身的继续教育提高素质，持续发展。我们的课题就是依据终身教育理论，为教师教育探索更好的运行机制。

2. 素质教育理论：教育部《关于实施中小学教师继续教育工程》文件里指出，建设高质量的教师队伍，是全面推进素质教育的根本保证。实施素质教育，就是要全面贯彻党的教育方针，以培养学生的创新精神和实践能力为重点，本课题的研究，也是从提高教师的综合素质出发，对校本培训的途径和方法进行研究。

（三）实践依据

六十九中虽为省内名校，但上个世纪八九十年代的教学只重知识的传授过程，而忽略了学生能力的培养。教师不注重现代化教学手段的运用，只靠传统的一块黑板，一支粉笔和一本书教学，限制了学生思维能力的发展，无法为学生创造想象的空间。更为突出的是教师不注重学科的多元化，使各学科之间彼此孤立，既影响教师业务水平的提高，又使培养学生的综合素质的目的难以实现。以上现象的出现，一个重要的原因是对教师素质的提高认识不够，而现在的教育应该放眼于未来，以顺应新世纪的挑战。因此，我校早在1993年就本着教师上岗培训的原则，对新教师进行岗位培训，内容包括教师职业道德规范和所教学科的业务培训。面对计算机网络技术的日新月异，1998年，石永明局长指出了“建网就是建学校”的教育方向，我校对全校50岁以下教师进行了一学期的计算机培训。经过几年的实践，我们取得了一定的成效和经验。这些经验为我校承担“四位一体培训机制”子课题“校本培训的途径与方法”的研究提供了实践依据。

五、研究过程

自1999年5月至今，课题研究已经进行了三年多，大致经历了三个阶段。

（一）调查准备阶段（1999.5—1999.12）

1. 成立课题组，确定领导小组成员，制订我校教师继续教育“校本培训的途径与方法”课题研究方案。

2. 调查分析我校教师队伍数量、结构、基本素质的现状。

3. 根据师资整体情况制订校本培训的方案和规划。

4. 订教材和教学参考资料，确定培训内容，充分做好研究和实验操作的准备。

5. 召开全校教师动员大会，帮助教师明确校本培训的目的和意义。

（二）研究与实验阶段（2000.1—2001.12）

1. 有组织有计划地开展培训，做到有固定课时、有充实内容，有专职培训教师。

2. 教师制定个人参培计划，并设立培训档案。

3. 制定相关培训制度。

4. 聘请各地专家及领导做有关培训讲座。

5. 分类别、按内容举办培训班。

6. 进行培训阶段考核工作。

7. 总结阶段性研究成果，不断调整、充实课题研究方案并及时总结，做到每月小结一次，并建好研究与实验档案。

8. 收集整理课题研究的成型资料，征集案例，调查各方面数据，为课题结题做好准备。

(三)课题总结验收阶段(2002.1—2002.7)

1. 对研究和实验结果进行系统整理，包括课题研究报告，论文及音像资料，对课题进行有组织的验收。

2. 形成独具特色的校本培训教材。

3. 参加培训的所有教师分别在各培训小组作总结。

4. 参照总结，各培训小组的组长作综合汇报。

六、研究内容

提高教师的政治思想和职业道德素质、专业文化素质和教育教学能力，完成好三大工程，通过岗位培训、骨干培训、计算机培训等，建设一支高素质的教师队伍。

具体内容：

(一)按照教师的需要确立培训内容，确保教师的主体参培意识

以往的教师培训主要是依靠教育行政部门、教育业务部门来组织实施的。但是仅靠这单一的渠道和方法来培训是难以满足教师自身发展需求的。因此，必须争取教师主动、自主地参加培训。于是我们学校在培训前对全校教师进行问卷调查，主要议题是："如何提高自身的素质?""在你的教育教学中如何更进一步？你需要学校为你提供什么培训?"问卷包含很多关于师德、教育教学、科研和电教等方面的培训形式，用来供教师自

己选择，引导教师自我发展的需求，变“要我参培为我要参培”。教师提高了对终身教育的认识，不会把校本培训作为一种负担，而是感到只有不断地给自己加油、充电，才能适应新时期培养人才的需要。我们清醒地看到，只有将教师置于培训的主体地位，才能充分发挥其主观能动性，从而提高校本培训的质量。通过对全体教师的问卷考察，我们了解到不同层次教师的参培需求，确立了学校总体培训目标和任务，并根据此目标选定了培训内容和一套操作性强的培训计划。

（二）建立相应的培训机制，用以保障培训的实效性

1. 以往我校的培训没有总体性，往往是“单打一”的形式。例如：政教处抓师德建设每周二对班主任进行培训。而恰巧教务处搞教师百花奖大赛，参加的时间发生冲突，教师只能任选其一。再譬如：学校的科研部门刚刚开展一个课题，电教部门却要求每名教师参加计算机培训。这样一来，各部门一起抓，忙得教师苦不堪言不说，根本达不到培训的目的。而此次在课题实验和研究过程当中，我校吸取以往教训，一元化领导，由王春梅校长亲任课题组组长，把培训、教研、科研、电教分别委派其他领导各抓一项，在培训之初统一规划，这样使各种培训有机地结合在一起，形成了独具特色的 69 中“四位一体”校本培训机制。

2. 以往的学校培训中，没有具体考核评估制度，这样一来对参加培训的教师就没有记录、评价，教师的培训成绩也无从知晓。培训因不具备激励性和约束性而流于形式。面对这种情况，我校负责培训的领导广泛征求教师意见，经反复研究出台了《69 中教师校本培训考核评估制度》，全面客观地考核参培教师的培训情况，并把培训的学时学分等情况均作为教师本人晋级考核的重要依据。这样一来，我校继续教育逐步走上了制度化、规范化、法制化的轨道。

（三）在培训中，采取多种形式和方法不断加大培训力度，确保校本培训在我校的深入开展

1. 埋论培训。有计划、有组织地进行现代教育理论培训，聘请省、市专家学者作报告，用他们科学的思想、先进的教育理念、科学的方法指导教师。

2. 师徒双向培训。召开拜师大会，制定师徒互帮计划和内容，并做阶段性成果验收，每学期评出最佳组合。在此次帮带过程中，我们改变以

往的做法，变单向的师傅帮、带徒弟而为双向的师徒互帮，明确了帮带双向流动过程。充分运用了教学相长这一教育原理，老教师可以示范地教，徒弟经过思考取其长而舍其短地学，最后再结合自己的特点创造性地用。为此我校推出了一系列活动，在师徒各自推出的公开课活动当中，青年教师的汇报课已从单纯的模仿课过渡到创新课，而老教师也从青年教师身上学到新的教学方式和方法，师徒共同进步。我校老教师王树华，一直是班主任队伍里的骨干力量，在她的帮带下，青年教师高照波如今已成为同龄人当中的佼佼者，深受学生和家长的喜爱，连续两年被评为市优秀班主任。王老师骄傲之余更有收获，原来计算机考核不及格的她竟然在徒弟的辅导下通过了计算机中级考试，难怪她戏言："以后我要拜我的徒弟为我的老师了。"

3. 研讨交流培训。采取各种研讨交流形式，给教师提供成长的空间。我校王春梅校长特别重视教师的持续发展，她利用一切时机为教师搭台设场，既给予他们学习充电的机会，又给予他们交流展示的机会。就拿本学期来说，我校聘请了省教育厅、市教育学院的有关课程改革的专家先后 9 次来我校讲座，他们带来了最先进的教育理念，为我校教师彻底洗了一次脑子，教师们深刻地认识到只有与最前沿的教育理念接轨，才能迎接世贸，才能把握住时代的脉搏。除了聆听专家讲座以外，学校领导多次组织有关教育教学的校内现场会、辩论会。这其中有关于师德的汇报会，有关于素质教育的主题班团会，还有每人一节的教学百花观摩课。最令人难忘的是有一场辩论会，题目是《新时代的教师是否还是蜡烛》，校长们亲自参加了辩论，这些活动使我校的研讨风气空前高涨。

4. 计算机应用培训。为了适应新时代课程改革的需要，使我们的课堂教学趋于信息化、网络化，我校对 50 岁以下教师进行了一学期的计算机应用培训，在培训中我们要求所有教师学会打印教案、制作表格等基本计算机应用知识。在此基础上，我们对 40 岁以下教师进行了"计算机与学科教学整合"教学新模式的培训，使信息技术真正运用到教学中来，学校 80％的中青年教师能给学生上整合课，100％的中青年教师可以利用自己制作的教学软件上多媒体课，深受学生欢迎，也大大提高了教师们参加计算机培训的积极性。如今，教师们已通过校园网进行网上备课，网上批改作业等，有的教师已经在网上拥有自己的网页，网络氛围空前高涨。

（四）分层培训，使我校的校本培训更具针对性和实效性

1. 青年教师的培训。青年教师是学校的未来，我校 35 周岁以下教师 149 人，占全校教师的 50%，这样多的人数和大的比例在中小学来说是少有的，因此，我校把青年教师培训作为重点来抓。首先是夯实基本功的训练，我们举行青年教师粉笔字、简笔画、板书设计、教案设计大赛；我们启动名师工程，为青年教师举办拜师会，请有经验的老教师言传身教，如何备课，如何上课；制定师徒帮教计划，有步骤有针对性地提高青年教师的业务水平。在此基础上，学校每周拿出半天时间请专人为青年教师做讲座或辅导，内容包括教育教学理论和具体的业务辅导，从而很快提高了青年教师的素质和水平。

2. 骨干教师的培训。骨干教师是学校的中坚力量，正因为有了他们，才有了名校效应，所以骨干教师的培训被我校确定为校本培训的重中之重。为了提高骨干教师的综合素质，使他们尽快成为研究型、专家型的名优教师，我校在对骨干教师的培训上采取以下方法来推动他们的可持续发展。一是定期举行骨干教师的公开课，聘请市、区教研员来校为他们评课，专家们凭借敏锐的眼光和精湛的业务功底很快就挖掘出每位骨干教师的内在潜力，并针对每个人的个性特点，强化突出他们的个性优势，最后为每一位骨干教师制定了不同的成长计划，为他们的迅速成长奠定了基础。除了以上方法外，我校对骨干教师还采取了科研定向培训，骨干教师作为学科的中坚力量有大量实践经验，如果能结合相应的科研课题研究就会更有针对性、实效性和可操作性，所以我校把很多教育教学中尖端的课题放手交给骨干教师研究，并关注他们的研究过程，当他们在实际操作中遇到困惑时，及时地给予帮助。这样一来，我们的骨干教师把教学实践与科研完美地结合在一起，充分提高了自己的综合能力。

3. 班主任的培训。江总书记曾在报告中指出“德育是灵魂”，把德育作为立国之本，可见德育的重要性。我校王春梅校长也把“以德治校”作为我校的办学方针。目前，中国大量的人才外流，高智商犯罪，大学生残忍毒杀国家一级保护动物，这些事实难道不正是缺乏思想品德教育而带来的恶果吗？学校作为实施德育的主阵地，班主任作为直接的德育工作

者肩负着艰巨的任务。那么,如何提高班主任自身思想品德素质,使他们成为受教育者的良好品德塑造者和传递者,就成为我校对班主任培训的重要内容。首先强化德育观念,加强德育管理。我校的班主任教师全部是语文、数学、外语这三大主科教师,常年的教学第一线工作使他们在应试教育的惯性中发展。针对这种情况,我校在班主任的培训中多次组织听师德报告,在同行的高尚情操中反思自己。记得三中一位外语教师的一席话使每位教师产生了很多感慨,她是这样说的:“我没有惊天动地的事迹,但我却有一群深爱着我的学生,是他们的成功使我成为全国十大杰出青年中唯一的一名教师,是他们的真诚使我拒绝年薪十万美金的外企聘请,更是他们的帮助使我深深理解了我的母亲三十年乐此不疲的教育生涯,还是他们的爱护使我抛弃了年幼时因嫉妒母亲的学生而许下决不当教师的诺言。”是啊,这才是以品德塑造品德,以人格塑造人格的真正写照。针对新时代学生的需要,我校把心理学也作为班主任培训的一部分。为此,学校购进大批心理教育书籍,并聘请师大、黑大的心理学教授定期来校作辅导,并指导教师根据手头案例撰写大量的研究报告和论文,为今后的实践探索奠定了理论依据。对班主任的培训工作必须在量化管理上进行,严格制定量化标准,并根据标准进行考核,这是班主任培训工作顺利进行的根本保证。

七、研究成效

在历时三年多的“校本培训的途径与方法”课题研究中,我们紧紧围绕课题研究的目标,进行了深入研究和探索,取得了阶段性的成效,具体体现在以下几个方面。

(一)教育教学运行机制进一步完善

在培训中,我们加强了制度、法规建设,制定了《学校工作计划》、《提高教师综合素质标准》、《六十九中学教师师德素质规定》、《教师德育工作要求》、《教师礼仪要求》、《教师业务学习规定》、《教师忌语 20 条》、《树形象、铸师魂工程规划》、《青蓝工程规划》、《名师工程规划》、《科研兴教工程规划》、《听课制度》、《备课制度》、《上课制度》、《班主任工作管理条例》、

《教师业绩考核制度》、《教师信息技术培训方案》、《关于对教育教学活动中做出突出贡献的人员予以奖励制度》等制度，初步建立了具有69中特色的教师继续教育新体系，使我校的教师继续教育逐步走上法制化、制度化、规范化的轨道。

(二)教师队伍的综合素质整体提高

1. 教师提高了对终身教育的认识，时代的快速发展，知识的不断更新，使每位教育工作者都感到危机和压力，因此不再把校本培训作为一种负担，而是愉快地主动参与、不断向创新型、科研型发展。

2. 经过几年的培训，教师的师德修养有了明显的提高，教师们深感育人的重要，把素质教育摆在首位。在全校301名教师中，特级教师6人，高级教师65人，省市骨干教师60余人。先后有100余人被评为省市区优秀教师和优秀教育工作者。学校教师平均年龄35岁，学历达标100%，本科率68%。在培训中，青年教师茁壮成长，出现了一批在全国、省市教学大赛中获奖的优秀教师。40岁以下176名中青年教师中，市区骨干占60%。

3. 教师的教学业务水平明显提高，一大批骨干教师、教学能手、教学新秀脱颖而出，连续几届中考荣登省市榜首。

4. 科研成果辉煌。我校承担的全国哲学、社会科学“九五”规划重点课题《面向21世纪中国基础教育课程教材改革研究》子课题《普通初中课程教材改革实验研究》，前不久，通过了全国总课题组专家组鉴定和验收，研究成果得到了专家的充分肯定。

2000年初，我校参与了联合国科教文组织、中国教育学术交流中心、中小学整体改革专业委员会“优质教育”课题研究。在专业委员会常务副主任吕敏先生和武敏主任及区教委的直接指导下，我校确定“教师素质的提高与优质教育”为我校研究的子课题。我们把教师素质的提高作为实现优质教育的切入点，从以下几个方面进行了分层次、分阶段的细致研究：“班主任素质提高与优质教育”的研究；“教师创新素质的提高与优质教育”的研究；“建立新型的师生关系与优质教育”的研究；“名优教师教学风格”个案研究；“教师继续教育与优质教育”的研究；“教师创新素质的提高与优质教育”的研究。

5. 计算机全员培训成果。21 世纪是信息的世界，是快节奏的世界。时代对现有的教育教学的方式、方法、环境等提出了新的挑战，对教师应用计算机技术进行教育、教学提出了更高的要求，面对时代的需要，我校把计算机全员培训和考核放在了重要位置。经过培训，我校 98% 的教师通过一级考试，有 70 多位教师能自己制作教学软件网页，73% 的教师会利用多媒体和网络教学。仅本学期，我校教师利用多媒体或网络上课 510 节，受到学生的欢迎、社会的关注，利用现代化教育手段进行课堂教学已在我校课堂教学中占绝对优势。我们感到：69 中人在转变观念、树立新的教育发展观上先行了一步，他们不仅把学校办学规模的扩大和办学条件的改善作为教育发展的条件，更着眼于教育资源与结构的优化，着眼于 21 世纪社会的发展和学生的成长需要。

（执笔人：潘显红　彭　玲）

“校本培训的途径与方法研究”课题实验报告

哈尔滨市第 156 中学

一、课题的提出

(一)实施中小学教师继续教育工程是适应社会发展与迎接国际竞争挑战的需要

经历了六千年的农业时代和三百年的工业时代后,我们被推到了一个新的社会,即信息社会。信息社会是知识化的社会。以计算机为支柱的信息新产业的崛起,通信网络的建立,表明了以知识为基础前提的科学技术的巨大进步。在这种经济形态下,国际间综合国力的竞争,越来越多地取决于教育的发展、科技的进步和知识创新的水平。所以有人说,21 世纪是人才的世纪,谁拥有高素质的创新人才,谁就能在激烈的国际竞争中占据主动地位。《中国教育改革与发展纲要》指出:“国家振兴的希望在教育,教育振兴的希望在教师。”《面向 21 世纪教育振兴行动计划》也指出:“跨世纪素质教育工程”的一个重要任务就是“整体推进素质教育,全面提高国民素质和民族创新能力”。初中阶段是培养创新人才的关键时期,而要实现素质教育目标,必须有高素质的、善于实施素质教育的新型教师队伍。为此《行动计划》提出了“跨世纪园丁工程”,国家教育部又颁发了《中小学教师继续教育工程方案(1999—2002)》,确立了培训的目标、内容、途径、方法等,使我们进一步提高了对全面推进素质教育,加强中小学教师队伍建设的重要性和紧迫性的认识。2001 年,哈尔滨市教育局制定的《教育发展工程(试行)草案》中,提出了五项工程,其中,“园丁工程”第一条就提出要“加强教师继续教育,提高教师队伍整体素质”。要“坚持以校本培训为主,集中培训、教研培训、远程培训相结合的教师继续教育”。特别是教育作为具有全局性、基础性、先导性的产业，在整个国民经济社会发展中有着重要作用。加入 WTO 以后，不可避免地受到来自国外政治、经济、文化等诸多领域的影响。教育的功能在多元化的需求背景下，将重新认识和定位。学校和教师作为教育服务的提供者，必须参与到国内外教育服务竞争之中，并有责任、有义务按规定的标准，提供合格的教育服务。因此，教师只有树立强烈的终身学习意识，不断发展自己，完善自己，才能始终保持与时代同步前进的态势。南岗区教育局提出的“构建学习化教师队伍，提升教师素质”的目标，仍需通过中小学教师继续教育来实现。有一支高素质的教师队伍，才能提升教育的竞争力。

(二)实施中小学教师继续教育工程是学校生存与发展的需要

随着我国社会主义市场经济体制的建立和多元化办学体制的发展，公民的教育选择意识和教育优质意识普遍增强，“择校热”居高不下的事实，正反映了人民群众对高质量教育的渴求，学校面临更加严峻的生存与发展的挑战。作为在南岗区有一定影响的 156 中学，如何不断提高教育质量，使学校具有持续发展的后劲，始终保持教育发展的领先地位，创建与先进区相匹配的一流学校，为社会提供优质的服务，为培养跨世纪人才奠定良好的基础，成为在新形势下必须认真思考与亟待解决的问题。为此，我们对学校教育进行了重新审视与定位。近年来，我校的教育改革取得了长足的进展，规模逐渐扩大，办学声望逐年提高。但不要说与发达地区的学校相比，就是与本区几所大校相比，其实力和优势也相差甚远。却同样要面对社会对学校高质量教育的期望和家长对高素质教师的渴求。资金的匮乏，硬件设备的不足，已给办学带来诸多困难。特别是近几年，青年教师急剧增加，现 35 岁以下的青年教师已有 133 人，占全校教职工总数的(227 人)58%，而骨干教师数量却相对较少，更与学生和家长过高的期望值形成了强烈的反差。同时，传统的教育观念制约着教师的教育教学行为；陈旧的教育教学手段和方法，泯灭了学生创新思维的火花；不科学的重复劳动，给学生增加了过重的负担；轻德育重智力的评价标准，影响了学生身心健康和谐地发展。这些都制约着学校的生存与发展。因此，只有依靠自身资源和潜力的开发，才能走出困境，实现创办一流学校的目标。而教师素质的提高则是实现这一目标的关键所在。学校是教师与学生共同发展的主阵地。校本培训为教师成长开辟了实践的舞台。教师只有在这一舞台上,才能将学到的知识、做人的道理及对世界的认识,在教与学的实践—认识—再实践—再认识的循环往复中,形成可持续发展的教育教学能力,提高自己的教育教学水平。

(三)实施中小学教师继续教育是教师完善与发展的需要

知识的社会必然是一个学习的社会,学习的社会是成功的社会。社会的进步和知识技术的落后,使我们每个人都处于这两者之间的选择中。学习则进步,不学习则落后。我国教育的新情况及新特点告诉我们,知识的升值,促使人们对教育的期望值不断升高;科学技术水平的发展,信息传播渠道的增多,以及知识总量的增加与更新,使教师处于与学生同步接受信息的地位;社会的进步,政治环境的宽松,学生民主意识的增强,使传统的教育者和受教育者之间的关系注入了新的内涵。"师道尊严"受到了挑战。如果教师不能通过终身学习,更新教育理念,拓宽知识领域,始终站在学科的前沿,就将失去教育的主动权。如果教师还用昨天的知识和方法,来教授今天的学生,去适应明天的世界,不要说社会无法进步,教师也将在激烈的竞争中丧失发展的机会。因此,必须通过培训,使教师不断地更新教育观念,改革传统教育教学方法与手段,掌握和运用现代教育技术,用最短的时间,最适宜的空间,最科学的方法,引导学生学会学习最先进的知识,解决教育中存在的"高耗、低效、低质"的问题,实现教育的"低耗、高效和优质",以适应现代中学生的发展需求和现代教育教学的要求。

在这种形势下,南岗区建立中小学教师继续教育"四位一体培训机制"课题组把我校列入实验点校,为我们创办一流学校,实现优质教育的目标,提供了机遇,注入了活力。在学习文献,调查研究,分析学校现状,反复论证的基础上,我校确定了"校本培训的途径与方法研究"为子课题,旨在通过培训与研究,拓宽培训途径,改革传统的培训形式,构建符合时代要求,利于培训者操作和受培训者欢迎的培训方式,以提高教师的综合素质,全面推进素质教育,为培养21世纪所需要的多规格、多层次的优秀人才奠定良好的基础,完成义务教育的历史使命。20世纪90年代,我校在教师基本功训练,特别是班主任培训中,积累了一些较成功的经验,如"以学导行—专题研讨—实践操作—典型引路—强化训练—总结深化"等模式,取得了显著成效。为了适应新形势的需要,我们认真回顾和反思取得的经验与教训,对其重要意义和可行性进行反复论证,一致认为,教师培训的途径和方法有多种,校本培训则是不可或缺的重要途径。因为学校是教师教育实践的主阵地,是师生共同发展与提高的主要场所。离开了校本培训,教师的培训就会成为无源之水,无本之木。因此,在区课题组的指导下,我们根据培训的总目标,认真研究,不断探索,更新和构建校本培训的新途径、新方法,以提高培训的质量。逐渐形成了一套较系统的培训体制和一些培训者易于操作、受培训者易于接受的新型培训模式,保证了培训内容的具体落实。

二、研究目标

总体目标:通过理论与实践的研究,探索出受教师欢迎的有效途径和方法,根据不同方法的培训和有效程度,有机结合,形成能适应时代要求和符合学校发展实际的校本培训操作体系,从而提高校本培训的质量,全面优化教师的整体素质,更新教育观念,改进传统、陈旧的教育教学模式,规范教育教学行为,提高教育教学水平和科研能力,形成全面实施素质教育和全面提高教育质量的能力,适应21世纪教育发展的要求。

1. 通过研究,拓宽培训途径、更新培训方法,对全校新任教师和工作未满三年的年轻教师进行全程培训,使其巩固专业思想,从熟悉有关教育法规,到自觉依法治校;从初步掌握所教学科的教学常规,到能够胜任教学工作;从了解教学内容,到能灵活把握教材,并使其中的优秀人才脱颖而出,三年中培养3～5名教学新秀。

2. 通过研究,拓宽培训途径,更新培训方法,使现有骨干教师在思想政治与职业道德、专业知识与学术水平、教育教学能力与教育科研能力有教大幅度的提高,发挥他们在实施素质教育中的骨干带头和模范辐射作用,使其尽快成长为教育教学专家、学科带头人和骨干力量。三年中选拔培养出20～30名区教育教学骨干,3～5名市级以上教学骨干和名优教师。

3. 通过研究,拓宽培训途径,更新培训方法,实行全员培训。不仅做到通读“六本书”,了解、掌握综合素质培训的全部内容,还要能运用教育理论,发现、分析和解决教育实践中的具体问题。骨干教师还应该在学习实践中不断改革和创新,提升教育理念,形成教育特色,向专家型教师发展。从而提高全体教师的整体素质,促进学生健康和谐地发展。

4. 通过研究,形成有效的管理机制和操作模式,使其真正成为教师终身学习,不断走向成功的阶梯和必由之路。

5. 通过研究,形成具有学校特色的校本培训教材。

三、研究假说

培训的途径与方法是完成培训任务,实现培训目标的“中介”,其作用对提高培训的效益至关重要。如果我们在培训实践中,探索出能满足不同层次教师需求的培训方式,就能使受训教师产生参培动力,自觉主动地参与到学习过程中,并在不断的自主学习、自主研究中,形成实施素质教育的综合能力。同时,青年教师就会迅速成长,骨干教师的数量和层次就会大幅度提高,一支在省市区内有较大影响的中青年学科带头人和骨干教师群体就会形成,成为学校教育改革的中坚力量。

四、研究原则

(一)主体性原则

主体性是人们作为社会活动主体的本质属性。教师的培训,要以教师的发展为本,充分发挥教师的主体作用,调动其主体参与、自我发展的积极性和创造性,形成参培的内驱力。并依靠教师自身的主观努力,变被动参培为主动参培,从而提高培训的实效性。

(二)针对性原则

参加培训的教师,由于年龄不同,经历经验不同,骨干层次不同,个性心理不同,要求对培训内容及方式的选择也应有很大差异。只有从教师和学校实际出发,因需施教,力求实效,才能使其有强烈的吸引力和旺盛的生命力,保证教师在最近发展区得到发展。

（三）实践性原则

培以致用，既是培训的出发点，也是培训的立脚点。“马克思主义认为，只有人们的社会实践，才是人们对于外界认识的真理性标准。”坚持实践性原则，即要鼓励教师在现代教育理论指导下，勇于实践，积极探索，掌握教育规律，善于运用教育机制，发现和解决新问题，找到理论与实践的最佳结合点，在实践中形成教书育人的能力。

（四）灵活性原则

教师工作有其自身的规律和特点，因此既要重视培训的系统性、层次性，还应根据不断变化的新形势、新问题，及时调整，做到急用先培，学以致用，培以导行。同时，做到集中培训与分散培训相结合，系统培训与专题培训相结合，以满足教师做好当前工作的需求，使教师体验培训对自身提高的积极作用，形成“我要学”的心理状态，从而提高培训的针对性。

（五）成果“物化”原则

教育科研写作是教育成果的“物化”过程，也是优秀教师步入成功的阶梯。把实验研究过程和结果用文字表达出来，形成科研成果的书面材料，需要深入学习、思考和研究。这一过程可以使教师通过整理、归纳、加工实验材料，了解掌握自己认识的过程，如思维过程、创新过程等，并在实践—认识—再实践—再认识的循环往复中得到提高，形成稳定、持久的能力。

五、研究的内容

1. 中小学教师自修教程（六本书）的学习与应用的研究。
2. 青年教师成长的规律及培养途径与方法的研究。
3. 骨干教师成长的规律及培训途径与方法的研究。
4. 教师职业道德培训的层次性与实效性的研究。
5. 班主任培训的途径与方法的研究。
6. 教育信息技术的掌握与运用的研究。
7. 校本培训的机制与操作模式的研究。

六、研究的过程

(一)在学习中提升理论水平

教育科研离不开理论的支撑。课题组领导认真组织课题组成员学习继续教育理论、现代最前沿的教育理论,以提高实验者的科研意识、理论水平和科研能力。一是有计划地学习。制订学习计划,拟订学习书目,通过有计划的学习,形成系统理论框架,为深化研究奠定理论基础。二是有针对地学习。根据实验阶段需要,确定学习内容,保证实验过程的科学化。三是多渠道、多形式的学习。以自学为主,积淀理论基础;专题辅导,提高认知水平;参加研讨,交流科研信息等。

(二)在管理中形成培训机制

为深化课题研究,学校先后制定了《校本培训制度》,包括《校本培训奖惩制度》、《校本培训考勤制度》;《校本培训管理制度》,包括《培训者管理制度》、《档案管理制度》、《学分、学时登记制度》等。随着研究的深入,又逐渐完善了学校和个人的电子档案、不同层次教师的考核制度,如《骨干教师考核制度》、《青年教师考核制度》。这些制度的建立和实施,使校本培训在有序的状态下进行,逐渐形成了经常化、制度化、规范化的管理机制,提高了校本培训的质量。

(三)在实践中探索方法途径

在各级课题组的指导下,我校根据培训的总目标,认真研究,积极开展实验活动,不断探索、更新和构建校本培训的新途径和新方法,逐渐形成了一套较系统的培训机制、一些培训者易于操作、受培训者乐于接受的新型培训模式,保证了培训内容的具体落实,提升了教师的整体素质。操作方法如下:

1.“自学—反思—交流”式

这种培训方式主要运用于中小学教师自修教程(六本书)的学习培训,也是全员培训的主要渠道。即按培训计划学习某一教材,在自主学习的基础上,对自己的教育教学活动以及由此所产生的结果进行审视和分析，并将其所思、所悟和所得，形成文字材料，如学习体会、教育随笔、案例分析等。然后通过一定的组织形式，开展教师间的相互交流、合作探讨、思想碰撞和恰到好处的方法指导。从而更新了教育观念，改进了传统的教育教学方法，形成了各具特色的新型教学模式，如“和谐教育模式”、“四环导学模式”、“问题点拨模式”、“自学辅导模式”、“创新学习模式”、“自主发展模式”等，从而优化了教育教学过程，教学质量得到大面积提高。

2.“一会、一题、一交流”式

这种培训方式，主要在班主任例会和教研组长例会中进行(因为他们的工作性质相同，有许多共同研究的专题)。因会议时间较短，每次只能进行一个专题的培训。例如，每位班主任都有管理班级的艺术特色，培训者根据掌握的情况，帮助其总结自己成功的经验和失败的教训，先后在会上交流，达到经验共享、优势互补、相互借鉴的作用，在培训中起到了“短、平、快”的效果。这种培训方式，不仅满足了交流者展示成功体验的愿望，也成为激励他人寻找问题、进行认真总结的动力。

3. 两种“三课观摩”式

(1)集德育常规与教育科研为一体的“教学课、渗透课、活动课”观摩。也是对传统不断创新的方式。按照德育常规要求，每班每学期必须开展一次主题班会观摩活动。我校从 1997 年以来，承担了“中华民族传统美德教育”、“整体构建学校德育体系”、“心理健康教育”、“创新教育”等课题研究。如何使这些科研课题为深化教育改革，提高教育质量服务，我们认真思考分析，进行整体规划、科学安排和有机整合，达到了“殊途同归”的目的。如先后设计组织了以四个课题为主要内容，以三种课型为操作方式的“素质杯”、“创新杯”、“德研杯”等三课观摩活动。活动中，一方面提倡教师自主选择课题内容和课型，给教师充分思考和选择的余地，改变了德育内容及形式单一化和“一刀切”的现象，发挥了教师的主体作用，提高了课题研究的针对性和实效性。另一方面提倡实事求是的科研作风，在实验活动中，让学生讲真话、实话，允许自由发挥，摆脱“表演式”，力求使德育达到真、善、美的最高境界，从而改变了德育假、大、空及形式主义的倾向。活动前下达方案，活动后反思总结，避免了活动的盲目性，增强了科学性。这不仅使教师掌握了德育操作的基本要素，积累了实验资料，也在实践中使经验得到升华，观念得到更新。同时“一课、一文、一总结”的模式、主题系列活动“若干个一”的模式，都是班主任培训中六步训练模式的分解与创新，在培训中起到了重要的作用。

(2)集教学常规与教学科研为一体的青年教师“起步课”、中青年教师“探索课”、骨干教师的“示范课”的三课观摩活动。“起步课”为青年教师提供了锻炼的机会，满足了他们尽快进入教师角色，适应教学需要的欲望；中青年教师在“探索课”中，大胆闯新路，不断推出新理念、新策略、新模式，通过专家和骨干教师的指点，迅速成熟，锻炼、培养出一大批教学新秀和市区骨干，促进了课程改革的深化，即教学目标、内容、方法、手段及环境的优化；骨干教师的示范课，不仅促进了自身的完善和发展，也起到了示范和辐射的作用，受到青年教师的欢迎，是培养青年教师和教学骨干的有效途径，有必要不断更新与完善。其他观摩式的培训，也起到了异曲同工的作用。例如本学期开展的语文、数学、外语三科的集体备课观摩，把教学常规、教研和科研融为一体，不仅对集体备课进行了强化和规范，也对教育思想、教学方法及教学经验进行了反思与创新。主管校长点评，一把手评主管校长的点评，也起到了导向、导法的作用。

4.“上课—说课—评课”式

这种培训方式主要适用于教学常规的培训。即让教师把理论学习中获得的新思想、新观念、新方法，直接应用于教学实践。教师在作课基础上进行说课，展示备课的整个思维过程，展现其对现代化教育理论的理解、对教材的把握程度以及对学生现有知识结构和能力水平的了解，使教学思路更加清晰系统，从而使教学设计达到最优化。通过以上实践、体验、感悟，并通过组内评课，对本节课的整体结果进行归因与评价，可以广泛吸收有关经验，收集自己教学活动中的信息，深入细致地探讨教学中的长处和不足，对自己的教学实践重新认识，逐渐形成自己的教学风格，使教师由经验型向理论型转变，不断实现认识的飞跃。

5.“强强联合探究”式

这种培训主要适用于教育科研能力的培训及骨干教师的培训，即选择教研和科研能力较强的或对某一课题情有独钟的教师承担同一课题研究。因为教育科研是一项科学性很强的工作，而教师科研能力的形成单靠理论上的培训是远远不够的,只有在理论学习和实践探索的融合过程中,才能得到提高和发展。课题研究是融理论知识和实践探索为一体的最佳培训形式。由骨干教师组成的研究小组,在共同探讨过程中带着课题研究的内容超前学习校本教材,以指导科研实践。培训者根据教师在实验三个阶段中的不同需求,有针对性地进行方案设计、实验方法、实验成果形式的分类及其撰写方法的培训,起到了雪中送炭的作用。同时,通过科研成果的宣传和推广,强化了培训内容和方法的指导。如2000年学校教育年会,展示了不同课题、不同形式的科研成果,并由校领导亲自点评,既明确了科研方向,指导了科研方法,又介绍了优秀成果,使年会更有实际意义。

6."相关学科合作研究"式

随着教育改革的深入,课程改革的推进,学科间相互渗透和融合,要求教师对相关学科的知识要有较深入的了解,才能恰到好处地处理教材。这种培训方式,利用相关学科备课组的共同探讨,实现课堂教学的优化。如历史组与地理组、生物组与地理组、化学组与物理组的合作探讨,都属于在《提高教学质量的策略与方法》指导下,自主学习、自主研讨的实践训练形式和值得倡导的自培方法。数学教师张绍艳在上市级综合实践活动课《神圣的国度——中国》时,将数学的勾股定理、哥德巴赫猜想,语文的古诗词,绘画、音乐等有机整合,取得了可喜的效果。这不仅有任课教师独具匠心的设计和知识面的宽深,也得益于相关学科的合作探讨。

七、研究的成效

1. 通过培训,实现了阶段性培训目标,教师的整体素质得到了普遍提高,特别是教育信息技术的掌握与应用取得了突破性进展,促进了课堂教学过程的优化。在"树形象、铸师魂"、"青蓝工程"、"名师工程"中取得了突出成绩,涌现出一大批师德高尚、业务精良,具有实施素质教育能力的优秀教师,如教学新秀钱文涛、"十大名师"何淑华等。6人参加区百花奖竞赛,3人参加市百花奖竞赛,1人参加东北三省四市大奖赛,2人参加省说课大赛,1人参加国家级渗透课大赛均取得了优异成绩。促进了学校整体办学水平的提高,学校跨入了教育系统先进集体的行列。

2. 通过培训,青年骨干教师迅速成长,骨干教师的层次和数量有了较大水平的提高。2000 年,14 人被评为市区骨干教师,市模范教育工作者和优秀教师。同时,学历层次不断提高,胜任教师 100%达标,本科占 50%,研究生 3 人。

3. 通过培训,教师综合素质的提高促进了学校教学质量的大面积提高和学生身心的健康和谐全面发展。市文明青少年标兵胡钥、宋庆玲奖学金获得者裴曦、三好学生魏海涛就是他们中的优秀代表。

4. 通过培训,锻炼培养了队伍,形成了大量的科研成果,使教师正在向研究型教师的方向努力。二项国家"九五"重点课题顺利通过课题验收,四项课题被评为省级以上优秀课题,仅 2000 年底就征集了继续教育论文 200 余份,其中 97 份获区级以上奖励。赵喜林校长主编的《课堂教学模式》一书,在全国教育艺术者工作大会上获研究成果一等奖,由赵喜林校长主编、有六学科教师参编的《2000 年新题型》在全国发行。征集教师案例分析、教育随笔多份,并通过不同形式进行了交流。同时,形成了《哈 156 中学校本培训教材》。

5. 通过研究,拓宽了培训渠道,更新了培训方法,形成了一套既易操作又有实效性的培训机制,也为课题研究提供了可供参考的特色经验。同时,理论上的创新,也丰富了校本培训的理论。

八、讨论与结论

1. 作为素质教育的贯彻者、实施者——教师为了丰富、提高、完善自己,追随时代的步伐,实现自身价值,锐意教育教学的改革和创新,必然产生多方面的需求。只要我们有意识地了解他们的需求,为他们创设可以获得真正提高的培训方式,就会赢得他们的欢迎,激发他们参培的主动性和创造性,从而达到理想的培训效果。例如,随着教师科研意识的增强,数学组几位年轻的同志在教研员的指导下开展了《心理健康教育在数学学科的渗透》的研究,主动参加"三课"观摩活动,研究解决了学生数学学科学习心理障碍的问题,营造了良好的课堂教学的气氛。朱丽媛的课获得了省级特等奖，科研能力明显提高。

2. 培训形式是构建培训者与受训者之间联系，实现培训活动的中介体，是培训途径的基本因素。实践告诉我们，培训形式直接影响和制约培训质量的提高。形式不恰当就会出现走过场的现象，失去培训的意义，因此必须引起高度重视，构建出切实可行的培训机制。

3. 继续教育的理论逐渐被人们所接受，终身学习的问题已成为无可争辩的事实。只要我们采取恰当的受教师欢迎的形式，开展有针对性的培训活动，就能使受训者在共同研究中得到同步提高，从而促进学校的生存与发展。

4. 在培训中，还须进一步开拓思路，完善机制，激发教师参培的积极性，提高培训的实效性。还须进一步充分利用现代教育手段，如网上培训等。拓宽培训的途径，提高培训的效率和质量。同时，处理好理论与实践、师德与能力、综合素质与个人特色、定性考核与定量考核等问题，使校本培训真正成为教师的需要，而不是负担。

以上是我们对此项实验的认识与成效，其中运用的各种方式有的已形成较稳定的模式，有的只是雏形，我们将继续在实验中研究探索，不断总结出新鲜经验，为教育改革提供可参考的依据。

（执笔人：赵喜林　刘向东）

“校本培训的途径与方法研究”课题实验报告

哈尔滨市继红小学

一、课题提出

21世纪的教育是充满挑战与竞争的教育，高质量的教师队伍是高质量教育的基本条件，教育是民族振兴的基石，是青少年成人成才的保障。一名好的教师应当积极适应素质教育要求下的角色转换，不仅要用发展的眼光看待学生，还要不断充实和提高自己，实现自身的持续发展，这是新时代为人师表的重要内容。因此，建设一支面向21世纪的、素质优良、结构优化、能够适应现代化建设和教育现代化需要的充满生机活力的教师队伍，意义深远。

尝试探索有效的校本培训途径与方法是提高培训、实效提高教师综合素质的重要课题。如何构建学习化校园、校本课程的开发、各级教师的培训管理、科研培训的校本化途径等都是当前必须研究和解决的问题。因此，通过对校本培训途径与方法的探索，积极构建一个现代化的优质的教师群体，构建终身教育体系，对推动基础教育改革，实现教育的跨越式发展，起到巨大的促进作用。

我们选定了教育部师范司确立的建立中小学教师继续教育“四位一体培训机制”之子课题“校本培训的途径与方法”开展研究。

二、实验假设

如果能充分发挥教师校本培训中的参与意识、提高意识、主动发展意识、现代意识、持续发展的意识，发挥培训、教研、电教、科研等各部门在校本培训中的整体优势，大胆探索校本培训的最佳途径及方法，就能真正提高我校中小学教师继续教育的效益，提高整体教师实施素质教育的能力和水平，进而培养学生的创新精神和实践能力，提高教育教学质量，并为我区教师进修学校“四位一体培训机制”的课题研究提供强有力的佐证。

三、研究目标

为实现上述课题实验假设，我们确定了具体的研究目标。

（一）总体目标

构建“校本培训的途径与方法”以及教师继续教育的理论体系，为总课题提供理论依据。全面优化教师的整体素质，提高教师的教育教学水平和科研能力以及实施素质教育的综合能力。

（二）实践目标

1. 思想道德素质目标：建设一支师德高尚，乐业爱生，在省市区乃至全国都有影响的优秀教师群体。

2. 业务素质、行为能力素质目标：具有“五种能力”，即进行教育教学创新的能力，利用多种手段收集信息处理信息的能力，提出问题、解决问题进行科学研究的能力，进行理论交流的能力，对教育教学的新情况特别是对偶发事件的应变能力。

3. 心理素质目标：性情开朗，意志坚强，乐观向上，胸怀豁达，热爱生活，志趣高尚。

4. 身体素质目标：具有符合国家规定的从事教育工作的身体条件，身体状况良好，精力充沛，能适应工作、生活的压力。

5. 开发出教师校本培训的课程，使继续教育课程内容更符合我校教师的实际情况，提高中小学教师继续教育的质量。

6. 探索出一条适合教师持续发展的校本培训体系，树立一种校本理念，使教师继续教育进入良性运行状态。

四、研究对象

全校在岗教师。

五、研究内容

依据国家教育部师范司相关文件精神以及省、市、区中小学教师继续教育工作精神和我校教师队伍的实际情况，以各个专题的形式对“校本培训的途径与方法研究”课题所涉及的相关因素，如电教、教研、科研、培训、骨干教师、新教师等进行分项研究。

六、研究过程

自 1999 年 5 月至今，课题研究经历了准备、探索、总结阶段。

(一)调查准备阶段(1999 年 5 月—1999 年 12 月)

1. 成立子课题领导小组。

课题组组长：尚庆莲

副组长：关军

组员：宫爱萍、郑桂春、盛铸兰、王丽华、李东伟

组长负责课题的整体方向的确定，相应的管理评价制度的确立。

副组长职能为制订方案、组织协调、保障实施、强化管理、撰写课题实验报告。

2. 调查分析了全校教师队伍的数量、结构、基本素质、学历等现状，为制订课题实验方案提供了可靠的依据。(见表)

时间	本科人数	专科人数	中师人数	省级骨干	市级骨干	区级骨干	35 岁以下	36～45 岁	46～55 岁
1999 年	95 人	36 人	6 人	7 人	11 人	21 人	118 人	11 人	8 人

3. 对教师继续教育认识情况和教育教学中存在的问题进行问卷调查。

继红小学教师思想状况问卷调查　　姓名　　1999 年
1. 你认为教育科研对于你的实际工作是否有帮助?
2. 你对于现代信息技术的应用情况怎样?
3. 你认为教师的教育观念是否真的跟上了时代的变化?
4. 你认为现在教师的师德状况如何?
5. 你的心理压力和工作负担怎样?
6. 业余时间你是怎样支配的,曾阅读过哪些教育理论书籍?
7. 你在教育教学中存在哪些迫切需要解决的问题?

我们发现由于青年教师比较多,理论储备较少,教育思想继承下来的比较多,但观念更新较快,敢于创新,由于教学经验不足,基本技能仍需规范,基本常规需要加强,信息素养和科研素养急需提高。而各层次骨干教师都比较多,但仍需要转变观念,提高理论水平和科研能力,形成特色,向国家级或更高一级的方向迈进,并带动年轻教师尽快提高。我们决定继续发扬我校在教师队伍建设方面的成功经验,抓教师的思想建设和综合素质培训,抓教师的理论素养和实际工作能力的提高。

我们又对教师教育教学中存在的一百个问题进行归类,并根据问题情况,确定采取解决的措施,以此来调动教师参与继续教育的积极性,提高实效。

4. 制定《继红小学教师校本培训的途径与方法课题研究方案(1999—2003 年)》明确了各阶段课题研究的具体任务。

5. 确定了课题研究的七个专题。我们觉得教师校本培训必须首先构建一个学习化的校园,形成良好的学习氛围。需要研究信息网络培训,需要有校本培训教材为载体,需要研究各级骨干教师的培训方法以及青年教师的成长途径,并研究培训、教研、科研、电教的有效的结合途径,因此我们确定了七个专题:

“学习化校园的建设与校本培训关系的研究”

“校本培训教材的开发与研究”

“名优骨干教师校本培训的途径与方法研究”

“教研培训活动在提高教育教学策略方面的实效性的研究”

“通过开展科研课题和教改实验实施校本培训的研究”

“现代信息技术培训与教师综合素质的关系研究”

“青年教师校本培训的途径与方法研究”

6. 强化了培训者培训。学校首先在培训者中开展现代教育观念、现代信息技术、学科前沿知识的培训，使培训者成为集培训、教研、科研、电教素养于一身的先行者。学习了国家教育部《中小学教师继续教育工程方案》、省市区继续教育的工作方案、南岗区《中小学教师继续教育规定》、《南岗区中小学教师继续教育三年规划》以及区课题领导小组下发的相关文件，学习了《教育科研的方法指导》《苏霍姆林斯基全集》《魏书生的教育思想》等教育论著，并及时学习《中小学教师培训》杂志，对教师综合素质项目培训的六个专题进行学习，为教师确定学习提纲。使整个培训组形成了良好的学习氛围，初步构建了学习化领导集体。

7. 建立健全各项制度。为保证全员参与，激励主动学习的热情，以规范管理，促进培训过程的开放与相互激励，我们建立“培训考勤制度”、“奖惩和纪实制度”、“学分管理制度”、“档案管理制度”等。

8. 建立教师培训个人档案。对参加继续教育的 137 名教师建立个人培训档案，设计继续教育培训月学时统计表，同时建立了计算机化学分管理系统。

9. 建立了现代教育信息网络。按照市教委提出的“建网就是建学校”的战略思想，学校自筹资金 100 多万元，从 1999 年起分阶段建立继红小学校园网，现在已完成学校主页以及教师个人主页的建设工作，并开辟教研、科研、培训等专栏，在校园内实现资源共享，外部与因特网连接，加快了教师继续教育的步伐。

（二）实施阶段（2000 年 1 月—2002 年 5 月）

校本培训的目标最重要的一点，就是树立全体教师终身学习的观念和可持续发展的意识，在此基础上提高教师的综合素质，提高学校整体的办学水平。为学校的可持续发展，我们按专题、分阶段实施途径与方法的探索，这些专题包括：学习化校园建设、校本培训教材、教师分级培训、科研队伍建设、现代信息技术、教研实效性、整体构建学习化校园，其中理论是基础，技术是保证，人力资源开发是重点，课堂教学是主阵地。

1. 为构建学习化校园做好理论准备。

(1)基本理论技能的培训。根据市教委综合素质培训实施方案的精神，我们结合"教育部中小学教师综合素质培训专家组"编写的中小学教师继续教育教材进行了"六个专题"(信息技术、教育观念、课堂教学、教育科研、心理健康、教师职业的道德)的学习，并由校长负责，提出各个专题的自学思考题，按照"自修—反思—研讨交流—实践—提高"的培训模式，开展培训。同时，根据学校不同时期发展的要求，选择不同的内容进行专题学习。

(2)团队学习力的提高。构建学习化校园必须有一支过硬的先锋队。我们组建青年理论小组，提出"提高团队学习力"的口号。对于教育热点话题进行了思想的碰撞、心灵的交流，极大提高了团队学习的积极性和实效性，形成了学校浓厚的学习氛围。我们向全校推荐了教师阅读的100本教育理论书籍，目的是引导教师利用业余时间为头脑充电，教师自己选择读书内容，再进行读书汇报活动，使大家都受益。

(3)积极开发桥梁课程。校本培训应该具有快捷性、实用性、针对性的特点，解决教师教育教学中的问题。我们针对教师提出的教育教学100问，开发起到桥梁作用的校本培训教材《继红小学教师校本培训教材》，作为教育观念、教育科研、现代化教育技术、教育方法与实际应用的整合与延伸。引导教师提出新的问题，解决新的教育现象，推动理论与实践结合，再上新台阶。

2. 为构建学习化校园做好技术支持。

市教育局石永明局长有这样一句名言，"抢先一步就是抢先一个时代"。我们在学习"现代信息技术"专题时，聘请市教委石永明主任进行专题讲座。听了讲座，大家都有一种紧迫感，认识到现代信息技术的应用能力已经是跨世纪的园丁必须掌握的重要技能，它带来的不仅仅是教育观念的转变与更新，同时也带来教育教学方式的改变。科研手段的更新，带来了教学内容的无限延展，更丰富了教师校本培训的形式和内容。因而，我们决定以信息技术为突破口，带动教师综合素质的整体提高。

1999 年我们制定了《继红小学教师计算机技能培训方案》，提出教师培训的长远规划和近期目标，把计算机技术的应用能力列为提高教师综合素质的重要能力。我们提出每位教师家里必须有电脑，而且上网。同时我们加强校园网建设，我们在校园网上建设学校主页、继续教育主页、骨干教师主页、教师主页，对于继续教育档案中的论文、随感、案例及时上传到网上，供教师学习交流。另外，我们还在网上建论文库、教案库以及课件库。教师通过网络培训，上网查询，及时获取最新信息。

通过现代信息技术的培训，有效地促进了教师综合素质的提高。通过现代信息技术的培训，极大地拓宽了教师的视野，教师自我提高的意识大大增强。

3. 重点开发学习化校园的人力资源。

我们出台了校内职级双轨制，为全体教师设计了这样一条发展轨迹："合格教师—成熟教师—优秀教师—明星教师—专家学者型教师"，并提出了"3123 名师工程"（即培养 3 名国家级骨干教师，10 名省级骨干教师，20 名市级骨干教师，30 名区级骨干教师）的目标，每位教师根据自身特点设计自己的教育人生，不断超越自我，向更高的目标迈进。

(1)请进来，和名人对话。

结合市教委的教师综合素质培训"六个专题"，我们聘请市教育研究院郭德风老师讲师德建设。学习"教育观念更新"专题时，我们聘请区教委副主任王顶在进行"创新教育"专题讲座。在学习"课堂教学以及师德"专题时，聘请全国优秀教师吉林实验一小的窦桂梅进行观摩教学和"为生命奠基"的师德专题讲座。直接与这些名人专家对话，极大震撼了教师们的心灵，大家认识到，名人不仅学识渊博，更主要的是他们高尚的品格、独特的人格魅力。世界上没有两片同样的树叶，每位教师必须设计自己独特的教育轨迹，必须不断学习，敢于成为教育的名人，敢于当名师。

(2)走出去，培养自己的"名人"。

经过省市区教育部门的层层推荐，我校共有 3 人参加千名国家级骨干教师培训，她们都非常珍惜这一机遇，学习中她们看到了自身的差距，都有了一种迅速提高自己的紧迫感，一种为生命奠基的崇高责任感，不断超越自我的勇气和信心。学校还选派省市级骨干教师参加级别较高的教育教学活动，回来后，各级骨干都要以课件的形式汇报学习收获，既锻炼了自己，又开阔了教师们的视野。

(3)压担子，促进“名人”的成长。

一方面，我们创造机会推荐教师参加各级大赛，使他们在竞赛中得到锻炼不断成长；另一方面，我们开展向身边人学习活动，以发挥各级骨干的群体优势，给这些教师压担子。对于青年教师工作中遇到的困难和要解决的问题，我们开展“拜师会”活动，请各级骨干现场为青年教师解决教育教学中的实际问题；并开展骨干教师与新教师结成互助群体活动，学期初制定计划，定期实现目标，作为考核双方重要内容。

同时，我们同骨干教师座谈，帮助他们不断确定自己奋斗的目标，争取早日成为教育专家，尽早形成具有特色的教学论文专著，不断进取，学会创新，主动发展，这样才能站在时代的高度，高瞻远瞩，开拓教育的发展空间。

(4)实施“青蓝工程”，培养新教师。

每周除周二集体备课外增加一次集体备课，定期上好校内“汇报课”，开展向身边人学习活动。发挥各级骨干群体优势，对于青年教师工作中遇到的困难和要解决的问题，提出要求，哪一级别的问题就请哪一层次的骨干教师解决，并请各级骨干现场为青年教师解决教育教学中的实际问题，与新教师队伍结成互助群体，学期初确定计划，定期实现目标，作为考核双方重要内容。学校创新杯大赛既是新教师的崭露头角的舞台，又是骨干教师大胆创新的赛场。

4. 使课堂教学科研化，校园学习化成为的主阵地。

要实现教师的可持续发展，必须提高教师的科研内涵，对教师科研能力的培养必须贯穿于整个培训过程，贯彻始终。

首先我们帮助教师认识到教育科研绝不是一座神秘的象牙塔，它和我们人人都是有关系的，比如针对作业的设计实效性的研究，就是一个教育科研的过程，科研就在实际的教学中，就在我们身边，认识到这一点，教师也就认识到了科研课题的选择要小、要贴近实际。

在此基础上，我们还注意了科研、教研、培训与现代信息技术的有效融合。在备课时，我们要求主讲人围绕“创新教育课题”、“综合实践学习”、“阅读达标实验”等学科课题的一些最新研究成果设计教学，或在关键环节体现该课题的主要思想,然后上研究课。课的设计也要体现创新性和超前性。大家参与评课,领导围绕课题进行点评,整个过程是对各级骨干教师科研能力的培养,我们称之为“立体交叉”。互相促进,既红了樱桃,又绿了芭蕉。同时,进行专题的讲评课竞赛,评出最佳讲评课学年组和教师。现在我们进行的讲评课都围绕主体,形成了系列,比如新教师的“创新杯”教学竞赛,主要是围绕创新教育研究中的“教法创新”开展活动,科研年会上主要是各级骨干教师围绕课题“教学模式的研究”来开展活动的。新教师和骨干教师在教学能力提高的同时,都深深感受到了教育科研的作用。

我们还注意对青年理论小组成员研究能力的培养,除了前面讲到的专题讲座外,我们还组织成员进行专题的研究,比如教师校本培训教材的开发,使他们通过对校本教材的编写和学习从中都受益,得到提高。开发与学习校本教材,已成为教师进行校本培训的重要途径与方法。

(三)总结阶段(2002 年 5 月—2002 年 7 月)

我们收集整理各专题研究的形成性资料,进行前后基本情况的对比,分析实验研究的效果,为课题研究的结题做好准备。

1. 整理、交流、修正各专题小组的研究报告。

2. 丰富并完善校本培训教材。

3. 组织实验教师开展座谈交流。

4. 形成“校本培训的途径与方法”研究报告。

5. 整理教师论文集,整理音像资料,整理教师培训的过程材料,准备接受结题验收。推广并应用研究成果,为新课程师资培训奠定理论与实践基础。

七、研究效果

在历时三年的“校本培训途径与方法”的课题研究中,我们紧紧围绕培训目标潜心研究、大胆探索,取得了一定的成效,具体表现如下:

(一)职业道德建设和心理素质培养得到加强

学校领导注意赏识每一位教师,给每一位教师创设这样的空间:“公正、平等、和谐的空间——让他们愉快工作”、“自由发挥的空间——让他们张扬个性”、“不断发展的空间——让他们不断超越自我”。特别注意在大型活动中锻炼教师，张扬个性，发挥潜能，充分发挥他们的想象力和创造力。

教师在这种氛围中感受到了赏识，感受到了自身的价值，他们也注意“欣赏每一个孩子”，用孩子的眼光来看待他们，用孩子的思想与他们交流，蹲下来和孩子交谈，善待他们的举止，宽容他们的错误，保护他们的奇思异想，教师们把赏识孩子的真实感受，汇集成一本感人至深的《欣赏每一个孩子》随感集。极大地调动了学生主动发展的潜能。

（二）教师的综合素质得到提高

教师综合素质情况对比表

	中专学历	大专学历	本科学历	计算机初级	计算机中级	小学一级	小学高级	中学高级	特级教师	区级骨干	市级骨干	省级骨干	国家级骨干
1999 年	4	33	93	118	—	51	26	3	2	21	11	7	—
2002 年	—	37	104	136	125	71	50	3	3	24	20	9	3

通过数据的对比可以明显看出，教师整体的综合素质情况得到提高。基本实现了培训初制定的“3123”名师工程的目标。

（三）科研能力得到提高

我校的科研队伍基本形成了“青年理论小组”、“科研课题组”、“教研组”三个研究层面，通过这些层面的培训，教师的科研意识和理论水平得到提高，科研能力得到加强，具体表现在：

1. 教师能够在课堂教学中进行积极的探索，主动地运用最新的教学模式，在课堂教学改革中收到了良好效果。如数学科的“尝试发现—探究形成—联想应用”、语文科的“自读发现—选读探究—品读感悟”、自然学科的“三段六步教学模式”都进一步得到推广和应用。思品学科的“创设情境—自主学习—合作讨论—共同评价”的主体性教学模式、音美学科的“审美激趣，音美整合”的研究、体育学科的“快乐体育”的研究，教师们运用研究成果在各级各类教学活动中都取得良好的教学效果。仅2001年4位老师参加省十佳教师评选活动,从答辩到作课都受到好评,2人参加省创新教育年会均获好评。23名教师参加南岗区教学百花奖活动,注意教学设计与科研课题的结合,探索新的模式,取得了良好的效果。

2. 教师研究意识得到加强。通过定期进行专题研讨和科研课研究,进一步规范了研究过程,提高研究的实效。同时,广大教师注意不断收集研究资料,学习相关理论,总结研究成果,积极参与各级科研论文评选。学校被评为“省创新教育先进实验学校”、“省美育研究先进集体”、“哈市‘九五’期间参与国家重点课题先进实验学校”、“哈市科研先进集体等称号”,在区科研工作会议上有3项课题获奖,教师科研论文2000年、2001年获奖累计达114人次。

(四)现代信息技术的应用能力得到加强

经过两年的努力,我校教师计算机应用技能普遍得到提高。2000年,全校45岁以下教师100%通过了计算机中级考试,在全市率先达到了市教委的要求,完成了学校规定的近期目标。有90%的教师能利用课件辅助教学,70%的教师能够自行设计和制作教学课件。很多教师自行设计和制作的教学课件在市、区课件评比中获奖。现代信息技术极大促进了课堂教学改革以及计算机与各学科的课程整合。

(五)初步形成了继红小学的校本培训特色经验

我们在课题研究的活动中得到了锻炼和提高,2000年底,“全国五省六市中小学教师继续教育‘四位一体培训机制’课题研讨会”在我校听取课题阶段汇报。2001年第9期的《哈尔滨教育》发表了我校《加强名优教师培养优化教师队伍整体素质》的文章,《中国教育报》2002年第四期以《树立终身学习意识,实现教师的主动发展》为题目,报道了我校开展校本培训工作的成绩。2001年9月,我校接受了市政协对我校信息技术教育情况的考察,并得到了高度评价。2001年10月国家教育部督导组到我校检查继续教育工作,听取了校长的汇报,检查了我校的培训过程材料,听教师的创新课,对我校构建学习化校园,探索校本培训的途径与方法的成果给与高度评价,正像教育部师范司原孟季平司长所说的“我十年前看过继红小学的教师基本功汇报，而今天的继红小学教育观念已发生了巨大的变化，令我耳目一新。”2001 年 10 月被哈尔滨市教育局评为哈尔滨市教师综合素质培训示范学校。

八、几点体会

通过三年的课题研究实践，我们感到“四位一体培训机制”是教师继续教育的有效培训机制。

1. 促进教师教育观念的转变与更新，提高教师综合素质的关键是构建一个学习化的校园氛围。这个氛围是校本培训的最直接、最有效的途径，学习化校园的建设是教育与时俱进的发动机和营养基，它是和办学特色、办学方向、办学理念相一致、相互融合的。

2. 教师的校本培训途径与方法应灵活多样，注重实效，根据具体情况精心选择，合理组合，要注意开发培训教材。校本教材是校本培训的载体，培训校本化要达到培训实效性，培训教材要做到快速便捷、及时更新。只有这样才会使校本培训具有时代性。

3. 培训中要注意资源的优化重组，必须把培训、教研、科研、电教等部门的积极性调动起来，各司其职，协同作战。

4. 培训要选择恰当的切入点和培训的主线，注意分层培训，培养一专多能的培训者和教师。培训通用型的人才越来越成为教师教育追求的方向，复合型人才也是搞好新课程实验的重要人力资源，要大力培养。

5. 要不断结合新的教育形势深化培训的研究，以不断深化教育改革，提高教育质量。如结合新一轮课改实验，要在原有基础上推广深化培训模式，提高新课程培训的实效。同时，不断增添新的培训内容，如入世后英语能力的提高等。

6. 进一步加强教师整体素质的转型，向育人型、事业型、科研型、学者型、专家型教师方向努力，使他们不断明确目标，不断超越自我。

（执笔人：关　军）

“校本培训的途径与方法研究”课题实验报告

哈尔滨市育红小学

一、课题的提出

随着新世纪的到来，教育越来越成为综合国力和国际竞争的决定因素。而科技的进步又带来了教育内容、教育技术、人才培养模式的变革。时代的发展也带来了学生发展的新特点、教育目标的新要求。这一切都向教育工作者——教师提出了新的挑战，教师必须与时俱进，不断提高综合素质。而提高教师综合素质的重任落在了学校身上，因为教师的素质主要是在教育教学实践过程中形成的，也体现在教育教学实践过程中。校本培训更加关注教师教学实践所在的课堂，更加关注教师教学实践能力的发展，因而更能激发学校和教师参与的热情，使教师培训更具活力和效益。所以校本培训是提高教师综合素质的重要途径。

我校于1999年5月，承担了教育部师范司确立的中小学教师继续教育“四位一体培训机制”实验课题的子课题——“校本培训的途径与方法”研究。在总课题组的指导下，有计划、有目标、分阶段、分层次、多形式、多途径、多方法不断深入地进行校本培训实验，提高教师的综合素质，促进了教师、学生、学校的共同发展，初步探索出了有效的校本培训途径与方法，形成了具有育红学校特色的校本培训工作。

二、理论假设

只要学校能够按总课题组的要求进行实验研究，结合本校实际，有计划、有目的地开展培训，在培训中解决好内因、外需的问题，为培训提供充裕的时间、必要的学习资料、外出学习的机会，就能够达到预期培训目标，探索出有效的校本培训的途径与方法，为区“四位一体培训机制”课题研究提供有利的佐证。

三、研究的目标

1. 建立“四位一体”的校本培训组织机构、管理制度与考核评估制度。

2. 探索帮助教师更新教育观念，确立先进的教育理念的途径与方法。

3. 探索帮助教师掌握适合学生需要的教育教学方法和策略的途径与方法。

4. 探索建设“科研型”教师队伍，提高教师的教育教学水平和科研能力的途径与方法。

5. 探索提高学校领导和教师的教育理论水平的途径、方法和策略。

6. 探索培养骨干教师和学科带头人的途径与方法。

四、理论依据

（一）法规依据

依据《教育法》有关条例中“从业人员有依法接受职业培训和继续教育的权力和义务”，“应当为本单位职工的学习和培训提供条件和便利”，“通过考核、奖励、培养和培训，提高教师素质，加强教师队伍建设”。

《教师法》中的“学校承担培训中小学教师的任务”，“学校应当制定教师培训规划，对教师进行多种形式的思想政治、业务培训”等条例。

《面向21世纪教育振兴行动计划》中规定，三年内，对现有中小学专任教师进行全员培训和继续教育。《中共中央、国务院关于深化教育改革全面推进素质教育的决定》中要求“开展以培训全体教师为目标、骨干教师为重点的继续教育，使教师的整体素质明显提高”。以上法规是我校开展校本培训的政策依据。

(二)理论依据

邓小平同志关于教育“三个面向”的理论。“21世纪的教师应当具有素质教育观念、教育创新观念、终身教育观念以及体现发展与创新的教育评价观念。”

21世纪教育的“四大支柱”理论,它不仅仅是针对受教育者,同时也完全适合教育者。21世纪社会特别需要“四大支柱”理论衡量的教师,培训中遵循“四大支柱”理论,并以此为校本培训的基本目标。

五、研究对象

学校全体教师。

六、研究原则

1. 实验原则:遵循一切从学校和教师实际出发的原则,解决学校和教师的具体实际难题,以务实的态度,讲究培训实效。

2. 实践性原则:严格遵循理论联系实践的原则,在实践中探索教育规律,从而提高教师的科研能力。

3. 发展性原则:遵循可持续发展的原则,最终目标是促进教师的终身发展,实现学校的可持续发展。

七、研究方法

主要采用调查研究法、行动研究法、经验总结研究法。

八、实验的步骤

第一阶段:1999年5月—2000年5月,准备阶段。

1. 成立课题研究领导小组。

组　长:吴水滨校长。实验总负责人,负责培训总策划,总指导、监督,并承担专题辅导工作。

副组长:张成黎副校长。负责执行培训,策划培训方案,组织实施方案,专题辅导、考核评价等。

副组长:张彦、张素娟。负责专题辅导。

组　员:尹继红、左力君、刘英。负责培训考核。

组　员:葛华、王丽薇、夏晓炜、穆玉梅、付成群、潘玉芹。负责组织本学科、学年教师培训研究和实践活动。

2. 学习培训文件和有关资料。

我们学习研究了《南岗区中小学教师继续教育培训方案》、《南岗区中小学教师继续教育"四位一体培训机制"课题实验方案》等有关文件资料。

3. 制定研究方案。

对全体教师进行基本情况及每位教师对培训需求的调查,分析研究调查情况,针对我校教师群体的特点,结合本校教育资源(人力、物力资源)制定培训方案,并将方案下发到每位教师,组织教师研究方案,经过三次修改完善,统一了思想,明确了目标、内容,形成了具有目标性、针对性、科学性、可行性的实验研究方案。

学习中每位教师结合上级要求制定出个人达标计划。

4. 资金投入。

建立了教育信息网,教师的电子备课室;购置了教育教学软件、书刊;设立培训活动、外出学习专项资金等,共计 70 余万元。

第二阶段:2000 年 5 月—2002 年 5 月,组织实施阶段。

根据理论与实践相结合的原则进行教育观念的转变与更新培训、职业道德培训、教育科研能力培训、计算机技术应用能力培训、提高教育教学质量的策略方法及心理健康教育与教师心理素质培训。实验中,我们主要的做法是:

1. 理论培训实践化

(1)学以致用

在培训初期我们发现教师学习《现代教育观念的转变与更新》一书,理论笔记工工整整,但是观念依旧,教学仍然是传统模式。为了使教师学以致用,我们在要求教师认真摘录重要观点、方法外,还要求教师应用书中重要理论评论教育教学现象或分析教育教学案例、论题等。每人每章 2～3 篇,每册 20 余篇,由培训课题组提供案例。通过分析、评论深化了教师对教育理论的理解，同时提高教师动用现代教育理论分析解决问题的能力。

在学习《提高教育教学质量的策略与方法》一书时，则要求教师应用新方法、新策略自己设计创新教案，针对 12 个问题，每人设计 5 篇有创新的教案。如设计由学生自主参与的课堂教学、设计培养学生创新意识的教学等。通过专题教案设计使教师应用所学，达到学以致用的目的。

(2)为用而学

在学习《教育科研能力的提高》一书时，我们不是先学再用，而是先要求教师根据自己在教育教学改革实践中遇到的困难或问题，确立研究课题，并要求教师按科研程序制订方案、计划，实施方案，做阶段总结、撰写实验报告等。教师在哪一环节有困难，就学哪一章节相关的内容。例如，老师们不会确定课题、制订实验方案，我们就组织教师学习关于“课题的选择”和“如何制订实验方案”的内容。一切为了用而学，为解决实际问题而学。

又如，在计算机应用技术培训中我们没有按书本理论培训，没要求教师笔答试卷、谈理论，而是根据教师的不同需要选择培训的内容和方法，分层培训。对一部分已经通过初级验收，但实际操作水平达不到初级的教师，我们实行初级操作再培训；对基础比较好的教师进行中级操作培训，聘请计算机专家给这一部分教师进行两个月中级理论与实践操作培训。从需要出发为用而学，其效果比从头到尾先学再用要好得多。

(3)反思后学

为了增强培训的实效性，在理论学习与实践研究过程中，我们和教师经常进行反思，教师提出许多疑难问题，我们将这些问题整理归纳为二类：观念如何转化成教育行为，科研理论如何转化成为科研过程等共 30 个问题，带着问题再学习，在每周教师论谈中进行专题研讨。通过学习与论争使教师进一步更新理念，完善方法，认识由模糊变清楚，由笼统到全面，由浅显到深刻，人人都有所悟、有所感、有所得。反思论证解决了许多实际问题。

2. 教研培训课题化

培训中，无论是常规集体备课，还是专题教研活动，如说课、上课、评课，我们都要求教师按课题实验研究程序进行。我校每个学年学科组都有研究课题,围绕“创新、发展”目标探索开放性课堂教学模式。为了避免实践中教学与科研相脱节,我们设计出教学科研相结合的备课程序,如备课,首先要明确本课实验目标;然后,说明理论依据;第三,分析教材中的知识点、技能训练点、思想教育点、创新训练点;第四,设计教案。设计过程中,每一环节知识技能目标、情感价值态度目标、创新意识能力目标的落实,都有明确、具体的实验方法。上课过程注意实验反馈,课后认真记录实验效果,积累实验资料。课题实验目标与课程目标的结合使教学过程科学化。

为了促进教学与科研有机结合,我们每周在一个学年或学科搞一次教研活动。分别在音、体、美、社会、语文学科进行了“开放性课堂教学模式”专题研讨活动。活动按科研程序进行:①阐明实验课题意义。②阐释实验理论依据。③分析教材。④主讲人说教案设计。⑤课题组集体完善教案。⑥领导指导意见。⑦课堂实践,观摩。⑧课后集体评课,按评课标准评,先是教师自评,然后大家评,最后领导评。通过评课,教师一方面可以巩固所学理论知识,另一方面提高了运用理论解决问题的能力。教研课题化,不但使教师把教学与科研有机结合,而且通过课题化研究活动,充分发挥理论对实践的指导作用,有效提高了教师的教育科研能力。目前教育科研已成为我校教师自觉行为,教师课课有科研探索,每天有科研日记,每周有教学案例,每学期有试验阶段总结。教学研究课题化培训,是提高教师教学研究能力的有效方法。

3. 分层培训科学化

为了增强培训效果,我们从理论、课堂教学、科研能力、敬业态度等方面对教师分别进行问卷调查和随机考察。根据教师不同水平科学地分层培训,确定不同培训目标、内容和方法。如对学科带头人培训,重点进行独立教育教学改革,科研能力培训;对基本合格教师的培训,侧重教育思想、教育观念的更新,教给他们教育教学的基本策略与方法。我们对新教师培训,采用师徒结对形式,但是在结对方法上我们打破了逐级结对的常规,采用科学灵活搭配的方法。如对青年教师,尤其是新上岗教师我们尽量为其选择高层次的、年轻的骨干做他们的导师,因为新教师思想观念处于未形成阶段,对他们可以输入最新、最现代的教育思想和方法。所以,为他们选择师傅要选择观念新、教法新、科研能力强的高层骨干教师做导师，这样有利于新教师快速成长。如，我校英语教师王笑佳是上岗不到一年的教师，我们直接送他拜师于年轻的研究员李波老师，让他看区级以上教学观摩课。在先进理念、先进教学路子的引导下，他的教学起步很高，教学创新性是一些市、区骨干也无法比及的。

对部分受旧观念影响较深的中老年教师，为他们选择较年轻的骨干教师结对。要求师傅每月一次示范课、一次听课、评课，徒弟每月一次研究创新课，课后有听、评课记录。

对骨干教师的培训重在科研能力方面。要求骨干教师必须在思想观念、教学方法、科研能力上具备指导非骨干教师的能力。为此，我校成立了骨干教师研讨班，每月两次学习、研究，重点进行骨干教师科研能力的培训，提高他们的教育理论素养和教学实践的创新能力。培训的内容有：

(1)理论学习。在课题研究前组织骨干教师集中学习有关教育科研的理论知识，包括如何确定研究课题、如何制订实验方案、如何设计实验研究计划、如何进行阶段总结、如何撰写实验报告等。

(2)实践探讨。在理论学习的基础上，组织骨干教师根据教学实践存在的弊端，寻找亟须解决的问题，定为课题，讨论制订实验方案，然后进行实验。在实践中寻找解决问题的方法，探索教学规律，形成新思想。

(3)交流提高。在课题实施的过程中，定期组织骨干教师交流实验进行情况，每周二进行课题汇报，及时总结经验，并将好的经验先在骨干教师中推广。如“开放性课堂教学模式的研究”，使学生在获取知识、实践能力、自主能力等多方面受益，实验效果比较明显。在一次课题研究交流会中，我校特请省教研院温恒福院长临会指导。温院长对骨干教师的实验成果给予充分肯定，提出了更高的要求。

通过骨干教师的集中培训，使骨干教师的科研能力和理论素养不断提高，使他们的导师作用得到了有效发挥。

分层培训有效开发了不同教师的潜能，使他们在不同层次上有所创新，实现了人人有所发展。

4. 管理机制科学化

科学的管理机制是提高培训效益和培训质量的有力保证。第一，组织机制。吴水滨校长亲自负责，副校长具体负责组织研究制订培训方案，划分培训层次、课程的设置、教师的聘青，定期组织各层教师培训、交流研讨。培训主任负责校本培训课时安排，记录考核教师参加培训情况。第二，激励机制。按“需要理论”进行物质与精神双面激励，在物质上，按参培教师提高程度，获得成效，进行奖励，每月按教师上研究课节数、听评研究课次数、撰写创新教育教学案例篇数，按质按量兑薪奖励；在精神上，把教师的校本培训情况记入教师的业务档案。对进步大、成绩表现突出的教师在年度考核评优、确定骨干、晋级等方面优先。我们这样管理，使参加校本培训逐步成为教师自我发展的自觉行动。第三，制约机制。制约机制是保证培训能够达到预期效果的必要手段。校本培训是有计划、有组织、有目的的师资培训活动，对不能按计划参加培训、未能达到预期培训目标的教师，按原培训层次降级，不合格的教师停止其继续任教资格，必须接受再培训，合格后方可再上岗。第四，保障机制。学校为教师培训提供时间、物质、师资保障。保证每周 4 小时定期在校培训时间，校际交流时间；提供学习资料、外出学习费用、网络资源；聘请专家讲学。科学的管理机制，有效地保证校本培训的成功开展。

第三阶段：2002 年 5 月—2002 年 7 月，实验总结阶段。

九、几点体会

1. 校本培训必须建立科学的“四位一体”的培训运行机制，各部门各负其责，各司其职，团结协作，避免单打独斗，是保证校本培训有效进行的关键。

2. 校本培训内容必须具有针对性。

校本培训的内容直接取材于学校和教师的实际，以“问题”为中心，将有同样问题或困惑的教师编成小组，共同学习并解决这类问题，从而不断提高自身解决教学中各类实际问题的能力。校本培训紧紧围绕着学校和教师的实际状况和发展需要，重视教师已有的实际经验和现存缺陷，其培训内容可以是课程教法方面的，可以是教育观念方面的，也可以是教育技能方面的。校本培训力图使教育理论的学习成为教师希望解决实际教学问题的内在需要和自觉行为。校本培训内容充分体现差异性、实用性、针对性。惟其如此，教师的专业发展、专业能力的提高才可能真正落到实处。

3．校本培训方式要灵活多样。

校本培训在与本校教学工作紧密结合的基础上，不断向着多样性和开放性转变，突出表现在培训方式上的灵活多样性。我们把培训中运用有效的方法概括为以下几种：

(1)课题带动法。将教科研课题作为培训基点，使教师以自己的工作和教学为基础，在课题的选择、设计、研究和结题的一系列活动过程中，主动参与课题研究并接受相应的培训和指导。

(2)集体充电法。学校请相关教育专业人员为教师"充电"，使理论学习及其对实践的指导二者间的融合真正成为可能。

(3)师徒结对法。在学校内部将优秀教师、老教师与青年教师、新教师结成师徒对子，徒弟在师傅的诊断、指导中，不断谋求新的提高和成长。

(4)观摩听课法。学校中的教研组可以有计划、分层次地开展教学观摩活动，并落实观摩后的评课和讨论环节，引导教师在观摩中获得于己有益的信息。

(5)个人自修法。一方面，教师可以为自己确定一个目标，然后寻找相应的教育理论和相关知识武装自己。另一方面，对教育专家、优秀教师的传授和指导也必须有个自我消化吸收的过程。

(6)校际交流法。学校与学校之间的交流开放与互通有无，可以有效地达到师资、设备、信息等各方面资源的共享，并相得益彰。

4．校本培训管理制度力求规范严谨。

必要的培训管理制度，是校本培训工作管理的重要措施，也是校本培训工作制度化的需要。为了进一步加强校本培训管理，使全校校本培训活动逐步摆脱自发性，走向自觉，摆脱随意性，走向规范，在形成一定规模后，进入一个有序的自主发展阶段。

我校主要建立和完善了以下6项制度：

(1)领导规划制度

(2)目标考核制度

(3)监督检查制度

(4)合作交流制度

(5)奖励表彰制度

(6)成果评价制度

5. 校本培训的研究力度要加大。

一是学校建立实验研究基地。每个课题都确定有一至两个实验班级和一至两个实验项目,重点进行培训管理制度、培训内容、培训方式和培训效果等方面的实验研究。二是注重培训工作的总结和交流。全校每学期召开一次研讨会;每个实验教师每学期必须报送一篇以上经验文章;学校办教师继续教育报《育红科研月报》,开辟“校本培训”专栏,为广大教师参与研究提供园地。三是及时进行指导调控。学校根据不同教师的不同水平和发展阶段,每学期制订一个计划,对当年的培训工作进行指导或规范,同时,及时修改和完善相关制度,对培训工作进行有效调控,确保“校本培训”工作健康有效地向前发展。

十、实验成果

在区课题组的指导和关怀下,经过三年校本培训实验,我校比较成功地完成《四位一体培训机制》子课题实验,初步探索出了有育红小学特色的“校本培训的途径与方法”,培训工作有了一些进展。

1. 培训工作系统化

建立了强化组织领导、严格规划实施、激励与制约机制相结合的教研工作保证体系;建立了理论研究、实践检验、成果评估的科研工作运转体系。

2. 参培教师专业化

教师教育教学理论水平、科研能力的提高,促进了教师综合素质的提高,从而使教师队伍各方面结构得到优化:

育红小学校现有在职教师 95 人,中层干部 4 人,校级干部 4 人。

年龄结构:50 岁以下教师有 89 人,约占教师总数的 93%。

职称结构:中学高级 1 人,约占教师总数的 1%;高级教师 39 人,约占教师总数的 41%。

学历结构:有大学本科学历的 44 人,约占教师总数的 46%;有大专学历的 27 人,约占教师总数的 28%;其他均为中师毕业。

计算机技术:达到高级水平的有 6 人,约占教师总数的 6%;达到中级水平的有 36 人,约占教师总数的 37%;其他均已达到初级水平。

骨干结构:国家级骨干教师 1 人,约占教师总数的 1%;省级骨干教师 2 人，约占教师总数的 2%；市级骨干教师 6 人，约占教师总数的 6%；区级骨干教师 17 人，约占教师总数的 17%。

教师在校本培训前和培训后的计算机技术、学历、骨干层次等方面的变化制成结构统计图表示如下：

计算机技术等级变化图

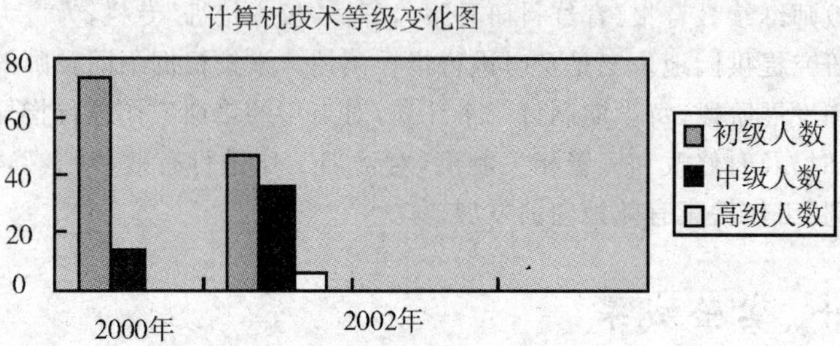

学历变化图

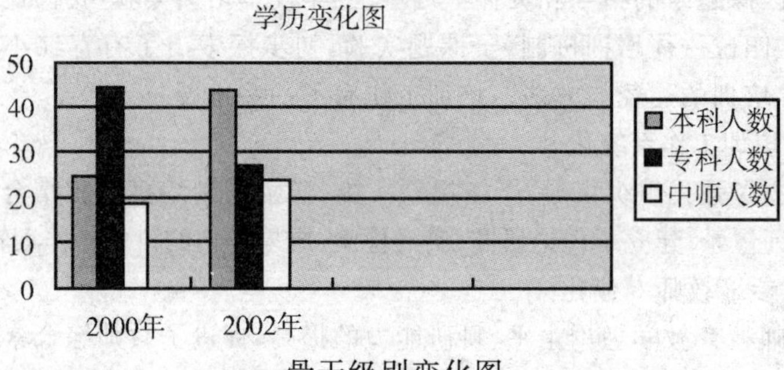

骨干级别变化图

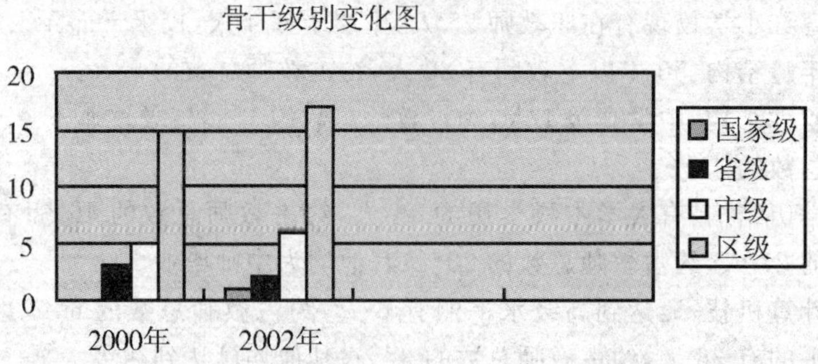

3. 培训成果教材化

在实验中，广大教师不但确立了先进的教育理念，增强了教育科研能力和意识，教育教学水平有很大提高，而且许多教师更新了教育观念，撰写出很多生动、具体、可感、可信、可学、有说服力的案例、创新教学设计，并积累了完整的实验研究过程材料。

学校将三年校本培训实验及全体教师的培训成果汇编成校本培训教材，共六册，即《教育理论探索篇》、《教师职业道德修炼篇》、《教育教学创新篇》、《教育课题研究篇》、《心理健康与教育篇》、《教育信息技术应用篇》。这些宝贵的经验，具有很高的实用性和推广价值。出版后，深受兄弟学校及广大教师的赏阅。

校本培训的先进教育理念使教师明确了教改方向，指导了教育科研；走教育科研之路，使教师有所创新；教育创新使育红校的教师不断成长，更加促进了育红小学的全面发展。

（执笔人：张成黎）

“校本培训的途径与方法研究”课题实验报告

哈尔滨市雷锋小学

一、课题的提出

21世纪的教育是现代化教育，其中包括教育思想的现代化、教育内容的现代化、办学条件的现代化等，但其中最为核心的内容是教师队伍的现代化。建设一支具有良好职业道德修养和先进教育理念，掌握现代教育理论和现代教育手段，具有创新实践能力和结构合理，适应素质教育需要的师资队伍，是未来教育发展的需要。我们立足校情，于1999年承担了教育部师范司中小学教师继续教育“四位一体培训机制”之子课题“校本培训的途径与方法”的研究。旨在探索出适合学校发展的校本培训模式，在培训和研究过程中提高广大教师的综合素质。

二、实验的条件

1. 学校领导对师资队伍建设及校本培训工作非常重视。

2. 校领导十分重视科研工作，在“八五”、“九五”期间承担了国家级《中华民族传统美德的实验研究》课题及省级《中小学心理素质教育实验研究》的实验课题。在2000年底，经国家教委重点课题教育专家研究课题组、黑龙江省教育学会“九五”重点科学研究委员会的鉴定、验收已全部结题。我校荣获国家级优秀实验学校的光荣称号，有24名实验教师荣获国家级及省级优秀教师，其中那影、王梅婷老师的课题实验研究的论文刊登在2000年《中华传统美德教育实验研究的文集》一书中。

3. 我校教师队伍整体优化。市、区级骨干13名，青年教师37人，大学本科学历10人，大专学历30人，中师21人。

三、实验的假设

如果在区教师进修学校领导的关怀指导下，结合我校实际，群策群力开展"校本培训的途径与方法"的实验研究，就能使我校全体教师教育教学的整体水平有所提高，进而培养学生的创新精神和实践能力，达到素质教育的要求，并为总课题提供有力的佐证。

四、实验的对象

我校从事小学教育（含教学管理人员）工作的全体教师。

五、实验的目标

1. 建立科学规范的"四位一体"校本培训管理机制。
2. 建立一套针对性强、科学规范的校本培训考核方法。
3. 探索出培训骨干教师的可行的途径与有效的方法。
4. 培训一支具有敬业奉献精神、良好的政治思想道德修养和心理素质、扎实广博的学识、较强的教育教学和教育科研能力的适应现代化教育的教师队伍。

六、研究方法

1. 调查研究法
2. 观察研究法
3. 比较研究法
4. 经验总结法

七、研究过程

（一）第一阶段：准备阶段（2000 年 3 月—2000 年 7 月）

1. 认真学习，提高认识

我们学校被确定为实验点校后，作为培训者的学校领导班子反复学习有关教师培训的各级文件以及《中小学教师自修教程》（六本书），深刻领会综合素质培训项目的精神实质，达成了“把教师继续教育培训工作作为雷锋小学永远不变的工作的重点”的共识。我们深刻地感到：素质教育的成败关键在教师，教师不具有综合素质，就不可能培养出具有综合素质的学生。因此，在校本培训中开展教师综合素质培训非常及时，非常重要。

2. 成立课题领导小组

组　长：孟秀琴

副组长：代梅、李树人、司国荣

成员：于淑清、韩晓辉、李玉梅、周游、关凤友、马冰玉、张颖、王凤娟、栾菊香、李玉华

我们建立了校长、主任、教研组长三级管理的培训机制，即由校长全部负责，主任分工管理，教研组长具体操作的培训模式。

3. 调查研究，摸清情况

我校共有教师 58 人，45 岁以下的教师 37 人，占教师总数的 60.7%；大学本科学历 10 人，占教师总数的 16.4%；大专学历 30 人，占教师总人数的 49.2%；骨干教师 13 人，仅占教师总数的 23%。针对青年教师多，骨干力量相对不足的现状，我们决定把培养骨干教师和培训青年教师作为我校教师培训的重点。

4. 制定校本培训总规划、建章立制

（1）领会精神，结合实际，确定培训目标。

学校被定为实验点校后，作为培训者的学校领导首先召开了行政会议。通过认真的学习和讨论，大家一致认识到，校本培训是以校为本的宏观培训形式，它比脱产的院校培训具有这样一些优势：

①目标上的针对性：它以学校和教师的可持续性发展为出发点，针对学校和教师存在的实际问题，自主确立培训目标。

②对象上的层次性：有利于满足不同层次教师的学习需要。

③管理上的机制性：它以学校为主体进行组织，有利于培训管理的激励性与约束性。

④内容上的选择性：学校和教师可以根据自身的实际需要选择或变更培训内容，有助于当前实际问题的解决。

⑤过程上的灵活性：在实施上以学用结合为主，在教中学，在学中教，有利于解决一线教师的工学矛盾。

⑥成果上的实效性：培训成果可以直接内化为教师的教育教学能力，有利于提高中小学教育教学质量。

在校本培训规划中，根据我校办学特色，提出了"用雷锋精神铸造师魂、锻炼师能、树立师表"的口号。我们的总体目标是：使全体教师的师德修养、心理素质、教育理论水平、教育教学能力、教育科研能力、信息技术应用能力等综合素质在三年内有一个整体的提高，以尽快适应素质教育和课程改革的需要。

为了实现上述目标，我们在培训中提倡学习雷锋的三种精神：

a. 学习雷锋的奉献精神，铸造师魂；

b. 学习雷锋的钻研精神，锻炼师能；

c. 学习雷锋的互助精神，树立师表。

(2)建立各种制度及培训方案。

我校制定了《校本培训管理制度》、《雷锋小学校本培训规划》、《雷锋小学校本培训方案》、《雷锋小学校本培训量化评估标准》、《雷锋小学校本培训学时学分统计表》、《新教师培训方案》、《骨干教师培训方案》、《岗位教师培训方案》，初步建立了科学、规范的管理机制，充分发挥了学校在继续教育中的导向、计划、组织、管理、指导、辐射作用。

5. 加大投入，建立校园网。

筹措经费，加大投入，创设信息化培训条件。

中小学校是教师培训的重要基地，校长是校本培训的第一责任人。经费保障是成功推进校本培训的关键。校长不仅要从学校的长远发展角度制定教师的培训目标，而且要合理配置教育资源，积极为教师参加各级各类培训创设有利的物质条件。我校在经费十分困难的情况下，多方筹措经费，逐年加大投入，加强教师培训基地的信息化建设。

(1)建立和完善校园网络系统，为教师网上学习创设良好的物质条件。校园网使用 ADS 宽带与世界互联网保持 24 小时相通。教师坐在学校里按动小小鼠标，整个世界就展现在我们眼前。还购置了笔记本电脑、光盘刻录机、打印机、复印机、速印机、切纸机各 1 台，以满足网上学习的技术设备需要。

(2)建立信息资源库。学校建立了电子图书室，购置了科利华备课系统应用软件，现有电子图书 15000 余册，供全校师生共享。还投资购买、录制、下载了大量的优秀课件、教学实况录像、教学参考资料、电子题库等信息软件。这些为教师开展网上培训提供了坚实的物质基础。

(3)建立校本培训专用基金，专款专用。这笔经费用于派教师外出学习，为教师购买培训所需要的文具和学习资料，订阅报刊杂志，组织培训活动，以及兑现培训奖励措施等。

(二)第二阶段：实施阶段(2000 年 9 月—2000 年 12 月)

1. 注重过程，狠抓六本书学习，全力提高教师综合素质。

(1)《教师职业道德的构建与修养》专题

在学习这一专题时，我校根据学校的办学特点提出了“用雷锋精神教书育人”的口号，制定了《雷锋小学师德条例》。在教师培训方面提出了“学习雷锋精神主动学习、主动发展、自觉提高”的要求。

通过学习《雷锋日记》、《公民道德纲要实施条例》，要求教师撰写师德自评报告及开展师德演讲会，带领学生定期到社区、先锋岗、干休所、养老院慰问等一系列丰富多彩的“学雷锋、铸师魂”活动，使我校教师的师德修养又上升了一个高度，每位教师都以自己是一名雷锋小学的教师而自豪。

(2)《心理健康教育与教师心理素质》专题

对学生进行心理健康教育是实施素质教育的重要方面，这就要求教师首先具有良好的心理素质，具有心理健康教育的知识和能力。为了学好这个专题，我们采取了以下学习方式。

①专题辅导：聘请心理学专家作了“新时期中小学生心理现状”、“小

学生心理压力的来源"等专题讲座,对心理教育的方法与途径有一个宏观的了解,提高了教师的理论认识。

②案例分析:要求教师对学生或教师自身存在的心理问题、心理障碍进行情景叙述、理论分析、提出心理案例分析,优秀的案例在全校进行交流,疑难的问题组织"小课题攻关组"进行研究。

(3)《教育观念的转变与更新》专题

转变观念是实施各项教育改革的前提,不转变教育观念的改革,只能是穿新鞋走老路,对这个专题主要采取了自学反思的培训形式,具体步骤是:

①自学教程阶段。认真阅读自修教材,写出读书笔记。

②个人反思阶段。结合理论收获,反思自身教育实践与现状教育观念的差距,改进自己的实践,让理论的根基结出实践的硕果,这阶段要求按章节或专题写出教育随笔、心得体会。

③集体反思阶段。组织小组交流会,或通过校园网的"校本培训"网页交流学习成果,开展互动研究,发表不同看法,形成头脑风暴。

(4)《提高教育教学能力的策略与方法》专题

在培训专题中,我们强调实践培训与教育教学工作紧密结合,采取灵活多样的培训形式,提高教师的教育教学能力。

具体组织了如下培训活动:

①示范课观摩。聘请市、区名师或由本校骨干教师上示范课全校教师进行观摩。

②研究课诊断。学校定期抽签指定教师主讲教学研究课。课前主讲人先说课,对自己处理教材、运用教法的策略进行阐释,课后教师以学科教研组为单位,开展诊断性评课、研究和总结优缺点,并提出改进建议。在活动中,每位教师的角色平等,都有机会轮流做"医生"或"患者",在活动中互相学习、互相帮助,共同提高,活跃了教学研究的空气,促进了教学水平的提高。我们也深深体会到:只有在实践的教育教学现场情境中去观察和体验,才能把握住具体的教育教学问题,才能真正提高教师专业化水平。

③竞赛课练兵。每年区教学"百花奖"前,我们都举行全校性"小百花奖"选拔赛。少数选上的代表学校参赛,大多数人选不上,学校也评出等

级，给予奖励，鼓励教师不断提高自己的业务水平，从而达到了全员练兵和选拔人才的目的。

(5)《教育科研能力的培养与提高》专题

发挥教育科研先导作用，科研兴教是我校的可持续发展战略之一。这个专题的培训，主要采用培训与科研相结合，以研代培，以培促研的方式。

①科研理论专题培训：由科研室牵头，结合《自修教程》，开展了教育科研专题讲座，深入、系统地向教师讲授了教育科研的规律和基本方法，并结合课题实例对教师进行培训。

②课题研究实践培训："八五"、"九五"期间我校承担的国家、省、市、区各级科研课题共计十九项，我校除50岁以上老教师，人人有课题，参与教师达50余人，占教师总数的80%。通过开展课题立项、调查报告、实验报告、课题汇报等多项内容和多种形式的系列研究活动，提高了教师的研究能力，推动了各项课题的研究进展。

(6)《现代教育信息技术的掌握与应用》专题

这方面，我们进行了如下内容培训。

①信息理论培训：教师首先自学了《现代教育信息技术的掌握与应用》专题，在理论认识和信息应用观念上有了一定进步。

②计算机操作技术培训：主要进行了WORD、OFFICE、EXCEL、多媒体演示文稿、网络操作等方面的上机培训。

③计算机辅助教学课件培训：新教师和岗位教师要利用"科利华"课件制作工具，制作简单的教学课件。骨干教师要会设计和制作与学科整合水平较高的教学课件。

④学会网上学习：学校要求教师大量下载有关教育、教学等资料，建立了自己的信息分类资源库，供教师随时查阅。同时把全校教师的案例分析、随感、创新教案、论文等在学校网站上发表，促进了教师之间的学习与交流。网上培训打破了时空界限、地域界限，获取了大量信息，实现了资源共享。

2. 统一领导，加强管理，建立四位一体校本培训机制。

建立有效的培训机制，是培训取得成功的基础保证。

(1)组织管理：在实验中，我们将区教师进修学校的"四位一体培训机制"延伸到了校本培训中。其具体做法是，校长充分发挥学校内部分管培训、教研、科研、电教等项工作的副校长或主任各自具有独特优势，实行校内四个因素在校长统筹下，各施其责、相互配合，共同完成不同层次，不同目标、不同内容的校本培训任务。

(2)档案管理：学校首先建立了培训的总档案，把培训法规文件、方案计划、规章制度、活动纪实等分类存档。又为每位教师建立了教师继续教育培训登记档案。档案中记录了教师参加集中、教研、校本以及学历培训的内容和学时学分情况。还将教师培训的各种过程性材料如笔记、心得、总结、随感、案例、论文、说讲评课教案、网上下载资料等存档。建立书面档案的同时还建立了电子档案，定期在校园网上交流。

(3)考核管理：考核评估是校本培训的关键环节。为了促进教师参加培训的主动性，规范教师的学习活动，我校不断健全了具有激励性和约束性的校本培训考核制度，包括《雷锋小学校本培训管理制度》、《校本培训学时学分量化评估标准》、《校本培训个人学时学分统计分析表》等。这些制度要求具体、科学规范。学校每月填一次《雷锋小学校本培训月考核登记表》，累计一年的校本培训成绩统计，在教师继续教育的黑板上公布。并把学时学分及时记入教师继续教育个人档案及教师继续教育登记手册。我们将培训考核的内容确定为师德学习、理论学习、实践操作、教学常规四个方面，具体细化评价内容与办法。

(三)第三阶段：总结阶段(2002年3月—2002年7月)

实验的成果：

1. 师德修养明显提高。

全体教师以雷锋精神铸造师魂，树立了爱岗敬业、为人师表、严谨治学、团结协作、廉洁奉公的师德形象，在2002年7月，我们编辑师德培训校本教材《雷锋精神在这里闪光》。

2. 教育教学能力不断提高。

学校骨干教师在省、市、区拿出了不同层次的公开课，获得一致好评和奖励。

3. 教育科研能力不断提高。

学校“九五”结题的国家和省级课题有：“整体构建学校德育体系的研究与实验”，“中华民族传统美德教育”课题，“中小学心理健康教育实验研究”课题等。

4. 信息技术应用能力不断提高。

全校教师100％通过计算机初级培训水平测试，50％通过了中级培训水平测试，要求教师在教育教学中普遍运用计算机多媒体技术，进行整合教学。课件积累近200个，网上下载的信息软盘百余个。校园网页建设不断充分、完善。

5. 学校整体办学水平提高，初步形成了校本培训特色经验。

我们把培训过程材料汇编成校本培训教材，包括《案例集》、《随感集》、《论文集》、《创新教案集》等。还形成了综合素质培训成果（六个专题）的《雷锋小学校本培训教材》、《雷锋精神在这里闪光》等优中选优的精编教材。

6. 全面总结、撰写了结题报告，编辑了论文集，召开了成果鉴定会等。

（执笔人：孟秀琴　代　梅　于淑清）

"校本培训的途径与方法研究"课题实验报告

哈尔滨市建工小学

一、课题的提出

21世纪的教育充满着挑战与竞争，建立一支适应21世纪的教师队伍意义深远。教师的素质是制约基础教育改革的关键，也是提高教育质量的关键。所以加速提高教师的综合素质，建设好一支立志基础教育事业的高素质的师资队伍，是推进素质教育，实施义务教育的关键所在。我们立足校情，于1999年承担了"校本培训的途径与方法研究"的实验课题。旨在探索出适合学校发展的校本培训模式，在培训和研究过程中提高广大教师综合素质，以适应21世纪对教师的要求。

二、实验的条件

1. 我校教师队伍年轻化。市、区级骨干8人，青年教师42人，大学本科学历12人，大专学历29人，中师学历21人。

2. 我校领导对师资队伍建设，尤其是校本培训工作非常重视。

3. 我校的科研工作有基础。"十五"期间承担了8个不同级别的科研课题，共有百余篇论文获国家、省、市、区级证书。在2001年底，《学生心理健康的研究》课题经国家教委重点课题组，省教育学会"九五"重点科学研究委员会的鉴定、验收已全部结题。

三、实验的假设

如果能建立科学规范的“四位一体培训机制”，选择适用的途径和方法进行培训，就能提高教师实施素质教育的能力和水平，使我校教师队伍整体提高，推进课堂教学改革，培养学生的创新能力和实践能力。

四、实验的依据

（一）法律政策依据

《教育法》第十一条第一款规定国家要“建立和完善终身教育体系”。

《教育法》第十九条规定“学校应当制定教师培训规划，对教师进行多种形式的思想政治、业务培训”。

1999年国务院颁发的《面向21世纪教育振兴行动规划》中规定：“三年内，对现有中小学生专任教师进行全员培训和继续教育培训。”

1999年颁发的《中共中央国务院关于深化教育改革全面推进素质教育的决定》要求建立健全中小学教师继续教育制度，开展以培训全体教师为目标、骨干教师为重点的继续教育，使中小学教师的整体素质明显提高。

2000年4月南岗区人民政府令第4号《南岗区中小学教师继续教育规定》安排教师参加继续教育，开展校本培训活动。

以上政策都为本课题的研究提供了政策上的依据，使我们有法可依。

（二）教育理论依据

1. 终身教育理论：终身教育的倡导者之一、法国著名教育思想家和成人教育家保罗·郎格郎提出：“教育应是个人从生到死一生中继续着的过程。”终身学习是21世纪人类的生存概念，是当今社会发展的必然趋势。现代教师的使命已不仅仅是“教书育人”，还要努力学习，提高自身素质。因此教师继续教育体系是终身教育体系的重要环节，我们的课题就是依据终身教育理论，为教师的教育探索更好的培训途径。

2. 素质教育理论：概括地说，是面向全体学生，开发潜能，发展个性，使其生动活泼地发展，全面提高素质的教育理论。实施素质教育，就是要全面贯彻党的教育方针，以培养学生的创新精神和实践能力为重点。本课题的研究，也是从提高教师的综合素质出发，以有利于实施素质教育，来研究"校本培训的途径与方法"的。

五、实验的对象

学校从事教育教学工作的全体教师。

六、实验的目标

1. 建立科学、规范的"四位一体"校本培训管理机制。

2. 探索出校本培训可行的途径与有效的方法。

3. 培训一支具有强烈的敬业精神、良好的政治思想和道德修养、扎实广博的学识、较强的教育教学和教育科研能力的适应现代化教育需要的教师队伍。

4. 建立科学、规范的校本培训考核方法。

七、实验的原则

1. 结合性原则：学校的群体培训目标和教师的个人培训目标相结合，将目标细化后再综合，化作校本培训总体目标。

2. 层次性原则：将教师培训分层次进行，有骨干教师培训、班主任培训、新教师培训、学科教师培训。

3. 科学性原则：从当前的培训需要和可能出发，教师培训具有现实的针对性。

八、实验的方法

观察研究法、个案研究法、行动研究法、调查研究法、经验总结法等。

九、实验的过程

自2000年4月至今,本课题研究已经进行了两年多,大致经历了准备、实施、总结三个阶段。

(一)准备阶段

1. 统一思想,提高认识,明确培训任务。

我校被定为实验点后,成立了校长、副校长、主任参加的实验领导小组。组长张桂荣负责全面培训工作,副组长董云环负责具体培训,组员韩金玲负责师德培训,组员刘宇光负责教学、科研培训,组员刘鹏负责德育、心理健康培训,组员刘伟负责现代信息技术培训。确定了骨干教师、新教师、班主任教师、学科教师四个层次的培训。

按照区中小学教师继续教育工程方案要求,制订各类教师培训方案,做好培训档案管理,定期检查骨干教师的培训档案和教学质量,授课时数。采取良好的培训途径:“在校长的协调组织下,通过名优教师对新教师的传、帮、带,与科研课题和教改实验相结合。”明确培训任务是对新教师的岗位培训,骨干教师坚持自培与培训者的双重角色,对教师进行科研理论的培训和科研课题在实际课堂教学中的转化。

2. 调查研究,结合实际,优选培训方法。

在明确了任务的同时,我们分析了学校师资队伍的基本情况。我校共有教师62人,平均年龄30岁,专科以上的教师41人,市级骨干教师2人,区级骨干教师6人,班主任教师24人,科研课题8个,结合我校青年教师较多、科研力量较薄弱的现状,我们确定了行之有效的培训形式:专题讲座、教研活动、自学研讨、案例分析、汇报演示、师徒结对等。

3. 找准途径,合理规划,制定培训目标。

明确目的,“在校长的协调组织下,骨干教师对新教师的传、帮、带与科研在课堂教学中的转化”后，在校本培训规划中，根据我校的办学特色，提出了“提高岗位技能，走‘科研兴校’之路”的口号。制定我校校本培训的总体目标是：使全体教师的综合素质经过校本培训有一个整体的提高，积极投入到教、科研工作中，以尽快适应素质教育和国家发展的需要。我们将“校本培训的途径与方法”的落脚点定为教师教育教学能力的提高和科研的水平提高。

（二）实施阶段

在实施阶段我校确定了培训模式，加强科学的管理，重视过程培训，提高了教师综合素质。

1. 确定模式

依据我校采取的培训途径，确定如下的培训模式：

(1)骨干教师对新教师的培训。

理论指导→自学反思→看、评、写活动→研讨磋商→实践创新→评价

(2)科研课题向课堂教学转化的培训。

课题研究实施→科研成果的表述→转化为实际的教育教学。采取集中培训与分散自学相结合，理论传播与实践操作相结合的方法进行。通过系统的知识讲解、专题讨论、技能训练、个别指导、自我总结提高、科研论证等方式进行培训。

2. 科学管理

(1)组织管理

为更好地完成校内培训，成立了领导小组，分工负责不同的培训内容。结合区里“四位一体培训机制”课题，分派科研主任重点负责科研的培训，电教主任重点负责现代信息技术的培训，继续教育主任和骨干教师负责校本培训的管理和新教师培训，教学主任负责教学的培训。发挥各自的独特优势，实行校内四个因素在校长的统筹下，各施其责，相互配合，共同完成不同层次、不同目标、不同内容的校本培训任务。

(2)档案管理

为规范校本培训的管理，首先建立了培训的总档案：有关培训的法规文件、方案计划、规章制度等。我们将培训内容细化，还建立了分项档案，如“师德档案”、“教育理论档案”、“实践活动档案”、“网上操作档案”等。

又为每位教师建立了教师继续教育培训登记档案。档案中记录了教师参加集中、教研、校本以及学历培训的内容和学时学分情况。还将教师培训的各种过程性材料，如笔记、心得、总结、随感、案例、论文、说讲课教案、网上下载资料等存档备查。同时还建立了电子档案，供教师在网上交流。

(3)考核管理

为了更好地细化学时学分制度，采取了教师培训的量化制。为使这项工作能调动教师工作的积极性，我们力争做到公开、公平、公正。严格按照 8 学时 1 学分的换算方法进行考核，每完成一项培训内容，就及时地评出等级。每月进行一次学时学分的登记。使之与各种制度相结合，教师有了自觉培训的意识和学习的渴望。

(4)课题管理

为了更好地沿着我校的培训途径中的“科研课题和教改实验相结合”进行培训，提高教师的科研能力，在培训中充分调动教师的科研积极性，使校本培训与“十五”教育科研课题结合起来。我们帮助教师选实验课题，指导教师写实验方案，做实验的阶段总结，撰写实验报告或科研论文。调动教师的科研积极性，积极撰写科研论文。

3. 重视过程

在培训过程中，依据我校的培训途径，进行了骨干教师、新教师、班主任教师、学科教师共四方面的培训。

(1)骨干教师的培训

骨干教师占我校培训人数的 15%，为发挥其优势，针对我校的培训途径，对其进行“自修教程”培训中，侧重对《教育科研能力的培养与提高》和《现代教育信息技术的掌握与应用》两本书的培训。骨干教师还要对新教师培训。

骨干教师在参加自身培训的工作中，能够以自学理论为主，将参加区骨干培训班学习的经验及时地传达到教师当中，并与培训领导小组一起研究对新教师的培训。根据我校培训的途径是对新教师的传、帮、带和科研理论与课堂教学相结合，重点对骨干教师进行了两方面的培训。

①科研的培训

为调动和激发骨干教师的科研积极性，强化科研意识，使教师在“研究—实践—应用”的良性循环中提高理论素质和科研能力，承担了课题的实验研究任务。由科研校长负责，请专家进行教育科研理论的讲座。骨干教师每人至少有一个科研课题，并对其进行课题的立项，撰写实验报告、科研论文等的培训。将骨干教师自学的科研理论进行研讨交流，并将理论积极地在自己任教学科中实验，每人做一节科研课题的研究课。写学习心得、案例与分析、随感等，每学期写一篇经验、三篇论文，科研考核每完成一项为一学分。

②信息技术的培训

骨干教师培训的重点是学会计算机基本操作，并能结合本职工作使用计算机文字和数据处理业务，以达到用计算机改善工作条件，减轻工作负担，提高工作效率，加大教育管理和教学手段现代化的目的。学校对骨干教师提出了每人必须进行计算机中级的培训，能够熟练使用计算机，会独立制作教学课件，能够在网上下载有关教育、教学的信息，并在课堂教学中利用。骨干教师把学习心得、随感、案例、论文等形成电子档案，促进了教师间的交流，使骨干教师在理论认识和信息应用上有了提高。

(2)新教师的培训

在这个层面的培训上，进行了“自修教程”的通识培训。重点对《教师职业道德的建构与修养》、《提高教育教学能力的策略与方法》、《现代信息技术教育的掌握与应用》三本书的培训。

①重视师德修养

师德修养是教师整体素质的核心因素，制约着教师整体素质的提高和教书育人的水平。在培训活动中，对其进行爱岗敬业、无私奉献的师魂教育，热爱学生为人师表的教育等；加强业务素质培训，提倡钻研业务、勤学敏行、争做文明教师；要求教师具有忠诚和献身教育事业的职业理想，勤于钻研、科学严谨、一丝不苟的敬业精神；热爱学生、尊重学生、服务学生的职业情操。在对教师进行这个专题的培训时，制定了学校《师德规章制度》，教师写好师德自评报告，进行师德演讲会，写好案例与分析等，提高教师爱岗敬业的精神，使青年教师的师德修养有了提高。

②提高教学质量

各项培训都应与教育教学质量的提高紧密结合。对新教师进行了解学科知识结构、掌握大纲、教材编写体系的培训，实施和组织课堂教学的培训，组织课外活动的培训，班级管理的培训，教师自学和指导学生自学的培训，课堂教学模式的培训，说课培训，作课培训，写教案设计的培训。对自学笔记进行交流，教学设计研讨，开展一帮一的个别指导，形成“先模仿、后创造”的培训模式。师徒之间开展拜师会。学校定期对培训情况考核，说、作课一次一学分，自学、案例、心得每一节一学时，够八学时换算成一学分，及时登记、总结。

③信息技术应用

对于新教师进行 WORD、EXCEL 的上机培训、上网培训，使教师会下载信息资料。每天下班后请计算机教师进行讲课、辅导，使其尽快通过计算机初级考核。

(3)班主任的培训

在班主任培训的工作中，重点是班级的班风管理，班主任基本功训练，班会、队会的培训等，对《教育观念的转变与更新》、《教师职业道德的建构与修养》、《教育科研能力的培养与提高》等专题进行了培训。

①班主任基本功培训

以《班主任基本功》20 条培训为主要内容，进行了自学、研讨、交流、案例与分析等形式，班会每日一题，队会评比，班级管理经验研讨会，强化以年级组、备课组开展有目的、有计划、系统化的教研活动，组织有质量的教学系列活动。如校内的“教学百花奖”活动、科研课题落实课活动等，活动后及时考核，每次活动一学分。算出学时学分后，进行登记。提高了广大班主任教师的素质。

②加强班主任道德培训

对其进行爱岗敬业、无私奉献的师德教育，热爱学生为人师表的教育等，加强业务素质培训，提高钻研业务、勤学敏行，争做文明教师；要求教师具有忠诚和献身教育事业的职业理想，勤于钻研、科学严谨、一丝不苟的敬业精神；热爱学生、尊重学生、服务学生的职业情操。写好师德自评报告，进行师德演讲会，写好案例与分析，每次活动一学分。通过培训增强了班级管理能力。

③加强班主任科研培训

对班级管理中的案例进行分析，然后再集体研讨、交流。进行课题的立项，撰写实验报告、科研论文等的培训，将教师自学的科研理论进行研讨交流，并将理论积极地在自己所任教学科中实验，每人做一节科研课题的研究课。写好学习心得、案例与分析、随感，每学期写一篇经验、一篇论文。

(4)学科教师的培训

针对不同学科的特点，重点开展《教育科研能力的培养与提高》、《提高教育教学能力的策略与方法》和《现代教育信息技术的掌握与应用》三个专题的培训。我们结合教学百花奖活动和科研实践课等活动，对教师进行理论考核与实践考核相结合，并进行说课比赛等。师德培训，采取了集中报告，学习报纸、文件，并分组讨论、个人自我剖析与互相评议、分组交流与集中典型发言、理论学习与集中考核相结合等形式。

(三)总结阶段

在历时两年多的“校本培训的途径与方法”的课题研究中，经过不断地总结反思，形成了我校教师“岗位技能时时练，科研课题人人搞”的校本培训特色，现在已经取得了阶段性的成效，具体体现在以下几个方面。

1. 提高了培训者的素质。

以骨干教师为核心的培训者队伍，更新了教育观念，提高了理论素养和信息素养，增强了对教育教学实践的指导能力。通过开展校本培训，有1人被评为市优秀教师，有6人获学生竞赛国家级指导奖，全体骨干教师通过了计算机中级考核。100％骨干教师取得大学本科学历，在省立项的科研课题《学生心理健康》通过了验收。

2. 提高了全校教师的整体素质。

通过两年多的培训，教师思想政治觉悟和职业道德水平有明显提高，更新了教育观念，掌握了现代教育理论，优化了专业知识结构，使我校师资队伍水平整体提高。教师能够爱岗敬业、忠诚教育事业；有热爱学生、尊敬学生、服务学生的职业情操；教师能够独立设计教案，做观摩课，对课堂教学的模式的设计有较深的了解；教师的组织课堂教学的能力、组织课外活动的能力、教改实验的能力都有提高。在班级的管理方面，能够“以德促管理”，重视学生个性的发展。班、队会有独立见解，形成了良好的班风。提高了教师的整体素质。

3. 提高了教师的科研水平。

通过一段时间的培训，增强了教师科研意识。提高了教育科研对教育改革、对提高教育质量、对解决教育实际问题作用的认识。明确了教育科研与教育改革的关系，树立了“教育要改革，科研需先行”的观念，使学校教育教学和管理工作得以改善。教师逐步向学者型、科研型转变。教师对教育科研有一个脉络式的了解。教师在培训中放开眼界，联系现实，积极参与。形成了教育科研的管理机制，充分发挥教研与科研相互协调作用。健全了科研规章制度，实行规范管理。采取激励政策，倡导教育科研。进行选题立项、实施操作、成果收获的培训，培训中采取实践、理论、案例、分析等单项培训，并且使之有机融合，做到了层次分明。教师三年来共撰写科研论文百余篇，获国家省、市奖励证书的有60余篇。学校编写了一本《校本培训合集》。

十、几点体会

通过两年多的课题研究实践，我们感到运用“四位一体培训机制”开展校本培训，具有以下几点优势：

1. 使校本培训目标能够具体落实，也使培训工作系统化，紧紧围绕目标，沿着良性的途径运行。采取了行之有效的方法，也使培训具有可操作性。

2. 使培训的整体水平有了提高，培训者选择了正确的途径和方法，达到省时、省力的效果。

3. 使教师综合素质提高，深化了教育教学的改革，有利于实施素质教育，为新的课程改革铺路。

4. 教师通过培训，注意将科研课题与课堂教学改革相结合，有利于“科研兴教”工作的落实，提高了教师的科研素养。

（执笔人：董云环）

实验运作篇

南岗区基础教育课程改革
中小学主任培训班课程设置

制定时间:2002 年 5 月

课程类别	培训内容	培训形式	授课时数	学分	授课时间	授课教师
新课程通识培训	基础教育课程改革的概况与背景	专题讲座	4	4		
	基础教育课程改革目标解读	专题讲座	4	4		
	现代课程论常识	专题讲座	4	4		
	新课程与教师成长	专题讲座 研讨交流	4	4		
	新课程与学生发展	专题讲座 研讨交流	4	4		
	新课程与评价改革	专题讲座 研讨交流	4	4		
	新课程与学习方式的变革	专题讲座 研讨交流	4	4		
	我与新课程(一)	作业考核	4	4		
	综合实践活动课程概论	专题讲座 现场观摩	4	4		
	研究性学习课程入门	专题讲座 专题讲座	4	4		
	校本培训中新课程培训的组织与管理	专题讲座 现场观摩	8	8		
	新课程通识培训活动设计	设计作业 研讨交流	4	4		
	我与新课程(二)	作业考核	8	8		
课程标准培训	参照骨干教师和起始学年教师培训计划(选学)		50	50		
新教材培训	参照骨干教师和起始学年教师培训计划(选学)		50	50		
	合　　计		160	160		

南岗区基础教育课程改革
中小学区级骨干教师培训班课程设置

制定时间：2002 年 5 月

课程类别	培训内容	培训形式	授课时数	学分	授课时间	授课教师
新课程通识培训	基础教育课程改革的概况与背景	专题讲座 研讨交流	8	8		
	基础教育课程改革的目标解读	专题讲座 作业考核	8	8		
	新课程与学生发展	专题讲座	4	4		
	现代课程论常识	专题讲座	4	4		
	新课程的理念	专题讲座	4	4		
	新课程与教师成长	专题讲座 研讨交流	4	4		
	新课程与学习方式的变革	专题讲座	4	4		
	新课程与评价改革	专题讲座 研讨交流	8	8		
	综合实践活动课程概论	专题讲座	4	4		
	研究性学习入门	专题讲座 作业考核	8	8		
	我与新课程(一)(二)	作业考核	4	4		
学科课程标准培训	课程标准的总体框架	讲座、研讨、观摩	12	12		
	课程标准的基本理念	讲座、研讨、观摩	8	8		
	学科课程目标及教学内容目标	讲座、研讨、观摩	15	15		
	实施建议	讲座	15	15		

课程类别	培训内容	培训形式	授课时数	学分	授课时间	授课教师
学科新编教材培训	教材特色	讲座、观摩	8	8		
	教材体系及选文	讲座、研讨、观摩	12	12		
	教材与课程标准对应	讲座、研讨、观摩	10	10		
	教材内容	讲座、研讨、观摩	20	20		
合　　计			160	160		

南岗区基础教育课程改革
中小学起始学年教师培训班课程设置

制定时间:2002 年 5 月

课程类别	培训内容	培训形式	授课时数	学分	授课时间	授课教师
新课程通识培训	基础教育课程改革的概况与背景	专题讲座 研讨交流	8	8		
	基础教育课程改革的目标解读	专题讲座 作业考核	8	8		
	新课程与学生发展	专题讲座	4	4		
	现代课程论常识	专题讲座	4	4		
	新课程的理念	专题讲座	4	4		
	新课程与教师成长	专题讲座 研讨交流	4	4		
	新课程与学习方式的变革	专题讲座	4	4		
	新课程与评价改革	专题讲座 研讨交流	8	8		
	综合实践活动课程概论	专题讲座 自学反思	4	4		
	研究性学习入门	专题讲座 作业考核	8	8		
	我与新课程(一)(二)	作业考核	4	4		

课程类别	培训内容	培训形式	授课时数	学分	授课时间	授课教师
学科课程标准培训	课程标准的总体框架	讲座、研讨、观摩	12	12		
	课程标准的基本理念	讲座、研讨、观摩	8	8		
	学科课程目标及教学内容目标	讲座、研讨、观摩	15	15		
	实施建议	讲座	15	15		
学科新编教材培训	教材特色	讲座、观摩	8	8		
	教材体系及选文	讲座、观摩	12	12		
	教材与课程标准对应	讲座、观摩	10	10		
	教材内容	讲座、观摩	20	20		
合计			160	160		

南岗区中小学第四批区级预备骨干教师培训方案及教学计划

为贯彻落实第三次全教会精神和《基础教育课程改革纲要(试行)》，搞好新课程师资培训工作，根据国家教育部颁发的《中小学教师继续教育工程方案(1999—2002年)》和市教育局颁发的《哈尔滨市中小学骨干教师继续教育培训实施方案》，并结合南岗区的实际情况，特制定本方案。

一、培训目标

通过培训，使学员思想政治、师德修养、心理素质、教育理论水平、教育教学能力、教育科研能力、信息技术应用能力等综合素质有一个整体的提高，并培养他们的创新精神和实践能力，以提高他们实施素质教育的能力和水平，发挥骨干带头和示范作用，使他们尽快成长为各学科的骨干力量，从而形成一支具有较高思想素质、较强业务能力、较新教育观念，在课程改革实验与培训中能起带头作用的区级骨干教师队伍。

二、培训对象

培训对象为政治思想进步、师德修养高尚、教育观念先进，有创新意识和一定的教研、科研能力，能勤奋钻研，并具有较丰富的教育教学经验，在区内本学科中具有一定影响的校级骨干教师。具体要求是：

1. 教龄在三年以上(小学英语教师两年)，年龄在35岁以下；
2. 三年以来一直担任本学科教学工作或班主任工作；
3. 曾获校级以上(含校级)行政奖励；
4. 曾获区级教学“百花奖”一等奖；

5. 具有公开发表的论文或区级(含区级)以上获奖论文;

6. 取得计算机初级培训合格证书;

7. 2000—2002 年已经完成的教师继续教育学分(包括集中、教研、校本三种培训)不少于 120 学分;

8. 曾赴农村学校支教的教师在同等条件下优先推荐。

三、招生办法及名额分配

培训学员必须在南岗区属高中、初中、小学和幼儿园的校(园)级骨干教师中产生。由教师任职学校推荐,区教师进修学校审核,区教育局批准,方可参加本培训班的学习。

各校推荐名额,原则上各学科(包括电教和计算机教师系列、班主任系列、幼儿园系列)只允许上报 1 人。

四、培训内容

(一)教育理论

1. 基础教育课程改革通识
2. 基础教育课程改革专题研究
3. 现代教育思想专题研究
4. 骨干教师素质的提高

(二)学科教学理论与实践

1. 学科教学理论与实践
2. 各学科课程标准
3. 新教材与新教法
4. 学科文化知识的拓展与加深

(三)现代教育信息技术

1. 计算机文字与数据处理
2. 计算机多媒体演示文稿的设计与制作

3. 互联网络应用能力

(四)教育科学研究

1. 教育科研理论与方法

2. 学科教改课题研究与实践

五、培训形式

(一)教育理论

专题讲座、自学反思、研讨交流、作业实践等。

(二)学科教学理论与实践

专题讲座、导师辅导、说讲评课活动等。

(三)现代教育信息技术

专题自学、设计课件、设计网页、上网实践等。

(四)教育科学研究

专题讲座、论文写作、选题立项、教改课题研究等。

六、培训的考核评价

(一)集中培训的考核

1. 教育理论考核:答卷,上交随感、案例、论文等作业。

2. 学科教学理论与实践考核:上一节研究课;设计一篇教案。

3. 现代教育技术考核:获得计算机能力中级培训合格证书,并按指定内容设计制作一个教学课件。

4. 教育科学研究考核:撰写一篇教改课题实验报告,各课题组推出一节成果汇报课。

(二)校本培训的考核

由学员任职学校负责考核学员的政治思想、职业道德、教育教学、教育科研等工作的绩效。考评分为优秀、良好、合格、不合格四等。

七、培训的组织与管理

1. 全区中小学预备骨干教师培训工作由区教育局统一领导,区教师进修学校具体实施。

2. 通过区、校两级考核,完成培训学时学分的学员由教师进修学校颁发有区教育局验印的预备骨干教师培训班结业证书,在评定区级骨干教师时,此结业证书作为评选骨干教师的必备资格。

南岗区教育局

南岗区教师进修学校

2002 年 3 月

附：

南岗区中小学第四批区级预备骨干教师培训班

教学计划(集中培训)

制定时间:2002 年 3 月

课程类别	培训内容	培训形式	授课时数	授课教师	授课时间	学时	学分
教育理论	基础教育课程改革精要	专题讲座	8			28	28
	基础教育课程改革专题研究	专题讲座 研讨交流	8				
	研究性学习概论	专题讲座 作业设计	4				
	现代教育思想专题研究	专题讲座	4				
	骨干教师素质的提高	专题讲座	4				
学科教学理论与实践	学科教学理论与实践	专题讲座 教学实践	8			20	20
	学科课程标准	专题讲座	4				
	学科新教材与新教法	教学实践	4				
	学科文化知识的拓展与加深	专题讲座 自学反思	4				
现代教育信息技术	计算机文字与数据处理	上机实践	8			30	30
	计算机多媒体演示文稿的设计与制作	上机实践 制作课件	12				
	互联网络应用能力	上网实践	8				
	信息技术与学科课程整合研究	教学实践	2				

课程类别	培训内容	培训形式	授课时数	授课教师	授课时间	学时	学分
教育科学研究	教育科研理论与方法	专题讲座	4			12	12
	学科教改课题研究与实践	科研实践	8				
合　计			90			90	90

注:骨干培训总学时数为120,其中集中培训90学时,校本培训30学时。制表单位:南岗区教师进修学校培训办公室

运用"四位一体培训机制"做好区级骨干教师的培训工作

哈尔滨市南岗区教师进修学校　王建辉

全面推进素质教育需要有一支素质全面、理念全新的教师队伍。而骨干教师又是这支队伍的中坚力量。多年来，我区非常重视骨干教师队伍的建设，把骨干教师的培训作为中小学教师继续教育的重点工作。

骨干教师培训是使学员们在思想政治、师德修养、心理素质方面，教育理论水平、教育教学能力、教育科研能力、信息技术应用能力等综合素质有一个整体的提高。通过培训旨在培养他们的创新精神和实践能力，提高他们实施素质教育的能力和水平，发挥骨干带头和示范作用，使他们尽快成长为学科的骨干力量。从而形成一支具有较高思想素质、较强业务能力、较新教育观念，在教改与培训中能起带头作用的区级骨干教师队伍。

如何建设好这支队伍，做好培训工作，长期以来大家都在进行研究。我区承担的教育部师范司设立的"四位一体培训机制"科研课题恰好为我们指引出了培训之路。作为这一课题的子课题，我研究的是：运用"四位一体培训机制"做好区级骨干教师的培训工作。这一研究工作在我区第三批骨干教师的培训工作中得以尝试。

一、调查摸底，明确培训方向

2000 年 3 月，我校开始组织第三批骨干教师的培训与认定工作。历时一年的时间。我们学科共有预备骨干 12 名，分别工作在九所层次不同的学校，学员们的个人情况也不尽相同。通过摸底调查，我发现他们在课堂教学中存在的最大问题是教育理念比较陈旧。主要表现在：1. 教学方法单调。教师照本宣科，习惯动用以“一本书”、“一块黑板”、“一支粉笔”的“三个一”为主的教学形式，课堂上出现频率高的是教师不停地讲，学生张嘴等着喂，思维含量大的问题不多见。2. 缺少学法指导的过程。课堂上学生所参与的教学多数是在回答教师的问题上，少见师生、生生互动的现象，学生质疑不多，教学反馈不多，学生掌握的学习方法就不多。虽然在理论答卷上能够看出学员确实有点新观念，但是也确实还有着许多的困惑：(1)他们不明白教研员为什么说自己没有把学习的权力还给学生，以为自己并没有包办代替。(2)对科研可以促教研的道理不太清楚，以为搞课题研究就是写一写论文而已，没有真正将课题的研究与课堂教学的实效性联系在一起，更没有认识到课题研究会优化课堂教学的过程，会给素质教育的落实带来多大的效益。3. 对信息技术在教学中所起的作用不十分清楚，不太注意多媒体辅助教学，认为这只是在作公开课时才使用的，对这方面的自我培训重视不够。

二、制定计划，科学实施

按照学校培训办公室下达的“南岗区中小学区级预备骨干教师培训方案”及中学部的有关培训计划，针对学员们的实际情况，我制定了物理学科的培训计划并积极组织实施。

在培训中我主要是运用了培训、教研、科研、电教的“四位一体培训机制”，具体做法如下。

(一)理论培训

存在与意识之间，意识是首位的。不解决观念的问题，其他就无从谈起了。于是，我用了12个学时对学员们进行了理论培训。

主要进行了“转变教育观念，还学生学习权力”的讲座，进行了五讲。历时一个学期。组织了“现代教师观”、“现代学生观”、“现代教学观”、新大纲、新教材的培训、“新情景问题教学策略”的理论学习。以此促进学员们教育教学观念的转变与更新。

(二)教学实践培训

现代教师观中所谈到的中心内容就是，教师是实施素质教育的操作者。课堂教学是实施素质教育的主渠道。理论观念再新若不能指导你的实际操作,就是一个空架子。为了更好地促进学员们的提高,我又用了14个学时进行了教学实践培训。为了增强培训的实效性,我采取的主要培训方法就是听、讲、评课,指导备课等培训方式,共进行了两轮循环培训。

第一轮:结合理论在实践中找差距。

首先我带领所有学员分别听了他们每人一节课,我还一一进行了评课,学员们都做了记录。目的是让学员们结合所学的理论找出自身在教学中的弱点,明确改的目标。其次我又组织学员们观摩了全市的优质课,课后进行了研讨,统一了认识,加深了对所学教育教学理论的理解。还特别安排了名优教师为他们做示范课,再让他们谈感受,写体会,加强感性认识。

第二轮:在实践中提高自己的教学能力和水平。

理论上的研究与观念上的转变使学员们的教学行为有了一定的先进性。他们尝试着改进自己的教学方式,从学生学的实际出发,使课堂上参与教学的学生有明显增加,学生学习兴趣高了,教师的积极性更高了,学员们主动参与培训的意识也加强了。于是我趁热打铁,又组织学员们进行了以下的培训。

1. 组织学员们进行了研究课、实践课活动。即学员们自选课题,进行先说课、再讲课、课后学员们互评课,最后教研员再主评课的系列活动,使学员们课堂教学能力有了极大的提高。课堂教学中出现了师生互动、生生互动的景象;教师所提出的问题不再是死记硬背,思维含量增大了,倾听学生们反馈的时候多了,给学生的时间和空间多了。看到这一进步,教研员高兴,学员高兴,就连学生也高兴。

2. 指导新教师。我又给学员们创造了实践的机会,让学员们一对一地指导新上岗教师教学。指导新教师备课,听他们上课,之后再对他们进行评课。加强了教研培训的力度。更促进了学员们课堂教学能力和水平的提高。

现在在他们中流行着这样一句话:"如果你记住了'炒芹菜'事件,你的教学就不会走老路;如果你记住了'怀特先生',你就能放手去教

学。”(“炒芹菜”和“怀特先生”均是《教育观念的革命》一书中的案例)

(三)科研培训

长期传统教学的影响,要使学员们在短时间内大幅度地改变旧的教学风格,非一朝一夕之事。需要借科研之路,以科研促教研,让科研课题走进我们的课堂里。科研培训共用了7个学时。

1. 聘请科研部的老师就有关课题论证、立项,对课题研究的理论、概念及操作的程序、实施过程中可能遇到的问题、计划的修改与完善等方面均进行了详细的指导讲座,使教师们对课题研究有了初步的了解。

2. 将他们领进物理学科课题研讨活动现场,参与研究。

3. 带领学员们走进课堂,观摩课题课,进行科研实践培训。

4. 组织他们参与省级课题“转变教学观念,新授课教学中教师教学行为研究”,提高他们的科研意识,对科研理论及操作过程有了初步的认识,使他们感悟到了教育科研的先导作用,从而坚定自己走科研之路的决心与信心。

5. 组织研讨:针对以上的学习与实践,研讨科研促教研的作用。

(四)信息技术培训

对于初中生来说,学习中感性认识是占主要成分的,只有收集到感性的第一手材料,才有可能经过加工成为理性的知识。在教学中给学生提供感性的机会就显得非常重要了。物理学科是实验性较强的学科,几乎每节课都有实验,可以给学生提供感性的机会。但是物理学科又是研究大到天体,小到分子、原子、原子核的学科。微观和抽象的事物也时常遇到。这需要将微观变为宏观,将抽象变为形象,就需要教师要有相应的能力。现代的教学中就要用现代的教学设备。信息技术的应用是教师必备的基本功。于是,我用了7个学时,对学员进行了现代信息技术应用培训。

针对学员已有计算机初级水平及学科特点,我安排了两个环节的培训。

第一个环节主要是组织了三次讲座。是聘请电教部的教师和本学科此方面较有建树的老师进行的,内容分别为 POWERPOINT 和 DRE-

AMWEAVER、网络初步、课件的制作、网上内容的下载、信息的储存，等等。

第二个环节是组织了课件展评活动，提高学员们应用信息技术的水平。

三、取得的初步成效

通过6个月、32个学时、四个方面的培训，教师们的综合素质有了显著的提高，使他们逐步成为我区物理学科的骨干力量。具体表现为：

1. 更新了教育教学观念，丰富了自身教育教学理论。在今年的新教师培训中，骨干教师徐燕进行了理论方面的培训，结合了许多的实例，使得新老师非常信服，感觉有很大的收获。

2. 提高了学科教学能力。萧红中学的姚玉玲老师，在今年5月中旬的全省教师大赛上获特等奖第一名的殊荣，并将作为我省唯一的代表参加全国教师课堂教学大赛。另有两位教师获省赛的二等奖。61中学的梁庆新老师现已担任了本校物理组的教研组长，刘云鹏老师在虹桥中学担任教务处主任工作。

3. 提高了教育科研能力。每一位学员都设立了自己的科研课题，并积极投入实践。

4. 提高了信息技术整合能力。156中的张延熙老师在省和市级"电教"赛课中取得一等奖的好成绩。我区物理科初中网络小组共有11人，本期学员中就占有5名。经过这一期培训及电教部的培训，这一批教师已经全部通过了计算机的中级考核，拿到了中级培训合格证。

特别是20中学的桂彤老师在学校除了担任毕业班教学外，还兼任学校科研室的工作。她多次在省级、市级、区级的教育、教学、教改现场会上作公开课。她的课有新意，对学生能力的培养有层次，课改的味道较浓，均受到有关领导与专家的好评。更为可贵的是所用的课件完全是她自己设计制作的，这些课件辅助课堂教学恰到好处。她自己说，通过培训提高了自身的综合素质。

在新教师培训结束的考核课中，由于骨干学员们一对一的指导新教师教学，使得新教师的课上得堂堂都有新意，由此表现出了第三批骨干教师观念的转变，在他们评课中，又多次出现了新的语言。

实践证明，“四位一体培训机制”确实是有利于教育观念的转变，使培训工作更具针对性、实效性和可操作性；有利于把教育理论、专业知识、教学实践、教育科研及现代教育信息技术等有机地结合起来，四个轮子一起转动，达到省时、省力、省物的效应，同时提高了教师自身的素质与综合业务能力。

运用现代远程教育进行中小学教师计算机应用能力培训试点的实践与思考

哈尔滨市南岗区教师进修学校　王广义

在跨入21世纪的今天，教育作为在祖国现代化建设中的先导性、全局性、基础性的知识产业，具有优先发展的战略地位。教育信息化将是21世纪教育发展的重要特点，现代教育技术的普遍应用与发展，将使新世纪的教育产生突飞猛进的变革。尤其是计算机与网络技术的普及，使我们在教育观念、教学方法和教学手段上发生了质的飞跃。教育现代化和教育信息化，要求建立一支具有先进教育理论、强烈的现代教育技术意识和熟练操作技能的高素质的教师队伍。

为贯彻全国中小学信息技术工作会议精神，落实市教育局推进信息网络建设，加快中小学教师继续教育远程培训的要求，我区制定了“南岗区信息技术及网络建设规划”和中小学教师继续教育“四位一体培训机制”实验方案。规划中明确提出要大力提高南岗区的信息化程度，建立计算机信息网络和信息资源库，以信息化带动教育现代化。“建立起以现代教育技术和信息传播技术为依据，以远程教育为主体的开放型教师学习网络。”拓宽教师继续教育的途径，充分发挥计算机网络在教师培训中的作用，完成继续教育远程培训体系。近两年来，我区按照市、区教育局有关文件要求，大力开展了信息技术应用能力的初、中级培训，取得了初步成果。但目前南岗区中小学教师计算机应用能力中级的集中培训受设备和师资力量所限，短时间内满足不了更多教师继续学习提高的现实状况。只有充分发挥计算机网络的远程教育作用，才能从根本上克服教与学双方在时空方面的局限性，使教学更灵活、更快捷、更及时，把封闭型的课堂教学变为开放型多元化的学习空间，从而开辟出一条更有效的教师培训途径。

一、网上远程培训的初步实践

我们本着以上思想，力求扩大培训规模，提高培训效率，节省培训经费，较好地解决教师集中培训与实际需求之间的实际问题，我们做了以下几方面尝试。

(一)不断完善网站建设，做好物质基础保证

基于互联网络技术支持的现代远程教育，进修学校网站是全区网络教学的中心。网页内容涵盖了教育、教学、科研、干训、信息技术、教师培训等所有内容，形成了丰富多彩的雄厚的教育资源库。学员可以从网站获得经过优化的学习资源。

网站由进修学校校长总负责。下设电教部负责网站的运行、管理、维护与监控，教学信息接收、整理、存储、多媒体教材制作和远程教学等项工作。

对网站硬件建设我们本着经济、实用、高效的原则，充分挖掘现有设备潜力，采取长计划、短安排、逐步升级的办法。适时更新关键设备或采取添加部分配件，使其升级和提高性能的办法，不断扩充设备力量和技术指标。我们把原有的微波接入改为光纤接入，增加了网络宽带。我们还申请了独立的域名和一定数量的 IP 地址，设置了多台服务器，分别带动城域网、校园网、电子音像阅览室、计算机室等网络设施。网站与教育卫星地面站相连，进一步扩大了教育音像资源。网站 24 小时不间断稳定运行服务功能，给学习者提供极大的方便。

在实践过程中，网站还逐步形成和完善了一套比较有效的现代远程教育管理办法，制定了相关制度。

(二)提供机会，实践探索，锻炼培养师资队伍

硬件条件提供物质保证，师资条件提供培训质量保证，两者是教师计算机应用能力培训的两翼，两者协调动作，即可使远程教育成功地起飞。为了使有限的经费发挥更大作用，同时也为了锻炼自己的队伍，我们采取自己动手、边学、边干、边总结、边改进的办法。有许多事情是头一次接

触，出现问题就请专业技术人员帮助解决。我们还在中小学选拔了部分优秀计算机教师作为兼职教师，和我们一同完成此项工作。无论是设计方案，还是应用软件的选择，网络系统的适配，乃至网页的设计与制作，全都由我们自己完成。工作过程就是学习过程。网站完善的同时，这支队伍在网站建设方面的专业知识和远程教育专业技能等方面也逐步成熟起来。

与此同时，我们还培养了一批学校兼职网管员队伍。他们承担所在学校网络终端的系统维护，网络安全维护，同时还承担着他们学校其他教师的培训辅导任务。他们在实际工作中，已经逐步掌握了一定网络专业知识和网络应用技能。成为全区网络远程教育的骨干力量。

（三）强化课题意识，不断改进提高

在“四位一体培训机制”总课题思想指导下，我们的着重点是以计算机技术为核心的现代教育技术在教师继续教育中的地位、作用与培训模式的研究。我们的每一项计划安排，都要有明确的目的性，要有理论依据和技术依据。我们进行的计算机应用技能远程培训实验，第一阶段是一个以自学形式为主的人一机对话模式，或虚拟空间的人一机一人对话模式。网页内容的设置与安排，都是从个体学习的需求出发，把理论和实践操作学时进行合理安排，使学员依靠网页提供的某一章节详细的学习内容，去理解相应的理论知识，掌握某一技能的具体操作方法，完成课后练习指导下的实际操作演练。学员可以通过在线辅导和电子信箱，与主讲教师进行实时和非实时交流，解决学习中的疑难问题，达到理论和实践同时并进的学习效果。

学员登陆服务器，进入远程教育网页，这里提供关于中小学教师计算机应用能力中级培训的全部信息。包括教学计划、教学进度、走进课堂、在线辅导、相关文件、推荐网址、电子信箱等栏目。点击相关栏目按钮即可进入该页。例如在“相关文件”栏目，可以了解到国家、省、市、区各级教育部门对中小学教师计算机应用能力的要求，培训对象和总体培训规划等文件；在“走进课堂”栏目学员可以从 WORD 高级技巧、WORD、EXCEL、POWERPOINT、网络基础知识、推荐网址等项目中选择学习内容。这些全部由具有多年培训经验的教研员撰写教案和设计制作网页。因此，充分注意到网上学习和计算机培训实践性强的特点，内容由浅入深，循序渐进，图文并茂。对学员易出错的地方，加强学习辅导。每章内容要求列出学习参考书目和相关网址，供学员自行查阅学习。在每一节后面设置该部分练习与自测题，以供学员结合学习内容上机操作和对自己的学习程度进行测验，学习变得个体化、个性化。网络给我们超越时空提供了条件，通过聊天室我们实现了在线辅导，在每周固定时间，由主讲教师进入"聊天室"答疑解难。另外，我们还利用"留言板"、"电子信箱"和学员通过网络提交的作业，了解学员学习情况，以便随时调整和改进我们的工作。网站提供的信息应该既有本区的也有外埠的，既有实时信息也有非实时信息。它的最大特点是双向交互，教与学双方始终都处于互动状态。我们始终遵循科学性、实践性、应用性等原则。在不断改进提高网上远程教学的同时，我们体会到了远程培训模式的可行性、必要性和重要性。

（四）采取区校两级培训管理机制

依据南岗区当时城域网网络宽带和教师家庭计算机拥有量，表明学员的学习活动主要还集中在他们所在的学校。计算机网络远程培训采取区、校两级相结合的管理机制，是我们远程培训第一阶段采取的管理办法，即进修学校网上远程培训与学员所在学校同步辅导，是两个必不可少的组成部分。学习计算机应用实践性很强，必须通过充分的上机练习，才能掌握各项技能。两级管理机制就是要求各校指定专职教师，结合校本培训做好本校学员的同步辅导工作，并列入学校的工作日程，为学员提供足够的上机时间和网上学习条件。

实践过程告诉我们，远程教育模式符合教师的需求。此项工作自开展以来，广大教师对远程培训学习表现出极大的热情，参加学习人数达2176人，这个数字表明占全区教师总人数三分之一的人动了起来，许多学校几乎全员参加。各校把学习时间列入日程，安排辅导教师并且开放微机室供教师随时学习。实现了教师不出校门，不用停课、串课就能参加进修学校的培训活动。有时在班上实在没时间参加学习，下班回家照样可以上网补上这一课。这种模式适合教师的工作条件和职业特点。

网上学员首批参加市教育局中小学教师计算机应用能力中级证书统一考试，合格率为81%。从同期绝对人数来看，应该是传统培训方式的三倍，值得一提的是同时节省一大笔培训经费。

学员经过培训之后，在各类公开课上的精彩表现，规范熟练的应用技能，展示了教师在计算机应用技能方面的良好素养。在全国、省、市、各级各类教学大赛和活动中，都取得了可喜的成绩。能够取得以上成绩表明了教师计算机应用能力的提高，这对他们的教育教学水平和科研能力的提高确实起到了明显的推进作用。

二、几点思考

（一）继续增强网站服务功能和技术指标

目前网页信息以静态图文为主，对于双向互动的远程培训来说存在一定的局限性。就目前技术条件，应该能够支持市场上流行的或最新开发的网络视频会议软件，运用视频信息来进行远程培训活动。它既可以点对点互动传输，也可以一点对多点广播式互动传输。主讲教师与学员在视频窗口直接见面和对话，通过电子白板实时板书和画图。与现场教学相差无几，完全可以满足教学需要。利用以上软件进行视频传输，对于设备要求并不高，按目前中小学设备情况，只要在现有基础上增加一两样附属设备就可以开展网上视频活动。经费支出比较少，效果却截然不同。在教育经费相对紧张的情况下，不等不靠，想办法努力改进工作，这条途径应该是可行的。在实际测试过程当中，我们发现在相同标称宽带条件下，不同两点间的传输效果不尽相同。出现此种现象的原因，应充分考虑到计算机系统配置、应用软件的确定、附属器材的选用、电信线路实际状态和技术参数诸多因素。进修学校网站与各中小学终端之间的测试，是一个十分细致复杂的过程，是一个需要多方配合的系统工程。它必须排除以上诸多决定因素的不协调性，才能达到我们预期的传输效果。

（二）培训者队伍要一专多能

区进修学校教育教学网站工作主要由教研员承担，工作性质决定目前还不能做到岗位专业化分工。所以他们既是教学设计人员，也是工程技术人员和管理人员。他们已经具有一定的教学经验，懂得教学规律，平时工作使他们对远程教育有了一定的实践积累。但这仅仅是开始，他们必须学习和研究有关远程教育的新科技、新媒体、新工具，并能借此改进自己的工作；他们必须熟练掌握各种音像和计算机系统硬件操作，能够设计和制作视听教材，懂得一般网络技术；他们还要学会教学服务和管理。也就是说，他们必须具备网上远程教学的运用能力、教学组织管理能力和教学指导能力以及对远程教学的研究能力。这些能力的形成要依靠多种形式和多种渠道，如到上一级学校去深造，参加教育理论和教育科研学习活动，参加相关部门的专业技术培训等，通过现代技术媒体和工作实践，都可以获得不同层次的提高。"建网就是建学校"，要大力提倡进取精神，从而加快远程教育师资队伍建设的步伐。

（三）集中力量研制网上视频教材

远程教育的关键在于有精湛的网上教学，当然离不开教材制作。在内容上要做到科学合理，知识上做到准确无误，形式上丰富多彩。视频教材要做到音视频同步，画面清晰流畅，格式适宜网上快速传输。网上直播教学实际上是现场实时教材制作过程，它应由主讲教师、摄像人员、编辑人员、计算机网络管理人员等共同完成。直播前共同制订整体方案，讨论每一个细节的技术处理方法，还应分析直播教学过程中，可能遇到的突发事件和应对方法，各司其责，以保证网上直播教学的圆满成功。

网上视频教学的另一种形式是非实时教学，即将制作好的视频教材放到网上，供学员随时在网上收看学习。这种教材有充分的制作时间，所以可以做到精益求精。随之而来的是收集教学反馈信息，解答疑难问题和课后辅导等，都要有相应的技术措施和管理制度加以保障。

网上视频教材的制作和播出，是一个多系统集成的共同劳动过程，是现代远程教育与学科教学的整合过程。

总之，我们应该努力创造条件，使教师进修学校网站在中小学教师继续教育工作中，发挥它应有的、不可替代的作用，为建设一支高素质教师队伍做出应有的贡献。

运用“四位一体培训机制”在信息技术学科开展区级骨干教师培训

哈尔滨市南岗区教师进修学校　张凤英

由教育部师范司确定的中小学教师继续教育“四位一体培训机制”科研课题研究工作，目前正在黑龙江省哈尔滨市南岗区等六个实验区全面深入地开展。为了充分发挥设在区教师进修学校内部的培训、教研、电教、科研等四个因素的优势，建立起四个因素共同参与的中小学教师继续教育培训机制，我校于 1999 年 4 月开展了“四位一体培训机制”课题实验研究工作。

2000 年 8 月，进修学校培训办向中学信息技术学科下发 60 学时的骨干教师培训计划，其中教育理论和师德培训 16 学时，由培训办承担。学科培训 44 学时。根据培训办下达的计划，并结合信息技术学科的教学实际，制定了学科培训计划，上交培训办。经培训办批准后，于 9 月正式实行。具体做法如下：

一、培训、教研、科研、电教横向结合，整体运行

培训、教研、科研、电教工作都是为了提高教师的素质，按照基础教育的规律，全面推进素质教育，只是工作的侧重点和工作方式各有不同。四者“四位一体”，在工作中互为载体，相得益彰。

1. 先进教育理论和教学模式的培训：信息技术的发展速度之快，是任何其他学科不能相比的。几年前的一些热门软件现在已处于淘汰之列。信息技术学科课程如何跟上计算机的这种迅速发展形势，教师们感到很茫然。在这种情况下，组织学员进行学习、讨论，大家认识到我国地域广大，人口众多，又是发展中国家，各地发展极不平衡。国家教育部提

出的“一纲多本”的原则，就是针对这种现实提出的。通过认真的学习，学员取得了这样的共识：学校的学习年限和每学期的课时是有限的，而“知识的海洋是无边无际的”。因此我们不能任意扩大课程的范围，来包含一切新的东西，不是增加学生学习的总量，增加学生的负担，而是要精选内容，即把典型的、有代表性的、迁移性强、发展性强、能有效地促进智力发展和能力培养的教学内容吸收进来，改进教学方法，更新教育观念，采用现代教育手段，教会学生如何自学，如何获取知识。这才是信息技术课程教育的目的。通过学习，大家统一了认识。进一步提高了对信息技术教育重要性的认识。信息技术学科是一门新兴学科，只有几十年历史，走进中小学课堂，才不过是近几年的事，而像数学、物理学科已有上百年历史，教学已成体系，有一套较成功的办法。而信息技术教育完全是新的，还在实验阶段，我们的学科教师大多是半路出家，从其他学科转行而来，教学理论水平还不高，大家在各自的教学实践中，有很多的困惑，因此我利用12学时对他们进行了教学基础理论培训，如《关于计算机课程的教学目的》、《中小学信息技术课程设计》、《建构主义学习环境下的教学设计》及如何转变教学观念、如何备课、如何上课等教学理论。通过集中培训，提高了他们的教学理论水平。

值得一提的是，我进行了“英特尔(r)未来教育”的培训。目前，世界上各类教师的信息技术培训活动中，“英特尔(r)未来教育”(Interteach to the Future)是比较有影响的大型国际项目之一。该培训项目是英特尔公司为支持计算机技术在课堂上的有效利用，委托美国加利福尼亚 Sunnyvale 计算机技术学院设计的一个全球性学科教师培训项目。“英特尔(r)未来教育”培训的目的是：通过培训使中小学各学科教师学习和掌握全新的教育理念和教学方法，要求每一位参加培训的教师都要学会运用信息技术和资源进行教与学，使教师初步掌握教育信息化时代的新型教学方法，让学生在学习过程中学会学习、学会合作，充分利用好计算机和网络等信息资源，培养学生的创新思维、团队精神、问题解决和研究能力。培训之后，大家写出了随感、心得，学员写道：“通过学习，深深体会到：让学生成为主人。传统的教学设计总是站在教师的角度进行，学生只能被动地接受知识，这种做法很难激发学生的兴趣，更无法培养学生的探究精神。英特尔(r)未来教育告诉我们,要让学生从被动接受知识的学习转变为主动探究式的学习,这就要求我们的教学设计要从学生的需要出发,要站在学生的角度去修改和完善自己的教学计划,要以学生的身份去完成单元计划的多媒体演示文稿和学生网站,并有针对性地改正自己的单元教学设计,让学生真正成为学习的主人。”

从中可以清楚地看到,“英特尔(r)未来教育”培训,对我们的教育理念的更新和教育思想的转变所带来的冲击是空前的、强烈的。

2. 教研培训:在这种理论冲击的基础上,又趁热打铁进行了课堂教学现场观摩和教学实践的教研培训。我带领学员们观摩了哈尔滨市的一课十讲、全国大赛课的录像,并进行研讨。要求每位学员以先进的教学理念为指导,每人作一节课,即说、讲、评课,学员之间进行互评,我再点评。经过12学时的培训,使他们学到的教育理论在实践中得到了应用。

3. 科研培训:具有科研能力的教师不是凭空而来,而是经过长期的培训及在实践中不断摸索、总结中成长起来的。为了强化科研意识,我帮助他们每人都申请立项课题,将他们领进我的课题组,请科研部的老师进行讲座,了解课题研究的过程及方法,并参与课题研究。又组织他们看课题课,进行了实实在在的科研培训。在教学研究中以“课题”为依托,把素质教育中学生创新能力培养这一核心内容作为课题研究的主攻方向,边研究,边实践,边深化。通过培训,学员从理性上更加懂得了课题研究,初步掌握了科学研究的方法,提高了动手实践的能力。

4. 信息技术知识的培训:计算机知识的高科技性和发展的迅捷性,决定了面向骨干教师的计算机知识教育具有应用性和可持续发展性的特点。其中应用性要求注重实际操作能力的培养;可持续发展性即努力形成自我完善智能结构,适应计算机技术日新月异的发展变化。在具体知识内容上,主要有理论知识和实践技能两个方面。

理论知识方面,有三个模块:

模块一,计算机的基础知识,包括计算机的发展概况,计算机的工作原理、特点与应用,计算机系统的组成,计算机病毒及防护。

模块二,多媒体基础知识,包括多媒体技术的内容、原理及运用与发展趋势以及在教育教学方面的应用。

模块三，计算机网络与通信，主要包括计算机网络工作原理，构造、应用与发展趋势以及在教育教学方面的应用。

实践技能方面，有五个模块：

模块一，WINDOWS98 实用操作及实用技巧，包括 WINDOWS98 的启动、退出，程序的运行与软件安装，文件管理，控制面板，汉字输入，实用附件，多媒体功能及打印管理等。

模块二，文书处理、信息管理，掌握文书处理软件和电子表格软件(如 WORD97 和 EXCEL97)。

模块三，图像处理，掌握图像处理软件(如 PHOTOSHOP)。

模块四，多媒体课件制作，掌握一种多媒体编辑软件(如 AUTHORWARE)。

模块五，INTERNET 及教育应用，包括 INTERNET 简介，WINDOWS2000 网络安装与配置，网上信息发布与获得等。

在培训中，用一个课件制作的示例，贯穿所学知识点，播放其中较好的作品，大家互相交流体会，同时又向学员展示收集到的全国、全区的优秀课件，进行观摩，提高学员的课件制作能力，切实提高学员的业务能力。

二、运用“四位一体培训机制”的几点体会

1. 要想使教师培训达到预期目标，必须做大量的调查研究，深入了解学员的基本情况、个性特征，然后帮助学员摆问题、定计划，科学合理地帮助学员确定每个学员的发展方向。

2. 要想使教师培训达到预期目标，必须实现师生互动。只有实现师生互动、教学相长，才能出现心灵碰撞，才能产生火花，达到教学相长的理想境界。

3. 要想使教师培训达到预期目标，必须加强培训者的自我学习和培训。运用“四位一体培训机制”，对培训者提出了更高的要求，必须不断提高培训者的综合素质，才能适应未来的需要。两年来，信息技术学科在区级骨干教师培训中，运用了“四位一体培训机制”，使学员在有限的时间内，最大限度、高效地掌握了学科教研、科研和电教等多方面知识并提高了实践能力。作为培训者，通过培训学习，我的教研、科研等能力也有了很大提高。

“四位一体培训机制”在校长培训中的探索与实践

哈尔滨市南岗区教师进修学校　李惠萍　都红伟

为全面贯彻第三次“全教会”精神，落实《全国教育干部“十五”培训规划》及《中小学校长培训规定》的要求，进一步提高校长的素质和综合管理能力，我们干训部于2001年7月—2002年4月开办了南岗区“十五”中学校长提高培训试点班，经过9个月的培训学习，学员们更新了教育理念，开阔了视野，提高了教育科研实践与指导能力，增强了运用现代教育信息技术的能力，圆满地完成了试点班的培训任务。

在培训过程中，我们运用了“四位一体培训机制”。所谓“四位一体培训机制”是指在培训形式上采取了网上论坛、课题小组活动、阶段性实践能力考评、理论学习的有机结合，在培训中重点围绕这四方面开展专题培训，增强了培训的实效性。

一、“四位一体培训机制”在校长培训实践中的尝试

（一）网上论坛展风采

为达到哈尔滨市教育局对中小学校长计算机能力水平的要求，充分发挥现代远程教育在校长培训中的作用，我们定期组织学员开展网上论坛活动。在电教部的指导下，我们主要做了以下尝试。

1. 制作“校长园地”网页。为学员们构建新的学习环境是我们制作网页的基本思路。为学员们构建学习环境与在网上向学员们灌输知识，这是两种不同教育思想的反映。前者是以学员的学习为中心，认为学员是网上学习的主人，我们发展网上教育是为他们创造学习的机会，提供良好的信息环境，为学习的主人服务。这充分体现了网上教育服务的实质。

为此我们共设干训动态、校长论坛、跟踪考评、科研天地、管理方略、异地采风、网上传真、友情链接、校际信箱、论坛、校长风采等栏目，达到资源共享、相互交流、共同提高的目的。

2. 网上培训(学习网络的教育)。为了保证校长们能充分地利用网络，包括轻松上网、自由查找资料、自如论坛等，我们首先进行了学习网络的教育，从针对校长作为管理者的角度出发，我们共进行了三方面的培训：①信息的浏览与查询；②电子邮件的发送与接收；③网上自学与论坛。通过培训，学员们掌握了必备的利用网络的基本知识，而且每位学员都有自己的信箱与论坛的注册号与昵称。

3. 网上自学。为使自学更富灵活性与针对性，我们采用网下与网上自学相结合的方式。学员们除了采取传统的自学方式外，还在网上给学员布置自学的要求与内容，学员可在网上完成自学的内容，以电子邮件的形式发回干训部。

4. 网上论坛(研讨)。为充分体现远程教育的交互性与适时性，我们定期组织学员开设网上论坛，论坛主要是围绕我国当前教育发展的热点和难点进行探讨，先后进行了“素质教育”、“学生厌学心理”、“创办特色学校”、“教师心理健康”等方面研讨。

通过网上论坛活动，使我们真切地感受到远程教育在校长培训中有着不可替代的作用。

(1)有利于学员及时捕捉教育信息。计算机网络信息传递快捷，可为学员提供多层次、全方位的学习资源，可引导学员由被动式学习向主动式学习转变，为学员自学、研讨提供了极大的方便，极大地提高了学习效率。

(2)有利于学员解决工作和学习的矛盾。学员可以不再受时空及地理因素的制约，可全天 24 小时进行，每个学员都可以根据自己的实际情况来确定学习时间、内容和进度，可随时在网上下载相关学习内容或向老师和同学请教，为学员的学习提供了方便，同时也减轻了学员单位的负担。

(3)有利于提高学员运用现代教育技术的能力和水平。在远程教学过程中，要求学员能熟练地上网、查找资料、收发信件、自由论谈、聊天等。通过这些活动，学员们运用现代教育技术的水平逐渐提高，使更多的校长熟悉和适应信息时代的教学新环境，不断提高校长的信息素养。

(4)有利于充分体现因材施教的原则。学员可根据自己的兴趣设计自己的学习方法，极大地激发了学员的学习兴趣。

(二)课题小组结硕果

为提高校长们的科研能力与水平，我们与科研部的教研员共同组织培训班的学员以课题小组的形式开展各种专题辅导与课题研究活动。

这项活动主要分四阶段进行。

(1)问卷调查阶段：将学员在学校所承担的课题分类，通过问卷调查，我们将学员上交的课题分为两大组，这样成立了两个课题小组，这两个小组的课题分别为《加强学校特色建设，促进学校整体优化研究》、《校长维护教师心理健康的策略与方法》。

(2)分组辅导阶段：分别请有关专家对各小组的课题进行辅导，包括专题讲座、答疑、个别指导等多种形式。

(3)分组进行课题实验：这期间学员在各自学校进行实验，实验过程中也可随时将大家集中到一起进行座谈，解决实验过程中遇到的问题，相互借鉴。

(4)阶段性实验报告：在各自实验的基础上写出阶段性课题报告，在班级进行交流。

(三)能力考评重实效

为了提高校长理论联系实际的能力与水平，我们加大了对校长们教育教学能力的考核，阶段考评与平时全区性的大型教育教学活动相结合。我们先后组织培训班学员参加了全区素质教育点校每月一次共八次的听课、评课教学研究活动，同时上学期我们还组织校长班的学员参加了全区一年一度的"百花奖"赛课活动，按照本届"百花奖"校长参赛方案的各项要求，校长们积极参加了赛前培训，同时又分别上交了"百花奖"的活动方案、总结和评课材料各两份，经领导评定，有10位校长获得了一等奖，有19位获得了二等奖。通过组织校长们参加"百花奖"活动的过程，达到了预期的目的，提高了校长们的教育教学指导能力和水平，推动了全区教育教学工作的深入发展。

回顾校长参赛过程，有如下五个显著特点：

1. 充分性。这次活动校长们都做了充分的准备。第一阶段:理论培训阶段。9月12、14、21日三天先后请了进修学校中学部的黄耀强主任、培训办的李娟老师,分别为中小学校长举办了“新时期、新形势对校长的新要求”、“在教学管理上校长们急需解决的主要问题”和“‘创新杯’主题班会实践操作要求”为题的专题讲座,校长们都能积极认真地参加培训学习,特别是王岗、红旗、新春等偏远学校的校长,也能一次不落的保证出席。第二阶段:实践操作阶段。9月24日至11月末,各校进行了校、区两级的赛课活动。第三阶段:活动总结阶段。第四阶段:12月17日、18日两天全区汇报课现场观摩。

2. 创新性。校长们能用先进的教育理念,引领教学改革。因为教育观念直接影响着教育目标的确定、教学内容和方法的选择,任何一种新的教学方法或课堂教学模式,都是在一定的教育思想的指导下进行的。在组织这次活动中校长们有许多开拓性的想法和做法,在实践中提升了教育理念,都程度不同地体现了创新意识。具体体现在各学科以及德育“创新杯”主题班会的汇报课与往届相比更突出了创新精神,如萧红中学的《勿以善小而不为》、中学组的八节集中汇报课都充分体现了创新精神。

3. 科研性。21世纪要求校长们有较强的理性思维,校长们充分认识到科研的先导作用及在教育教学中的应用的必要性,围绕着本届“百花奖”活动提出的“三新”、“三突出”、“三紧密”的指导思想,在这次活动中校长们都有较强的科研意识,能指导学校教师在课堂教学中紧密结合“十五”科研课题,在教学实践中搞科研,使科研课题课程化,使教师们学会在研究状态下工作。

4. 开放性。21世纪,随着科学技术的迅猛发展,世界范围缩小了,地球变成了地球村,校长们充分认识到了要有开放的意识,要善于吸收新信息、新经验。在这次百花奖活动中增强了校与校之间、学科与学科之间的交流与合作,特别是被聘为“百花奖”学科课评委的校长表现得更为突出,他们兼收并蓄,认真听课,积极评课,把其他学校的好经验和做法吸收到自己学校来,更可喜的是有些学校能充分利用网上资源,使“百花奖”课的内容更具有前瞻性、时代性。

5. 规范性。懂教育，会管理是这次校长参加“百花奖”活动的目的之一。为了使校长们管理教育教学更具有规范性，我们在培训过程中，明确了校长书写活动方案、总结、评课材料的具体要求，按照这些要求，我们在评定校长们的上交材料时感到95%以上的校长都能按要求书写得完整、明确，而且具有各校的特色。

（四）理论学习转观念

理论学习，是指由专家、教育行政领导、学者等组成的专兼职教师对学员集中进行理论知识的传授。21世纪要求校长的工作要具备理论性、开放性、宏观性、科研性、开拓性等特点，这就要求校长要有较强的理性思维的能力。另外，校长们的工作性质也决定了他们有丰富的实践经验，而相应的理性思维能力有待进一步提高。我们先后对校长们进行了现代教育理论专题、素质教育专题、课程改革通识培训等方面的培训，通过培训，校长们提高了自身的理论修养，更新了教育观念。

二、取得的成效与几点体会

（一）初步成效

1. 促进了校长队伍整体素质的提高。通过培训，中小学校长的开拓意识、创新意识、竞争意识、科研意识都有较大的增强。思想政治素质、科学管理能力、依法治校能力、教育评估能力、运用现代教育技术能力都有明显提高。

2. 促进全区性教育科研、科普活动的开展。在培训工作中，我们加大对教育科研课程的学习力度，进一步增强中小学校长科研兴校的意识，组织他们学习和钻研教育科研理论和方法，提高其教育科研的能力和水平。

3. 提高了校长运用现代教育信息技术的能力。通过计算机全员培训及网上论坛活动的开展，99%的校长已达到中级水平，既提高了培训的效益，也提高了校长科学管理学校的水平。

（二）几点体会

1. 领导重视是提高校长培训质量的保障。

南岗区培训领导小组带领干训部的同志认真学习教育部下发的《中

小学校长培训规定》,认真分析形势,结合我区校长队伍的实际,制定了"十五"培训规划,并组织每位校长认真学习与落实,认真研究制定本培训班的指导思想、培训方案,使我们进一步明确了方向。教育局领导及进修校的领导多次亲临培训班参加活动及进行专题讲座,正是领导们的高度重视,为培训班顺利开展活动提供了有力的保障。

2. 以人为本是提高校长培训质量的基础。

本次培训班始终紧紧围绕校长们的实际需要安排教学内容、组织教学活动,如每月一次素质教育点校活动的参加、网上活动的开展、"百花奖"实践能力的考察以及外地先进教育经验的参观考察活动,都是校长们平时急需解决的热点、难点问题,充分调动了校长们参加学习与活动的积极性与主动性,增强了培训的实效性,提高了校长培训的质量。

3. 开放式教学是提高校长培训质量的途径。

"十五"校长培训我们更注重开放性。那种封闭在课堂上满堂灌的教学形式,不仅不受校长们的欢迎,而且严重影响教学质量。我们采取了三种开放式教学形式:其一,课题研究式。在办班中,始终要求学员结合"十五"科研课题的确立,在学校实践中开展课题研究活动,我们采取了课题论证—专家辅导—回校实践—集中研讨—阶段总结这样反复实践的开放式教学。其二,外出考察式。我们定期组织学员到素质教育活动搞得好的学校去听课、评课、现场观摩。如我们曾先后到 69 中学、萧红中学、虹桥中学、165 中学、125 中学等学校参加了这些学校的教育教学活动。其三,网上论坛式。我们定期组织学员进行网上论坛与研讨。根据学员在教育教学中的热点、难点问题在网上进行交互式研讨教学。

独生子女教师师德培训的实践探索

哈尔滨市第163中学　聂　芮　汪大威

“无德无以为师，德为师之本”，高素质的教师首先应该有一种高尚的精神境界，这样才能以师德之本求业务之荣。师德修养不仅直接关系到教师队伍建设，而且直接影响受教育者。

中国政府从1979年以来开始实行计划生育政策，现在，最早的一批独生子女已作为新一代公民进入社会。在学校里，这些20世纪70年代末、80年代初出生的第一代独生子女已占据了教学第一线的半壁江山，而他们的学生99%也是独生子女，两者共同特性叠加放大，独生子女的弱点在他们身上有显著体现。在21世纪的今天，研究独生子女教师师德方面存在的问题和对策，就显得尤其重要。在经过一系列的研究和探索后，我们取得了一些成功经验，现总结如下。

一、独生子女教师特点的分析

163中学地处学府路，共有专职教师93人，其中35岁以下的青年教师中有22人为独生子女，占专职教师的24%。师生间逐步出现“同辈人”现象——独生子女教师教独生子女学生，校园里传统的师生人际关系受到挑战。因为年轻，他们比年长的教师更受学生的欢迎。同样因为年轻，大部分学生家长对他们持“不够信任”的态度。人们对这批独生子女教师的评价是“优缺点均十分突出”。

（一）独生子女教师的优势

1. 生理条件比较优越——“集父母气血之精华”，从遗传因素方面保证了独生子女在体力、智力等方面的优越地位。

2. 家庭经济条件相对优越——父母尽量满足他们在身体、心理发展的需要，保证他们有充足的营养，有利于他们的身心发展，所以独生子女一般都成熟较快，尤其是社会化和个性化发展较快。

3. 受到过良好的教育——在他们小时候，家长总是挤出时间带他们参观、野游、做游戏、教他们学习、供给他们智力开发的各种玩具。上学后，学校非常重视他们各方面的发展状况，家长也注重培养他们的专长。故独生子女教师兴趣广泛，积极热情，追求理想。他们一般接受新知识、新理念快，各有专长。

4. 享有父母充分的爱——在充分爱的阳光中成长的他们形成活泼、开朗、大方、敢说、敢想的性格特点，且精力充沛，对个人前途充满了幻想，虽然对教师工作还不很适应，但愿争做合格的人民教师。他们抱负远大，自信好强，进取心切，能很快适应新的环境，现代社会的竞争意识强。

（二）独生子女教师的弱点

这些独生子女教师从小学到师范乃至参加工作，基本上是“衣来伸手，饭来张口”，没有经过艰苦环境的磨炼，他们在心理和道德方面存在着很多问题，造成他们个性上的弱点。

1. 个性心理方面

(1)依赖心强、软弱，做事没有主见。连家访也会害怕，有的硬要自己的妈妈陪着去。

(2)容易感情用事。有的教师十分任性，控制不了课堂纪律时，便教鞭一扔，丢下满屋的学生，转身哭鼻子去了。

(3)好高骛远，见异思迁，缺乏事业心，我行我素。一部分人还或多或少地受到社会负面因素的影响，追求金钱和一些刺激的生活方式。

(4)缺乏进取心。很多独生子女教师把自己的目标定为：甘居中游——我也不想出头，你校长也别批评我，在教育教学中起不到表率作用。还有的年轻教师，自从跨进了教师队伍以后就好比进了保险箱，不思学习，不求进修，缺乏进取心，缺乏成就欲。

2. 社会适应性方面

(1)遇到突发事件不会处理，和学生毫不相让，有的干脆坐到桌子上和学生“针锋相对”；有的对学生大嚷大叫，希望用声音来压倒学生。

(2)以自我为中心，自以为是，把个人利益看得高于一切，做事圆滑，自我约束能力差。

(3)缺乏团队精神和奉献精神,组织纪律性较差。

3. 个人道德修养方面

(1)不能起到学生的榜样和表率作用,地上掉落的纸张和作业本,他们都懒得弯腰去捡。再如在全班大扫除中,有的老师两手往裤兜里一插,当起了“监工”,而黑板呢,干脆把手指向学生,让学生擦。

(2)对待学生有时责任心不强,对学生的学习行为、品德行为抓得不紧、不得力,对学生放任自流,有的甚至变相体罚学生。压服的结果是造成学生的对抗或屈服,养成学生对老师阳奉阴违、说谎等不良习惯。

(3)粗枝大叶,和学生一样东西乱扔乱放。学校失物招领处成堆的眼镜、钢笔、钱包中,也有青年教师们“参”的“股”。

(4)不注意为人师表,如有的教师穿得过于时髦,还有的教师上课传呼、手机响了,把学生撂在一边,自己去打电话了。

总之,这些独生子女教师精力充沛,有工作热情,思维活跃,视野开阔,富有先进教学理念,但是他们在工作中唯我独尊,责任心、进取精神和奉献精神有所欠缺,敬业精神不足。这些独生子女教师往往是有热情,缺乏冷静;有干劲,缺乏方法;有理论,缺乏实践。提高教师的自身素质,其中最主要的是思想道德素养和敬业奉献精神,这是教师的灵魂所在,是教好书育好人的根本。因此,对青年教师,尤其是独生子女教师进行职业道德培训,有十分重要的现实意义和深远的历史意义。

二、制定规划,确定培养目标

我校充分重视这一特殊教师群体的培养和管理,根据他们成才的三个阶段,即“生存关注”阶段“任务关注阶段”和“自我更新关注”阶段,确定了“一年上岗,二至三年胜任,四五年成材”的目标,尽量加快他们的成长速度。如果我们从实际出发,注重实效,有计划、有重点、有针对性地开展政治教育、思想教育和职业道德教育,注重从个体师德教育发展到群体创优,以科学的理论武装、以正确的思想引导、以高尚的精神塑造他们,为这些独生子女教师营造一个成长的良好氛围,使之安全地度过“职业磨合期”,从思想上、情感上真正融入到学校集体中去,让正确的人生观、道德观、价值观占领他们的心理空间，我们就必将能建立一支敬业爱生、为人师表的高素质的青年教师队伍。

三、培训的具体措施

建立在对问题分析的基础上，我们确立了师德培训的内容及培训的途径和方法。

（一）内容紧扣主题，突出实效，重点提高

师德的基本准则是新时期独生子女教师所应必备的道德品质，是他们必然要接受的基本教育。但是我们认为树立职业精神比规范职业道德又高出了一个层次。教师应具备的职业精神为：爱国主义精神、奉献精神、爱岗敬业精神、开拓创新精神、廉洁自律精神、团结协作精神和民主法制精神。我们深知教师具有崇高的道德形象和巨大的人格魅力，对学生形成一种“桃李无言，下自成蹊”的感召“场”，学生自然就会按照教师的道德和人格的启发，规范自己的行为。因此，提倡职业精神是教师为人师表的需要。我们希望通过对独生子女教师的师德培训使他们具有民主法制精神、团结协作精神、爱岗敬业精神，直至达到它的最高境界——奉献精神。

高尚的师德不是自发产生的，而是在加强集体和自我教育过程中逐步形成的，外在的集体教育只有通过内在教育才能转化为教师自身的品德。因此，师德教育应是教师加强自我修养、自我陶冶、自我锻炼的个人自觉行为。我们要求独生子女教师根据自身实际，确立自我成才目标，自我定位、自我学习、自我钻研、自我提高。学习的主要内容为：

1. 认真学习《中小学教师职业道德规范》、《教师行为准则》，进行自我对照检查，制定整改措施，强化教师的师德意识和依法执教的自觉性，使师德规范人人皆知，引导他们对师德的认识从感性升华到理性，促使教师不断加强师德修养，进一步提高师德水平。

2. 重点学习校本培训教材之一《教师职业道德的建构与修养》，并把“忠于人民教育事业，矢志不渝”“热爱每个学生，诲人不倦”“教好功课，一丝不苟”“以身作则，为人师表”“团结协作，共育新人”“勇于探索，开拓创

新”作为重要内容来学，进行热爱教育工作、热爱学生、初步掌握教育教学常规工作的训练。

3. 学习“一纲五法”，即《公民道德规范实施纲要》、《宪法》、《教育法》、《教师法》、《义务教育法》、《未成年人保护法》，严格遵守教师的行为准则，不体罚或变相体罚学生，坚持依法执教。

4. 倡导教师热爱学生，献身事业，开展“三心两爱”教育活动：“三心”——事业心、责任心和进取心；“两爱”——爱事业、爱学生，这是师德的核心所在。“蹲下来和学生说话”、“抽空摸摸孩子的头”、“新世纪的最重要的一条是爱孩子，面对灿烂的生命笑不起来的人应该离开教师队伍”，这些写在小黑板上、挂在学校走廊里的先进的教育理念时刻提醒着他们注意自己的言行。

（二）方式灵活多样，注重实效，全面提高

1. 自学与讲座相结合：学校每周发学习提纲，指导教师进行自学，并安排下周学习的内容，每月进行专题研究。然后，校级领导及有专长人员分工合作；制订专题，开展师德讲座，撰写学习体会，使他们通过学习更新观念、提高认识，加强师德修养，自觉增强“学高为师、身正为范”的意识。

2. 研讨交流：定期召开案例分析会、论文宣讲会及优秀教师经验总结交流会等研讨活动。通过座谈会、报告会、个别谈心等活动，引导独生子女教师正人先正己，使他们自觉将个人的价值意向指向集体目标，树立全局和集体观念，增强集体的凝聚力，激发他们“干一行、爱一行、专一行”的强烈事业心和责任感，引导他们敬业爱岗，努力进取。

3. 参观考察观摩：创造条件让独生子女教师走出去学习，学校在经费紧张的情况下，仍选派他们去长春、北京以及市内165中、63中等学校学习，提高他们的业务能力。我们除了采取“走出去”的方法外，还采取“请进来，全面提高、重点加强、带动全体”等方法，定期请市、区、校的优秀教师、专家、学者举办师德讲座和现代教育理论讲座，介绍教书育人的事迹和经验。

4. 实践操作，拜师结对：和有经验的教师“拜师结对”，以老带新，发扬老教师爱生乐教、谦虚谨慎、团结协作的精神；开展见习班主任活动，虚心向优秀班主任学习，全面提高自己的师德和教学水平。

我校还发挥青年教师活泼、好动的特点，用丰富多彩的形式对他们进行熏陶，灵活地开展教育活动。如参加社会实践活动，慰问养老院的老人、和学生共同去试验田种菜、去工程力学研究所与博士一起做地震模拟试验、五四长跑活动、青年教师辩论大赛、区青年教师歌舞比赛、校排球赛、诗歌朗诵会等。这些活动不但陶冶了他们的情操，而且使他们增强了集体荣誉感，体验了教师职业精神的丰富与伟大。

（三）激励性与约束性并存，建章立制，系统提高

1.“教师的人格力量是素质教育的重要保证。”“教师不仅要在讲授的课程中循循善诱，更要通过言传身教让学生懂得做人的道理。”在抓师德修养方面，我们注重通过具有激励性的评比活动对独生子女教师加强品质的培养。

榜样对教育对象具有感染和示范作用。我校大力开展“铸师魂，养师德，练师能，树师表”活动，开展“校师德优秀个人评选”，使广大独生子女教师学有榜样，赶有目标，把“学先进，赶先进，争先进”推向了更高层次，促进青年教师在学习中进步，在实践中成才。我们希望在较短时间内提高他们的师德水平，并使他们懂得这样一个道理：修德者胜，毁德者垮。

2. 在师德建设中，又要从制度上对教师加以约束和保证，为此我们制定了《哈 163 中学青年教师行为准则十条》来约束他们的行为。

（1）自觉参加政治、业务学习和校本培训，准时到会。

（2）认真备课，注重教学新理念，改进教学方法。上课前做好物品准备，提前进教室，上课前要将手机、BP 机关上，教学过程中教师不得离开教室，去接打电话。

（3）尊重学生人格，平等、公正地对待学生。不放弃任何一名学生，不讽刺、挖苦、体罚或变相体罚学生，做学生的良师益友。

（4）同事间要相互尊重、取长补短，不说有损团结的话，不做有损于集体利益的事。

（5）尊重家长，不训斥、刁难、指责家长。接待家长要来有迎声，走有送语，不借工作之便托家长办私事或索要、收受礼品。

（6）严格执行收费申报制度，不以生谋私，决不允许搭车收费或乱收费，严禁在校内、校外办有偿补课班。

(7)严格执行学校规章制度,不迟到,不早退,不无故丢课,履行请假手续。

(8)着装得体,符合教师身份,语言文明。

(9)美化工作环境,办公室物品摆放整齐,走廊低语、轻步、不吸烟。

(10)关心学校,热爱集体,经常向领导提合理化建议,做学校的主人。

为了加强监督,学校设立师德举报箱,对师德存在问题的青年教师实行师德一票否决制,年度考核为不合格。

(四)开设心理教育课堂,注重心理健康,整体提高

良好的师德是建立在健康的心理素质上的。独生子女教师身上出现的很多师德方面的问题,实质上都蕴涵着深层次的心理问题。所以,我们把开展教师的心理健康教育作为一项重要的问题来抓。独生子女教师都有一个角色转换与适应的过程,刚步入工作岗位的教师往往会出现各种各样的心理问题,心理学上将这一时期称之为"心理失衡期"。导致心理失衡的原因首先是现实中的工作与他们心目中的不统一,由此产生心理落差。其次是教师对新的环境、新的人际关系、新的教学模式不适应,产生困惑而造成心理失调。另外,新教师作为学校中普通的一员,与其以前在大学里作为佼佼者的感觉大不一样,这也是导致心理问题的诱因之一。

他们在心理方面存在的问题集中表现在以下几个方面。

1. 职业适应性差:表现为对所从事的工作不喜欢,并为此而经常感到心理不平衡,缺乏进取心和责任感,没有明确的发展目标。

2. 情绪不稳定,自制力差:性情有时急躁,反应过敏,不善于控制自己的情绪。

3. 人格缺陷与人际关系紧张:表现为与周围的人经常发生矛盾冲突,与同事不能和睦相处、协作做事,对学生不能尊重理解,唯我独尊,以自我为中心。

此外,大多数人遇到挫折和压力容易垂头丧气。我们深知:只有身心都健康的教师才能适应当今的教育,才能培养出身心都健康的学生来。一个心理健康的人不是没有任何挫折和失败的人,而是能够正确对待挫折和困难,最后走向成功的人。我校为了使这些独生子女教师尽快进入角色,为他们开设了"心理教育课堂"、"心理咨询室"、"心理信箱",从心理

角度对他们进行调节，领导也经常找他们谈理想、谈人生，变管理者角色为指导者角色，使其产生愉悦的心境，从整体上得到提高。同时还要求他们细心学习六本书之一《心理健康教育与教师心理素质》，希望能解除他们的困惑，加快其成长的步伐。

四、独生子女教师师德培训取得的成果

师德培训使广大独生子女教师精神面貌发生了很大变化，队伍整体素质也得到了提高。通过新一轮问卷调查和座谈调查反映出：独生子女教师的师德水平普遍得到提高，受到家长的称赞和信任，他们身上的弱点得到了校正，取得了一系列可喜的成绩。

1. 每一位独生子女教师都能自觉地投身于教育教学中，形成讲奉献、比贡献的良好风气，他们懂得了教师必须有学高为师、身正为范、严谨治学、乐于奉献的精神。他们的思想觉悟提高了，写入党申请书的人数由 2 人上升为 18 人。在学校开展的青年教师评佳活动中，有 4 人获奖。14 个独生子女班主任中 2 人获得市、区级的优秀班主任称号，4 人获校级优秀班主任称号。参加社会实践活动卓有成效——带领学生周日去敬老院献爱心，为老人买水果、表演节目，深得好评；和学生一起在试验田种植作物，撒下汗水，品尝丰收的喜悦；参加区青年教师歌舞比赛，获得一等奖；积极准备校内和校外的辩论赛，在参赛期间，坚持每晚在校研讨对策、搜集资料，团队合作精神得到充分体现，进入南岗区前八强，并获最佳组织奖。

2. 积极遵守青年教师行为准则，着装大方得体，上课手机和 BP 机响的现象不见了。能做到心中有他人，主动参加义务劳动，在学校盖楼期间，承担起学校操场、浴池等地方的清扫工作，他们的奉献精神得到了大家的赞扬。

3. 心理方面更成熟了，遇事冷静，对突发事件能得心应手地去解决了。他们把学生放在平等地位，信任、尊重他们，视他们为自己的朋友和共同求知成长的伙伴。

4. 通过学习，他们的教育教学理念提升了，牢牢树立了继续学习的观念，不断更新知识，优化教法学法，并能克服自身的弱点，积极投入到教

学改革的洪流中，他们的业务水平提高很快，并以饱满的精神投入到新课程改革和科研活动中去。几年来，有 15 人参加了区教学“百花奖”活动，有 8 人获得了一、二等奖。学校还编写了《青年教师论文集》、《随笔案例集》等。他们的论文有 37 篇分获国家级、省级、市级和区级优秀论文奖。

他们立志以高尚的人格熏陶学生，塑造学生美好的心灵，立志把学生培养成“大写的人”。对于独生子女教师的培训是一项长期的、持久的工程，但是我们有信心，经过精心的培养，他们总有羽翼渐丰、展翅翱翔的一天，他们会用丰厚的知识、高尚的人格使学生“亲其师，而信其道”，他们将会是最有师之魅力的一个群体！

运用分层原则开展校本培训

哈尔滨市第37中学　张　竞

所谓“校本”，意指三个方面：一是为了学校，二是在学校中，三是基于学校。为了学校，指校本培训所要解决的是学校和教师教学实践所面临的问题；在学校中，指教师应该而且也必须在任职学校和课堂中谋求自身的专业发展；基于学校，指教师培训的一切活动都必须从学校和教师的实际出发。基于这三个方面，1999年，我校作为一个郊区中学，承担了哈尔滨市南岗区建立中小学教师继续教育“四位一体培训机制”课题中的子课题“校本培训的途径与方法研究”。

在实验的过程中，我们灵活地运用分层原则开展校本培训，力求使培训具有针对性和实效性，加快了教师队伍建设，提高了教育教学质量，取得了初步的成效。

一、分层的依据与原则

（一）分层的依据

1. 理论依据：一个学校的所有老师，不可能都在一个起跑线上，也不可能用一把尺子衡量，不同层次的老师有不同层次的需求。学校教师学历层次不一，年龄结构不同，教育教学水平也参差不齐，因此在进行校本培训时，对学历层次低、教育教学水平差、科研能力不强的教师应进行专业理论知识和实际操作能力培训；对中等层次的教师要进行提高培训，对较高层次的教师可进行现代教育理论、现代教育技术、教育科研能力等培训；对全体教师应进行基础教育理论的培训，做到各个层次各得其所。因此，根据教学能力、工作性质和年龄进行划分，采用不同的培训方式和培训内容，才能使校本培训更具针对性，更有实效性。

2. 实践依据：我校是郊区中学，受历史和地域等方面的影响，导致师资力量薄弱，骨干教师少，仅占学校教师总数的5%，新上岗的青年教师较多，占全校教师总数的35%。一些中年教师教学能力相对市区中学较弱。如果只按教学能力划分层次，这些中年教师就可能和青年教师划分在同一个层次上，培训的内容就会相同，这样因教学经验的积累和年龄的差异，培训的针对性就不强，会影响培训质量。而按教学能力和年龄分别划分出不同的层次，年轻的教师可以根据自己的实力，参加高层次的培训，如优化课堂教学培训、现代信息技术的应用培训、骨干教师培训等，有可能在一定的时间内超过中年教师，成为骨干教师。而有些中年教师和老教师，由于受郊区的特殊环境影响，基础弱，底子薄，但自尊心很强，工作态度认真，这就必须要求他们尽快转变教学观念，适应新的教学要求，尽量调动他们的积极性，使他们感到参与校本培训的重要性，感到不学习就要被新的教育形势所淘汰，在培训中逐渐产生竞争意识，不甘心落在青年教师的后面，整体推动了校本培训工作的开展。还有一部分中青年教师，平时比较注意更新自己的知识，关心新的教育形势，在教学工作实践中，严格要求自己，锐意进取，进步很快，已是学校的骨干力量，对他们应提出更高的学习目标，掌握现代教育最前沿的动态，学习最新的教育理论，使其成为学校教育教学改革的主力，引领学校教育教学最先进的理念。

(二)分层的原则

主要通过教学能力、工作性质和年龄三种原则来划分。

1. 根据教学能力分为：区级以上的骨干教师、校级骨干教师、合格教师、不合格教师、新上岗教师等六个层次。

2. 根据年龄分为：20～30岁为青年教师，35～45岁为中年教师，46岁以上为老教师。

3. 根据工作性质分：班主任教师，各学科教师。

(三)分层的操作

年龄和工作性质划分直接按照教师基本情况划分即可。

根据教学能力我们采取动态的划分，不论是否已被认定为骨干教师，每位教师都要根据《教师职业道德规范》的要求和教学能力制定出不同层次的不同标准，以及按照自己的实际情况，实事求是地评价自己，以确定自己的层次，制定一定时间内的奋斗目标，向学校申报。学校根据其个人申报的层次，对其进行近一学期的跟踪听课，综合评价考核，最后确定目标。如基本合格的教师，力争在多长时间内达到合格；不合格的教师不能上课，要在一定的时间内提高思想素质和教学水平达到合格的标准，否则调离教师岗位；合格的教师力争在一定的时间内达到骨干教师的水平。

这一步操作是培训的关键，教师定位准确，培训的针对性就强。在教师自己定位的过程中，要让教师进行学习——反思，使教师正确地认识到培训是为了提高自己的综合素质，不走过场。

二、不同层次教师的培训

1. 全员培训：主要以《中小学教师综合素质培训自修教程》（六本书）为主要培训内容，组织全体教师对现代教育理论、现代教育技能进行学习，使他们能够广泛地了解、积累和掌握现代教育教学及学科的前沿知识和研究成果，关心新的教育形式，拓宽视野。再在学习的基础上反思自己的教育历程，总结经验，吸取教训。这个培训由学校统一组织，不分层次，每位教师必须参加，这是培训的初级阶段。通过这个阶段的培训，全体教师提升了教育理念，使教师参加校本培训达到了自觉自愿。

2. 骨干教师培训：除参加区级以上的骨干教师培训外，学校又根据实际情况对骨干教师进行培训。因为教学能力的层次是动态的，所以各层次的骨干教师必须参加这个培训，但想尽快成为骨干教师的人，也可自愿参加培训。

对骨干教师的培训要有高目标，要有严要求。通过培训，要求这个层次的教师要达到：具有良好的政治思想道德修养和心理素质；有强烈的事业心、责任感，有无私的奉献精神；有新的教育理念，改革创新意识强，对教育教学改革有独立的见解和创新的表现；有较高的理论修养，具有先进、合理的知识结构；具有广博的学识和较高的教育教学水平，能发挥骨干教师的示范辐射作用，对课堂教学有持续的变革和创新；具有较强的教育教学科研能力，能独立开展课题的研究工作，能独立掌握以计算机多媒体辅助教学为核心的现代教育技术，制作出有一定水平的教学课件。

因此，在对骨干教师的培训中，要求教师做到理论联系实际，使他们成为理论学习的探索者和研究者；提倡多种学习模式，发挥骨干学习的主体作用，在实践中不断探索，日渐积累，日益提高，保持其领先的地位。

还要用学过的教育理论指导工作实践，解决素质教育中的实际问题，能指导帮助新教师参与教研活动；以探索研究、改革创新为先导，培养他们独立撰写具有一定学术价值的和有较高理论水平的论文、总结、体会及调查报告。

3. 青年教师培训：对于教育来讲，抓好了青年教师的培养，就抓住了学校的未来。青年教师将逐步成为中小学教师的主体，他们教龄短，经验少，知识底蕴单薄，尽快让这些新教师熟悉教育工作成为当务之急。在培训中，从教育新教师热爱教育事业，关心学生，具有良好的思想道德素质和心理素质入手，要求他们做到“学高为师、身正为范”，树立“堂堂正正做人、勤勤恳恳做事、踏踏实实进取”的务实精神。每学期末举行一次青年教师“师德演讲报告会”，向全校教师汇报自己一学期来的师德修养情况，加强青年教师教书育人的责任感。使他们在培训中达到：在教学上具有创新意识，用现代化的教育理念，努力调整知识结构，为学生的思维潜能、思维方式服务。自觉学习有关教育法规与各项政策，注意按教育规律办事，注重思考问题的角度，指导、鼓励他们在实践中积累资料，整理素材，总结经验，丰富自我。强化教学能力，在熟练掌握传统的教学基本功的基础上，提升运用现代化多媒体教学手段进行课程整合的能力。要求一年入门，三年合格，五年争取成为骨干教师。尽快熟悉教育环境，进入角色，锻炼自己管理班级的能力。

在培训中，还尽量安排青年教师参加校外的培训课程，如进修校组织的新教师上岗培训、外出观摩教学等活动，以开阔青年教师的视野，鼓励青年教师“读万卷书”，丰富自己的知识和阅历，引导他们参与学校的教育教学研究，勇于创新，锐意进取。

4．中老年教师培训：根据中年教师和老教师的共同特点进行培训，重视发挥中老年教师的作用，调动中老年教师的积极性，帮助他们准确定位，使他们在校本培训中发挥优势，带动青年教师积极投入到新一轮的教育教学改革中。

中老年教师由于形成了传统的教育教学观念，有了传统的教育习惯，掌握了一套传统的教学方法，现在要经历一次新旧理念、新旧模式、新旧思维和新旧方法相互冲撞的磨合过程。这个过程是比较艰难的，在校本培训中，对他们重点以提升新的教育理念为主，鼓励中老年教师认真总结自己的教学经验，使其形成自己的特色，在此基础上吸收新的教学方法，与自己的教学经验相融合，吐故纳新，使自己的教学能力更上一个层次，调动了中老年教师在继续教育中的积极性，带动了青年教师。同时，我们还要求中老年教师为青年教师做出榜样，带好青年教师，形成以老带新、以新促老的新局面。营造出新教师虚心好学，老教师认真施教的良好氛围，使老教师在教师继续教育活动中，既发挥了作用，又达到了再教育的目的。

5．班主任培训：班主任是学生的领路人和领导者，担负着培养跨世纪人才的重任。对班主任的培训主要以师德建设为核心，以岗位培训为切入点，加强班主任基本功训练。在培训中，我们要求班主任在参加其他层次的培训的同时，必须参加班主任培训。

我校班主任有80%是青年教师，且大部分是第一次任班主任工作，工作热情很高，但缺乏教学管理能力。在培训中我们主要采用岗前培训，以保证上岗的质量。以老带新，促进年轻班主任的成长。强化岗位培训，注重练好基本功，并内化为管理班级、培育新人的能力。要求班主任在培训中，培养自己广泛读书的兴趣，努力提高自己的德育水平。勤于实践，大胆进行德育改革实践。善于写作，及时总结自己的工作经验。使班主任能熟练掌握岗位基本功，能熟悉并掌握班级学生的情况，采取相应的对策，能有效地组织学生开展各项活动。通过培训，目前在岗的班主任教师已具备了适应工作需要的素质，热爱班主任工作，富有进取精神和创造精神。

三、体会与感受

分层次培训原则的成功运用，关键要帮助每一位教师给自己一个准确的定位，教师们就可以根据自身条件和要求有选择地参加培训，使校本培训更具有针对性和实效性。能够充分调动教师参与校本培训的积极性，为教师们的培训创设了更广阔的空间，使全体教师认识到终身学习的重要性，自觉自愿地、有针对性地选择培训形式。更重要的是为教师创设了不断进取，勇于竞争的氛围，创设了在进入了21世纪，在知识风暴到来之际，不竞争就要被淘汰的危机感。

"校本培训"是引导教育教学改革和提高教师综合素质、提高学校教育教学质量的一条重要途径，运用分层原则开展校本培训，使我校的校本培训构成了蜘蛛网络，既有针对性，又具灵活性和实效性，取得了非常好的效果。

以青年教师研究会为载体
提高青年教师的综合素质

哈尔滨市第156中学　曹　罨

“青年兴则国兴，青年强则国强”，谁掌握了青年，谁就掌握了未来。对于教育来讲，抓好了青年教师的培养，就是抓住了学校的未来。1999年，我校35岁以下的青年教师占学校全体教师比例的46%，而青年骨干教师占学校全体教师比例却只有5.4%。2002年我校35岁以下的青年教师已占学校教师比例的64%。针对这一现状，我校把青年教师的培训，即未来骨干教师的培养作为校本培训的重点。在培训过程中，我们始终坚持“以人为本”的思想，将青年教师的需求和发展作为我们培训的出发点，通过专题辅导、自学反思、研讨交流、教育教学实践等形式，走出了一条提高青年教师综合素质的成功之路。我作为主管培训的具体操作者，现将点滴做法总结如下。

一、以需定培，锁定目标

为了找到培训最有效的切入点，我们在培训前曾设计了对教师的问卷调查，其中心议题是：“在提高自身综合素质的实践中，您需要学校为您提供哪些培训?”问卷的内容突出了培训、教研、科研、电教四个方面，用以了解教师的需求，引导教师自我发展的需求，以便充分发挥“四位一体培训机制”在校本培训中的优越性。

我们意识到，只有将教师置于培训的主体地位，才能使他们把积极的心理外化为积极的行为，从而提高培训的质量。通过整理问卷，我们梳理出不同年龄、学历、学科、水平的青年教师的参培需求，根据个体的差异，并立足学校总体培训目标和任务，要求每位青年教师制定出便于自己操作与执行的自培计划。自培计划独具“个性”，极大地体现了教师在培训中的主体地位，避免了由于学校强求统一的目标要求，对教师参培的能动性和创造性的抹杀。每学期结束后，我们引导教师总结个人“自培目标”的实现状况，深刻分析自身素质，明确自身的特长与优势，清楚未来的发展方向。

二、努力实践，按需提高

我们成立了哈156中学青年教师研究会，将其作为培训的载体，吸收35岁以下青年教师参加，力争使它成为青年教师成长的摇篮，未来骨干教师培养的基地。在主管培训的刘家凤校长的主持协调下，培训、教研、科研、电教各部门各司其责，相互配合，形成合力，共同完成了青年教师的培训任务。

(一)洗脑子——“头脑风暴”、转变观念

学习是提高的基础。对青年教师来说，学会学习比学会知识更加重要。“教育者必须首先树立终身学习的观念，把学习作为责任、使命和自身发展的内在需要。”根据会员们“与最前沿教育理论接轨”的需求，我们将每周三下午定为全校的学习交流日，雷打不动。在理论培训中我们尝试了自主学习、合作学习、探索学习、反思学习、总结学习几种方式。教师们在自主学习中找到了差距，在合作学习中解决了问题，在探索学习中引发了欲望，在反思学习中明确了方向，在总结学习中转变了观念。

(二)夯底子——不断充电、夯实功底

市教育局局长石永明在一次讲话中提到“一次充电，永远放电的时代已经过去”，教育者必须提高综合素质才能把握时代的脉搏。根据青年教师适应现代教育的需求，我们分层次地对青年教师提供了几项急需的培训。

1. 全体青年教师的计算机培训：我们采取了集中与分散相结合、学习与实践相结合、自培与校培相结合的途径，提高了教师掌握运用现代化信息技术的能力。

首先是办班学习。定期按会员的基础组织了计算机初级班、中级班的全员培训，考试合格后发给校计算机水平测试等级证书。不合格的教师自行培训，直至全体会员通过市计算机中级考试。

其次是在实践中学习。我们要求全体会员自备电子档案，要求计算机初级水平的教师打印教案、论文、试卷等文稿，并从网上下载教育信息，以实现资源共享。要求计算机中级水平的教师结合公开课制作教学辅助软件，进一步要求他们尝试计算机与学科教学的整合课。这种培训提高了青年教师信息技术的收集、处理能力，有的放矢，增强了培训实效性，提高了会员的学习积极性。

2. 青年骨干教师的提高培训：青年骨干教师是学校的中坚力量，对他们的培训应贯彻可持续发展思想，提高他们的内在素质。我们采用了下述四种培训方法以推动骨干教师的成长，使他们逐渐缩短与专家型教师的距离，尽快成长为名优教师。

一是采用反思总结法。国内外的校本培训的理论和事实表明，“经验传递”只能缩小普通教师与专家教师之间的差距，只有在实践中不断反思和总结，才能有效促进教师的成长。因此我们要求青年骨干教师在教学中反思前提—反思历程—自我修正—总结自己的教学特色。他们通过对自己教学行为的原理、结果的理性反思，找到了关键所在，可以将教育品质和水平提高到一个新的层面。

二是采用个别指导法。即请市、区教研员到基层听课，对骨干教师进行个别指导。专家们充分挖掘每位骨干教师潜在的个性优势，强化、突出、张扬了每个人的个性特点，激发了他们的创造能力，使骨干教师的素质得到了更大的提高。

三是采用实践法。我们结合教学常规开展了“三优”评比。即优秀教案、优秀教学设计、优秀教学日记的评比，强化了青年骨干教师学科带头人的意识，发挥了他们的传培、示范作用，夯实了基本功。

四是采用课题研究法。课题研究是理论与实践的最佳契合点。我们确定青年骨干教师作为课题组组长，选择在教育教学实际中困惑的问题作为标志性课题，通过确定课题—查找理论信息—实践研究—成果表述的基本形式，开展有头、有尾、有过程的实验研究。研训结合提高了他们的理论素养和实践能力，发挥了辐射作用。

3. 新上岗教师的基本功培训：对于刚刚走上教师岗位的新教师，我们则依据基础性、补偿性的培训目标，结合教学常规检查，开展岗位练兵活动。例如，我们开展了优秀板书设计评比，提高了教师三笔字的质量。又如，我们还借鉴微格教学法指导新教师上课，即集体备课—听课示范—确定教学设计—教学实践—反馈评价—修改教案的程序，解决了新教师不会上课的燃眉之急，提高了培训效果。

4. 创设方便条件，鼓励青年教师参加不同层次的学历提高班。目前为止，我校已有3人获得研究生学历证书。

(三)架梯子——师徒帮带、教学相长

根据青年教师迫切希望提高自身业务的要求，我们从四个层面建立了师徒帮带小组以培养青年教师。第一层面为指定优秀教师帮带教育教学能力相对较弱的教师。第二层面为双向选择校骨干教师帮带新上岗教师。第三层面为指定区级以上骨干教师或老教师帮带校骨干教师。第四层面为指定主管校长帮带学年主任或教研组长。由此形成一个坚实的教师成长梯队，成为学校发展的原动力。

在帮带过程中我们首先更新了带教观念，明确了带教双向流动过程，确立了带教“教学相长”的原则。其次，优化带教过程，设计了以师为主导，以徒为主体的4个环节，即示范——模仿式地学，启发——思考性地学，点拨——针对性地学，评述——创造性地学。第三，开展带教活动。我们组织了三课观摩，即骨干教师的示范课、青年教师的起步课、师徒共同推出的汇报课。我们推出了师徒相互听课制，师徒共记成长日记制等。第四，总结带教经验。完成阶段性目标后，师徒要定期拿出教学成果来，例如参加教学特色交流会、主持教研课题、参加论文发布会、上公开示范课等。第五，做好带教管理。实行(带教双向)定标，双向考评，双向奖惩，充分调动了两个方面的积极因素。

通过这一举措，实现了我们“教学相长”的初衷。例如，刘家凤校长与朱丽媛结成了帮带对子，在刘校长的悉心指导下，朱丽媛已成为区骨干教师。在朱丽媛的帮助下，刘校长已通过计算机中级考试。又如，有一位备受家长微词的主科教师，经过一年的帮带进步很快，还在区“百花奖”大赛中荣获二等奖。

(四)搭台子——搭台设场、加强交流

根据青年教师迫切希望“提供展示机会”的要求,我们不放过每一次校内校际交流的机会为他们搭台设场。

首先是校内交流。在交流中我们注重了内容的丰富性及形式的多样性。我们探讨了“如何发挥‘洋思’的魅力”,“如何看待《只有差的老师,没有差的学生》”等。校领导分头深入工作,校长赵喜林带头做主题发言。我们组织了案例随感交流会、论文发布会、师德演讲会、青年教师辩论会、座谈会、经验汇报会、做课现场会等。在交流中《浅谈初一学年班主任工作中的十个第一次》、《语文自学辅导法教学实验报告》、《“篮球明星”的学业神话》、《关于学校资源管理的思考》等一批优秀的案例、随感、心得、论文、师德演讲稿等受到了会员的欢迎。

我们依据主题性研讨与自发性研讨相结合、集中研讨与分散研讨相结合的原则,创造了三种不同的交流形式。

1. 沙龙交流式。我们组建了会员沙龙。青年教师分期合作式主持沙龙,题目与学校共同拟定。在已举办的几期活动中,大家探讨过“怎样设计一节课”、“上网的利弊”、“怎样搞科研”等。这种借鉴戈登“群辩法”的创造新事物的模式,给了会员更多的自我表现、自我提高的机会。

2. 辩论会交流式。为了澄清会员们某些模糊的观点,我们开展了青年教师辩论会,确定了“校本培训是否是提高教师素质的唯一途径”、“课堂教学科研化是否是学校科研的根本目的”等辩题,青年教师们广泛查阅资料,辩论中唇枪舌战,实现了自主培训的目标,在2002年全区青年教师辩论会上我校获得了第一名,石肇滨同志也获得了最佳辩手的荣誉称号。

3. 现场会式交流。我们结合学校的中心工作,带领会员参加学校的集体备课观摩、百花奖做课观摩、“三课观摩”、“主题班会观摩”、“计算机课件大赛观摩”等活动,使会员们获取了直观的经验,迅速成长。

会员们通过研讨交流辨明了事理,转变了观念,同时通过身边同志的现身说法,不仅使个人经验得到升华,也使其人格力量和成功经验成为队伍建设的宝贵资源。

其次是校际交流。我们为校骨干教师创设登台亮相,脱颖而出的机会，推出国家、省、市、区、各级公开课。我们还有计划地组织会员参加市区组织的各级各类研讨活动，并赴北京、大连、上海、广州、新疆、长春、牡丹江等地学习考察。会员归来后做了学习汇报，并将带回来的录像资料展示给全体会员，加快了青年教师的成长。

三、完善制度、弹性考核

我们出台了《青年教师研究会章程》，在对青年教师的考核中，始终掌握“弹性”原则。力图使人力“负担”变成人力资源。

1. 注重考核的全面。我们每年对会员进行一次教学考核。一是实行校领导集中不定时听课制。二是实行教师与初三毕业班学生同答模拟试卷制。三是实行家长学生“我最满意的教师”问卷制。通过不同角度的考核，体现了公平公正的原则，增强了青年教师的忧患意识，提高了青年教师的业务素质。

2. 注重考核的过程。我们在考核过程中设有学时学分制，但我们更注重青年教师的奋斗历程。因而我们把青年教师自培目标的实现情况，作为弹性学分记入了他们的学分中，使每位教师都能体验到成功的喜悦。

3. 注重考核的方式。我们在考核中设有自评、互评、导评的方式，使会员们处在公平的环境中，从而真正了解自身的素质和努力方向，并且通过会员们相互之间的鼓励，认识到自身存在的价值。

四、效果显著、持续发展

通过培训，实现了培训目标，青年教师的综合素质有了显著的提高，在“树形象、铸师魂”、“青蓝工程”、“名师工程”中取得了突出成绩，涌现出一大批师德高尚，业务精良，具有实施素质教育能力的青年优秀教师。

1. 青年骨干教师队伍不断壮大。在青年教师研究会126名会员中，区以上骨干教师已达到41人，增加了32人，占教职工总数的18.1%，我校已有5人被评为省教学能手。这些教师已跨入学校学科带头人的行列，他们充分发挥骨干教师的辐射作用，并已经开始帮带新一批校骨干教师,形成156中师资培训的良性循环。

2. 师德修养明显提高。近三年来我校有十几名青年教师被授予区百名师德高尚教师称号,青年教师群体也形成了敬业奉献、严谨治学、团结协作、大胆创新的风气,涌现出许多感人事迹。

3. 教育教学能力不断提高。教育教学的实践结出了累累硕果。张健老师参加三北地区优质课大赛获一等奖,邹伟宏老师参加全国“传美”渗透课获得一等奖。李宏、张盛、徐德侠老师参加东北三省四市大赛分获语文、美术、化学专场一等奖。在省市说课、整合课、研究性学习课、创新课、探究课、活动课等教学活动的评比中,我校青年教师均获得过一等奖。

4. 通过培训,青年教师的科研能力有了很大提高。三年来,青年教师撰写了论文、案例、随感等500余份,其中97份获区级以上奖励。参加德育课题的32名青年班主任实现了班班稳定,班班有特色的管理目标,参加教学科研课题的青年教师已有11人推出了不同学科的区级以上探究课。

5. 教育信息技术的掌握与应用取得了突破性进展,促进了课堂教学的优化。获得计算机中级证书的青年教师已占全体教师总数的34%。

三年的课题研究工作即将结题,校本培训在提高师资队伍的实践中显示了强大的生命力。今后,我们仍然会抓住青年教师这一朝阳群体,在新一轮课改培训中再接再励。

加强乡镇信息网络建设
提升农村教师队伍整体素质

哈尔滨市王岗中心小学　杜德广

信息化是当今世界经济和社会发展的大趋势，以网络技术和多媒体技术为核心的信息技术已成为拓展人类能力的创造工具。随着素质教育的发展和教育信息化的推进，将信息技术引进教育教学过程已势在必行。教育部长陈至立在中小学信息技术教育会议上曾指出："我们要抓住机遇，不失时机地大力推进教育现代化进程，以信息化带动教育现代化。"对于学校来说，只有加快学校的网络建设，开展信息技术教育，才能改变教师和学生获取信息的方式，才能在全球范围内存取信息。要实现这一飞跃式发展，必须跟上时代的节拍，投入到教育信息化、网络化建设的大潮中亲身实践。

我们王岗中心校在市教委石永明主任提出的"要用网络技术让每个教师都能直面最先进的教育方法和教育内容，谁抢先占领信息技术这个制高点，谁就将领先一个时代"这一远见卓识的战略方针的指引下，全体领导深刻认识到开展信息技术教育工作的紧迫性。1999 年，王岗中心校在区教师进修学校的大力帮助指导下，教师培训辅导站及网络建设正式启动。在几年的实践工作中我们深刻地认识到辅导站及网络建设的成功，为教师培训及教育教学工作提供了广阔的空间，为王岗镇全面实施素质教育创造了有利的条件，也使王岗镇向实现教育现代化这一宏伟目标迈出了成功的第一步。

一、落实精神，提高认识，建立教师培训辅导站

伴随着国家教育部继续教育工程的启动，市区教育局在教师继续教

育工作上做了长远规划。王岗中心小学校领导非常重视教师综合素质培训工作，培训初期就召开了以“继续教育工作为中心”的行政会议，会上组织全体领导认真学习领会了《哈尔滨市中小学教师继续教育工程实施方案》、《南岗区中小学教师继续教育工作的若干意见》，让各校领导把教师培训摆到工作日程上。由于王岗镇地处郊区，与区进修学校相距很远，教师每次培训必须坐一小时的公共汽车才能到达指定地点。王岗镇各所小学的经济条件又比较困难，每学期教师的差旅费用为学校增加了沉重的负担。况且接受培训的内容一般是以市区学校教学实际为标准，在农村小学的教育教学实践中往往行不通。为了能让教师就近培训，既节省人力、物力，又使培训有针对性，在区进修学校的帮助指导下，建立了王岗镇小学教师继续教育培训辅导站。为了强化辅导站的职能、强化统一的管理、强化培训的实效性，辅导站成立了组织机构，站长由主抓教育的镇长及中心校校长担任，而且辅导站还配备了一名专职辅导员，从下属十一所小学选出了十一名德才兼备的主任、教师做兼职辅导员。这样教师培训工作在王岗镇形成了一个完整的体系。为了规范辅导站建设，我校根据市区教师继续教育实施方案，制定了辅导站的三年规划及学期计划，而且制定了各项规章制度，如考勤制度、学时学分登记制度、学员管理制度等。为了完善学员管理，辅导站为全镇168名接受培训的教师建立了培训档案并设计了每次培训需要的各种表格，为辅导站的软件材料积累奠定了基础。为了使辅导站走上信息化的轨道，在区教委的帮助下，中心校为辅导站配备了一台奔腾Ⅲ作为辅导专用。这一台普通的计算机使辅导站及全镇所有小学的网络建设发生了深刻变革，也为王岗镇确立的“以教育信息化带动教育现代化”这一宏伟目标起到了先导作用。

二、抓住机遇，率先建网，实现“校校通”

石永明局长在信息网络会议上指出“建网就是建学校”。这一伟大的战略举措，让我们深刻认识到了“建网与充分利用网络资源”的重要性、前瞻性。2000年4月中心校为辅导站配备了调制解调器，首先解决了计算机上网问题，其次又聘请了支教老师于洋作为技术人员配合专职辅导员制作王岗教育信息网的网页。为了使王岗教育信息网真正达到能为全体教师提供实实在在的资料，经站长与辅导员共同商议研究初步设计了网页的栏目，网页的栏目分为学校简介、校长简介、荣誉录、综合素质培训、教改园地、教学信息、网上培训、农村致富信息等栏目。网页资源除了学员的经验材料、教案外，专职辅导员根据教师的需要从全国教育网站下载了大量实用的经验材料，经整理编入网页中。经过两个多月的工作，网页成功制完并上传，王岗教育信息网于2000年6月正式启动。2001年4月在区“校校通”工程表彰大会上，王岗中心校这所农村小学与市区十几家先进学校同步实现“校校通”。信息网的建立、“校校通”的实现，为辅导站的网络建设，为教师培训创造了得天独厚的条件。

在区“校校通”工程的推动下，我们更新了观念，提高了认识。为了让信息技术在王岗镇全面铺开，实现镇内“校校通”(当时信息网建立，区校校通已实现，但下属十一所小学想查询资料必须到中心校才能做到，既费时又费力)。2001年5月，我们在经济十分紧张的情况下，拿出了十三万元为十一所小学配备了联想品牌电脑、调制解调器、打印机、扫描仪等设备。中心校与十一所村小都实现了校校通，这为今后教师的培训工作、学校管理工作奠定了坚实的基础。

三、应急培训，提高应用能力，让网络走进每位教师心中

具有先进的教学设备，还要有能驾驭设备的人，两者是相辅相成的。“校校通”工程实现后，为了鼓励教师大胆尝试，我们曾多次在校长例会上指出：“宁可把机器用坏了，也别让它在一旁放坏了。”当时教师对计算机的应用能力只达到初级水平，而且大部分是过去学的DOS，真正能熟练运用的还是寥寥无几。针对这一状况，中心校领导经商议在各基层小学选一名网管员，对他们做应急培训，再以点带面全面推进，让全镇168名教师都具备最基本的网络知识。于是辅导站聘请于洋对十一位网管员以“上网、下载材料、建邮箱、发邮件”为内容进行了一天的培训，经辅导员考核后才准予返校。辅导站要求网管员返校后为本校上网申请邮箱，并把邮箱地址发入辅导站邮箱中。而且还要对本校教师进行培训，使全体教

师都具备基本的网络知识。过去教师只能幻想的东西已成为现实，而且网络与每位教师走得更近了。

四、以“王岗教育信息网”为中心，切实开展教师培训

王岗教育信息网的建立，其目的就是为教师开展综合素质培训，运用网络提高教师教育教学水平。经区进修学校指导，我们的具体做法是：

1. 网上培训与“六本书”相结合。

起初辅导站在开展《中小学自修教程》（六本书）的学习时，一般是采用教师自学或聘请专家将全体教师集中到辅导站做集中培训。为了让教师省时省力在本校得到培训，辅导站的专职辅导员与技术人员从网上下载关于“六本书”学习的材料及某些专家讲稿输入计算机，编入网页上传。下属十一所村小按照规定的时间打开王岗教育信息网，组织全体教师学习交流，形成共识。每次培训后，安排教师撰写随感、笔记，将培训内容深化。

2. 网上培训与教研、科研、观摩相结合。

自从王岗教育信息网开通后，我们曾尝试将教研、科研、观摩、研讨、答疑解难放到网上开展培训。

(1)网上教研。王岗镇十一所学校比较分散，如果把所有教师集中到中心校比较困难而且费时费力，有时会影响正常的教学秩序。于是我们尝试利用网络开展教研活动，教研活动时教导处提前确定作课教师，要求作课教师提前将作课内容备成详案上交辅导站教研组，再由辅导员将教案编入网页上传。参加教研的教师在规定时间打开王岗教育信息网，针对作课教师的教学设计，通过上网查询资料或根据自己的实践经验发表自己的意见，并利用电子邮件发到辅导站的电子信箱，最后由辅导员把所有电子邮件整理发给作课教师，作课教师再根据全体教师的修改意见整理教案，按规定时间作课。

(2)网上科研。科研工作是学校教育教学发展的第一生产力。自从信息网络建成后，我们的科研工作也随之放到了网上。例如，我们在2001年接受了“自由作文”的教改实验。我们先把省教育学院秦锡纯主

任拟订的“自由作文”实验方案放到网上，让各校按规定的时间上网，把方案下载到本机，组织全体教师学习。在开展作文教改实验过程中，我们把教改成果显著的学校树立为点校，并把他们的经验及时发布到网上供其他学校学习借鉴。

(3)网上观摩。为了让教师在教育教学中直接获取全国各地名师教学经验、教学设计，我们王岗教育信息网的网管员和辅导员，经常把从网络、教育教学杂志上搜集的优秀教案等发布到信息网上，并要求各校领导及时组织教师观摩学习，让教师通过网上观摩，解决备课中的缺憾，使网络走进课堂，实现交互式教学。

按照上面的方式我们还将研讨、答疑解难等教学活动放到网上开展，均收到了事半功倍的效果。

网上教研、科研、观摩，不仅改变了教师的学习方式，同时也缩短了教师与网络之间的距离，节省了大量时间，提高了教师的业务素质。如2001年市里征集继续教育论文，所有教师都能根据自己所需要的材料上网查询，拓宽了教师搜集资料的渠道，共撰写56篇论文，大部分都获市级奖励，有8篇论文被送到省里参评，这些成果的取得与信息网络培训是密不可分的。网上培训更新了教师的教育观念，提高了教师的自身素质，为王岗镇全面实施素质教育奠定了基础。

3. 教师培训与区进修网上培训相结合。

教师计算机应用能力是开展网络建设中的一个重要因素。自从去年进修学校推出了网上中级培训后，辅导站抓住这一契机，利用区中级培训来提高教师计算机应用能力。辅导站制定了培训计划，要求每天下午3:00以后是教师网上中级培训的时间，组织全体教师边学习边记笔记，并要求各校领导将教师上机练习时间合理安排，使所有教师计算机应用能力均衡提高。辅导站结合这项工作，经常召开网络会议，交流本校网上培训做法，汇报培训进程。在区进修组织的考试中，我校有9名教师通过，在市教研院考试时，有5名教师通过中级考试。其他教师通过区进修的网上培训基本达到了中级水平。如今，区进修学校针对农村小学的教育教学实际，专门开了一个农村教育网站，为我们王岗镇所有教师培训、学习创造了一条便捷之路。

4. 网上培训与新一轮课程改革相结合。

新一轮课程改革已在神州大地全面铺开，每名教师都应结合纲要精神认真学习，更新教育教学观念。如果只靠自己学习，难度较大，辅导站结合课改这一主题，由辅导员在教育信息网中专门开设一个栏目《课改辅导》。栏目中有专家对课标的解读，有以课标精神为指导的教案。基层各小学教师可随时到王岗教育信息网上下载有关学习材料。辅导站还结合课标布置了论坛题目发布到网上，让教师按规定时间上网查询资料，写出相关的论文。通过网络，开阔了教师的视野，使全体教师更新了观念，增强了对课标的认识，并提高了教师以课标精神为指导，驾驭教材的能力。

五、以网络资源为渠道，以多媒体技术为手段，优化教学过程

过去在王岗镇的教师中曾经流传这样一句话："人家是现代化，咱是'小米加步枪'，什么时候咱也有这样的设备？"2001 年 6 月，在信息网络的推动下，王岗中心校又投入将近三十多万元，为靠山小学、王岗小学、卫星小学配备了液晶投影仪、实物展台、笔记本电脑。"小米加步枪"的年代过去了，作为郊区的王岗镇在信息技术方面又迈开了一大步。自从多媒体设备引进后，我们充分发挥了多媒体在教育教学中的作用，全体教师都能根据自己的教学设想制作创意新、实用价值高的课件。每次教研课、观摩课，教师都能以形象、直观的课件突破教学重难点，同时也为全镇教师的课堂教学创造了宽松和谐的教学氛围。第十七届教学百花奖活动中，我镇有 9 名教师参赛，6 名获一等奖，3 名获二等奖。中心校张影丽老师的一堂数学课《分数除法应用题》让教研员赞不绝口。张老师在教学中与农村的蔬菜大棚联系起来，通过课件制作了形象直观的大棚、蔬菜，让学生去解决生活中的实际问题，课堂上激发了学生学习的兴趣，收到了事半功倍的教学效果。

为了促进全镇教师多媒体课件制作的交流、学习，我们每学期都召开一次课件制作比赛。内容由辅导站选定，全体参赛教师可用各种软件制作，制作后每位教师须写出自己的创作设想。在评选时，我们聘请各校校长及外聘两名专业技术人员作为评委。上学期的课件比赛中，共有四十

几名教师参赛，所有参赛教师都能根据教学内容，通过网络、书籍、教学光盘搜集素材进行创作。虽然用的软件不同，但作者的创意、课件演示效果都别具一格。赛后，辅导站将富有创意的课件存入了课件库，而且今后教师在课堂教学中制作的优秀课件都将被存入课件库。

多媒体技术在王岗镇的诞生，既实现了所有教师的梦想，也让王岗教育又上了一个新的台阶。

六、利用计算机规范学校的教育教学管理

随着网络建设不断完善，学校的教育教学管理应用在了计算机上。学校过去教育教学的常规材料，基本是手写装订后存档。自从“校校通”工程成功启动后，中心校要求学校的教育教学常规管理的软件材料都要输入计算机，在计算机中分类建立了资料库。如工作计划、总结、科研方案、观摩教案等资料随时输入计算机，进行统一管理。各基层小学教师都建立了自己的电子档案，把平时的教学随感、培训心得、论文、优秀教案，利用计算机保存。具有特色的随感、案例、论文、教案经学校推荐在王岗教育信息网上发布，供全镇教师学习参考。利用计算机进行教育教学管理，让学校的档案建设、常规管理走上了规范、快捷的轨道。

七、网络服务于当地经济的发展

王岗教育信息网刚刚建成后，我们的思维并没有局限于师资培训，而是充分发挥它的作用，为王岗镇的经济发展提供服务。在进修学校的指导下，在王岗教育信息网中又开了一个新的栏目——致富信息。为了方便当地的居民查找信息，我们连接了全国各地十几个农村经济网站。我们先拟订了网络与经济发展的宣传单，把宣传单发给各校，再由各校老师发给学生，让学生回家给家长介绍宣传的内容、目的。起初只有几个比较内行的村民来到学校上网查查信息，真正能认识到网络的作用的还是少数。在镇政府、各村委会的协助下，各村开了网络学习会，会上由各校网管员操作，通过液晶投影放映的各个致富信息网站清晰地展现在所有村

民的面前。有的村民想看看关于玉米种植的信息，有的想看看现如今在农村种植什么致富比较快，网管员在会上满足了每一个村民的想法。从此来校查询信息的人逐渐增多了，春耕前有的村民通过上网，查询到了如何使玉米增产的策略，及时改变了自己的耕种计划；有的在养殖方面查询到了更好的养殖技术；有的在果树栽培方面也获取到了新的信息。网络为王岗农民的致富提供了科学的方法，对地域经济的发展，产生了深远的影响。

几年来，信息技术在培训、教育教学中的应用，大幅度提高了王岗镇的教育教学质量，为全体教师减轻了工作负担，同时也使“小米加步枪”的时代步入了教育信息化的时代。我们王岗镇上至领导下至每一位教师都时刻向“教育信息化带动教育现代化”这一宏伟目标努力奋进。我们在信息网络建设中取得了巨大成绩，王岗教育发生了翻天覆地的变革。也许这些成绩在我们眼里看来是辉煌的，如果与市内先进学校相比差距还很大，我们还应不断开拓进取，不断更新观念，加强网络建设，争取再创佳绩。

立足本校，扎实有效地开展教师综合素质培训

哈尔滨市和兴小学　宋兆利　阎为佳

高素质、现代化、有梯度的师资队伍是促进教育可持续发展的根本保证，是学校开拓创新的首要条件。我们清醒地认识到教师队伍建设是永恒的工程，是常新的工程，是一个复杂的整体工程，它永无止境。1999年我校被南岗区进修学校确定为“四位一体培训机制”实验点校，承担了子课题“校本培训的途径与方法研究”。2000年初我校根据市区有关规定和要求，就教师综合素质培训工作做了较为全面的规划和部署，把教师培训工作作为永远不变的工作重点来抓，力求造就一只师德高尚，业务精良，适应新世纪教育发展要求的高素质的教师队伍。认真贯彻全教会精神，认真落实并实施“中小学教师继续教育工程”，充分发挥学校在继续教育过程中的优势，对校本培训的途径与方法进行了有益的探索，开展了以《中小学教师自修教程》(六本书)为主要内容，以校本培训为主渠道，以骨干教师为培训重点的教师综合素质培训，在实践中进行不断的探索，已形成了我校校本培训的特色。

“先一步，高一层”是我校师资队伍建设的主导思想。我校校本培训工作的总思路是：立足本校，研究校情，分析师情；深入思考，找准方法；明确标准，制订方案；组织实施，分工明确，责任到人；善于激励，考评结合；勤于总结，不断提高。在实施过程中我们能够切实做到、做好、做实这五十六个字。

一、具体做法

(一)明确教师综合素质培训的原则、目标及重点

我校校本培训工作体现“四为主”的原则：辅导与自学，自学为主；学习与演练，演练为主；理论与实践，实践为主；验收与自查，自查为主。以

全员培训为目标，骨干培训为重点。努力提高教师“三基一特”的能力：学科教育基本功，科研活动的基本功，现代化技术手段运用的基本功和教育教学的特长。

学校积极营造浓厚的自培氛围，做到三个“新”字：鼓励新探索，提倡新观念，导向新目标。力求为教师创建更广阔的活动天地，促进教师“内驱力”的提高，使教师们能够自我加压、自我优化，变“要我培训”为“我要培训”。

我校在制订校本培训方案时，注重全员性与层次性的结合。“循序渐进，分步达标，整体提高”是我校校本培训的操作原则，在齐头并进的前提下，针对不同层次的教师（新教师、骨干教师、中青年教师等），提出不同的培养目标和要求。而师资培训目标的确立必须站在时代的高度、学校发展方向和教师的自身发展角度来认识，其目标的取向应具有时代性、主体性、发展性和实效性。

——结合校情充分挖掘骨干教师的教育资源，重视充分发挥骨干教师的核心、示范、带头、辐射、桥梁作用。要求他们做到“两承担”：

承担对一般教师，尤其是青年教师的教育教学指导任务，双向促进、共同提高；承担相应级别的教改课题，在教改中不断提炼自己的教学特色与风格。

——为了使青年教师尽快成长，我校制定了“一、三、五园丁工程”，即一年适应，三年独立，五年成为骨干教师。我们从常规入手，帮助青年教师过好三个关：

1. 师德关。学校领导非常重视青年教师的师德建设，带领全体青年教师深入开展创行业新风，树师表形象等系列师德教育，提高了他们的职业道德水平。

2. 教学关。为使青年教师过好教学关，学校主要抓了两件事。

一是搞好师徒结对活动。每位青年教师都与一位教学经验丰富的老教师结成师徒对子，进行教学指导，并订立师徒合同，明确师徒职责。这样一方面让老教师的先进教学经验在青年教师中得以继承和发扬，另一方面也加快了青年教师在课堂教学道路上成长，促使他们尽快过好教学关，成为教学上的能手。

二是搭建舞台，让青年教师有充分展示才华的机会。在市、区各类公开课活动中，尽量把中青年教师推出台，创造机会让他们在课堂教学大赛中锻炼成长，练就一身过硬的课堂教学基本功。我校结合区教学“百花奖”活动，组织开展了“五课”活动，即青年教师探索课、骨干教师示范课、中年教师引路课、老年教师启迪课以及在前四课的基础上开展的公开课活动，都旨在营造一种深厚的研究课堂教学的氛围，促使教师掌握课堂教学规律，创新教学方法，在实践中提高自己的教育教学能力。

3. 现代教育技术关。现代教育技术培训是中青年教师培训中一项必不可少的内容，是培训的重点。我校通过理论学习与实践操作相结合的方法对全体教师进行培训，在培训中注意考核，分层推进。我校有 2 人达到高级水平，有 31 人达到中级水平，学校被评为南岗区信息技术教育先进单位。

（二）加强教师综合素质培训的管理

为能确保校本培训扎实有序地开展，并能切实收到应有的成效，建立科学的管理机制是根本的保障。我校管理的措施主要有组织管理、制度管理、档案管理等。

1. 组织管理：学校成立了校本培训领导小组，由校长任组长、副校长任副组长、教导主任和骨干教师为成员。负责决策、组织实施、辅导引路、考核评估等项工作。

在合作的前提下由一名副校长和一名主任专职负责此项工作的管理。为使管理科学有序，学校定期派他们参加区培训办组织的校本培训主任班学习，不断提高他们的工作能力。

2. 制度管理：实行制约与激励相结合的管理机制，不断完善学校的各项规章制度。我校相继制定了《和兴小学教师结构工资制度》、《班主任工作职责》、《校本培训学习制度》、《校本培训学时学分登记制度》、《校本培训档案管理制度》、《和兴小学教师综合素质考核评估制度》等十余项校本培训制度，各项制度的建立和完善，使校本培训工作有章可循，保证了校本培训能够健康持续地发展。

3. 档案管理：为了强化管理，学校本着文字档案和电子档案同建的原则，建立了教师的个人档案。将每位教师参加集中培训、教研培训、校本培训和即将实现的网上培训的内容与学时完成情况及时记录在案，便于查阅、分析、比较，能真实客观地反映教师在培训中的成效，以利总结出规律性的经验。让教师感受到“学”和“不学”不一样；学多、学少不一样，在比较中知不足，在不足中去求学，增强教师培训的驱动力，从而使学校形成了“比、学、赶、帮、超”的竞学氛围，构建起“学习型学校”的框架。

（三）建立评价机制，提升校本培训的实效性

我校对教师综合素质培训进行全过程考核，既看学习内容量的积累、质的水准，又要看其在教育教学实践中的具体体现，更重要的是要重点考查教师本岗能力的提高。建立三级检查制，即自检、互检、校检。

自检：教师自己制定每阶段的学习计划，通过自检及时发现问题以便及时解决问题。

互检：以学年学科为单位，由学年学科同志相互交流自学笔记、随感、案例、心得体会，并定期学年学科组长组织研讨教育教学中的重点、难点及热点问题，通过集体备课研究教材教法，并每人精心设计一节课，互听互评。通过相互交流，互相借鉴，促进教师自身发展。

校检：由主管学年学科的领导认真检查自学笔记、随感、心得体验，定期进行全方位考核，考核“培训情况”、“自学情况”、“教学工作情况”、“班主任工作情况”、“教学示范作用”、“参与教研情况”、“研究成果绩效”使教师在工作中有努力的方向，有赶超的目标，在螺旋式的运行机制上不断提高、完善。在我校，全体教师包括校长、书记在内的所有人员都要参加培训，都要接受培训领导小组的规范考核，达到校本培训规定的基本要求。

同时开展形式多样的竞赛活动，每年都举办教学能手、教坛新星、学科带头人的评比活动，优秀教学论文、最佳教案、最佳电教教案和最佳电教课等的评比活动。“以赛促学”大大激发了教师们的参训热情和进取心。这种活动既是对校本培训工作的推动，也是对校本培训工作成果的一次检验。正像一位青年教师说的：“我庆幸自己来到了和兴校，这里有关心、有压力、有机会，催人奋进，促我成长。”

（四）以理论为依托，以实践为基点，优化培训内容，努力探索校本培训的途径与方法

我校为教师成长搭设舞台，在培训中以专题辅导—自学反思—研讨

交流—网上培训—实际操作—培训考核为基本做法。以《自修教程》(六本书)为主要学习内容,在学习与实践中分为两个阶段:自学感悟阶段和考核评估阶段。

自学感悟阶段要求教师做到六步走,即一看,看现代教育理论书籍(自修教程六本书是必修课程,根据自我需要再要选读六本书),即《素质教育论坛》、《名师荟萃》、《创新教育》、《教育心理学》、《学与教的原理》、《智力的培养》。二联,联系自己的实际素质和工作寻找发展突破口。三谈,谈自己学习体会与他人进行交流,取长补短。四定,定自己的发展规划。五做,做到学以致用,把所思、所想落实在实际的教育教学活动中。六有,学有所得,随着教师综合素质培训工作的不断深入自身素质有提高。在理论学习过程中要认真记好学习笔记,每本书至少记五千字的笔记,并随时写出学习心得、随感。

考核评估阶段做到理论考核与实践考核相结合。学校领导小组成员每人在六本书通读通学的基础上,侧重深入研究一本书,写出辅导讲座材料,出验收卷,组织研讨交流,深入课堂,全方位、多角度考核教师的提高情况。结合学校开展的“希望杯”评选工作,全面、公正、客观地评价每一位教师,帮助他们找准努力的目标。

在培训中以科研促培训、以科研促教研、边培训边研究,边调整边实践,切实有效地提高教师的综合素质。培训质量是培训工作的生命线,培训质量直接影响着培训效益。我们认为培训质量好坏的一个重要标准就是,能否在培训的各个环节上让被培训者与培训者共想一个问题,并把所思考的问题在教学实践中加以验证,产生“互动效应”。

我校针对培训中存在的“注重普遍性,忽视了个体性,大规模有组织的培训,给了每一位教师合理躲避在“群众”之中而不必承担学习责任的机会”等问题,采取了“学习团体”的培训机制,开放培训体系。在校本培训工作中强调各种教育资源的相互衔接、相互补充、相互渗透,形成一个立体开放培训的新格局。以讲授渗透观点,以研讨深化认识,以反思促进成长,以课题强化研究。把经验介绍、研讨交流、案例分析、参观考察、现场观摩、实践作业、跟踪反馈等当做重要内容,探索和运用多样化的培训方法:讲授法、指导法、体验法、观摩法、示范点评法、诊断法、案例法、研讨法、经验交流法等。这些方法不是孤立的，在培训实践中交叉循环、综合运用、优化组合才是完整的，其组合的优化程度，是取得高层次培训效果的关键。

校本培训内容的全面性同样是提高教师全面素质的必然要求。只有对教师实施全方位的培训，全面提高教师的个体素质，以个体促群体，才能形成高素质的教师群体队伍。我校校本培训经多年探索，在培训内容方面已形成基本格局，主要在以下五个方面对教师进行培训。

1. 师德培训：我们认为师德修养是教师整体素质的核心因素，它制约着教师其他素质的提高。所以全面提高教师的思想道德素质，培养广大教师敬业爱岗和献身教育事业的精神，有着十分重要的意义。我校把塑造教师良好的师德作为队伍建设的基础性工程，制定了师德建设方案，确立了“以人为本，师德为魂，全面育人”的指导思想，把师德建设融入学校经常性工作，将教师职业道德教育作为校本培训的必修课。随着素质教育的不断推进，我们认为对教师的要求也在不断提高，观念也需要得到转换，近几年我校把创建民主、平等的新型师生关系作为师德建设的主要内容，力求在新的形式下，使师德建设上升到一个新的层次。

一是抓学习。学校以《师德读本》、《教师职业道德规范》、《教师行为准则》等为学习材料，组织全校教师进行学习讨论，提高教师的师德水平和教书育人的责任感。

二是定目标。在全校教师中开展“个个制定奋斗目标，人人争做好教师、好党员、好干部的活动”，以目标激励，同时学习身边的楷模，学习现阶段的英雄事迹，用榜样示范的方式来凝聚人心，塑造高素质的教师队伍。

三是重反馈。学校对师德建设设立了完善的社会监督机制，重视家长、社会对学校教师们的师德反馈，月末让每位教师填写《和兴小学教师综合素质自检表》，在教师评优奖励和教师职务评聘工作中充分考虑师德的因素，对师德上不过关的教师实行一票否决制。使教师能随时用师德的要求约束自己，对照自己，纠正自己，树立良好的教师风范。

四是讲实效。我校把“团结、勤奋、务实、创新、奉献”10 个字作为师德最重要、最核心的内容常抓不懈。组织开展形式多样的师德讲演活动，开展辨别真善美假丑恶的一事一议活动，在党员中开展“双学双做”创优活动，不断提高教师的师德修养。

以上措施强化了师德建设的导向性，增强了教师教育的实效性，提高了校本培训的整体水平。

2. 教育教学能力培训：教育教学是学校的中心工作，教育教学的质量是学校的生命线，因此在教师的各种素质中，教育教学能力是重点，教育教学能力培训是校本培训的中心。在我校教育教学能力的培训贯穿学校工作始终，开展多层次、多形式、多渠道的培训，以业务为主，短期为主，自学为主作为主要原则，以教育教学实践为基本途径，按实际需要制定培训要求，在内容上每一次有所侧重。培训的主要内容大致有以下八项：教学设计能力、课堂教学实施能力、组织班队活动能力、掌握现代教育技术能力、班级管理能力、教学研究能力、撰写工作计划和教育教学论文、总结的能力等。让每一位教师在每一堂课的实践中提高自己的"上课能力"，更好地掌握教育教学技能。

通过"定尺子、结对子、压担子、引路子、搭台子、给果子"加强对有发展前途的中青年教师组织领导，在政策上倾斜，在机制上激励，鼓励他们在教育教学上出成绩，积极主动地立足于自我完善与提高，并积极创设条件，提供必要经费，让他们外出听课、上课或培训，不断提高他们的理论素质与实践能力，让他们脱颖而出，成为市区学科研究的骨干与带头人。

3. 教育科研培训：在我校有一句俗话："师德好，走得稳；上课好，走得出；科研好，走得远。"为使教师们在教育教学中走得更远，我校把教育科研列入校本培训内容。多年来，我校在"科研兴教"战略思想的指引下，坚持引导广大教师走科研之路，开展多层次教育科学研究，人人有课题，人人学理论，人人掌握科研方法，有效地提高了我校教师的理论水平和创新能力。在开展这一工作中，我们主要抓好四件事。

第一，健全机构，加强领导。学校成立科研室，由校长负责课题的管理和规划，组织教师学习教育理论和教育科研知识，指导安排课题组的研究活动和课题成果的总结，抓教育科研成果的推广应用。

第二，把组织教师学习教育理论和教育科研知识作为一项基础性工作来抓。几年来，我们组织教师学习了《教与学心理学》、《智育心理学》、《课堂教学论》、《学习与革命》、《现代教育技术》、《课堂教学的原理策略与研究》等学习材料，还先后请有关专家对教师做了14次专题讲座。

第三，指导教师进行课题研究。“九五”期间我校有两项国家级实验课题通过验收，一项省级实验项目验收合格，是全国教育科学“九五”规划国家重点项目“教育与发展”实验先进学校。近几年我校教师获国家、省、市、区优秀科研成果奖一百多项，并有多篇论文在各级各类的刊物上发表。“十五”期间我校科研工作又在原有的基础上有了质的飞跃，由参与课题研究已过渡到能独立性承担实验课题。《提高青年教师课堂教学能力途径与方法的研究》是国家级实验课题，《探究式教学模式的研究》是省级实验课题。这两个实验课题是我校独立承担的课题，从而增强了科研工作的实效性、针对性与可操作性。

第四，抓教育科研成果的推广应用，使教师在科研—实践—应用的良性循环中提高了理论素养和科研能力。

如今在我校教师队伍中已形成了“追求新发现，探索新规律，创造新方法，创立新学说”的良好科研氛围。课堂就是他们的实验室，他们天天在实践，天天在创造。形成了相互学习，共同提高的生动局面，使我校教师队伍始终具有激情与活力。

4. 现代教育信息技术培训：随着现代科学技术的不断发展，以计算机技术为代表的现代教育信息技术正在迅速地改变着学校的教育教学模式与教师的教育教学方法与途径。我校校本培训积极推进以普及计算机应用能力为核心的现代教育信息技术培训，使教师逐步适应这一形势，并向高素质、高水平发展。因此我校一直把这一工作作为校本培训的重点工程来抓。为教师追求新目标拓宽培训渠道，努力开发网上资源。

在我校流行这样一句话：管理是严格的爱，培训是最大的福利。为了这句话，我校克服了资金短缺、教室拥挤等困难，为满足教师在100%都达到计算机初级水平后渴望再进一步提高的愿望，学校进行了计算机升级工程。并修建了电教室，为开展网上培训创造了一定的条件。每周三下午4:00—5:00是教师集中学习计算机中级课程的时间。为了拓宽教师教育资源的来源，开阔视野，学校计算机室的计算机首先上了INTERNET网，开辟了我校继续教育的新天地。教师们看到学校积极为他们创设学习的环境，也纷纷自己购买了计算机上网。

现在我校能够在网上直接查询到市教育信息网、区教育信息网、区进修学校信息网的有关新信息。打破了时空界限、地域界限，不同层次、不同学科、不同类别的教师都可以根据符合自身条件的培训要求，在网上选择适合自己的必修、选修学科；查阅课程内容、教学大纲、学习资料等，开展自学。使培训内容更加丰富多彩，提高了培训的实效性。学校着重抓好三级队伍建设：第一级是广大教师，使计算机的应用在他们中得到普及；第二级是学校现代技术教育骨干教师，使他们能基本独立编制教学课件；第三级是全校管理和技术攻关人员。我校校级领导均已达到中级水平，这更加激发了教师的学习热情，把“学校规定学”变为“我要赶紧努力去学好”。我校有 38 名教师获哈尔滨市计算机应用能力考核初级证书，有 26 名教师达到了中级水平，有 2 名教师已达到了高级水平。一种学习、掌握、应用现代教育技术的氛围正在形成。

5. 教育教学理论培训：为了把理论学习和教育教学文章的撰写落到实处，我校除组织教师参加市、区级各类教育专业学会培训外，还在 2000 年初以沙龙形式由 25 名 40 岁以下的青年骨干教师自愿组成了“教海扬帆”沙龙，规定每月活动两次。“碰撞”是该沙龙活动的一大特色，第一次“碰撞”以每人就当前教改的热点、焦点及教学实践中的成与败、得与失各抒己见，甚至争论，通过“碰撞”确定个人研究的角度。然后，不断学习有关理论，在教学实践中不断摸索。在此基础上撰写出具有理论支撑的教育教学实践文章。第二次“碰撞”则以个人文章为内容，通过交流、讨论甚至于挑刺，不断修改完善，以提高文章的层次。通过这一活动，沙龙成员的理论素养、教学实践、写作能力都得到了提高。他们结合形势开展了“江泽民同志关于教育问题的谈话精神的讨论”、“关于教学中存在的困惑的探讨”等活动，在会上，每个老师都能畅所欲言，并开展撰写千字文竞赛活动，以提高教师的教育教学理论水平。教师的文章在不同层次的刊物中发表。

二、取得的成效

经过两年多的课题研究实践，我们感到校本培训是继续教育的有效途径。我校实施校本培训以来，教师队伍素质有了明显提高，促进学校办学水平上台阶，办学特色上品位，得到了社会和广大家长的认可，获得了上级部门的嘉奖和表彰。取得了阶段性的成效，具体体现在以下几个方面。

（一）提高了教师队伍的整体素质

两年多的校本培训，使教师的学历层次与文化知识信息素养具有了较高的水准，中青年教师中大专以上学历的达到70%，其中有30名本科毕业生。而且现今我校仍有近20人在参加本科学习，学校教师的学历正向更高层次迈进。同时教师还具有了较高尚的敬业精神和为人师表的师德修养以及一定的教学基本功和技能技巧。每一位教师都形成了终身学习的观念，都能不断随着时代的发展更新、丰富、充实教学基本功的内涵。

教师整体素质提高的同时，又涌现出19名省市区教学骨干，他们在教育教学方面发挥带头、辐射的作用。

学校有20多篇论文刊登在全国、省、市级教育杂志上。在此基础上，我校又率先在南岗区乃至全市正式出版了《和兴小学素质教育论文集》。

（二）优化了培训者的综合素质

通过培训，使培训者更新了教育观念，提高了理论和信息素养，增强了对教育教学实践的指导能力。这几年，校长指导的青年教师参加省市区教学大赛获奖，同时自己也获得了各级指导奖。校长、主任等被聘为区教学百花奖评委，参与区教学活动的评比。从中可以看出校长、主任等培训者在教学上的能力。学校负责的三项课题均通过了国家级、省级鉴定。

（三）总结了课题研究的阶段性经验

宋兆利校长有关论述校本培训工作的文章《努力开发继续教育的自培资源——校本培训》在2000年第7期《小学教改信息》杂志中刊登。我校关于校本培训——中青年教师培训的报道在南岗区教育局主办的《教育信息》上予以发表。

此外，市教育局师训处和市教研院到我校调研校本培训工作时，对我校"校本培训的途径与方法"课题研究取得的初步成效给予了充分肯定，刘处长说："和兴校的培训工作重过程，抓得实，效果突出。"

三、培训的体会

校本培训是时代的需要,是提高教师素质实施素质教育的“基础工程”,是“明天工程”,经过几年的实验,我校在培训过程中不断调整培训计划和培训方案,周密组织、严格管理,使其在健康的轨道上良性发展。我们认为:

1. 校本培训应在求实中求创新,在稳步中追求实效。

在实验初期我们发现培训模式处于“要我学”层次上。大规模组织的培训注重普遍性,忽视了个性。为此应采取“学习团体”的培训机制,开放培训体系,有针对性地提高教师的自身素质。

2. 校本培训需要一种全新独到的教育理念,才能为校本培训正确定位,制定出高标准、可实施的、有效的校本培训计划,确实发挥校本培训在提高教师队伍整体素质中的作用。

3. 校本培训需要一种与众不同的思维方式。校本培训可以借鉴其他行业培训的先进经验,可以采用活动案例的方式进行积累培训,或在培训中运用反思原则,充分利用培训资源,提高培训效益。

4. 校本培训需要一种朴素踏实的工作作风,校本培训应定位在应用上,重视培训过程,一步一个脚印,确实为提高办学水平服务。

5. 校本培训要求学校能正确定位,整体规划,在实施过程中加强管理,确实做好组织、协调工作,建立有效的运行机制,才能真正完成培训任务,达到培训目的。

有反思才有超越,有超越才有追求,我们将在反思中改革进取,以达到我们所追求的目标。面对校本培训产生的种种效应,我们冷静思考,分析校本培训中的不足,继续探讨校本培训的有效的途径与方法,特别是要加强校本培训中的教材建设,使学校成为教师继续教育的主阵地,利用一切可以利用的力量,为培训一支高素质的教师队伍而努力。

参与式教师培训的理论与实践

哈尔滨市第124中学　刘秀华　王德珍

在中小学教师继续教育中，职后教育由于其业余性、成人性和分散性，调动受培训者学习的积极性、主动性和自觉性就显得尤其重要。能否将继续教育从“大势所趋”变为“人心所向”，使教师变“要我学”为“我要学”，是教师继续教育尤其是校本培训成败的关键。

我校在“四位一体培训机制”子课题“校本培训的途径与方法”的实验与研究中，对参与式教师培训的理论与实践做了一些尝试。

一、“参与式教师培训”的概念分析

经过实践，我们认为，参与式培训方法应该成为开展校本培训的一个重要手段。因为这种方法能够最大限度地调动教师的学习热情，发展已有经验和发掘自身潜能，使他们真正成为学习的主人。因此我们在校本培训中采取了参与式教师培训的方法。

“参与”指的是教师个体卷入群体活动的一种状态。即指个体作为一种有形的实体，在群体活动时是否“在场”、是否与其他成员进行互动等外显行为，也包括个体在认知和情感方面卷入和影响群体活动的状态和程度。从社会民主的角度看，“参与”意味着每一个教师都具有知识再生产的能力，都能够解决自己的专业化问题，应该享有平等学习和表达的权利。

“参与方法”指的是那些能够使教师个体参与到教师群体活动中与其他个体合作学习的方法。它没有固定的形式，参与者可根据自己的需要和条件即兴创造。在校本创造中，我们根据培训内容而设计活动方式，采取了小组讨论、案例分析、观看教学录像、上研讨课、评课、角色扮演、填充图表、相互访谈、辩论、小讲座等具体形式。

通过对参与式教师合作学习的探索,我们感到它有很多优势。

1. 它可以在培训者和教师之间创造一个平等对话的环境,为所有教师(特别是那些不习惯在公开场合说话的教师)提供一个宽松、安全的氛围,使大家能畅所欲言。感受最深的是青年教师培训,因为参加培训的教师几乎都是同龄人,因此在培训过程中他们比较放得开,畅谈学习、实践的感受,畅谈尝试成功的喜悦与工作中遇到的困惑,畅谈不同学科对新课程改革的认识,畅想基础教育未来的发展,等等。

2. 它使得教师有机会了解其他教师和校长、主任对问题的看法和所关心的问题,同时也使上级有机会倾听下级的声音和要求。我校在青年教师培训活动中,在教研员帮助下,学习大胆地起用青年教师做关于渗透新课程标准的公开课,在评课的过程中,广大教师不仅谈出了自己的认识和设想,还提出了好多具有创造性的建议,使我们尝到了"参与式"教师培训的甜头。

3. 它使教师的不同意见可以相互交锋,产生思想碰撞的火花,生成新的知识。在学习中教师不再盲目地相信权威,而是通过自己的思考以及与同行的交流,选择并形成对自己有意义的知识。

4. 它为不同的教师群体(如骨干教师和一般教师)互动提供了机会,有利于培训者了解他们平时互动的状况,同时为教师提供了自我反思、自我提高认知水平的方式。例如,我校在2002年3月、4月两月,组织了"渗透新课程改革思想的教学月活动"。每位教师上一节课,并通过看课、评课环节确定了互动提高,自我反思,再上台阶的目的。

5. 它使所有教师都有一种主人翁责任感,能够对自己的学习和小组的合作学习承担责任,特别是对教师教育的重要性有了更深刻的认识,使学习不再是一个被动接受的过程,而是一个自主、合作、探究的过程。例如,我校数学学科初一备课组的全体教师,在"开放式命题的研究与实践"的省级科研课题实验过程中,分工明确,层次清楚,相互配合,初见成效,得到学生、家长、专家们的一致认同。

二、实施参与式教师培训的基本原则

虽然参与式的方法丰富多彩，但是从具体的实践来看，是有规律可循的，大体认同如下基本原则。

1. 平等参与、共同合作。参与式教师培训是一个系统互动的学习过程，所有参与者(包括培训者和受训者)都要积极、平等地参与。培训者不再是传统意义的"信息提供者"、标准答案的"发布者"或"核实者"，也不再是传递上级行政命令的"二传手"。培训者成了教师的"协助者"、"协作者"、"组织者"和"促进者"，帮助教师并与教师一起学习，共同提高。传统意义上的"培训对象"、"受训者"或"学员"也发生了角色上的变化，教师不再被动地接收和消化信息，而是成了活动的"参与者"，是培训内容和形式上的主动创造者，是丰富的培训资源，同时也是培训者的"协作者"和"合作伙伴"。

2. 尊重多元、形式多样。世界是复杂的，不同的个体和群体对同样的事情有可能做出不同的评价，每个人对自己的观点都有自己的解释，并因此而采取不同的行动。因此，培训者要意识到每个人的观点都很重要，需要有表达的机会。不同的观点能够拓宽大家的视野，迸发出新的思想火花。由于每次培训都有不同的目的和内容，培训的方法也要多样化。例如，我们在班主任培训过程中，曾请69中学的高老师进行专题讲座，教师们接受了新的信息，进行理解，同时又组织了一些讨论和案例分析，使大家相互交流看法，加深理解。概念上的理解通常比较容易，但要真正渗透到教师的血肉里，化为他们的行动，还需要体验性的学习。因此，我们组织教师做一些活动，如角色、看课、评课、画图表等，使他们在行动中体验所学的概念。理解并体验了概念并不说明教师们回到自己的课堂后就能够得心应手地应用，还需要通过更加实用的活动来巩固、运用和扩展所学的内容。根据这样的情况，我们还组织了一些应用性的活动，如设计一段教学活动或一个小科研项目，或根据培训的思想为自己今后的工作设计一个具体的行动方案。

3. 利用已有经验、主动建构知识。每一位教师都有自己的教育教学经验，他们之所以采取一些行为而不采取另一些行为都有自己的理由。

因此培训应该为他们分享这些经验提供足够的机会和空间。如果教师们自己感到是受尊重的，自己的经验是有价值的，那么他们在分享这些经验时会有一种主人翁的感觉。他们不仅会对自己过去的经验重新进行评价，而且能够从别人那里获得启示和灵感，在交流中生成新的知识。

4. 重视过程、促成改变。教师不只是获得概念上的理解，而且亲身有所体验，有利于在行为上发生相应的变化。参与式培训特别重视培训方式本身对教师的示范作用，教师通过参与体验其背后的理念，便于他们在自己的教学中迁移。

5. 理论联系实际、具体与抽象相结合。参与式教师培训与以往大班讲座式培训不大一样，他特别强调在起初的问题情景下组织培训活动，激发教师们思考问题、提出问题、解决问题。培训不是为了提供一些事实性的知识，而是为了激发具有问题意识的学习。培训中提出的问题应具有思考价值和一定的开放性、发散性，以鼓励参与者从多角度深入进行思考，形成多元回答，产生丰富个性化的问题解决策略。

教师们在实际工作中遇到的问题是十分具体的，抽象理论动听，但对解决具体问题经常是无济于事。因此，培训活动一定要生动、具体、直观，在对实际问题的思考和讨论中提升出理论问题。例如在看课、评课、阅读案例等活动中，可以先要教师们就自己看到和想到的行为层面上的问题进行讨论，然后要他们在此基础上提出有关的理论问题，结合具体实例再进行更加深入的讨论。

当然，参与式教师培训的方法本身并不是一个自给自足的实体，它是一个实践性很强的领域，需要根据具体情况进行选择、调整和创造。

三、如何组织教师参与培训

参与式教师培训需要教师大量的参与，因此我们分层次地进行，力争营造一个和谐、宽松的学习气氛。在每次学习开始时，可以先组织一些“热身”活动，如自我介绍、自制名片等，使参加学习的教师能够最大限度地在精神上得到放松，让大家无所顾忌地发表看法，并且在充分讨论的基础上，及时总结和提升，帮助参与者从感性的经验中生成理论的认识。

参与式教师培训的大部分活动在小组内进行，因此小组的组织建设显得很重要。分组时要考虑组员之间的亲和程度、相互信任程度以及交流的可行性，这样才能真正发挥小组的作用，切实提高培训的质量。

为了保证小组有效开展活动，小组内部要进行适当的分工，通过召集人、记录员等人员的工作，及时、准确地把学习的情况加以归纳总结，调动每一个教师的主观能动性，确保活动的顺利、有效地进行。

当然，做任何事情都可能遇到困难甚至阻碍。在实施参与式教师培训的过程当中主要会遇到两方面的困难，一是来自教师（即被培训者），另一个则来自培训者。无论是来自何方，只要认真研究并积极加以调整和解决，都能够克服。我们感到，组织参与式教师培训的相关活动要本着一个最重要的原则，即不要为活动而活动。否则，表面上看起来很是热闹，但是真正的学习并没有发生。为了保证质量，培训者应该组织大家在讨论的基础上进行必要的理论提升。

总之，经过参与式培训方式的尝试，教师的素质确实有了提高，为我们今后的培训工作打下了坚实的基础。

成果展示篇

加强校本培训的管理
探索校本培训的途径

哈尔滨宣庆中学

在素质教育不断深入和推进的今天，全面提高教师的综合素质已成为深化教育改革的关键，南岗区教师进修学校牵头研究的建立中小学教师“四位一体培训机制”课题正是在这种形势下全面启动。为了落实和完成总课题组的计划和任务，提高教师实施素质教育的能力和水平，我校全力地投入了子课题“校本培训的组织与管理”的研究，经过三年多的探索与实践，成效显著。

宣庆中学建校于1995年，短短几年中我校教师已形成了一种迎难而上、无私奉献、务实求新、开拓进取的精神，但面对新世纪的要求，只有苦干的精神是不够的，还要具备实施素质教育所需要的综合素质。因此，我们深深地认识到，要提高我校教师的综合素质，必须全面、扎实地贯彻教育部的指示精神。根据南岗区教师进修学校中小学教师“四位一体培训机制”课题研究的要求，结合学校的实际情况，我们制定了“四三制”的校本培训计划，“三三联动式”的培训机制，量化“学分制”的考核办法，制定“两个级别，四个层次”分类建组的培训原则，坚持分层次、分阶段的培训方法，现已取得了明显的成效，初步显示了它的实用性和可操作性，并为学校的教育教学工作带来了生机和活力。

一、具体做法

（一）建立“四三制”的校本培训规划

我们制定了宣庆中学校本培训的总体目标，即使校本培训与教师职业道德的提高，与教师教育观念的更新，与教师心理素质的提高，与教师科研水平的提高，与教师业务能力的加强，与教师现代信息技术的运用等形成相互促动的整合作用，从而构建提高教师综合素质的校本培训系统工程，使之调动教师工作的积极性，使教师的综合素质得到全面的提高。

1. 坚持三个结合的原则：坚持校本培训与更新观念、倡导敬业爱岗相结合；坚持校本培训与教改科研相结合；坚持校本培训与提高现代信息技术运用的水平相结合。

2. 制定三年培训计划：通过校本培训，全面提高教师的综合素质，扩大骨干教师的队伍，第一年骨干教师达20%，第二年骨干教师达28%，第三年骨干教师达35%。

3. 选择三种培训方法：成立学科带头人培训班，青年教师培训班；组织各种科研、教学活动；集中学习与自学反思双向进行。

4. 采取三种培训形式：专题讲座、论文交流、阶段测试。

(二)采取"三三联动"式的培训机制

1. 我们采取了"校长—主任—教研组长"三级管理的培训机制，即由校长全面负责，主任具体指挥，教研组长具体操作。

在校本培训的管理中，我们特别强调发挥教研组长的基层作用。因为校本培训工作是一项内容丰富、项目繁杂的工作，与每天的教育教学、科研工作密切相连，而教研组长是学校最基层的领导，同时又是学科的带头人，直接参加本组人员校本培训的业务管理，能够发挥出较好的业务优势，能够使校本培训工作得以具体落实，抓有实效。在具体操作中，我们要求教研组长做到"五个负责"：一要负责把学校校本培训的计划和要求具体落实到本组；二要负责监督本组教师自学的进度和质量；三要负责每月检查一次本组教师参加校本培训的情况，及时督促得分少的教师加紧自学；四要负责对本组教师在培训中存在的问题及时调整、上报；五要负责对本组教师进行培训考核。教研组长人手一份"学科组教师校本培训考核记实"，定期填写，学校定期检查，这样便于学校及时了解教师培训的情况，掌握培训课题研究的第一手材料。

2. 建立了"检查—监督—验收"三种考核的培训机制。即从学校的角度，由主管校长、主管主任分阶段、分内容地检查教研组长的工作，检查教师培训的情况，对不合要求的，限期要求完成，每学期末学校全面验收一次。

管理考核中的六种手段我们交叉使用，联合进行，互相促动，创造一种紧张的学习氛围。同时建立三级监督机制，层层考核、层层监督，促使教师真正把校本培训作为自己综合素质提高的头等大事。

（三）实施量化“学分制”的考核办法

为严格校本培训的制度，规范校本培训的考核方法，我们采取了具体而且易于操作的量化“学分制”考核办法。

量化考核的内容分为六大板块：①教育观念部分；②职业道德部分；③教师心理素质部分；④教育教学实践部分；⑤教育科研部分；⑥现代信息技术教育部分。每一大板块又根据各自的特点设置不同的考核项目，具体地划分成几个小项目。例如，在教育科研部分里，我们又划分为五个小的项目：实验报告、调查报告、科研论文、科研研讨纪实、科研笔记。教育教学实践是培训的重点内容，我们划分的内容比较多，如优秀教案、优秀说课者、各级别公开课、优秀主备人、优秀评课者、各种教学活动获优、课外小组活动纪实、课堂评价、成绩考核等。

学时学分的换算标准根据上级文件的要求，校本培训八学时为一个学分。又根据学校的实际情况制定出了“宣庆中学校本培训学时学分标准”，根据内容份量的大小，难易程度，我们制定出具体的学时学分标准，如评为校级优秀教案的得 2 个学分；校级优秀论文的 2 个学分；校级优秀公开课的 1 个学分，校级各类教学活动获奖的 0.5 个学分等。并根据级别的提高适当增加学分，如区级优秀公开课 2 个学分，市级优秀公开课 3 个学分，省级优秀公开课 4 个学分。根据评分标准教师须上交有关的材料，如公开课获优须上交公开课教案，评课优秀须上交评课纪实等，教师得多少分须有多少份档案材料。每学期统一登记一至两次得分的情况，并在下学期开学初公布得分情况，以及时地促动教师参与和调整。

（四）“两个级别，四个层次”分类建组的培训原则

我们通过对优化课堂教学的实践调查认识到，新老教师在接受新事物上，在更新观念上，在采取新教法上，在运用新手段上有明显的区别。中青年教师在这方面占据了明显的优势，他们头脑中传统的教育思想、陈旧的教学方法比较少，或者说这些东西还没有成型，对新知识、新事物、新

手段、新方法等接受的特别快；而一部分中老年教师由于形成了传统的教育观念，有了传统的教育习惯，掌握了一套传统的教学方法，而今天却要经历一次新旧理念、新旧模式、新旧思维、新旧方法相互冲撞的磨合过程，既要对曾经拥有过的思想、经验、方法等进行一次哲学上的“扬弃”，又要尽快地接受新的东西，这比较艰难。于是，我们就以40岁为界线，划分为两个级别进行培训:40岁以上为一组，40岁以下为一组。对中青年教师提出的要求高，评分项目上要全部有学分，而且要完成校本培训的100个学分，以激励他们不断地进取；对老教师提出中等的要求，对已经掌握的部分可以不再要求学分，但要完成校本培训的80个学分。这样既消除了他们心灰意冷的情绪，同时又促动他们尽快地“扬弃”、改进，跟上了时代的步伐。

根据我校教师组成的实际情况，我们制定了分层次培训的原则，以加强对骨干教师、青年教师、班主任教师的培训。为此我们划分了四个层次进行有针对性的培训。

1. 普通教师要完成市区规定的基本要求，即到2002年本培训周期验收时要达到80个学分。

2. 青年教师要“过三关”:基本功要过关，上课要过关，计算机要过关。培训结束时要完成100个学分。

3. 班主任要提高“三种能力”:提高教育科研的能力，提高处理偶发事件的能力，提高协调与科任、与家长、与学生等各种关系的能力。培训结束时要完成110个学分。

4. 骨干教师要在三个方面“上档次”:科研上档次、教学上档次、课件上档次。培训结束时要完成120个学分。

二、取得的成效

在近两年的校本培训工作开展、落实过程中，我们不断地寻找突破口和可行的途径，已经取得了初步的成效。

1. 教师们提高了对终身教育的认识。时代的快速发展，知识的不断更新，学生思维的越发活跃，使每位教育工作者感到危机和压力，深深认识到终身教育的重要性和紧迫性。因而，不再把校本培训任务作为一项负担，而感到是增强自己适应教育改革的有力措施，作为教师只有不断地给自己加油、充电，才能适应新世纪培养人才的需要，只有更新观念，全面提高自己的综合素质，才能向创新型、科研型、学者型的方向发展。

2. 教师的师德修养有了明显的提高。随着创新教育实践的不断深入，师德建设也应不断地赋予它新的内涵。在校本培训中，我们把师德建设作为培训内容的重中之重，从敬业爱岗、转化后进生、不计报酬为学生补课等方面提高教师的师德修养。教师们深感自己育人职责的重要，真正理解了素质教育发展的内涵，以人为本，以学生的发展为本已成为他们的追求，一切为了学生，为了学生的一切，成为每一位教师献身事业的目标。通过校本培训，教师的内在素质、品德修养有了明显的提高，一些教师无私奉献的动人事迹，是高尚品德的自然流露，是内驱力的自然迸发，今年在全市中小学德育工作总结表彰会上，我校做了师德建设的经验介绍，受到了市区领导的好评。

3. 教师的整体业务水平有了明显提高。一大批教学能手、科研骨干、教学新秀脱颖而出，在省级、市级、区级的各种大赛上我校选手连连获奖，如数学教师王世强在东三省四市公开课大赛上获一等奖。王明伟代表南岗区在全国创新教育现场会上的公开课，受到会领导、专家的好评，孙桂丽在省级说课上获一等奖。刘艳、薛圣玉、于洋、高小兰、徐慧影等一大批青年教师快速成长。近年来，我校的教学成绩在稳步连年上升，连续获大面积提高教学质量先进单位、南岗区“百花奖”优秀单位等荣誉称号。

三、培训的体会

在近三年的教师综合素质培训的探索中，我们不断地调整、完善和提高，积累了点滴的经验。

（一）始终以全面提高教师的综合素质为目标是校本培训工作的重中之重

近两年我校的工作计划一直提倡“一个中心，两个基本点”，这个中心就是以校本培训为中心，把校本培训工作作为教师队伍建设的重中之重，狠抓校本培训工作，以全面提高教师的综合素质。我校校本培训的方案经过了二个阶段的调查，使教师了解了方方面面的提高才是真正的提高，单一追求某一方面的高分，不是综合素质的提高。于是，每一阶段培训结束后，教师们都对照标准，自己找短腿，查漏洞，抓提高，从而促动了教师综合素质的全面提高。

（二）加强校本培训管理，实行学时学分量化考核标准，是取得校本培训工作成功的保证

要把校本培训工作抓得实，抓得好，关键在于管理。我们运用教研组长参与考核的方法，就使校本培训工作深入到了最基层，对每一位教师参加校本培训的情况都了如指掌，而且监督、调控得及时。由于采取了易操作、易检查、易指导的量化"学分制"的考核方法，教师很容易了解如何进行操作、切实可行，所以在工作中贯彻、落实得到位，教师们不仅对自己的成绩感兴趣，更对自己的综合素质是否提高感兴趣，学校形成了人人求学上进的好氛围。

（三）以科研促培训，边培训边研究，边研究边调整，实行动态管理，是提高校本培训工作水平的动力

在"校本培训"模式的研究与探索中，我们边培训边总结，对校本培训的方案进行了多次调整，实现了动态管理。例如，培训进行了两个学期后，我们发现一部分教师单一追求某一方面的提高，哪一方面容易得分就在哪一方面多得分，哪一方面内容是自己的强项就在哪一方面下工夫。如听课比较简单容易，就多听课，案例容易写，就多写案例，这一方面得了很多的分，而其他方面却是空白，显然忽视了综合素质的提高。于是，我们开始对得分项目加以控制，并不断修改和完善学分标准，要求教师在每一项内容上不能出现空白，如果在某一项上出现空白，将酌情减分而且要求限期提高。今后，我们还将根据实际情况不断地调整和完善，在动态管理中不断地探索新的方法。

（四）针对学校实际情况，分级别、分层次培训，创造校本培训工作的个性化，是校本培训工作取得实效的关键

各校有各校的实际情况，要因校而宜。我们在校本培训落实中，发现了老中青教师在改革课堂教学模式上存在的明显差异，就在培训中以40

岁为界划分了两个级别进行操作，而且感到效果较好。因此，校本培训工作要针对自己的实际情况，制订适合本校校情的培训方案。只有这样才能使校本培训抓出实效。

经过对校本培训工作的探索，我们深深地认识到：抓好校本培训是提高教师综合素质的根本途径，抓好教师综合素质的提高是推进素质教育的根本途径，推进素质教育的进一步深入是培养新世纪一代新人的根本之路。

（执笔人：郑秀琴　党桂兰　祁　兵）

通过学、思、研、行四步法开展校本培训

哈尔滨市第 37 中学

邓小平同志曾指出:“一个学校能不能为社会主义建设培养合格人才,培养德智体全面发展、有社会主义觉悟有文化的劳动者,关键在教师。”几年来,我校通过对“校本培训的途径与方法研究”这一课题的实验,对邓小平同志的这段话有了更深刻的理解,更深刻地体会到了建设一支高素质的教师队伍是治校之本、动力之源,是学校工作的核心。

我们 37 中学位于哈尔滨市郊区的王岗镇,远离市区政治经济文化中心,是属于教育发展的程度不高、文化教育比较落后、劳动者的文化科学技术水平低下的地区。我校相对于市区学校来讲信息封闭,办学底子薄,师资力量弱,生源基础差。长期以来处于这样的一个教学环境,教师的竞争意识淡化,养成了“坐一天和尚,撞一天钟”的习惯。对自己缺乏信心,对事业缺少追求,对学校不够关心,把自己封闭在“以我为中心”的个人利益小圈子中。

面对这种情况,要想使学校能够适应新的形势要求,教师素质的提高尤为重要,教师必须要进行综合素质的提高。为寻求能够在最短的时间内最有效地提高我校教师综合素质的方法和途径,1999 年,我校作为一所郊区中学,承担了哈尔滨市南岗区建立的中小学教师继续教育“四位一体培训机制”课题中的子课题“校本培训的途径与方法研究”。几年来,我们经过认真的研究和实践,探索出了适合郊区中学开展校本培训的方法,即分级管理、分层培训、以点带面、以训促教和“学—思—研—行”四步法的培训途径。

在这四个环节中,学是前提,思是基础,研是积累,行是目的。通过学—思—研—行的培训途径,使学校建立了良好的培训模式,老师们养成了良好的自我培训意识,真正达到了校本培训的目的。

一、学：学习新的教育理论，提升教育理念

1. 组织学习。以《中小学教师综合素质培训自修教程》六本书为主要培训教材，采用集体学习和自学相结合，每周保证一次集体学习，开展各种讲座，如外请专家讲当前教育形势，内请学校名优教师谈学习体会和各种专业技术讲座。还通过“四会”(即小组讨论会、专题辩论会、时事报告会和学习收获会)，将学习体会展示给全校教师，并开展了“读万卷书，写千字文”活动。要求每位教师多读新的教育理论和教改经验文章，多写学习笔记、心得和书摘，定期总结自己的思想情况，摘录收集名言名录。从而提高了教师们的理论学习积极性。

2. 以自编《继续教育导报》的形式推动学习，导报内容以灵活为主，刊登教育教学案例，提供给老师分析讨论，及时将国内外及外省市新的教育教学信息刊登在《导报》上，使教师们在最短的时间内了解到国内外的教育信息。还以教研组为单位办墙报，突出学科的特色，开展学术研讨，展示学科成果，使校本培训不脱离学科教学，与教学实际相结合。

3. 调查问卷。每学期向家长和学生提出问卷，了解家长和学生对学校的要求和意见，掌握教师在教学过程中的师德及教学水平，有针对性地开展校本学习。

4. 采取走出去、引进来的方法。派老师外出学习、听课，积极参加各种类型的公开课，并规定凡外出学习的教师都必须撰写考察报告并在全体教师或教研组会上进行一次讲座，谈学习中感受到的新思想，观摩课上的新手段，参加各种公开课的教师则谈作课的感想.收获和体会。

5. 扩展专业技能和专业知识的学习。面临着知识爆炸，每位教师必须不断更新、增加自己的专业知识，同时将学科知识与其他知识整合，使教师由专业知识向综合知识过渡，尽快适应新一轮的基础教育课程改革。

通过上述的学习，使全体教师认识到，随着新一轮基础教育课程改革大潮的到来，如果不想被新的教改风暴所淘汰，在教育观念上就必须要实现六个大转变：①从知识容量的“轻量级”向“重量级”转变，以适应“知识爆炸”的到来；②从单一的知识结构向综合型知识结构转变，来顺应知识

一体化的潮流；③从经验型、传授型向科研型、效益型的转变；④从只研究教向重视研究学，主张教法与学法协调统一，重视学法的指导的转变；⑤从教师为中心向教师为主导、学生为主体的转变；⑥从重视智力因素向智力因素、非智力因素并重转变。要想达到教育观念的六大转变，就必须要认真学习，提升教育理念。

学，为我校的校本培训工作奠定了非常好的基础，老师们的精神面貌有了很大的变化，跳出了“以我为中心”的个人小圈子。

二、思：反思自我，总结经验，吸取教训

通过学习，使全体教师广泛地吸收了新的教育思想和教育理念，提高了教师对当前教育改革新形势的认识，更多地认识了外面的世界。当他们感到外面的世界很精彩的时候，就会自然地反思自己，总结以往的经验教训，去接受新的教育理念，达到了认识再提高的目的，这就是提高认识—反思过去—总结经验教训—再提高的过程。

教师的自我反思意识是改变教师教学行为的基础，只有当认识到自己固有的教学思想确实跟不上形势以后，才能够接受新的教育思想和新的事物。如果教师没有将自己头脑中错误的或陈旧的观念清理出来，新的科学教育观念就很难进入他们内在的知识结构中。所以教师的反思过程也是一个很重要的教学观念转变过程。要想使校本培训不流于形式，真正落实到实处，教师的自我反思是一个很重要的体现，必须达到自觉、自愿。

我们在引导教师走出来的过程中，教师已有了参与教学改革的愿望，我们抓住这个契机，引导教师自我反思。根据当前的教育形势和教育改革中对教师的要求，我们提出了在新形势下教师角色的“四个转换”：①由知识的传授者向培养有效的学习者的角色转换；②由单一型向全能型教师的角色转换；③由教书匠向研究者的角色转换；④由守业者向创业者的角色转换。围绕着四个“角色转换”开展大讨论：我们现有的教学思想和教学观念，能不能适应新的教学需要，能不能达到角色的“四个转换”？在大讨论中，老师们对自己的教学思想和教学观念进行了认真的反思，并认

真研究了新的教学方法和教学思路，积极主动地参与教学研究，达到了非常好的效果。使全体老师们懂得了教师的自我完善离不开在工作中和在广泛的人际交往中，增强自我塑造的自觉意识，懂得了这种塑造是终身不息的自警、自省、自责、自励、自制的艰苦历程，认识到了不求进取的教师将“逐渐归于淘汰”，在全校形成了比进步、超先进的良好氛围。

通过提高认识—反思过去—总结经验教训—再提高的过程。我们的体会是：注重每个教师在自己原有水平上的提高，注重为每个教师提供充分展示自己的才能，发挥自己创造力的空间，提高他们的自信心。促使他们走出自己的小圈子，让他们有参与到教育教学改革中的愿望。

有位名人曾提出：教师成长＝经验＋反思。我们感到，反思的过程非常重要，它培养了教师们自我反思的意识。因为反思，教师还可以将自己多年的教学经验进行整理和提炼。

三、研：参与教育教学研究，积累教学经验

增强科研意识，强化科研能力是我校在校本培训中要达到的一个主要目标。《中国教育改革与发展纲要》指出：教师要具有科研的能力，这是时代对教师提出的更高的素质要求。学校的教学改革能否深入，素质教育能否实施，关键在教师，出路在科研。教师参加教育科研，是提高自身素质的重要途径。

科研工作对我校教师来说是一个新的课题。通过学习和反思，教师有积极参与的意识，感悟到参与教育科研活动能够促进教育观念的转变，更快地吸收新的教育理念。为此，我们根据教师的实际情况开展科研基本技能培训、专家讲座、专题报告会、派教师外出观摩学习、举行校内课题开题会等多种形式，增强了教师们的科研意识。针对科研能力很弱的情况，我们提出了“读书是积累，教书是实践，研究是创造，写作是总结”的科研口号。消除了教师们对教育科研的误解：认为教育科研都是专家学者们的事，教育论文必须要长篇大论，对教育科研有一种“神秘”感。一般说，论理论水平，一线的教师比不过教育专家和学者，但活生生的教学实例，具体的教学工作经验，一线教师要比他们丰富。为此我们鼓励教师在

教学实践中寻找科研课题，从最具体的问题和简单的教学案例入手。先要求老师写教学案例、教学心得、课堂实录等一些小文章，这类小文章既有小结作用，又可供今后进行深入研究。由于篇幅上、写法上没有很严格的要求，成文不难，培养了教师们的总结和写作能力。从“个案”开始，研究教学工作，“个案”是实例，是已经发生过的事情，引导教师选科研课题，逐步提高其科研能力。

通过几年的实践，教师们明显地感受到：参与教育科研能够将理论的系统学习与专题研究和教育教学实践相结合，渐进的提高与资料的积累相结合，发现归纳教育教学中产生的问题与解决方案的提出实施相结合。全校教师都积极参与科研课题研究。目前，承担市区以上的科研课题21个，撰写的科研论文有二百多篇获省、市、区级的各种奖励。2001年学校荣获南岗区“先进集体”称号。

四、行：将研究的科研成果和积累的教学经验运用到教学实践中，大胆实践，积极创新

行，是我们在校本培训中的最后一个过程，也是我们校本培训的最终目的。提高课堂教学质量，重要的是提高教师教学的科学性，使学生学得轻松，学得深刻，学得有创造性。

通过学—思—研的培训，老师们在教育观念上有了很大的转变，并认真总结和反思了自己的教育教学历程，对自己的教学经验进行了梳理，并从“个案”开始研究自己的教学工作，形成了适应当前教育形式发展需要的、独特的教学风格。最终结果就是要落实到教学中。如在教学中要坚持“四个结合”原则：坚持讲授知识与启发思维相结合的原则，坚持知行统一即动手动脑相结合的原则，坚持因材施教即共性教学与个别教学相结合的原则，坚持开发潜力即传授与导学相结合的原则。又根据我校所处地区的特点，开展培养学生自主学习的学法课的研究。学校还建立了相应的规章制度，开展了系列的教学活动，如“青年教师合格课”、“中老年教师公开课”、全体教师“开门授课”等。请家长到学校来听课，参与学校的教学改革，给我们提出宝贵意见，进一步完善课堂教学。向全校教职工和全体家长展示教师们通过校本培训取得的教学成果。

几年来，我校开展校本培训的成果显著，改变了郊区中学那种落后状况，教师的精神面貌得到了彻底改变，全校教师能够全身心地投入到教学中，积极参加教改科研，努力钻研业务已蔚然成风，学校的教育教学水平有了很大的提高，教育教学质量有了突破性的进展，教师们也品尝到了继续教育终身受益的甜头。

通过学—思—研—行的途径，加快了教师队伍的建设，提高了教学质量。研究出了适合郊区中学开展校本培训的途径与方法，取得了非常好的效果。学校被评为“南岗区深化教育改革大面积提高教学质量先进学校”、南岗区科研工作“先进集体”，并有2名教师获一等奖，2名教师获二等奖，顺利通过了省、市、区教育管理部门的“双基”工作的检查。

总之，郊区中学的校本培训工作，要因地制宜，不能盲目效仿，要善于挖掘闪光点，做好扶持工作，促使产生飞跃，才能把校本培训工作落到实处，达到老师们自主地进行终身学习的目的。

（执笔人：黄素珍　张　竞）

运用现代教育信息技术
切实提高校本培训质量

哈尔滨市复华小学

21世纪是科学技术竞争的时代，其实质是教育的竞争。教育史告诉我们，教育的每次重大变革和发展都离不开科学技术，科学技术是第一生产力，也是教育发展的重要动力。进入20世纪90年代，随着教育教学改革的深入，素质教育、创造思维、创新意识引起人们高度重视，20世纪人类科学技术最伟大的成果之一——计算机多媒体技术和网络技术被引入教育教学过程，正在使教育发生着一场深刻的变革。

我们复华小学多年来始终踏着时代的节拍，把运用现代化教育技术，全面提高教师素质，全面提高教育教学质量放在学校工作的重要位置。1999年我校接受了“四位一体培训机制”子课题“运用现代教育技术，开展校本培训的研究”的实验任务，我校充分发挥网络优势，积极探索校本培训新途径，取得了一定成效。

一、以计算机互联网为中心，构建教师学习、交流、探索的天地

网络建成以后，我们进一步认识到“建网易，用网难”的道理，在解决如何使用现代化教育技术的问题上，我们已经实现了三个重要的过渡：一是实现了从学习使用计算机到使用计算机学习的过渡，以往单纯学习如何操作计算机的课程已被怎样使用计算机学习所取代。二是实现了计算机从少数人的奢侈品到百姓日用品的过渡。1995年以前老师们只有在做校级以上公开课时才能用上计算机手段。现在学校所有常规课，从备课到上课都能使用多媒体计算机，计算机辅助教学已经成为常规手段之一。三是实现了从把网络当成百科全书到把网络作为全体教师感觉器官

与思维器官的延展的过渡。上网之初老师和学生面对浩如烟海的网上信息的惊异与无措已经荡然无存，取而代之的是游刃有余的网上学习交流、网上工作。网络不仅从根本上改变了我们传统的学习、工作模式，而且把全校师生的感知与思维带到了一个全新的广阔的境界，从根本上改变了我们的学习观念与教育观念，现在一个以计算机互联网为中心的全开放式的教育模式已经基本形成。

（一）采用多重目标，分层次，创造条件对教师进行计算机应用能力的培训

90年代初，学校就租借场地对全校教师进行了计算机基础知识、基本技能的培训。1995年后，所有教师已经能够比较熟练地操作使用计算机，1998年实现了领导、教师一次性全部通过市计算机初级考试，获得了初级合格证书，去年9月全校教师又一次性全部通过了市中级考试，并获得了中级合格证书。全校行职人员已掌握了WORD、EXCEL、ACCESS等办公软件，美术教师掌握了FREEHAND、PHOTOSHOP等绘画程序，音乐教师掌握了MIDI音乐创作、合成等技能，全校任课教师都能比较熟练地使用POWERPOINT、AUTHORWEAR等多媒体合成系统，部分教师已掌握了网络管理、二三维动画制作、影音合成、网页制作等技能。在所有教师掌握了计算机基本技能的基础上，学校已把培训的重点由“学习使用计算机”转变到“使用计算机学习”上来，实现了计算机培训的良性循环。

（二）走进网络大课堂，开展学习、交流、研讨活动，提高教师自身素质

网络全部联通后，彻底改变了教师们工作、学习的方式，为教师综合素质培训开辟了新的途径，实现了校本培训网络化。

利用校园网，我们变传统的读、听、抄、记、书面交流的培训模式为网上自由获取信息、互相交流研讨的新形式；变有限的教材学习辅导为结合教材思考题在网上获取信息的拓展性学习模式。如教师网上分散学习，学校负责校本培训的领导，把分散自学的内容通过网络发布到各组，教师根据所学内容，带着学习中的疑问，在网上查找资料，通过电子邮件、BBS公告板等形式与省、市、区教育工作者及全国各地的专家、学者进行交流、讨论。运用集中培训与网上分散学习这种形式，不但节省了大量的培训

时间，而且减轻了教师的过重负担，提高了培训效率与质量。

（三）网上学习、研讨与教育、科研实践活动相结合，提高研讨效率

学校经常利用校园网、区教研网、市教育信息网以及国际互联网开展网上学习、研讨、交流活动，并把网上研讨与学校的教育科研结合起来，极大地提高了教师的科研能力和理论、实践水平。如以往在开展教研活动时，教学实况观摩一直是采用全体教师在多功能厅集体观看，看后讨论这样的形式。这样，一是观看的时间长，二是无法按个人所需来观看。因为教师所任的学科不同、学年不同、接受培训的层次不同，所需要观看的内容、暂停或反复播放某一片断等的要求也各不相同，这样既费时又费力，往往一次观摩课后要等到下一次集中学习时才能研讨。研讨效率低，观摩效果差。从上学期开始，我们尝试着采用把一些全国各地的优秀录像课，放在校园网主页上，让老师们在自己办公室、教室自由上网观摩一周，周末集中讨论、交流的形式，老师们可以根据自己的教学实际选择研究重点，周末再与大家共同研究、讨论，这样不但节省时间，而且教师们也可以针对自己的教学实际各取所需，提高了观摩研讨的实效性，收到了良好的效果。同时结合各学科开展的课题研究等开展了网上备课、网上研讨等活动，改变了以往的教研活动形式，能在网上进行的活动改在网上进行。通过网上备课、交流，网上学习研讨，使教师驾驭教材设计教学的能力、科研理论水平等有了很大的提高，教师的各级各类赛课都能够用新思想、新观念来指导，设计教学、科研课题的研究有深度、有广度，有针对性、有开拓性。仅去年一年参加区级以上赛课达 42 节，其中获区级一等奖的 13 节，市级的 7 节；省级 5 节，国家级 1 节。共写出科研论文 185 篇。其中获区以上奖的论文 62 篇、各级报刊上发表 11 篇。网上学习、研讨、教研，不仅改变了教师工作、学习方式，而且也改变了校本培训中少、慢、差、费的局面，真正节省了时间，提高了效率。

二、以计算机、互联网为载体，创造学生自主学习、自由发展的人文环境，优化了教与学的过程

随着现代教育技术的发展，现代教学手段的应用已成为改变传统课

堂教学模式的重要途径。学校在培训中鼓励教师大胆实践，探索现代信息技术与学科课整合新模式，已取得显著成效。我们的课堂上一是利用计算机辅助教学，改变传统的课堂教学模式，创设学习环境、激发学习兴趣、突出教学重点、突破教学难点，从而优化教与学的过程。二是利用计算机进行交互式教学，使其不但成为课堂教学的手段、方法，而且成为改变传统教学模式及转变教师教学思想的一个重要因素。课堂上人机交互，学生不再是学习使用计算机，而是利用计算机来学习。学生可以在课堂上把计算机当做老师、百科全书，随时向计算机请教，学生可以利用计算机提供的资料自主学习，并及时利用计算机进行学习效果的反馈。如一位语文教师讲的《圆明园毁灭》一课，采用了交互式教学。这节课教师完全放手，让学生自己学会，教师只起导与辅的作用，课上利用网络给学生提供了大量涉及本篇课文的学习资料，把教学目标交给学生，在明确目标的基础上，学生分成 8 个小组，在组长的带领下，明确自己的任务，大家通过读书、查资料、讨论来完成学习任务。学生自学过程中，教师利用计算机进行个别指导，然后小组合作共同填写一份“学习报告单”发送到教师机。最后，全班根据填写的报告单进行交流。这种教学不仅充分体现了变“教”为“导”和“辅”，变“讲”为自学的自主学习，而且加大了课堂教学的密度，提高了教学效率，使学生在课堂上真正成为探索者、创造者。

三、利用网络优势，规范培训管理

随着学校网络建设的不断完善，我们已经把计算机网络应用于学校教育教学的管理之中。学校采用个人档案与学校档案、电子档案与书面档案双轨并行、同步更新的模式进行整理保存。把培训工作中计划、优秀案例、随笔、优秀教案、培训学时学分统计情况等一些有交流、学习价值的资料都输送到校园网上，向全校教师公开，以备查阅，参考学习，真正实现了校内网上资料的资源共享，也极大地方便了保存、管理和查询。同时在网上设有“献计献策意见箱”，随时收集教师对学校培训管理提出的好的方法策略。在网上建立起了科学透明的激励机制和评价体系，能比较真实客观地反映每位教师工作的绩效，做到了公开、公正、科学、合理，极大地调动了广大教师比、学、赶、帮、超的学习、工作积极性。

三年来，通过开展“应用现代教育技术，开展校本培训的研究”这个课题，我们深切地感到，现代教育技术，特别是计算机网络的应用，不仅把教师从重复机械的劳动中解放出来，提高了教师的综合素质，也给学校的教育带来了勃勃的生机与活力，使学校的综合办学水平不断提高，素质教育得到全面落实。学校多次召开了国家级、省市区各级“运用现代化教育技术开展校本培训，提高教师素质”现场会、观摩会、汇报会，受到了各级领导的高度评价。

（执笔人：王　丹　孙　艳）

在校本培训中求提高、求创新、求发展

哈尔滨市长虹小学

江泽民同志曾在第三届全国教育工作会议上指出："终身学习是当今社会发展的必然趋势。一次性的学校教育，已经不能满足人们不断更新知识的需要。"为帮助广大教师树立终身教育观念，增强紧迫感和使命感，结合我校实际，1999年末，我校承担了"四位一体培训机制"实验课题的子课题"校本培训的途径与方法"的研究工作。作为哈尔滨市南岗区试点学校，我们按照上级有关精神，在南岗区教师进修学校课题领导小组的直接领导下，进行了富有探索性和创造性的校本培训工作。培训中，我们主要以《中小学教师自修教程》(六本书)为主要内容，以学校为主阵地，采取专题辅导、自学反思、研讨交流、网上培训、实践操作等多种形式进行培训，形成了良性的运行机制，使我校教师的综合素质有了明显的提高。此项实验，我校大致经历了先行试验、区域借鉴、提高完善、逐步推广四个阶段。实践证明：集培训、教研、科研、电教于一体的课题研究工作，避免了各部门"单打一"的局面，解决了教师的工学矛盾，进一步增强了培训的针对性与实效性，极大地调动了广大教师的培训积极性，有效地提高了培训效率。经过实验，我校基本形成了校本培训的自身特色，即以先进的教育理论为指导，以实施素质教育为核心，以应用研究为主体，坚持走骨干教师与青年教师相结合、教研与科研相结合、提高教师素质与提高教育教学质量相结合的改革创新之路。

一、培训特色

(一)培训途径求"新"、求"活"

在培训中我们本着"坚持、提高、发展"的原则，大胆地创建了以"立足岗位、自我进修、自学自悟、用于实践”为主的新格局。在培训形式、内容、方法上有新的突破,根据教师的知识层次、文化底蕴、教育理论水平和教学的实际能力及存在的问题,领导班子成员群策群力,发挥潜能,超前筹划,靠前指挥,创造性地提出了“自学自悟、自我提高;专题培训、自我对照;研讨交流、拓展思路;网上培训、充实自我;个案研究、探索规律;拜师学艺、发展自我;实践设计、创新自我”七个方面的培训途径,有效地调动了广大教师的培训积极性。

(二)培训管理求“细”、求“严”

强化培训管理是开展教师综合素质培训的根本保证,在培训管理中我们主要采取了组织管理、档案管理、机制管理等措施。

1. 组织管理

(1)建立一把手工程。

明确校长是校本培训的第一责任人,直接领导该项工作,负责校本培训工作的全面策划、启动与实施,并从行政角度保证培训经费、管理、组织、时间、考核等方面的落实。

(2)成立组织机构。

组　长:孔晓晶(校长兼党支部书记)

副组长:王丽华(教学校长)　　冷旭光(教学兼培训主任)

组　员:齐英(市级骨干教师)　　李伟(市级骨干教师)

陆瑶(市级骨干教师)　　杜秀滨(市级骨干教师)

课题组长职能是为培训的全面工作出台政策、指导与调控、提供培训的经费、现代化设施的购置等;副组长负责培训工作的实施、落实与监督指导,具体指导教研培训和科研培训工作的全过程管理、考核与评估工作。与此同时,我们还成立了以市、区骨干教师为主的培训学习指导小组,充分发挥骨干教师在培训全过程中的引领、示范、导向作用,为全体参培教师创造了良好宽松的学习环境,营造了培训的高涨氛围,充分调动了广大教师的自觉性、主动性与积极性。

2. 档案管理

根据继续教育的有关规定,我们根据教师的培训情况,认真填写了市教委下发的《哈尔滨市中小学教师继续教育培训登记档案》、《哈尔滨市中小学教师继续教育培训登记手册》、《长虹小学教师校本培训档案》、《长虹小学继续教育学时、学分统计表》等。在此基础上，我们还规范了教师参加校本培训全过程的档案材料，共计13类60项内容，建立了87个文件夹，档案中记录了每位教师参加集中培训、教研培训、校本培训的内容、学时完成情况及考核评价的基本情况，同时我们还把每位教师培训的全过程资料输入软盘，建档立案，纳入到学校校本培训的现代化管理之中。

3. 机制管理

为使全体教师能够积极主动参加校本培训，在培训中我校实行了制约与激励相结合的管理机制。在制约机制上，我们制定了《长虹小学师德达标评估细则》、《长虹小学校本培训量化考核措施》、《长虹小学网上培训管理制度》、《长虹小学教师培训全过程的综合评价》等考核项目；在激励机制上，我们规定凡积极参加培训，成绩优秀，创新能力强，形成有特色、有个性成果，效果显著的教师，结题时予以重奖，并列为评选骨干教师、名优教师、晋升职称的首要条件，每学期末均有多名教师分别受到获得奖金、外出学习、订阅刊物等奖励。

（三）培训过程求“实”、求“精”

教师的修养是教育的载体，境界是教育的起点。在培训中，我们把教师的师德修养放在首位，以提高教师综合素质的能力和水平为重点，坚持以教师发展为本，充分发挥其主体作用，引导教师研究性地学习与培训，大胆地走适合自身发展的研究之路，并鼓励他们把学到的知识运用于教学实践中去。培训中我们为教师创造各种条件，开拓信息渠道，让教师在教育改革的发展中，重新审视自我，发展自我，超越自我，创新自我。

（四）培训成果求“借鉴”、求“共享”

在完善教师培训全过程的基础上，我们充分发挥全体教职工的聪明才智，收集、整理、提炼了全体教师在培训学习中的精品，加大投入，集中精力，组织、设计、审查、编写了适合我校特点的《随感、体会集》、《主体性课题研究成果集》、《教学实践设计成果集》等共19本书，供全体教师相互交流、借鉴、学习，达到资源共享，推动校本培训向纵深发展。

二、培训内容

(一)教研培训

课堂教学是学校教学的中心环节,深化课堂教学改革是学校提高教学质量的根本保证。我们把培训和教师日常的教育教学活动结合起来,达到培训时间与空间的统一,教师教与学的统一。

1. 组织广大教师进行优化课堂教学目标、结构、过程、方法等方面的研究。我们对教师进行集中培训、交流研讨、观摩教学等形式,进一步改善了课堂教学的控制性,提高了课堂教学的科学性,增强了课堂教学的协调性,加强了课堂教学的主体性、强化了课堂教学的艺术性。

2. 结合新一轮课程改革,在全校范围内我们开展了一系列教研活动:新课标引路课、研究性集体备课观摩活动、“新课标研修班”学员做专场汇报、培训学员每人上一节领悟新课标汇报研讨课及在全校范围内开展的青年教师创新研究课、骨干教师评课、答辩等活动,使教师在研究、探讨、交流的氛围下相互学习,达到了共同提高,使学校教研活动实现了双赢。

3. 抓住面向家长观摩活动这一良好契机,我们推出 16 节教改意识强,有创新精神的优质课,让家长也参与到新课标的学习中,使他们充分认识到课程改革的核心、实施新课程的基本途径及本次课程改革的重点,使家长进一步明确学校教学就是以“研究性、合作性、创新性学习”为主要途径,发扬团队精神,将课堂教学变成一种对话、参与、相互建构的教育情境,倡导自主合作、相互交流的学习方式。力图在课程改革中,教师与学生共同进步、共同发展。本次教学活动,使家长的观念有了彻底的转变,充分调动了家长的参与热情,得到了家长的支持、认可与高度赞誉,使新课标精神走进课堂、走进社会,收到了事半功倍的效果。

(二)科研培训

浓厚的教育科研氛围是学校教育科学研究向纵深发展,走向创新的重要保证,为提高广大教师的科研能力,我们主要抓以下几方面工作。

1. 抓教育科研观念。观念支配行动，培训中，我们组织广大教师以自学《教育科研能力的培养与提高》一书为主，并辅之《教育科学研究方法》、《教育课题研究》等相关资料，通过专题讲座、研讨交流、集体论坛等方式，引导教师从根本上认识到教育科研与促进学校发展、提高自身素质和教育质量之间的关系；充分认识到新时期不懂教育科研的教师不是合格的教师，牢固树立“科研兴校”、“科研兴教”意识，极大地调动了广大教师参与科研的主动性。

2. 抓教育科研骨干队伍。培训中我们采取“抓骨干，树典型，带全体”的方式，以促进全校教育科研的滚动发展。在“九五”与“十五”交替期间，我们善于发现和培养骨干教师的力量，积极宣传他们在教育教学实践中的先进经验，展示推广他们的科研成果，并为他们搭台子与大家进行切磋、交流，充分发挥骨干教师的示范作用，使广大教师感到科研既可望又可及。

3. 抓全员普及的科研活动。教育科研的广泛参与是形成学校科研氛围的重要条件。为此我们为广大教师提供了必要的物质保证，为他们购置了教育科研信息手册，教育科研自学笔记，通过网络为教师下载了大量的关于教育理论、科研动态、课改论坛等方面的资料，使教师系统地掌握了教育科研的基本理论和方法，广大教师做到人人有科研目标，人人有科研任务。本学期我们组织教师参加科研理论学习 4 次，请专家来校进行科研讲座 2 次，组织教师观看全国知名科研专家课题录像 2 次，使教师在活动中学习知识，开阔眼界，接受熏陶，提高能力。

4. 抓科研管理，与奖励机制挂钩。学校建立和完善了教育科研制度，主抓科研工作的校长及主任实行分层指导，定期逐项检查考核教师开展教育科研的过程性材料及课题研究的进展情况，以激励机制为主，鼓励教师大胆探索、创新，并以此作为评职晋级的重要条件。到目前为止，学校为增强培训工作的有效性，充分发挥教师的主观能动性，学校在经费十分紧张的情况下，为教师设梯子、搭台子，创造外出学习的机会，让他们在学习与实践中不断洗脑、充电，并将学到的知识用于教育教学实践中去。仅在 2002 年内，由一把手亲自带领教学校长、主任、骨干教师先后去上海参加了全国小学新课标研修班的学习，去吉林参加了第二届全国义务教育小学数学课程与教学改革的研讨会，去长春参加体育学科新课程研讨观摩，推动了学校科研工作的全面提高。

（三）信息技术培训

1. 在探索中实施现代信息技术全员培训，提高教师的实践设计能力。

充分利用现代信息技术，是教育发展的时代要求。培训中，我们从学校原有28台计算机的实际状况及教师的根本需求出发，对教师进行现代信息技术全员培训，聘请计算机专业人员来校进行计算机的初级讲座，使教师对信息技术有了初步的了解，并有主动探究的欲望。随着现代信息技术的不断变化，我们进一步调整培训目标和培训内容，安排教师去计算机课件制作中心与专业人员面对面学艺，进行简单和较为复杂的动画课件设计，提高教师实践设计的能力，与此同时我们还更新了培训所需要的硬件设施，建立了宽带网，使培训科学、实用、有效，一步一步地完善和丰富培训的形式和内容。

2. 为教师创造一切条件，促使教师计算机能力的再提高。

为拓展培训的广阔途径，在培训中我们把计算机当做教学和进修的工具，学校建立了校园网及网站(共计11类，100余项内容)，完善了信息资料库，同时学校为教师挤时间、抢时间创造上网的条件，让教师及时获取最新最快的信息，促使广大教师学会借鉴网上先进的信息进行教学实践的研究与设计，以提高教师收集、提炼、整理、重组、运用信息的能力，使教师自觉地走进网络，并在学习中积累，在运用中提高，在提高中发展。两年来我校教师共上网800余次，查寻资料5200余条，拓宽了教师的学习空间，解决了工学矛盾，从培训的方式上打破了时空界限、地域界限，使培训的内容更加丰富多彩。与此同时我们还将每位教师的优秀科研成果、论文随感、案例、案例分析、自学笔记、朗读指导、教学实践设计、创新教学等20余项内容，及时传送到校园网站，供大家交流学习，目前我校教师已有90％通过了计算机中级水平考核。

3. 信息技术培训促进了教师队伍建设，优化了课堂教学。

教师综合素质培训的最终落脚点源于教学实践，校本培训的课程化是未来学校发展的方向，以课堂教学形式对教师进行实践培训至关重要。

通过网上备课、查询，进行教学研究与设计，传递最快最新的教学信息和技能方法。在课堂教学中，教师利用计算机的声、光、图、动画与教材融为一体，高效地解决了课堂教学中的重点、难点、疑点问题，突出了以学生为主体，小组合作交流，自主探究，实践操作，创新学习的新型的自主创新的课堂教学模式，实现了培训、教研、科研、电教的有机统一。

三、培训效果

1. 教育观念的转变：通过学习与培训，使教师在心灵深处对教育观念有了总体认识，明确了什么是教育观念，为什么要转变教育观念，把握了教育观念是教师立教的根基，是教师素质的灵魂，从而提高了广大教师转变与更新教育观念的自觉性，促使他们用新的理念、新的思想、新的方法重新构筑教育观念的新体系，用以指导自己的教育教学实践。

2. 教学思想的转变：通过学习与培训，使教师由原来的注重知识学习向注重主体需要转变，从注重解决问题向注重发现问题转变，从注重知识的储存向注重学生想象发展转变，从注重知识的获得结果向注重知识获得过程转变，从注重教师的权威建立向学生民主氛围营造转变。

3. 教学方法的转变：由传统的学生被老师牵着鼻子学、强制性地灌输一个又一个规律和结论转变为"自主学习—小组合作—研讨交流—启发质疑—引导释疑—实践操作—启情诱思—独立探求—创新总结"的教学模式。在学习中促进学生形成一种以创新精神看待问题、思考问题、感悟问题、理解问题的学习方式。在学习的实践中使学生发现自我、发展自我、展示自我，体现主体的精神。

4. 课堂教学模式的转变：由传统、被动的知识传授，知识讲解的教学模式转变为科学的课堂教学模式。例如，在低年级看图说话教学中构建了《听、视、想、说、评》的教学模式；中高年级阅读教学构建了《创设情境，入情讲读，入情思考》的教学模式；中高年级作文教学构建了《观察生活，积累素材，交流所得，提炼主题，结构成文》的教学模式；在高年级数学教学中构建了《复习导入，理解新知，巩固练习，矫正总结》的教学模式；在自然教学中构建了《提出考察项目，确立考察地点，进行实地考察，汇报考察结果》的教学模式；在社会学科教学中构建了《以故事激情导入，以问题讨论自学，靠讲解明确深入，以小结立言导行，依练习记忆巩固》的教学模式。

5. 教学手段的转变：由传统单一的教学手段转向以现代教育技术为中心的网络化教学手段转变，探索"创设情境，网上下载查询，收集运用信息、实践操作演示等新的教学手段，让网络信息走进课堂，服务于教学，应用于教学，创新于教学"。

培训给学校带来了生机，带来了活力，带来了创新，推动了学校的各项工作步入了新的层次。目前我校共有市优秀教师 10 人，市优秀班主任 5 人，市德育骨干 3 人，市骨干教师 4 人，区骨干教师 7 人。1999—2002 年共有 70 余名教师在国家、省、市、区做了教育教学观摩课，均取得好成绩。同时学校承担了国家级教育部重点课题三项，省级独立课题一项，为此学校荣获教育科研先进集体、区教学百花奖先进集体、"青蓝工程"、"晨光工程"先进集体等 40 余项荣誉称号。

2000 年 7 月，市教委在我校召开了哈尔滨市教师继续教育（校本培训）现场会，受到 7 区 12 县各级领导的高度评价。市教委还把我校校本培训的工作特色录成专辑，报送国家教育部，并输送到 163 网。

2001 年 6 月，我校代表市教委、南岗区政府迎接了黑龙江省教育督导团关于校本培训的专项督导，上级领导高度评价了我校教师综合素质培训工作的特色性、创新性、导向性和推广性。学校的经验材料分别在《哈尔滨市教师综合素质培训通讯》、《哈尔滨教育》、《教育探索》等刊物上发表。

2001 年 7 月，中央教科所刘芳主任莅临我校视导继续教育工作，并高度赞誉道："看到长虹小学的校本培训工作是一种震撼，可以说在全国范围内起到了示范作用。"并把我校自编的适合我校特点的《随感、体会集》、《主体性课题研究成果集》、《教学实践设计成果集》等共 19 套教材带回北京，准备向全国推广。

四、培训的反思

经过近三年的实践与研究，使我们深刻领悟到《校本培训的途径与方法研究》的课题研究，使教师的教育观念发生了彻底的转变，教师的教学策略与方法有了长足的进步，教师对科研课题的研究与探索，对教材的钻研、挖掘与创新有了深层次的发展，教师的综合素质有了明显的提高。

通过实验研究使我们深深地体会到：

1. 培训目标体系应力求科学、优化。只有坚持以基础研究为前提，以应用研究为重点，以开发研究为方向，才能切实提高广大教师的综合素质。

2. 培训形式力求灵活适用。培训中既要兼顾全体又要注重个性差异，为教师创设宽松、民主、平等、对话的研究氛围，提高培训效率。

3. 培训手段力求升级换代。通过现代教学手段汲取教学精华，增加"营养"，补充"血液"，促使教师综合能力的再提高。

4. 培训考核力求多元、创新。在教师综合能力的考查方面，应制定良性的激励机制，注重评估的全程性，加强阶段成果的评估工作。

总之，在下一步的工作中，我们将进一步强化基础教育新课程师资培训工作，深入持久有效地开展好校本培训工作，引导教师在新一轮课程改革的实践中，研究性学习、合作性交流、创造性工作，努力搞好新课程的通识培训及教师的信息技术培训工作，彻底实现教育教学和学习方式的变革。让我们在提升理念的基础上，进一步提高教师"开放型、研究型"的素质，用先进的评价理念促进校本培训的改革，用新一轮课程改革推动我校教育教学工作向深层次发展，迈出更加坚实的一步。

（执笔人：孔晓晶　冷旭光）

评价反馈篇

“四位一体”校本培训机制的探索与思考

哈尔滨市第 156 中学　刘家凤

21 世纪教育面临的挑战与竞争昭示我们：不断提高教师队伍的素质是学校可持续发展的首要条件，是中国教育发展的必由之路。在这一思想指引下，校本培训成为了我校的一项重要研究课题，在全校轰轰烈烈开展起来。

校本培训作为教师教育的一种形式，从历史上看，并非新鲜事物。英国早在 1972 年的《詹姆斯报告》中就指出：“在职培训应始于学校……每一学校都应将其教师的继续培训视为其任务的一个必要部分。”80 年代后期，校本教育开始大规模兴起。到 20 世纪 90 年代它已经成为世界各国的一种思潮和制度。但校本培训在我国被正式纳入教师培训轨道则是近几年的事情。国际可借鉴的经验有限，而我国特有的国情和教育发展水平又决定我们不能一味照搬，需要各中小学校积极开展实践研究，探索有中国特色的校本培训模式。

在“中小学教师继续教育工程”的方针指引下，在上级教育主管部门的指导下，我校针对目前师资水平和长远发展需要积极投入到校本培训机制的探索中，开展了“培训、教研、科研、电教”四位一体校本培训机制的研究。坚持近三年，取得了良好的效果，通过我们的实践操作和经验积累深切感受到这种培训机制的合理性和可行性。

一、在实践中探索途径，完善方法，不断充实培训内涵

“四位一体”校本培训机制的提出虽经过科学论证，但是否能适应现代教育的发展，是否能在中小学校中顺利推广，具体要通过怎样的途径来进行实施，则需要我们自己去探索。在实践中，我们群策群力、积极摸索，

终于在实施理念、方法、内容、过程等方面取得了进展，使这一培训机制拥有了鲜活的生命。

(一)更新培训观念，适应校本培训的基本要求

校本培训是促教师成长、促学校发展的新途径，要想使其顺利推广，校长首先要由行政领导者和教学管理者转变为教师发展的促进者和指导者，具有教师教育的意识和能力。在准备过程中我校领导班子认真学习先进经验，根据上级有关精神和学校的实际确定目标，制定计划，力求体现时代精神和实践要求，使培训工作落到实处。在实施过程中组织到位、管理到位、指导到位。其次，校本培训不同于原有培训方式的一项重要变革是注重教师通过不断的反思和研究成为自我教育和自我发展的主动者，因此学校要做好组织动员工作，提高教师思想认识，增强教师自身提高的紧迫感，激发教师参培的内驱力，让教师把培训作为一种自觉的行为与需要。在培训中我们加强管理，适时指导，及时验收总结，使教师真正得到提高。创设条件，营造一种主动自觉、紧张而有序的学习氛围，变被动为主动。再次，改变各自为政的状况，使学校成为合作性的学习集体。在学校中形成合作的文化氛围，以使教师们相互学习，分享经验，共同提高，创设良好的合作环境。

(二)确立培训内容，适应教师发展需要

校本培训不同于传统的师范教育，它要体现教师在职岗位培训的特点，要注重实践性与发展性，因此要体现四个结合：教师培训与教师工作实际需要相结合，提高教师的教学理念与提高教师综合素质相结合，提高业务能力和师德建设相结合，提高教师教育科研能力和优化课堂教学相结合。而四位一体的培训机制则落实了这些要求，从内容上，我们确立了教育理论培训、职业道德培训、科研能力培训、业务技能培训等几个模块。目的就是要使教师全面发展，建设一支适应现代化教育要求的优秀的教师队伍。

(三)完善培训方法，符合学校发展实际

针对我校教师结构情况，培训不搞“一刀切”，可分为青年教师培训、骨干教师培训、学科教学培训、班主任培训。

在对青年教师进行培训中主要以其尽快适应学校的教育教学工作为出发点，进行专业思想和职业道德教育、教育教学基本功教育。通过派专人进行指导，使其迅速熟悉教学大纲，熟悉教材，并针对个人素质和学生实际合理组织教学。

对骨干教师的培训要注重使其不断提高，发挥其示范和辐射作用：注意组织骨干教师学习新理论、新知识、新技术；加强科研指导力度，密切关注教师教育科研动态，掌握教师科研立项的进展情况，收集新的教育科研信息和成果；经常组织教研交流会和研讨会，活跃教育科研气氛，发挥骨干教师示范作用；还激励骨干教师在教学中形成自己的风格，不断提高自身素质，同时也充分发挥其“传、帮、带”的作用。

在班主任培训中以哈市教委下发的《班主任基本功训练》的文件为依据，以提高班主任的理论水平和整体素质为目的进行了培训。具体的训练内容包括班主任基本功理论知识，班主任基本功训练及班主任的自身修养。

在校本培训实施过程中，因为学校始终以教师的实际需要为出发点，与教师的工作实践密切结合，所以极大地激发了广大教师的学习热情。学校教研组内部形成了学习研究、共同提高的良好氛围，课堂教学上百花齐放，课题实验蓬勃发展。通过培训，广大教师在师德修养、教学水平、科研能力等方面取得了长足的进步和发展，学校教育教学呈现了前所未有的新局面。

二、在落实中突破难点，开掘潜力，不断积累培训经验

校本培训作为一项新的研究课题，一切都是在探索中进行的。要使其不断发展、完善，就要在各方面予以保证。在这方面我们正视问题，并积极探索方法解决问题。

1. 尽学校所能来解决资金、资源问题，为校本培训创造条件。我校虽居南岗名校之列，但办学条件不容乐观，硬件设施不足，三处办学使学校资金投入量大，经费紧张。而在进行校本培训中必然也需要物质投入。对此情况，我校不等不靠，提出“物质投入，资金保障，有效利用现有资源”

的方针。学校优先保证校本培训拨款，为教师购买培训教材、教学用具，提供课题实验经费。另外，有效利用现有培训资源，如利用学校计算机设备，在假期进行计算机全员培训；发挥老教师和骨干教师的作用，经常由他们座谈自己在教育、教学中的经验、体会，作示范课，指导青年教师成长。通过不断摸索，走出了一条高效低耗的校本培训之路。

2. 加强管理，完善评估制度，保证校本培训的顺利实施。只有管理到位、检查到位，才能督促、激励教师坚持始终，投入到校本培训的自我提高中。为此，我校加强培训的常规管理，通过严格计划、及时检查，实施合理的评价制度，强化教师的参与意识、发展意识。具体做法是建立学时学分制，及时将培训成绩记入个人培训档案，并算出相应的学分；通过上交学习笔记、考试等形式检验教师自学效果；检查教研组集体备课质量和科研课题开展情况。我们还推出在校本培训中成绩突出的优秀教师，通过公开课、经验交流等形式展示其才华，激励其继续提高。

3. 对教师发展有明确定位，确立可持续发展的人才观。教师这一职业所注重的不仅是注重其专业性、技术性，教师所具有的人文素质和人格魅力也不容忽视，所以在进行“四位一体”校本培训机制研究中必须要注重教师全面素质的提高。因此，我们在注重教师教育、教学技能培训的同时，更注重对教师信念、价值观、经验的反思以及对问题的探究等方面的培养。我们相信只有这样才能培养出研究型教师，使教师的未来发展具有无限潜力，也使学校未来发展具有了无限活力。

三、在回顾中认真反思，明确优势，继续推进校本培训

“四位一体”校本培训机制作为一种新的培训机制，其合理性、可行性需要通过不断的实践加以验证。在课题实验过程中，我们对这种培训机制的优势有了更明确的认识，深切感受到这是一种适应国情、适应校情，有助于我校教师全面发展、不断提高的培训模式。

1.“四位一体培训机制”适应我国国情，目标指向明确，易于操作。高质量的教育必须依靠高质量的教师，而高质量的教师必须依靠高质量的教师教育。实现教师职前培养、职初培养、在职培养一体化是其必然趋

势。同时，从我国目前教育发展状况来看，中小学教师继续教育还很难和师范教育接轨，绝大多数教师只能通过校本培训来实现自身的不断提高。中小学教师校本培训的出现和推进，打破了院校集中的办学形式，打破了班级授课的封闭型学习方式，使教师的培训，贯穿在他们自主学习教育理论、搜索研究资料、开展讨论的专题研究全过程之中。实现了教师的专业成长依赖于“教育学术与特定的学校情景中的实践应用之间的平衡的整合”。教师在学校组织下，不脱离教育教学岗位，紧密结合自身教育教学实践的校本培训，是一种不受规定课程、教材、学时约束的自主、开放、研究型的学习，充分发挥了学校培训资源的优势，能调动学校校长主动承担依法师训的法人职责和积极性，能调动广大教师参加培训的主动性和积极性，在实践活动中提高自己的能力。而信息技术近几年在我国得到了迅速地发展和普及，各级教研工作已基本形成系统化和网络化，以科研为先导的观念也已深入人心。在这样的情况下开展“四位一体”校本培训，就是以培训为主线，贯穿、带动其他三个点，实现全面、均衡、合理的发展。

2.“四位一体培训机制”对教师的培养立足时代发展的角度，促进了教师素质的全面发展。随着现代社会的发展，对中小学教师的要求越来越高。在《教育部关于“十五”期间教师教育改革与发展的意见》中就明确指出：“中小学教师要热爱教育事业，以德育人，为人师表；要树立正确的教育观、质量观、人才观和师生观，提高实施素质教育的能力和水平；提高终身学习的自觉性，不断拓宽业务知识、提高业务水平；掌握必要的现代教育技术手段，积极参与教育教学科研，勇于探索创新，适应实施素质教育的需要。”从中我们可以看到现代社会对教师的要求不仅仅是严谨的工作态度、深厚的理论功底、丰富的教学经验，还要有创新思维和创新意识。“四位一体”校本培训机制可以说从目标到内容都给了学校和教师以明确的指导。将这一目标具体化，在培训过程中有先进的教育观念为指针，有丰富的教研活动来实践，有现代化的信息技术作支持，怎能不带给教师以全方位的变化。

3.“四位一体培训机制”可以促进学校管理，使学校发展步入良性循环的轨道。在过去学校管理中，由于培训、教研、科研、电教部门各司其职，联系沟通少，常常出现工作步调不一致，浪费资源、浪费精力的现象，而“四位一体培训机制”的建立则促进了部门间的协调统一。在教师培训的这一大主题下，各部门既要承担各自的职责，确立培训的内容和方法，又要形成一个不可分割的整体，共同研究商讨，合理安排，互相补充，有效利用现有资源。例如，在教研中发现虽然我校开展的计算机教学和教师计算机培训较早，但水平较高的教师不多，还有部分教师处于需要“扫盲”阶段，在课堂教学中多媒体应用难以普及，通过与电教负责人协商，学校的微机室和微机教师可以在校内对教师进行培训，解决教学中的实际问题。在教研中定期征集教师在教育教学中的问题，请科研室研究解决办法，聘请教育专家讲课、和老师座谈，切实解决问题。年度论文交流会上感到教师撰写论文还很难实现经验与理论的有机结合，教导处组织教师畅谈教育、教学经验，科研室进行理论指导，培训领导通过“请进来”和自学考核形式使教师理论能力得到提高。“四位一体培训机制”有效地利用了我校现有资源，切实解决了教师急需解决的问题，在短时间内达到教师队伍整体素质的提高。协作、和谐的机制有效利用了学校的各种培训资源，使学校管理与培训工作步入了良性循环的轨道。

4.“四位一体培训机制”适应我校校情。从我校发展来看，近几年来发展迅速，社会声望不断提高，但由于三处办学，资金紧张，而且正面临教师更新换代的重要时期，青年教师多，教龄不满三年的教师所占比例大。因而，只有他们的教育教学水平迅速提高，才会使学校继续保持发展态势。学校本身拥有的教师就是一个校本培训的资源库，老教师经验丰富，传、帮、带的作用不容忽视，新教师接受新思想、新观念的能力强，在教研中以老带新、以新促老；在科研中相互交流，互通有无；在电教中青年教师的勇于尝试，必定会推进现代信息技术在教学中的普及。同时，在课程改革的背景下，学校的教育教学环境必将面临着新的变化，如何使新课程标准有效在课堂教学中推进，“四位一体”的校本培训机制可以发挥优势，培养和发展教师独立自主的学习习惯，教师相互协作开展教育教学研究等系列活动，把理论学习与教育实践和问题研究有机结合。促进了教师主动、自觉、自主地收集处理信息资料，分析研究成功的教育教学案例，组织相互交流研讨，开展研究问题方案的设计，组织课题研究实施或开展教育实验的实证探索，以及进行课堂教学方法的改革实践。

坚持近三年的校本培训活动，对我校教师的素质提高起到了不可估量的作用。全校涌现出了一批优秀教师。这里蕴藏着学校领导班子开动脑筋、真抓实干的集体智慧和力量，蕴涵着广大教师的艰辛工作和进取精神，体现了教师在培训中的成长和转变。

通过实践我们相信“培训、教研、科研、电教”四位一体校本培训机制符合时代发展的需要，适应了教师持续发展、终身教育的要求，我们将在这条路上继续探索，不懈追求，使其不断发展、完善，为建立有中国特色的校本培训机制，为21世纪教师教育的发展做出自己的贡献。

当好“四位一体”的主任 完成“四位一体”的培训

哈尔滨市宣庆中学 祁 兵

由南岗区教师进修学校牵头研究的国家级课题建立中小学教师继续教育“四位一体培训机制”，我校承担了其子课题“校本培训的途径与方法”的研究，由于课题中的“四位一体”指“培训、教研、科研、电教”的四个方面，而我在课题的研究过程中，担任了学校的教学主任、科研主任、培训主任，兼管学校的电教工作，可谓一位真正的“四位一体”的主任。因此，我深深认识到自己在课题研究中的独特地位与作用，如在培训中发挥好我的“四位一体”的作用，当好纽带，做好调控，将会使我校的“四位一体”培训真正地做到一体化，达到百川归海的效果。

于是，在课题研究中，我全力、全方位地发挥“四位一体”的主任作用。经过三年多的努力，实现了我校子课题研究中的“四化”，即培训内容一体化、培训管理一体化、培训考核一体化、教师综合素质提高一体化。

一、培训内容一体化

由于子课题研究的是“校本培训的途径与方法”，因此在培训内容上我们立足于“校本”，从学校的实际出发，以提高教师教育教学和教育科研能力、促进学校发展为目标，挖掘学校存在的种种潜力，把学校的各种资源充分地利用起来，让学校的生命力彻底地释放出来。

在提高教师整体素质的同时，解决学校教育教学中的一些实际问题，以此进一步地提升学校的办学水平和教师教育教学质量。我在培训落实中采取了交叉进行、齐头并进、以点带面、相互牵动的方法，实现了培训内容的一体化。

(一)培训内容与时代要求一体化

中小学教师继续教育是在顺应时代发展的要求,进一步推进素质教育,全面提高教师实施素质教育能力的背景下产生的。因此校本培训的内容一定要具有时代性,要以前瞻性的眼光选择培训内容,要以时代发展的要求不断丰富培训的内容,使培训内容与时代要求一体化。

1. 教材选择上。我们以"六本书"为校本培训的具体内容,通过专题讲座、自学辅导等形式,使教师在自己的实践工作中去切实地体会必须更新观念,以及如何更新观念才能赶上时代的步伐,适应时代的要求。

2. 培训重点上,以素质教育为出发点。中小学教师继续教育的目的就是更加深入扎实地贯彻素质教育,提高教师实施素质教育的能力。因此,我们培训的内容重点就是深入地理解素质教育的目的、宗旨、方法、手段等,使教师从根本上理解素质教育,在工作中自觉地贯彻实施。

3. 培训辅导上,拓展教师的视野。为使培训的内容与时代发展一致,打开教师教育教学的天地,我们选择了反映国内外最新的科技进展、学科前沿知识、教育教学理论、教学方法和手段方面的内容,使教师开阔视野,明确方向,使培训内容充满时代气息,与时代发展同步。

(二)培训内容与学校发展一体化

校本培训因立足于"校本"为学校竞争打基础,为学校的发展服务,为学校的未来奠基,所以必须以学校的发展为宗旨,与学校发展一体化。

我校属于薄弱学校,学校要发展,要跻身于强校之列,就要研究学校目前存在的问题,就要研究教师的整体状况,以此使校本培训能够为学校的发展服务,解决学校教育教学中存在的问题,进一步提升学校的办学水平和教师教育教学能力和质量。

(三)培训内容与教师要求一体化

21 世纪是以教育为主题的时代,如何当好 21 世纪的教师,是研究教师继续教育的大问题,因为教师的能力、质量直接关系到素质教育能否真正深入地进行下去。当今的教师经历了跨世纪的转变,要扬弃旧的观念、陈旧的经验,更新观念,用科学的态度对待今日的改变,就必须有新的理念。教师的第一需求就是理念的需求,给教师最需要的新的理念、新的教育教学方法与策略，才能使教师成长，适应基础教育改革的需要。因此，培训需要学校和教师根据自己的需要自主调控，一切培训内容都要围绕教师的需求而定，以促进教师由教育型向专家型发展，由经验型向创新型发展，由学科封闭型向开放型发展，由传统教育观向现代人才观发展，成为适应21世纪要求的教师。

（四）培训内容与课题研究一体化

校本培训是使教师由“教书匠”向“科研型”转变的关键，只有科研型的教师才能搞好课题研究。我校参与了省、市、区级十一个课题研究，要把这些课题研究好，解决教育教学中的实际问题，就必须提高教师的科研能力与水平。我们在培训内容上，对《中小学教师科研能力的培养与提高》做了专题讲座，在更新观念的过程中，在实践中提高自己的科研、教学水平。

（五）培训内容与实际工作一体化

培训内容要与实际工作紧密联系在一起，立足于教师的课堂教学实践，把培训内容与教师日常教育教学的活动结合起来，做到培训与实践的一体化。

学习“六本书”的过程中，我从内容的四个角度出发，开展各种培训实践活动，如开展各种形式的赛课活动，“探究课”、“整合课”、“课题课”等每学期都搞一次，各种课型我们相互渗透，以点带面。如在“探究课”活动中，我们要求每位教师在课堂教学的实践中要渗透自己的科研课题，体现自己的教学新理念，讲究新教学策略，运用现代信息技术手段等，从而使培训内容从理论到实践完全一体化。

二、培训管理一体化

校本培训的管理包括目标的制定以及达到这一目标所需要的各种手段。因为目标是一切活动所指向的终点，是协同人们共同参与活动的动力。因此，我们在全面调查、了解教师的实际情况，研究了学校的发展情况，制定了我校校本培训的长期目标和近期目标，即全力打造一支师德高尚、业务精良、勇于创新的现代化教师队伍，以适应基础教育的改革。而且将这一长期目标分段完成，每学期都有不同的任务与重点。

要更好地完成校本培训的任务，达到预期的目标，就要抓好管理，利用合理有效的管理手段达到培训管理的一体化。

在校本培训的管理中，我们采取了“校长—主任—教研组长”三级管理的培训机制，即由校长全面负责、主任具体指挥、教研组长具体操作。

发挥主任的牵头作用是管理一体化的关键。要使培训管理完全一体化，这里的关键环节在于主任的具体操作，因为校长制定好政策、方案，主要的问题就是主任如何抓好落实的问题，而且主任这一环节在管理一体化中起着承上启下的作用，教研组长能否发挥作用也在于主任的指导与检查。于是，我定期给教研组长开会，布置培训管理的下一步工作，建立了教研组长定期检查本组教师培训情况，定时写本组教师培训总结，定时督促本组教师得分情况，定时提出培训管理建议的制度，建立了基层的管理体制，充分发挥了教研组长的基层作用，使培训管理工作抓得具体，落到实处。

发挥主任的“检查—监督—验收”作用是管理一体化的保证。主任工作的重点体现校长的意图，从学校工作讲，主任执行的是校长的意图，主任代表学校去检查、监督、验收教师的培训情况，才能使培训管理一体化完全地落实下去。在培训中，我定期分阶段、分内容地检查教研组长的工作，检查教师的培训情况。每学期末全面验收一次，使管理一体化由始至终形成制度。

三、培训考核一体化

1. 考核内容的一体化。我校校本培训内容是多方面的，目的在于提高教师的综合素质，因此考核的内容也一定是从多方面入手，重在考核教师的综合素质是否提高。为严格校本培训的制度，规范校本培训的考核方法，我校采取了具体而且易于操作的量化“学分制”的考核办法。“学分制”的考核标准依据“六本书”的内容分六个方面记分。在考核过程中，我发现一部分教师单一追求某一方面的提高，哪一方面容易得分就在哪一方面多得分，哪一方面是自己的强项就在哪一方面下工夫，忽视了综合素质的提高。我就带领教研组长对学分进行控制，修改和完善打分标准，严格提出要求，要求教师在某一项上都不能出现空白。同时，我们努力做到定量与定性考核相结合，仅仅完成了培训内容还不够，还要从工作实践中去考核教师的教育教学能力是否真正提高，做到了考核内容的一体化。

2. 考核方法的一体化。阶段测试在每学期的阶段验收上，我们测试的内容要涉及“六本书”各方面的内容，促动教师全面的学习提高。实践测评在阶段成果汇报课上，我们要求一节课中，要体现出你的理念、科研、教改等意识。理论验收期末论文至少要有一篇理论性较强的论文、业务论文和其他方面三篇以上的论文，以点带面，以一动十，全面考核，使考核一体化。

3. 考核能力的一体化。不同的教师有不同的能力，不同的能力要有不同的要求。我们在四个层次上提出四个要求，普通教师要完成市区的要求；青年教师要求“过三关”：基本功要过关、上课要过关、计算机要过关；班主任要提高“三种能力”：提高教育科研能力、提高处理偶然事件的能力、提高协调与科任、与家长、与学生各种关系的能力；骨干教师要在三个方面“上档次”：科研上档次、教学上档次、课件上档次。从而做到考核教师能力的一体化。

四、教师综合素质提高一体化

在校本培训中，我们从多方面入手，形成了培训内容一体化、培训管理一体化、培训考核一体化，最终实现了教师综合素质提高的一体化。

（一）以不同形式的培训，促进教师理论素质的形成

校本培训以现代教育理论为指导思想，通过专题讲座、专项培训、专人辅导等形式，让教师广泛地学习，在学习中提高，在学习中成长，在学习中更新自己的教学理念，诸如教育观、人才观、质量观、评价观、育人方式观等，加强自己的理论修养，特别是现代教育理论修养，以减少实践活动的盲目性，获得最大的教育教学效益。

（二）以不同内容的培训，促进教师综合素质的提高

在培训考核中，我注重检查每一位教师的得分情况，及时指出每一位老师得分存在的空白项目和他应加强提高的地方。如有的老师课上得不错，但不善于归纳总结，我就要求他每学期比别人多写出一篇论文，强化他综合素质的提高。

（三）以不同层次的要求促进教师综合能力的提高

不同层次教师综合素质的全面提高。由于实行了分层次培训，又对不同层次的教师提出了不同的要求，又对不同层次要求的教师进行了不同层次的考核。因此，无论哪个层次的教师，综合素质都有了不同程度的提高。

（四）以实践操作促进教师教育教学能力的提高

开展各种教改研讨活动，培养锻炼了教师的综合能力。每学期我们都开展各种形式的赛课活动，教师各种能力的比赛，教师各种基本功的验收，在实践中，形成教师综合素质提高的一体化。经过三年多的培训，我校教师在省市区作课达二十多人次，写出论文三百余篇，作为执行主编的我主持出版了学校的校本培训成果集——《为有源头活水来》，学校代表南岗区迎接省市三次大型检查，召开了市区三次大型现场会，使我校教师综合素质得到了全面的提高与验收。

（五）通过教师认识自身进步，促进了教师自主学习的积极性

教师校本培训是在教师本人工作的环境中，在追求自己工作事业成就的过程中的一种自主学习研究。这种自主学习研究是在教师群体工作的共同协作中进行，这种自主学习研究的成功会直接带给他本人尝试成功的愉悦和欢乐，更能直接看到自身努力学习研究的效果，并与自己的切身利益联系起来。因此，调动了教师培训的主动性和自觉性，形成了主动参与培训的氛围。

我校校本培训取得的成绩，是从校长到教师共同努力的结果，我只不过是发挥了“四位一体”主任的应有作用。通过培训，我也深深感受到，要当好合格的主任，要当好“四位一体”的合格主任，首先就要提高自身的综合素质，做一名首席教师。

培训主任在校本培训中的角色

哈尔滨市第63中学 董晶石

新时期的教育要求教师与时俱进，不断学习。继续教育作为一种载体，使教师的终身学习成为现实，而校本培训又是教师继续教育中最为行之有效的一种途径。

为了抓好校本培训，我校利用学校现有的培训资源，提出：抓准切入点，播下火种，使继续教育呈现星火燎原之势；抓落实，耕作到位，使继续教育之花开遍校园；抓考核，收获成果，使继续教育这棵大树结满硕果。

我作为学校的培训主任，在工作中摆好自己的位置，在校长的领导下，充分发挥组织者、管理者、考核者的作用，保证了校本培训工作认真、及时、准确、圆满地完成。

一、当好组织者：把握切入点，播下火种，充分发挥主任的目标引导作用

培训主任是学校具体培训工作的实施者。我在组织全校培训工作时，根据学校的具体情况，抓住“年轻教师多、骨干教师少”这一薄弱环节，以“培训校级教学骨干教师”为切入点，针对校级骨干教师、青年教师、市区级骨干教师、老教师，制定了不同的培训目标，开展了全方位、多层次的立体式培训。

（一）对校级骨干教师的培训

为了给市、区骨干教师的培养奠定坚实的基础，1999年我们制订了《校级骨干教师培训方案》，以学校为基地，规范、系统地对校级骨干教师进行培训。以引导青年教师从教学上做骨干开始，扩展到方方面面做骨干。

首先，确定申报资格：教龄满3年，工作绩效突出，有科研课题者方可申报校级骨干教师。

其次，制定具有可操作性的培训计划，从培训目标、培训内容、培训形式到时间安排、考核方式、培训管理等方面，进行了详细安排。

第三，按培训计划严格操作，除了每人作一节公开课、说"一课时"的教学设想、评一节课外，还要参加6次理论讲座、4次课题研讨学习、3次计算机技能的培训，每月写2份教学随感和案例，针对好的案例进行座谈、交流。

第四，严格考核，制定了培训活动量化考核表和课堂教学评价标准、说课评价标准，通过对课堂教学、参加培训情况、上交材料情况、说课情况和最后笔试得分等五项的综合测评，对申报校级骨干的教师进行了一次全方位、多层次的考核，使他们得到了很好的锻炼。

（二）对青年教师的培训

青年教师是栋梁，有热情、有活力，但不稳定。自尊心强、责任心弱，有的人对工作抱着无所谓的态度。采用开会点名，扣发结构工资等效果都不明显，青年人不在乎这几个钱。调动青年教师的积极性，关键在于引导。校级骨干教师的培训犹如火种，很快蔓延了整个学校，给青年教师带来了竞争的压力。我注意引导青年教师在工作中学习，在学习中工作。如组织青年教师参与校级骨干教师的培训，听校长的"成功教育"、"更新教育观念"、"骨干教师应发挥什么作用"等专题讲座，我就自己的学习与思考，做了"如何提高教学质量"和"如何写好教学后记"的专题讲座。青年教师们都积极参与学习、研讨，展示其才华。

（三）对市、区级骨干教师的培训

对校级骨干教师及青年教师的培训，深深地触动了市、区级骨干教师，使他们产生了危机感，感到不努力学习就等于后退，不充电就要被淘汰。所以他们也积极行动起来，不只是在示范课上做骨干，在学习、研讨等方面也都不落后，力争使自己对得起"骨干教师"这一光荣称号。

在培训中我们对市、区级骨干教师，提出了更高的目标：

一要达到"三高"：学习热情高、业务水平高、科研水平高。

二要做到“三先”：六本书先学，起带头作用；公开课先上，起示范作用；科研先搞，起导向作用。

三要上好“两课”：“示范课”和“开门课”。

四要每学期完成“六个一”的工作：每位骨干教师要作一节示范课、主备一节课、主评一节课，在组内的教研活动中，做一项中心发言、指导一名年青教师、带头参加一个科研课题研究。

（四）对老教师的培训

虽然一部分老教师接近退休，但还有 3～5 年时间。“老”不应该是思想僵化、反应迟钝、知识老化的代名词，“老”应是经验的积累、技能的娴熟、知识的积淀、理性上升的标志。对老教师要求充分发挥他们的优势，积极指导青年教师，把宝贵的经验传给青年教师；同时也要向青年教师学习，更新自己的理念，改变知识结构老化的现状。

通过培训，大家比的是谁学习的知识多，谁获得的信息多，谁听课的节数多，谁课上的好，谁制作的课件既适用又精美。

二、当好管理者：抓落实，耕作到位，充分发挥主任的过程指导作用

在培训中，要正确处理好培训与教学、科研及电教的关系。为了协调好“四位”之间的关系，根据学校的实际情况，我校建立了培训领导小组，确定了培训目标，制定了培训计划，合理安排培训的内容和时间；制定各方面的考核标准和对教师进行全面考核。一环扣一环，使工作有计划、有步骤并落到实处。我在工作中注意以教学为主体，培训为主线，以科研为主导，以现代信息技术为手段，注意各项工作的协调和互补，力争每一项工作都做到抓实、抓准、抓到位，为提高师生的素质提供一流的服务。

（一）组织落实

学校成立了以校长为组长的校本培训领导小组，强化领导，责任到人，建立了培训主任具体负责，教研组长作为基层培训者的培训、教学、科研、电教四位一体的培训管理网络。

（二）目标落实

制定多层次的培训计划（校级骨干教师、新教师、青年教师及市、区骨干教师、老教师）。确立了学期、学年、三年的培训目标，分段完成培训任务。

通过培训，我们完成了“一个加强、两个突出、三个提高、四个转变”的目标。即加强现代化教育理论的学习；突出骨干教师的模范作用，突出青年教师的先锋作用；提高教师终身学习能力，提高教师教育教学能力，提高教师科研能力；从而完成教师教育观念的转变、工作态度的转变、角色的转变、教育重点的转变。

为了使目标按时完成，我们又制定了相关的措施。如保证时间、人数、实行学分制，建立教师继续教育档案等。

（三）过程落实

1. 抓理论学习的落实。

一是教育理论的学习：教师教育观念的转变，是全面落实素质教育的关键。我们针对《教育观念的转变与更新》等六本书及新的教育教学理论进行系统、认真的学习。采取自学为主，讲座、研讨为辅的措施，对学习中的所感、所悟及时记载，形成案例和随感。要求每位教师都要有学习笔记，假期布置学习内容，每位教师都写了近万字的学习笔记。

二是教育法规的学习：组织教师学习相关教育法规。如《教师法》、《义务教育法》、《未成年人保护法》及区政府关于教师继续教育的规定。学校又制定了“教师一日常规”，“教师十不准”，并签订了相关责任状。

三是师德修养的学习：教师职业道德问题备受社会关注，师德是教师素质的核心，提高教师的人格魅力和师德修养是队伍建设的当务之急。我们将师德、师风培训作为教师培训的重点，首先进行《师德修养》的学习研讨，从查找自身的不足开始，提高思想认识。开展“敬业爱生”研讨会。校长做了“今天我该如何当教师”的专题讲座。

2. 抓教研培训的落实。我从两方面入手：一是给教研培训创设条件，提供方便，落实措施。组织全体教师认真、及时地参加进修学校组织的教研活动。为外出学习、听课的教师创造条件，并鼓励广大教师踊跃参加各级各类的教研培训活动。

二是充分调动他们参加教研培训的主动性和积极性。我利用经常接触教师这一优越条件，倾听师生的意见，有问题多商量，有矛盾及时化解，形成和谐的良好环境。对青年教师的指导，必须满怀热情，循循善诱，切忌“你不会，我来干”、“你不行，换人干”。而“你不会，照我办”也会挫伤他们的积极性，延长青年教师工作成熟期的到来。对青年教师出现的问题，不回避，敢指导，如在检查教案中发现的问题，都是面对面交换，指出不足，改进意见。力争在指导中，指点不说教，帮助不代替，批评不压制。

我们还开展“一课、一题、一文”活动。每周一次教工例会和教研组会，组织全员，针对六本书进行学习和发布教育教学信息。每周每位教师记两条信息。充分利用每周一次的集体备课进行化整为零的培训，利用每周一次的教研组长例会对教研组长进行培训。每学期两次的教师论坛，组织全体教师进行教学研究、座谈、交流，统一思想，明确认识。定期检查信息本和学习笔记本，反馈学习情况，以便更有针对性进行下一段的培训。

3. 抓科研培训的落实。为落实科研先导工程，注重教育科研理论的学习和研究，对科研课题组长进行系统培训：如何写实验方案、怎样搜集材料、如何进行阶段性研究等。学校共设立课题 15 个，做到了人人有课题，科科有研究。做到了立项有方案，阶段有总结，结题有验收。英语组的“马承教学法”、语文组的“自学辅导”接受了国家和区级阶段性验收。使我校的科研工作落到了实处，其中有三个课题获国家级奖励。

为了更好、更快地使广大教师了解新的教育教学信息，2001 年我校成立了科研活动小组，主办了《科研半月谈》，共出版了 15 期，以小报的形式传阅于教师之间，传递着先进的信息，它犹如一缕清风，给广大教师带来新鲜的空气、鲜活的知识营养。

4. 抓计算机培训的落实。制定信息技术培训计划，保证每周教师有两小时以上的上网时间。一线教师 2001 年 7 月全部达到初级水平，骨干教师在 2001 年底全部拿到中级证。又请计算机老师为骨干教师和青年教师做“课件制作”的专题辅导，保证大教研组 1～2 人会制课件，小学科保证 1 人能制课件。

三、当好考核者：抓考核，收获成果。充分发挥主任的监督评价作用

人们常说“编筐编篓，重在收口”，校本培训也是一样。为了深化学习、强化实践，使学习转化成教学效益，为此我们采用多种方式考核。

1. 笔试考核：针对《教育观念的转变与更新》、《提高教育教学质量的策略与方法》、《教师职业道德的构建与修养》等六本书和相关理论（如成功教育理论和素质教育理论等）的学习，期末我从每一章、节的内容中，出1～2道思考题，统一进行章节验收。通过笔试，加深了理解，使学习效果达到最佳境界。

2. 以课的形式考核：每学期我们都组织不同类型的教学公开课。如青年教师“素质教育研讨课”、新教师的“上岗培训汇报课”、骨干教师的“示范课”、老教师及骨干教师日常的“开门课”、参赛教师的“出门课”、同一备课组教师的“六同课”、师徒“同上一节课”等。通过课堂教学反馈学习效果。通过长期、系统地训练，教师的上课质量有了大幅度提高，语文组张平平、代军辉、杨丽北老师均获得区百花课一等奖，王文忠老师获百花课物理一等奖，王梅老师获百花课英语一等奖，孙忠学老师“马承教学法”的课题研讨课获市一等奖。

3. 以案例、随感、论文等形式考核：对教师自学笔记、信息本、案例、随感、六本书的专题讲座笔记、教研活动纪实、科研课题的研究记录、师生问卷调查等形式进行验收。通过一学期的学习，校教学骨干教师共书写教后记14篇、教学随感84篇、论文42篇。其他教师每人一篇论文、科研阶段性总结和两份案例、随感。

4. 以教育教学成果考核：对教案设计、板书设计、导言设计、教后记设计进行展评。每学期开展一次教材考核活动，有力地促进了教师的学习。语文、数学、外语开展了集体备课观摩，提高了集体备课质量。

5. 以座谈、讲演等形式的考核：开展教师论坛，十多位教师就“今天如何当教师”、“如何发挥骨干教师的模范作用”谈了自己的做法和经验，通过研讨，提高了认识，借鉴了教训，获取了经验。

检查不是目的，收获才是本意。培训主任在校本培训中起到了组织

者、管理者、考核者的作用，避免了有些工作有头无尾或有尾无头，或有头有尾无过程的形式化，使我校的校本培训工作可以通过“学习反馈”这面镜子，查缺补漏，不断完善，不断进步。

通过三年来的校本培训工作，使我深深地体会到：“四位一体培训机制”是完成继续教育工作的一条行之有效的捷径，开创了学习周期短、获益快的先河。校本培训中“四位一体培训机制”的运用，是我们基层学校完成继续教育的一种强有力的手段，起到了星火燎原的作用。通过校本培训使我们提升了理念，提高了素质，明确了只有终身学习才有立足之本。可以说校本培训是教师再次冲锋的加油站，是教师厚积薄发的源泉。

作为培训主任，要发挥好组织者、管理者、考核者的作用，就要不断地努力学习，在自省自悟中加强自身素质，始终走在老师们的前面，做好桥梁和纽带，为广大教师综合素质的再提高做好服务工作。

我对校本培训的认识和体会

哈尔滨市第37中学　宣丽君

我是1987年走上教育工作岗位的，在最初的几年中，我埋头于教材、大纲、学生与各种教参资料，为的是能使我们这个郊区中学多走出几个大学生。后来，为了充实自己的专业知识，我于1995年完成了东北师大的本科函授学习。但是，近几年来，随着素质教育的深入开展，我越发感觉到自己单一的知识结构、滞后的教育观念与现代教育形势相距甚远，并认识到一个教师只有实现了终身学习，不断提高自身水平，才能与时俱进。从2000年开始我作为一个骨干教师，参加了学校组织的"校本培训"。经过三年来的学习，我认为"校本培训"的确是一个能促进教师成长的"充电器"。

一、对"校本培训"特点的认识

1. 目标的直接指向性。传统意义上的教师培训(包括学历教育、脱产进修、在职进修等)主要是走了局限性的专业教育的道路，主要帮助教师把握学科前沿问题，了解学科发展方向，拓宽学科视野，加深学科知识修养。说到底，是帮助教师提高学科知识素养。但这些培训往往带有普遍性，很少关注具体学校中具体教师的具体要求。与此相反，"校本培训"是从学校和教师的实际出发，通过培训解决学校和教师的具体实际难题，以促进学校自身发展，提高教师的综合能力，从而提高教育教学质量。例如我校青年教师多，他们热情高但经验不足，根据这一特点，组织了"青年教师研修班"，采取多种形式的讲座、观摩课、汇报课、现代信息技术培训及教学课件的制作，使青年教师用现代教育理念开始他们的教育生涯，并尽可能在教育教学上少走或不走弯路，并以此为契机带动中老年教师更新教育观念，不断学习现代教育理论和现代信息技术。

2. 组织的自我主体性。非校本培训的组织者多是教育行政主管部门，培训机构主要是各教育学院、教师进修学校等。而“校本培训”却是由教师任职学校组织、规划的，不仅培训方案由学校自身研究制定，而且培训力量也多半来自于学校内部，虽然也需聘请校外专家指导，但他们是与学校教师互为“共同体”，协同开展研究、培训的。

3. 内容的现实针对性。传统的许多教师培训都属于“学历教育”，其内容往往也是为了解决带普遍性的问题而选择的，其培训的针对性较差是显而易见的。而“校本培训”的内容，是从学校和教师的实际出发，有什么问题就培训什么，培训内容更具有差异性、实用性和针对性。如我们学校就针对教育观念、教学方法、现代信息技术在教学上的运用、提高科研意识以及教育教学信息闭塞、对经验缺少必要的总结等情况开展校本培训。由于校本培训有针对性，注意了老、中、青年教师存在问题的差异。因此，取得了很好的效果。

4. 方式的多样性、灵活性。如：①课题研究。教师结合自己的工作和教学教育科研课题，在课题设计、研究中接受指导。在培训教师的指导下，我不但了解了如何选题立项、撰写课题计划，更重要的是能够根据我校学生的特点，确定了科研方向与研究课题——质疑互动，培养学生的问题意识。②优秀教师和青年教师互帮互学。作为青年教师中的“老”教师，我给 2000 和 2001 届新上岗的教师做了题为《一个青年教师的成长历程》的汇报，并与其结对在教育教学上共同探讨，起到了师师相长的作用。③学校或各教研组组织教师互听互评课，召开教学研讨会及经验交流会。三年来，我先后听评课 121 节，并多次与同行进行教育教学交流、探讨，提高了课堂教学水平。④与兄弟学校间的交流互助，实现了培训资源的共享，促进了教师成长。

二、从“校本培训”中得到的收获

通过三年的校本培训活动，不但提高了我对校本培训的认识，而且，在个人素质上受益匪浅，收获颇多。

(一)通过培训,树立了全新的现代教育观

教育观念是教师对教育以及教育工作过程中重要问题的认识和看法。教育观念虽然无形,但在教育实践中却能改变教育的面貌、决定教育的成败、影响教师的工作方式、制约教师的教育方向。因此,树立全新的现代教育观念是教师素质的核心,是教师立教的根基与转变教育行为的先导。但是,旧的教育观念也是长期的文化积淀,具有很强的稳定性。更新观念不是一蹴而就的"革命"可以实现的。科学的现代教育观必然是个渐进的完善过程,需要每个教师主动地学习、认识、探索、实践。而校本培训恰恰给我们提供了这样一个机会。

1. 在现代教育理论学习的过程中不断更新了教育观念。通过学习有关的教育教学理论,如现代教育观、教师观、学生观、教育价值观、课程观、评价观、教育法制观等,使我在理论上初步认识到教师在教育中的角色应是学生全面发展的培养者、民主师生关系的建立者、学生学习过程的指导者、教育信息的开发与应用者、学生健康心理的培育者。学生也不再是被动的接受者,应该是教育的主体,教育应着力于人的全面发展等,为下一步在教育教学中放下师道尊严,从以教育者为中心转向以学习者为中心,面向全体学生,关心尊重每个学生,为学生的全面和谐发展奠定了基础。我校的《校本培训期刊》则为我们提供了广泛的学习资源,使我们及时了解了教育教学动态、教改形势、教育教学理念。而学校定期下发的自学辅导材料及明确的要求,使我们在完成繁重的教育教学任务之余,抓紧一切时间看书学习、写心得笔记,并尽可能应用到实践中,不知不觉中完成"洗脑"工作。

2. 在教育教学实践中更新了观念。更新教育观念要借助于教育科学理论的学习,更重要的是要在教育教学实践中学习,在富有创新的实践中学习。因此我参加了校本培训系列活动之一,即新教法的探究和现代信息技术与教学的整合活动,并在 2000 年获区级说课一等奖,2001—2002学年度上学期作了期末复习公开课,并积极参与教育科研活动,在教科研实践中更新了自己的教育观念。努力实现了教师在教育教学中"演员"到"导演"的角色的转变。在课堂上努力营造宽松、和谐、民主、愉快的学习氛围,鼓励学生质疑,由开始的老师设计问题和阅读提纲

逐步到学生阅读自学—找出知识点—学生互动质疑—师生互动质疑—师生共同探究解疑，尽管起步时存在着时间问题、课堂沉闷、问题设置等问题，但随着不断改进，现在，在我的课堂上基本实现了全员参与的教与学。

（二）在现代教育观念指导下，大胆探索尝试适应素质教育和时代发展需要的教育教学方法，把现代信息技术运用到教学中，不断提高教育教学质量

21世纪是信息化社会，这就要求为人师者不但要掌握信息技术，而且要运用到教学中。我校的校本培训内容之一就是现代信息技术与教育教学的整合。针对我们学习者信心不足的实际心态，培训者在正式开课前首先上了一节心理辅导课，消除了我的畏难心理，使我能够坚持理论与实践相结合。初步掌握了有关理论和实际操作后，信心更足了。到学习结束时，在计算机老师的指导下，我参加了区"应用现代教育技术优化课堂"教学大赛，获得了说课一等奖、作课二等奖的好成绩。

我在班级管理中，努力创设学生自我教育的环境，提供学生自我管理的机会，培养学生自我激励的能力。三年来，我班的班级管理细则日趋完善：班级干部竞聘上岗（上学期的班长由于没有履行职责，本学期下岗）、班级干部量化考核（当然是全体班级成员考核，我只是其中之一）、学生活动量化考核（学习态度、学习成绩的提高幅度、集体活动中的表现、行为习惯、品德修养等），努力帮助学生树立健全的民主法制观念，"学会做人、学会合作、学会生存"，使学生具备健全的人格。

（三）在现代教育观念指导下，积极投身到教育教学科研活动中。科研意识不断增强

由于我们所处的时代信息繁多、变化迅速，这对于我们教师来说仅仅学习是不够的，教师必须学会对繁杂的信息进行研究、筛选，对新问题、新现象用最新的手段、观念、知识去研究分析。为此我参加了校本培训中的科研培训，它使我懂得了现代教师要更好地适应教育形势的发展，必须由"教书匠"转变为"研究者"，教师搞科研不但是教育改革的需要，也是教育工作本身的需要。在此基础上，我立足于工作岗位，不断思考、分析、总结自身的工作，力求掌握工作的规律，从实际出发，制定并参加了"根据郊区学生特点，培养学生诚实守信"和"质疑互动，培养学生问题意识"及"学科

教学中心理健康教育的渗透"等课题研究。为了研究更具实效，我坚持写案例分析和教育教学随笔，做到实践—反思—反省—实践。三年来，有多篇论文获省、市、区优秀论文奖，《操行评语改革初探》一文获市级优秀科研成果三等奖。

总之，"校本培训"作为一种新型有效的培训方式已经被广大教师所认可，尽管还有需要不断完善的方面，还需要在实践中继续研究、摸索。但毋庸置疑，它将在提高教师创新精神和能力，促进学校教育振兴中发挥重要的作用。

发挥“四位一体培训机制”的优势 做好校本培训工作

哈尔滨市建工小学　张桂荣　刘　鹏

新的世纪人人面临新的挑战，知识经济时代要求人们不断学习发展。对 21 世纪的教师来说，继续教育是一个全新的概念。我校在哈尔滨市南岗区教师进修学校培训办的指导下，参加了“四位一体培训机制”课题的实验研究，充分运用“四位一体培训机制”，开展了扎实有效的校本培训工作。通过两年来的实践，取得了一定的成绩，教师的综合素质得到了明显的提高，形成了我校校本培训工作的特色。总结三年来的教师培训工作，我们认为充分发挥“四位一体培训机制”的优势，是做好校本培训工作的有效保障。

一、协调关系　整体规划　合理分工

为了改变长期以来，培训、教研、科研、电教四个部门“单打独斗”的封闭局面，减少教师在培训中内容的重复、时间的冲突，避免造成培训的工学矛盾，使培训、教研、科研、电教融为一体，充分发挥他们的合力作用，提高培训工作的效益，我校在区进修学校课题组的指导下，组建了教师继续教育课题研究小组，具体负责全校教师校本培训的规划、协调、管理、指导和经验总结等工作。

我们成立了校长、副校长、主任参加的实验领导小组。组长由学校一把手亲自牵头，负责全面培训工作；副组长由主抓继续教育的校长和德育校长担任，负责具体的培训工作，包括培训内容的规划、协调、指导等工作；组员由教学主任、科研主任、电教负责人担任，教学主任负责教学、教研培训，科研主任负责学校各科研课题的培训、指导工作，信息技术负责人对教师进行现代信息技术培训。

培训工作领导小组的建立，为课题研究奠定了坚实的基础。在对教师进行校本培训统一规划的同时，也进一步明确了培训的分工，即①主管培训的校长在培训工作中执行各种培训计划，加强对教师进行业务培训、成绩考核等管理。②主管教研的主任要在培训工作中承担培训素质教育理论的学习内容，使受训教师掌握教育技能，提高教师实施素质教育的教育教学水平。③主管科研培训的主任要负责各种类别教师的教育科研理论知识培训，加强区、校两级课题的常规管理，做好所承担课题的研究工作，旨在提高教师的科研能力。④主管电教的主任要负责教师的现代教育技术应用能力的培训和考核，并利用教育信息网络开展教师继续教育网上培训，还要加强对信息技术教育课的研究与指导等。

整体的规划，合理的分工，能够使教师在有限的时间内，最大限度、高效地掌握学科教研、科研和电教等多方面的知识和能力。运用"四位一体培训机制"，高效、快捷、省时、省力，极大地提高了我校校本培训的工作效率和质量。

科学完善的目标建立，帮助培训者找准了定位，明确了职能，确保在校本培训中施展自己的才能，发挥带头作用，也增强了培训考核的针对性、可操作性。

二、严格管理　形成体系　提高质量

根据中小学教师继续教育全员培训的目标要求，我们认真履行培训全程的质量监控与管理职责，加强教学的常规管理。我校通过建立健全中小学教师校本培训的规章制度，加强对培训工作的指导、规范、制约、评价和激励，确保我校教师校本培训全员考核工作的高标准、高质量，切忌搞形式，走过场。

（一）组织管理

为更好地完成校内培训，我们的校本培训工作领导小组负责全面的培训工作，组员由副校长、主任、骨干教师组成，负责不同的培训内容。结合南岗区"四位一体培训机制"课题，明确各部门的具体任务，使之与各种制度相结合,教师有了自觉培训的意识及学习的渴望。

(二)档案管理

为规范校本培训的管理,首先建立了培训的总档案,总档案包括有关培训的法规文件、方案计划、规章制度等。我们将培训内容细化,还建立了分项档案,如"师德档案":把每个教师的师德方面的内容归为此档;"教育理论档案":把教师学习"六本教程"的理论内容归为此档;"实践活动档案":将教师说课、做课、看、评课或纪实等归为此档;"网上操作档案":将网上下载的内容、制作课件、电教使用微机辅导等内容归为此档;"课题研究档案":将教师参与课题研究的实验方案、阶段总结、实验报告、科研论文等归为此档。

(三)考核管理

为了更好地细化学时学分制度,我们采取了教师培训考核的量化制。为使这项工作能调动教师工作的积极性,我们力争做到公开、公平、公正,严格按照 8 学时 1 学分的换算方法进行考核,每完成一项培训内容,就及时地评出等级。每月进行一次学时学分的登记核算。

三、面向实践　加强培训　指导工作

开展校本培训的最终目标必须定位在提高教师的综合素质与强化教师的教育实践能力上。第一,要在培训中促进教师把学习与实践密切结合起来,探索教育改革的努力方向和途径,并自觉培养创新能力。第二,要在培训中促进教师将科研成果、优秀实践经验转化为自身教育实践的有效动力和能力。第三,要在培训中促进教师客观认识自我,分析自身的知识素质、心理性格特征和创造能力特点,提高教育教学的设计水平和实践能力。

我们要求精于学,重在练,把培训过程中所学到的理论落实在各种教学实践中,注重针对性和实践性,以提高教育教学能力为培训学习的出发点和归宿。重点培训教师将理论与教育实践中的问题相结合的能力,使实践的具体问题通过再学习得以解决,进而使教师不仅有理论水平的提高,而且增强解决实际问题的能力。如我校在学习《提高教育教学质量的策略与方法》一书时，不是简单地让教师抄抄笔记而已，而是首先让教师认真思考自己在教育教学中都存在哪些问题。学校将这些问题进行归纳梳理，共提炼出100个问题。学校紧紧围绕这100个题，充分发挥“四位一体培训机制”的优势，统一部署，分工协作，由培训、教研、科研、电教四个部门，通过专题讲座、研讨交流等形式，逐一给予解决。这样做，避免了空谈，强调了针对性，使培训取得了实效。

通过培训，我校教师能用现代的教育思想指导工作，打破过去教师讲，学生听的教学模式。如我校教师在课堂上积极地运用现代教育思想进行素质教育改革，在数学学科进行了“设疑导学，质疑解难”的研究，语文学科进行了落实新大纲的学年研究课活动，思品学科、劳技等学科的创新课研究也逐渐推广开来。两年来，我校教师在市、区共作示范课、公开课、说课16节，获得市、区级奖励13项。两年来，通过校本培训，我校教师共撰写论文400余篇，获得国家级优秀论文40余篇，省级优秀论文80余篇，市级论文130余篇，区级优秀论文150余篇。

四、发挥优势　齐抓共进　稳步提高

在我校教师继续教育中，我校充分运用“四位一体培训机制”紧紧围绕师资培训的目标，进行了潜心研究与大胆探索，取得了初步成效，具体体现在以下几个方面。

(一)推进了我校内部体制改革

运用“四位一体培训机制”，提高了我校培训工作的效益，在教师继续教育培训工作方面，各个职能部门向一体化迈进了一大步，理顺了学校内部各有关职能部门之间的关系，初步形成了具有学校特色的优质、高效的教师校本培训机制。

(二)提高了我校教师队伍的整体素质

三年来的校本培训，使我校教师提高了思想政治觉悟和职业道德水平，更新了教育观念，初步掌握了现代教育理论，优化了知识结构，提高了实施素质教育的能力和水平，为迎接新世纪基础教育课程改革奠定了坚实的师资基础。两年来，我校共培养出市、区级骨干教师9人，校级骨干教师11人。我校教师在参加市、区级各类教学大赛中，共有19人获奖。2001年3月，我校有2节课改研究课在全市进行了观摩。我校有62名教师通过了计算机应用能力初级考核，有17名教师通过了计算机应用能力中级考核。

(三)优化了培训者的综合素质

通过对教师培训，使我校的培训者更新了教育观念，提高了理论素养，增强了对教育教学实践的指导能力。我校校长张桂荣在"中华传统美德教育""九五"课题实验研究中被评为国家级优秀实验工作者；我校教学校长董云环被评为教学百花奖优秀组织工作者；我校教学主任刘宇光被评为区百花奖教学大赛优秀指导奖；我校德育主任刘鹏在国家"九五"规划重点课题"中小学生心理健康教育"课题实验研究中被评为省级优秀实验教师。两年来，我校在国家、省、市、区参加研究的8个实验课题中，有2项课题实验研究已经通过国家级合格验收，有1项已经通过省级合格验收。

(四)改变了学校的面貌，提高了办学水平

历时三年的校本培训，给我校的教育改革和发展带来了生机和活力，学校的面貌发生了可喜的变化。

学校整体工作水平有了大幅度提高，2001年3月，我校被评为全国"九五"重点科研课题中华传统美德教育实验研究优秀实验学校；2001年5月荣获哈尔滨市中小学合唱比赛一等奖；2001年9月被评为哈尔滨市劳动技术教育先进集体；2001年12月被评为哈尔滨市文明单位、哈尔滨市安全文明先进集体、哈尔滨市优秀家长学校；2002年3月我校美术组被评为市先进美术小组，市艺术教育基点校；2001年荣获南岗区教育系统先进集体、南岗区教育系统德育工作先进集体、南岗区第十七届教学百花奖先进集体等荣誉称号。

通过三年来的校本培训工作，我校教师的综合素质有了很大的提高，进而提高了我校教师的教育教学水平。让我们在南岗区教师进修学校课题领导小组的指导下，继续探索，充分发挥"四位一体培训机制"的优势，在新课程改革的师资培训过程中，加大实施校本培训工作的力度，将校本培训推向更高、更新的阶段，为全面提高教师实施素质教育的能力和水平，为推动学校基础教育的改革和发展努力奋进！

校本培训为我添双翼

哈尔滨市育红小学　于　宏

校本培训是中小学教师继续教育的一种最为经济有效的全员性培训，是集中培训的一种延伸和补充。它与学校教育教学紧密联系，培训的成果可直接转化成教师的教育教学能力，有助于学用结合，因此一种良好的培训机制的确立就显得尤为重要。我校于1999年5月，承担了教育部师范司确立的中小学教师继续教育“四位一体培训机制”实验课题的子课题——“校本培训的途径与方法”研究。在总课题组的指导下，我校运用“四位一体培训机制”不断深入地进行有计划、有目标、分阶段、分层次、多形式、多途径、多方法的校本培训实验，提高了教师的综合素质，促进了教师、学生、学校共同发展，初步探索出有效的校本培训途径与方法，形成了具有育红学校特色的校本培训机制。这种培训机制，能够让培训、教研、科研、电教在时间上衔接，在空间上延伸，因而取得了一定的成效。在校本培训过程中，我对于新时期的教育目标和新时期的教师任务都有了全新的认识和了解，对于自己的定位和奋斗方向有了明确的目标，工作也取得了一些成绩。下面我就来谈谈我在培训中的一点心得体会。

一、按需施培，使我弥补所缺

培训与教研、科研、电教相结合，培训机构与教研部门和科研部门形成了合力，使四者产生了合力效应。解决了培训内容与实践运用“两层皮”的问题，把短期培训与长期教育教学实践结合起来，既解决教师的无米之炊，又增加教师的长期储备。在培训前，我校培训部门多次组织问卷调查，以了解教师教育、教学、教研、科研的背景，了解哪些内容是教师最需要、最实用的，哪些是教师创新和长期发展所必备的。

根据这些需求，我校各职能部门，在主管校长的统一安排下，各司其职，组织了一些科研实验培训、教学教法培训、师德培训、电教培训等。这样，使不同的培训对象得到了各自所需的培训。

通过教育观念、学科理论和教改前沿动态等教育理论的培训，我的教育思想观念发生了实质性的转变，认识到教师的角色要由知识的“讲授者”转为学生学习的“教练员”，教学过程从传统分析讲授转变为让学生发现问题、探究问题和解决问题的过程，老师的“教”要服务于学生的“学”。于是，在我的课堂上，有了群情激昂的讨论，有了面红耳赤的辩论，有了慷慨激昂的汇报，每个学生都能自信地展示自己，发现自己，锻造自己，他们真正学到了适应社会的本领，张扬了个性，发展了能力。

通过教育科研领导小组开展的科研申报、立项、跟踪管理、阶段性鉴定、奖励等管理规范的培训，激活了我开展教育科研的积极性和主动性。在这种氛围中，我针对教育改革实际，坚持理论与实际相结合，从教改实践中挖掘和提炼课题，确立研究方向和内容。现在，我承担省级科研课题《小学社会教学中培养学生创新精神和实践能力的研究》，是其主要实验教师；我撰写的科研实验方案《开放社会课课堂教学情境，培养学生自主学习的能力》被立为市级科研课题。经过实践探索，针对这两项科研课题的研究，都已经初步构建起比较科学的理论体系和实践操作模式。课题都是起源于教育实践，又回过头来指导教育实践。实践—科研—实践，如此循环往复。可以说，教育科研既保证了教育实践的方向、广度和深度，更促进了我向研究型教师发展的进程。

在我校的教研活动中，关于新课程标准的培训使我获益匪浅，我在认真分析课程标准的基础上，结合学生的实际如学习动机、学习兴趣、学习意志、学习信心、学习习惯、原有知识、智力水平、学习方法等，在教学计划中对每一阶段学生发展应达到的行为标准都提出了具体的要求，也为实现各种行为目标进行了详细的计划安排。在课堂教学中更多地关注学生的学习过程和方法，引导学生学会学习，我对不同教材的内容有着不同的设计思路，而且从不拘泥于固定模式或是已有的成功经验，每学期都争取在原有课型的基础上有所突破，有所创新。在短短的两年多时间里，由于在教学形式、内容上的不断创新，多次在全市社会学科教学大赛中获奖，使我迅速成为哈尔滨市社会学科的骨干力量。

计算机中级的培训，使我不仅可以熟练地制作教学课件，还可以在课堂上用计算机和学生进行信息反馈，资源共享，思维互动，大大提高了教育教学效率。在这种培训氛围影响下，我还自学了网络信息技术，包括制作网页，并成为南岗区教师进修学校社会学科网络信息小组的骨干，为本学科教师能够及时准确获取社会学科最新信息，提供了便捷条件。

二、整合培训　促我全面发展

由于各部门能针对教师的不同要求进行有针对性的培训，各施其责，因而避免了重复性学习，节省了培训时间，取得了很好的培训效果。

校本培训应具有针对性，讲究实效性，注重实用性。在内容上实现融合的基础上，只有实现形式的结合，使内容适合形式的需要，校本培训才能持续稳定地发展和保持旺盛的生命力。

我校在教研部门、科研部门的协作下，开展了一系列与培训内容密切相关的教科研活动。如一学期一次的“创新课大赛”、“说课竞赛”、“评课竞赛”、“教育科研经验研讨交流会”，通过这些活动，以训代研，保证教师的参训率。用校本培训的最新理论为指导，保证活动的方向性。以各类竞赛的评比条件为标准择优推荐，保证活动的先进性。各类活动既是培训教师的课堂，又是教师从事教学研究和教育科学研究的阵地。既培训了教师，又有利于促使教师投身教育教学改革，使培训、教研、科研同步运行，形成了良性发展。培训、教研、科研在内容和时间上的衔接，为提高培训效益提供了有力的保障。

由于培训、科研、教研、电教四个职能部门在培训形式上注重了整合，有利于在每项培训活动中对参培教师四个方面的培训进行监测和评估，既提高了培训的效率，又避免了重复性的考核。

这种形式上的整合，使得我可以在平时的教育教学实践中全方位地要求自己，综合素质有了较大的提高。

三、综合评价,伴我不断进步

我校通过全方位的考核评价来实现不同层次、不同类别的培训目标。每个月,我校通过培训作业(教学随感、教学案例、科研探索、教学日记、自学笔记、信息手册、培训答卷……)来对全校教师的月考核做量化评价,这种考核评价切实地保证了校本培训的落实。在考核评价过程中,四个部门分工协作,相互沟通,考核全面。

在这一点上,我深深地感到自己是这种评价方式的直接受益者。由于学校每月都要进行全方位的培训考核,就使我校教师克服了参培的惰性,针对自己能力相对不足的方面,有的放矢,相互促进,发挥优势,力求全面发展。

2001 年初,学校对教师校本培训进行综合评估时,虽然我在理论学习、教育教学实践操作等方面得到了高分,但是在信息技术方面却相对薄弱。于是我下定决心,积极参加了计算机中级培训,获得中级证书,后又学习了多媒体软件:AUTHORWARE、PHOTOSHOP、ANIMATOR,能够独立制作复杂的教学课件。为了能够掌握最新的相关教育信息,我又学习了网络技术软件:DREAMWAVER、FLASH、FIREWORKS,能够制作网页,并成为南岗区教师进修校社会学科网络小组的骨干成员。

在考核评价过程中,学校注重发现人才,发挥骨干教师的带头、辐射作用,充分利用校本培训资源,以点带面,相互促进,全面提高。由于我在校本培训综合考核中得分最高,教科研能力比较突出,为此,学校让我担任《科研月报》的主编、校骨干学习班班长。我经常为全校教师做科研立项、计划、总结等示范讲座,为新教师上观摩课。更多的鼓励和信任,让我不敢懈怠,培训中不断完善自己,走在校本培训的前沿,提高了理论素养,增强了对教科研实践操作的指导能力。我的工作不仅在学校得到了承认,被评为市级科研骨干,在全区乃至全市社会学科老师中也得到了认可,成为本学科中最年轻的一位省级教学能手。

在两年多的校本培训中,我深刻地感到"四位一体培训机制"是中小学教师继续教育最有效的培训机制。它能够全方位地培训出一支素质精良、专兼结合的、适应基础教育课程改革需要的教师队伍。

随着校本培训的不断深入，使自己的教育理论不断地更新与拓展，教育观念不断地转变，渐渐形成了自己的教学风格，并得到学科领导和同行的认可。

2000 年，在哈市社会科“一题十课”赛课活动中获一等奖。

2000 年，在哈市社会科“课堂评价标准”活动中获一等奖。

2001 年，在哈市社会科“课堂教学模式探究”活动中获一等奖。

2001 年，在哈市社会科“研究性学习教学研讨”活动中获一等奖。

2002 年，在哈市小学“研究性学习教学研讨”活动各科综合场中，代表哈市社会学科做观摩表演。

2002 年，在黑龙江省“研究性体验式”教学研讨活动中，作交流课一节。

撰写的几十篇论文多次在国家级、省级、市级、区级论文及科研成果评选活动中获一、二、三等奖。科研论文刊登在《哈尔滨教育》(2001.5)上。教案被《社会学科教学实录》一书编载。

2001 年，被评为黑龙江省社会学科教学能手。

校本培训促我成长，校本培训为我添双翼。我会一如既往地沿着伴我成长、促我发展的校本培训之路，执著地走下去，在新一轮的课改洪流中，乘风破浪，将自己历练成现代教育事业的骨干力量，为培育祖国的未来尽我一份微薄之力。